第二册

漢高后元年甲寅起
漢黃龍元年壬申止

資治通鑑

卷一十三
至二十七

中華書局

資治通鑑卷第十三

翰林學士朝散大夫右諫議大夫知制誥兼侍講同提舉萬壽觀公事
兼判集賢院上護軍河内郡開國侯食邑一千三百户賜紫金魚袋臣　司馬光　奉敕編集

後　學　天　台　胡三省　音　註

漢紀五

起閼逢攝提格（甲寅），盡昭陽大淵獻（癸亥），凡十年。

高皇后

荀悅曰：諱「雉」之字曰「野雞」。索隱曰：字娥姁。應劭曰：禮，婦人從夫謚，故稱「高」也。師古曰：諱雉，故臣下諱雉也。姁，許于翻。

元年（甲寅、前一八七）

1 冬，太后議欲立諸呂爲王，問右丞相陵，陵曰：「高帝刑白馬盟曰：高祖刑白馬與羣臣盟曰：「非劉氏不王，非有功不侯。」『非劉氏而王，天下共擊之。』今王呂氏，非約也。」太后不說，說，讀曰悅。問左丞相平、太尉勃，對曰：「高帝定天下，王子弟；今太后稱制，王諸呂，無所不可。」王，于況翻。太后喜。罷朝，朝，直遙翻。王陵讓陳平、絳侯曰：「始與高帝啑血盟，諸君不在邪！啑，所甲翻，小啜也。索隱引鄒氏，音使接翻。今高帝崩，太后女主，欲王呂氏；諸君縱欲阿意背約，背，蒲妹翻。何面目見高帝於地下乎？」陳平、絳侯曰：「於今，面折廷爭，謂當朝廷而諫諍。臣不如君；全社稷，定劉氏之後，君亦不如臣。」陵無以應之。十一月，甲子，太后以王陵爲帝太傅，實奪之相權；陵遂病免歸。

乃以左丞相平爲右丞相；此時尚右，故陳平自左丞相遷右丞相。以辟陽侯審食其爲左丞相，不治事，治，直之翻。令監宮中，如郎中令。言食其不董丞相職事，常監宮中若郎中令。監，古銜翻。食其故得幸於太后，公卿皆因而決事。

太后怨趙堯爲趙隱王謀，乃抵堯罪。堯爲趙王謀，事見上卷高祖十年。趙王如意，謚隱。謚法：隱拂不成曰隱；不顯尸國曰隱；見美堅長曰隱。爲，于僞翻。

上黨守任敖嘗爲沛獄吏，有德於太后；乃以爲御史大夫。任敖，沛人，少爲獄吏。高祖常避吏，吏繫呂后，遇之不謹，敖擊傷主呂后吏，故后德之。

太后又追尊其父臨泗侯呂公爲宣王，兄周呂令武侯澤爲悼武王，欲以王諸呂爲漸。臨泗侯，班表：以后父賜號。索隱曰：應劭云：周呂，國也，按周及呂皆國名。濟陰有呂都縣，晉灼曰：呂，縣名，以爲侯國。予據班志，呂縣屬楚國。令武，謚也。

2 春，正月，除三族罪、妖言令。秦爲威虐，罪之重者，戮及三族；過誤之語，以爲妖言；故皆除之。

3 夏，四月，魯元公主薨；封公主子張偃爲魯王，謚公主曰魯元太后。

4 辛卯，封所名孝惠子山爲襄城侯，班志，襄城縣屬潁川郡。朝爲軹侯，軹縣屬河內郡。武爲壺關侯。壺關縣屬上黨郡。

太后欲王呂氏，乃先立所名孝惠子彊爲淮陽王，不疑爲恒山王；惠帝元年，淮陽王友徙王趙，今以封彊。恒山郡本屬趙國，今割以封不疑。恒，戶登翻。使大謁者張釋風大臣。風，讀曰諷。〔考異曰：史記文帝本紀〕及惠景間侯者表、漢書匈奴傳皆作「澤」。史記呂后本紀：「八年，中大謁者張釋」，漢書紀作「釋卿」，恩澤侯表及周勃傳皆云「張釋」。顏師古註曰：荆燕吳傳云「張擇」。今從史記呂后本紀、漢書恩澤侯〔表〕。大臣乃請立悼武王長子酈侯台爲呂王，蘇林曰：台，音胞胎之胎。索隱曰：鄭、鄒並音怡。考異曰：漢書外戚侯表及高五王傳皆作「鄜侯」。今從史記本紀、功臣侯表。割齊之濟南郡爲呂國。濟，子禮翻。

5 五月，丙申，趙王宮叢臺災。劉昭志：趙國邯鄲縣有叢臺。

6 秋，桃、李華。

二年（乙卯、前一八六）

1 冬，十一月，呂肅王台薨。考異曰：史記本紀：「高后元年，立孝惠子不疑爲恒山王，呂台爲呂王。」「二年，恒山王薨。」「十一月，呂王台薨。」年表，二人皆以元年薨。漢書本紀：「元年，立不疑、呂台、產、祿通爲王。二年，不疑薨」。年表，元年，不疑及呂台爲王，二年皆薨。蓋史記年表「薨」字應在二年，誤書於元年耳。其實二人皆以二年薨；漢書本紀云「產、祿通爲王」，亦誤也。

2 春，正月，乙卯，地震，羌道、武都道山崩。羌道，班志，縣，屬隴西郡。武都，時爲縣。漢志：縣雜蠻夷曰道。武帝置武都郡。

3 夏，五月，丙申，封楚元王子郢客爲上邳侯，齊悼惠王子章爲朱虛侯，班志，東海下邳縣。應劭曰：邳在薛，其後徙此，故曰下邳。臣瓚曰：有上邳，故曰下邳。師古曰：瓚說是也。班志，朱虛縣屬琅邪郡。括地志：朱虛故城，在青州臨朐縣東六十里，漢朱虛也。十三州志：丹朱遊故虛，故云朱虛也。虛，猶丘也；朱，猶丹也。索隱：虛，音墟。考異曰：史記高后紀在元年，今從漢書王子侯表。令入宿衞；又以呂祿女妻章。妻，千細翻。

4 六月，丙戌晦，日有食之。

5 秋，七月，恆山哀王不疑薨。恆，戶登翻。

6 行八銖錢。應劭曰：本秦錢，質如周錢，文曰半兩，重如其文，卽八銖也。漢以其太重，更鑄莢錢，今民間名榆莢錢是也。民患其太輕，至是復行八銖錢。

7 癸丑，立襄成侯山爲恆山王，更名義。更，工衡翻。

三年（丙辰、前一八五）

1 夏，江水、漢水溢，流四千餘家。班志：江水出蜀郡湔氐道徼外崏山，東南至江都入海。禹貢：嶓冢導漾，東流爲漢。孔安國註曰：泉始出山爲漾水，東南流爲沔水，至漢中東行爲漢水。班志：隴西氐道縣，禹貢漾水所出；至武都爲漢。又於武都註曰：東漢水受氐道水，一名沔，過江夏，謂之夏水，入江。又，漢中郡有沔陽縣。如淳註曰：此方人謂漢水爲沔水。師古曰：漢上曰沔。水經則以爲沔、漾異源。漾出隴西氐道嶓冢山，東至武都沮縣爲漢水。其流，東南歷白水、葭萌，又東南過巴郡閬中至江津縣而入于江；涪水注之；庾仲雍所謂內水者也。沔水出武都沮縣東狼谷中，一名沮水，東逕漢中郡沔陽、南鄭、成固等縣，又東逕西城、錫縣，又東逕南郡襄陽、中廬，卽宜城郡當陽縣，又東逕江夏雲杜縣，又南至沙羨縣入江。予據禹貢，導漾東流爲漢，又東爲滄浪之水，過三澨，至大別南入于江，則漢水源出於漾。據水經，則漾會於涪，沔入于江，所出異源，所入異派。據班志，則漾出隴西氐道，至武都爲漢水；而東漢水受氐道水，通謂之沔，過江夏而入于江。則漾、沔似合爲一矣，然又言沮水出沮縣南至沙羨入江，與水經所謂沔水卽沮水說似不合而實合也。

2 秋，星晝見。見，賢遍翻。

3 伊水、洛水溢，流千六百餘家。班志：伊水出弘農郡熊耳山，東北入洛水。水經：伊水出南陽縣蔓渠山。酈道元註：卽麓大同，陵巒互別耳。又班志：洛水出弘農上洛縣，東北至河南鞏縣入河。汝水溢，流八百餘家。應劭曰：汝水出弘農縣，入淮。水經：汝水出南陽魯陽縣之大盂山，東南逕潁川之郟、定陵、郾，又東南過汝南之上蔡、平輿，南入于淮。

四年（丁巳、前一八四）

1 春，二月，癸未，立所名孝惠子太爲昌平侯。班志，昌平縣屬上谷郡。

2 夏，四月，丙申，太后封女弟嬃爲臨光侯。嬃，音須。

3 少帝寖長，自知非皇后子，惠帝張皇后，魯元公主之女。太后以其無子，使陽爲有身，取後宮美人子名之，而殺其母。少帝及義、朝、彊、不疑皆是也。長，知兩翻。乃出言曰：「后安能殺吾母而名我！我壯，卽爲變！」太后聞之，幽之永巷中，言帝病。左右莫得見。太后語羣臣曰：語，牛倨翻。「今皇帝病久不已，失惑昏亂，不能繼嗣治天下；治，直之翻。其代之。」羣臣皆頓首言：「皇太后爲天下齊民計，所以安宗廟、社稷甚深；羣臣頓首奉詔。」遂廢帝，幽殺之。五月，丙辰，立恒山王義爲帝，更名曰弘；更，工衡翻。不稱元年，以太后制天下事故也。以軹侯朝爲恒山王。恒，戶登翻。

4 是歲，以平陽侯曹窋爲御史大夫。窋，張律翻。

5 有司請禁南越關市、鐵器。漢於邊關與蠻夷通市，謂之關市。南越王佗曰：「高帝立我，通使物。今高后聽讒臣，別異蠻夷，隔絕器物；此必長沙王計，欲倚中國擊滅南越而并王之，自爲功也。」使，疏吏翻。別，彼列翻。并王，于況翻。

五年（戊午、前一八三）

1 春，佗自稱南越武帝，韋昭曰：生以武爲號，不稽古也。師古曰：此說非也。湯曰：「吾武甚，自號曰武王」。佗言武帝，亦猶是耳，何謂其不稽古乎！貢父曰：顔雖引成湯之言，然未知湯自號武王乎？聖人者，人與之名耳。詩謂湯爲武王，亦猶書謂文王爲寧王耳。史記之言，未可信也。發兵攻長沙，敗數縣而去。敗，補邁翻。

2 秋，八月，淮陽懷王彊薨；以壺關侯武爲淮陽王。

3 九月，發河東、上黨騎屯北地。

4 初令戍卒歲更。秦虐用其民，南戍五嶺，北築長城，戍卒連年不歸而死者多矣。至此，始令一歲而更。更，工衡翻。

六年（己未、前一八二）

1冬，十月，太后以呂王嘉居處驕恣，廢之。嘉，台之子也。二年，台薨，嘉嗣。處，昌呂翻。十一月，立肅王弟產爲呂王。台，謚曰肅。

2春，星晝見。見，賢遍翻。

3夏，四月，丁酉，赦天下。

4封朱虛侯章弟興居爲東牟侯，班志，東牟縣屬東萊郡。賢曰：東牟故城，在今萊州文登縣西北。亦入宿衞。

5匈奴寇狄道，攻阿陽。班志，狄道縣屬隴西郡；阿陽縣屬天水郡。

6行五分錢。應劭曰：所謂莢錢者。

7宣平侯張敖卒，考異曰：史記呂后本紀，敖卒在明年六月。按史記功臣表：「高后六年，敖卒」；漢書功臣表，敖以高祖九年封，十七年薨；蓋本紀之誤。賜謚曰魯元王。張敖本嗣父耳爵爲趙王。貫高之謀發，敖廢爲宣平侯，仍尚魯元公主。及惠帝之世，齊悼惠王獻城陽郡以奉魯元。敖之卒也，因公主而賜謚曰魯元王。

七年（庚申、前一八一）

1冬，十二月，匈奴寇狄道，略二千餘人。

2春，正月，太后召趙幽王友。惠帝元年，友自淮陽徙王趙。友以諸呂女爲后，弗愛，愛他姬。

諸呂女怒，去，讒之於太后曰：「王言『呂氏安得王！太后百歲後，吾必擊之。』」太后以故召趙王。趙王至，置邸，不得見，言置之趙邸也。師古曰：郡國朝宿之舍在京師者率名邸。邸，至也，言所歸至也。邸，丁禮翻。令衞圍守之，弗與食；其羣臣或竊饋，輒捕論之。捕其饋者，以罪論之。丁丑，趙王餓死，以民禮葬之長安民冢次。

3己丑，日食，晝晦。太后惡之，謂左右曰：「此爲我也！」惡，烏路翻。爲，于僞翻；下爲之同。

4二月，徙梁王恢爲趙王，呂王產爲梁王。梁王不之國，爲帝太傅。

5秋，七月，丁巳，立平昌侯太爲濟川王。四年，封太爲昌平侯；班表亦作「昌平」，此誤以「平」字在上。濟川，即濟南、濟北之地，蓋割齊封之。時太年幼，未嘗之國。濟，子禮翻。

6呂嬃女爲將軍、營陵侯劉澤妻。班志，營陵縣屬北海郡，或曰營丘。應劭曰：師尚父封於營丘。陵，亦丘也。臣瓚曰：營丘，即臨淄，營陵，春秋謂之緣陵。師古曰：臨菑、營陵皆故營丘地。括地志：營陵故城，在青州北海縣南三十里。澤者，高祖從祖昆弟也。從，才用翻；下后從同。齊人田生爲之說大謁者張卿曰：張卿，即前大謁者張釋也。說，式芮翻。「諸呂之王也，諸大臣未大服。今營陵侯澤，諸劉最長；今卿言太后王之，長，知兩翻。王，于況翻。呂氏王益固矣。」張卿入言太后，太后然之，乃割齊之琅邪郡封澤爲琅邪王。秦滅齊，以瀕海之地置琅邪郡；漢因之。考異曰：史記世家、漢書列傳，皆云田生先說張卿令風大臣立呂產爲呂王，然後說令王澤。按太后自以呂王嘉驕恣廢之，以產代爲呂王，非始封於呂；又諸呂之王已久，何必待田生之謀！以此不取。

7 趙王恢之徙趙，心懷不樂。樂，音洛。太后以呂產女爲王后，王后從官皆諸呂，擅權，微伺趙王，從，才用翻。趙王不得自恣。王有所愛姬，王后使人酖殺之。六月，王不勝悲憤，自殺。勝，音升。太后聞之，以爲王用婦人棄宗廟禮，諸侯王有國，所以奉宗廟也。今恢以愛姬之故，至於自殺，故以棄宗廟禮罪之。廢其嗣。

8 是時，諸呂擅權用事；朱虛侯章，年二十，有氣力，忿劉氏不得職。嘗入侍太后燕飲，太后令章爲酒吏。章自請曰：「臣將種也，將，即亮翻。種，章勇翻；下其種同。請得以軍法行酒。」太后曰：「可。」酒酣，章請爲耕田歌；太后許之。章曰：「深耕穊種，立苗欲疏；非其種者，鉏而去之！」師古曰：穊，稠也。穊種，言多生子孫也。疏立者，四散置之，令爲藩輔也。非其種者鉏而去之，以斥諸呂也。穊，音冀。去，羌呂翻。太后默然。頃之，諸呂有一人醉，亡酒，章追，拔劍斬之而還，報曰：「有亡酒一人，臣謹行法斬之！」師古曰：亡酒，避酒而逃亡也。太后左右皆大驚；業已許其軍法，無以罪也；因罷。自是之後，諸呂憚朱虛侯，雖大臣皆依朱虛侯，劉氏爲益強。爲，于僞翻；下因爲同。

陳平患諸呂，力不能制，恐禍及己；嘗燕居深念，師古曰：以國家不安，故靜居獨慮其方策。陸賈往，直入坐；而陳丞相不見。師古曰：言不因門人將命而徑自入座，平方深思，不覺其至。坐，徂臥翻。

陸生曰：「何念之深也！」陳平曰：「生揣我何念？」揣，初委翻，度也。陸生曰：「足下極富貴，無欲矣；然有憂念，不過患諸呂、少主耳。」陳平曰：「然。爲之柰何？」陸生曰：「天下安，注意相；天下危，注意將。將相和調，則士豫附；師古曰：豫，素也。余謂豫，順也。天下雖有變，權不分。爲社稷計，在兩軍【章：甲十五行本「軍」作「君」；乙十一行本同；孔本同；退齋校同。】掌握耳。臣嘗〔章：甲十五行本「嘗」作「常」；乙十一行本同；孔本同。〕欲謂太尉絳侯；絳侯與我戲，易吾言。謂，告語也。言絳侯素與之戲狎，輕易其言也。周勃封絳侯。班志，絳縣屬河東郡，晉之舊都。君何不交驩太尉，深相結！」因爲陳平畫呂氏數事。陳平用其計，乃以五百金爲絳侯壽，厚具樂飲；師古曰：厚爲其具而與太尉樂飲。樂，音洛。太尉報亦如之。兩人深相結，呂氏謀益衰。陳平以奴婢百人、車馬五十乘、錢五百萬遺陸生爲飲食費。遺，于季翻。

9 太后使使告代王，高祖七年，立子恆爲代王。欲徙王趙。王，于況翻。代王謝之，願守代邊。太后乃立兄子呂祿爲趙王，追尊祿父建成康侯釋之爲趙昭王。

10 九月，燕靈王建薨；有美人子，太后使人殺之。國除。高祖初封盧綰於燕，綰入匈奴，乃立建爲燕王。美人子，美人所生之子也。

11 遣隆慮侯周竈將兵擊南越。班志，隆慮縣屬河內郡；至後漢，避殤帝諱，改曰林慮。慮，音閭。

八年（辛酉、前一八〇）

1 冬，十月，辛丑，立呂肅王子東平侯通爲燕王；東平，地名，在濟東；宣帝甘露二年爲東平國。封通弟莊爲東平侯。

2 三【張：「三」上脫「春」字。】月，太后祓，還，過軹道，師古曰：祓者，除惡之祭。祓，音廢，又敷勿翻。見物如蒼犬，撠太后掖，師古曰：撠，謂拘持之也。撠，音戟。拘，居足翻。掖，與腋同。忽不復見。卜之，云「趙王如意爲祟」。祟，雖遂翻，神禍也，鬼厲也。太后遂病掖傷。

太后爲外孫魯王偃年少孤弱，偃，張敖子。爲，于僞翻。夏，四月，丁酉，封張敖前姬兩子侈爲新都侯，班志，新都縣屬南陽郡。壽爲樂昌侯，徐廣曰：樂昌，今細陽之池陽鄉。余據班志，細陽縣屬汝南郡；又東郡有樂昌縣。考異曰：史記惠景間侯者表「新都」作「信都」；「壽」作「受」。今從本紀。以輔魯王。又封中大謁者張釋爲建陵侯，如淳曰：灌嬰爲中謁者，後常以閹人爲之；諸官加中者，多閹人也。班志，建陵縣屬東海郡。以其勸王諸呂，賞之也。

3 江、漢水溢，流萬餘家。

4 秋，七月，太后病甚，乃令趙王祿爲上將軍，居北軍；呂王產居南軍。班表：中壘校尉掌北軍壘門。外又有中尉掌徼循京師，屬官有中壘、寺互等令、丞。至後漢始置北軍中候，掌監五營。劉昭註曰：舊有中壘校尉，領北軍營壘之事；中興，省中壘，但置中候以監五營。又據班表：中壘以下八校尉，皆武帝置。意者武帝以前，北軍屬中尉，故領中壘令、丞等官；南軍蓋衞尉所統。班表：衞尉掌宮門衞屯兵。周勃之入北軍也，尚有南軍。乃先使曹窋告衞尉毋入呂產殿門，然後使朱虛侯逐產，殺之未央宮郎中府吏廁中，以此知南軍屬衞尉也。太后誡產、祿曰：「呂氏之王，大臣弗平。我卽崩，帝年少，大臣恐爲變。必據兵衞宮，愼毋送喪，爲人所制！」辛巳，太后崩，遺詔：大赦天下，以呂王產爲相國，以呂祿女爲帝后。高后已葬，以左丞相審食其爲帝太傅。考異曰：史記將相表：「八年七月辛巳，食其爲太傅；」「九月丙戌，復爲丞相；後九月免。」漢書公卿表：「七年七月辛巳，食其爲太傅；」「八年九月，復爲丞相；後九月免。」以長曆推之：八年七月無辛巳，九月無丙戌，閏月羣臣代邸上議，無食其名。二表皆誤，今從史記本紀，免相在此月。本紀又云：「八月壬戌，食其復爲左丞相。」亦誤。

5 諸呂欲爲亂，畏大臣絳、灌等，未敢發。朱虛侯以呂祿女爲婦，故知其謀，乃陰令人告其兄齊王，欲令發兵西，朱虛侯、東牟侯爲內應，以誅諸呂，立齊王爲帝。齊王乃與其舅駟鈞、郎中令祝午、中尉魏勃陰謀發兵。齊相召平弗聽。班表：諸侯王，高祖初置有太傅輔王，內史治國民，中尉掌武職，丞相統衆官，如漢朝。景帝中五年，令諸侯王不得復治國，天子爲置吏，改丞相曰相。武帝分漢內史爲左右，後又更右爲京兆尹，左爲馮翊，中尉爲執金吾，郎中令爲光祿勳；故王國如故，損其郎中令秩千石；改太僕曰僕，秩亦千石。成帝綏和元年，更令相治民如郡太守，中尉如郡都尉。康曰：廣陵人召平與東陵侯召平及此召平，凡三人。此召平之子奴，以平死事封黎侯，見功臣表。召，與邵同。姓譜：駟，鄭七穆駟氏之後。祝，周武王封黃帝之後於祝，後以爲氏。八月，丙午，齊王欲使人誅相；相聞之，乃發卒衞王宮。魏勃紿邵【章：甲十五行本「邵」作「召」；乙十一行本同；孔本同。】平曰：「王欲發兵，非有漢虎符驗也。應劭曰：銅虎符第一至第五，國家當發兵，遣使者至郡合符，符合乃聽受之。張晏曰：符以代古之圭璋，從簡易也。予據史記文帝紀：「三年九月，初與郡國守相爲銅虎符。」既有「初」字，則前乎文帝之時當未有銅虎符也。召平、魏勃事在三年之前，何緣有虎符發兵！班史於文紀三年，只書「初與郡守爲銅虎符」，汰去「國相」二字。溫公則但書勃語於此，而文紀不復書，豈亦有疑於此邪？而相君圍王固善，勃請爲君將兵衞王。」爲，于僞翻。召平信之。勃既將兵，遂圍相府；召平自殺。於是齊王以駟鈞爲相，魏勃爲將軍，祝午爲内史，悉發國中兵。

使祝午東詐琅邪王曰：琅邪王，劉澤也。三年，割齊琅邪封之。「呂氏作亂，齊王發兵欲西誅之。齊王自以年少，不習兵革之事，願舉國委大王。大王，自高帝將也；言澤自高帝時爲將。請大王幸之臨菑，見齊王計事。」臨菑，卽古營丘，齊國所都。琅邪王信之，西馳見齊王。齊王因留琅邪王，而使祝午盡發琅邪國兵，并將之。考異曰：史記澤世家、漢書傳，皆以爲澤與齊王合謀；蓋誤。今從史記呂后本紀、齊王世家、漢書呂后紀、齊王傳。琅邪王說齊王曰：「大王，高皇帝適長孫也，當立；適，讀曰嫡。齊王襄，悼惠王之子，高帝之長孫也。長，知兩翻；下同。今諸大臣狐疑未有所定，而澤於劉氏最爲長年，大臣固待澤決計。今大王留臣，無爲也，不如使我入關計事。」齊王以爲然，乃益具車送琅邪王。琅邪王既行，齊遂舉兵西攻濟南；濟南本屬齊，元年割以封呂台；台卒，產嗣封。遺諸侯王書，遺，于季翻。陳諸呂之罪，欲舉兵誅之。

相國呂產等聞之，乃遣潁陰侯灌嬰將兵擊之。班志，潁陰縣屬潁川郡。灌嬰至滎陽，謀曰：「諸呂擁兵關中，欲危劉氏而自立。今我破齊還報，此益呂氏之資也。」乃留屯滎陽，使使諭齊王及諸侯與連和，以待呂氏變，共誅之。齊王聞之，乃還兵西界待約。

呂祿、呂產欲作亂，內憚絳侯、朱虛等，外畏齊、楚兵；又恐灌嬰畔之，欲待灌嬰兵與齊合而發，猶豫未決。

當是時，濟川王太、淮陽王武、常山王朝及魯王張偃皆年少，未之國，居長安；趙王祿、梁王產各將兵居南、北軍；皆呂氏之人也。列侯羣臣莫自堅其命。

太尉絳侯勃不得主兵。曲周侯酈商老病，班志，曲周縣屬廣平國。其子寄與呂祿善。絳侯乃與丞相陳平謀，使人劫酈商，令其子寄往紿說呂祿曰：「高帝與呂后共定天下，劉氏所立九王，楚王交，高祖弟。代王恆、淮南王長，高祖子。吳王濞，高祖姪。琅邪王澤，劉氏疏屬。齊王襄，高祖孫。常山王朝、淮陽王武、濟川王太，惠帝子。說，式芮翻。呂氏所立三王，梁王呂產，趙王呂祿，燕王呂通也。皆大臣之議，事已布告諸侯，【章：甲十五行本重「諸侯」二字；乙十一行本同；孔本同；張校同。】皆以爲宜。今太后崩，帝少，而足下佩趙王印，不急之國守藩，乃爲上將，將兵留此，爲大臣諸侯所疑。足下何不歸將印，以兵屬太尉，屬，之欲翻；下同。請梁王歸相國印，與大臣盟而之國。齊兵必罷，大臣得安，足下高枕而王千里，此萬世之利也。」而王，于況翻。呂祿信然其計，欲以兵屬太尉；使人報呂產及諸呂老人，或以爲便，或曰不便，計猶豫未有所決。

呂祿信酈寄，時與出游獵，過其姑呂嬃。嬃大怒曰：嬃，呂后之妹，樊噲之妻；於祿，姑也。過，工禾翻。「若爲將而棄軍，呂氏今無處矣！」乃悉出珠玉、寶器散堂下，曰：「毋爲他人守也！」

九月，庚申旦，考異曰：史記本紀，「八月庚申旦」上有「八月丙午」。漢書高后紀亦云「八月庚申」。今以長曆推之，下「八月」當爲「九月」。平陽侯窋行御史大夫事，見相國產計事。郎中令賈壽使從齊來，姓譜：周康王封唐叔虞少子公明於賈城，子孫以國爲氏。又，晉大夫賈季食邑於賈，其後以邑爲氏。因數產曰：「王不早之國；今雖欲行，尚可得耶！」數，所具翻。具以灌嬰與齊、楚合從欲誅諸呂告產，師古曰：齊、楚俱在山東，連兵西鄉，欲誅諸呂，亦猶六國爲從以敵秦，故謂之合從也。從，子容翻。且趣產急入宮。趣，讀曰促。平陽侯頗聞其語，馳告丞相、太尉。

太尉欲入北軍，不得入。襄平侯紀通尚符節，乃令持節矯內太尉北軍。班志，襄平縣屬遼東郡。張晏曰：紀通，紀信子也。尚，主也；今符節令也。晉灼曰：紀信焚死，不見其後。功臣表云：通，紀成之子，以成死事故封侯。貢父曰：漢祖以善用人得天下，豈忘紀信之功哉！疑成者，卽信之一名也。通尚符節，故使持節矯以帝命內勃北軍。內，讀曰納。太尉復令酈寄與典客劉揭先說呂祿曰：復，扶又翻。班志：典客，秦官，掌諸侯、歸義蠻夷；景帝中六年，更名大行令；武帝太初元年，更名大鴻臚。揭，音竭。「帝使太尉守北軍，欲足下之國。急歸將印，辭去！不然，禍且起。」呂祿以爲酈況不欺己，遂解印屬典客，而以兵授太尉。太尉至軍，呂祿已去。太尉入軍門，行令軍中曰：「爲呂氏右袒，爲劉氏左袒！」師古曰：袒者，脫衣袖而肉袒也；左、右袒者，偏脫其一耳。袒，徒旱翻。鄭氏註覲禮云：凡爲禮事者左袒；若請罪待刑則右袒。軍中皆左袒。太尉遂將北軍；然尚有南軍。丞相平乃召朱虛侯章佐太尉；太尉令朱虛侯監軍門，監，古銜翻。令平陽侯告衞尉：「毋入相國產殿門！」衞尉，掌宮門衞屯兵。平陽侯時爲御史大夫，蓋將丞相之命以告衞尉，使毋納產也。

呂產不知呂祿已去北軍，乃入未央宮，欲爲亂。至殿門，弗得入，徘徊往來。平陽侯恐弗勝，馳語太尉。語，牛倨翻。太尉尚恐不勝諸呂，未敢公言誅之，乃謂朱虛侯曰：「急入宮衞帝！」朱虛侯請卒，太尉予卒千餘人。予，讀曰與。入未央宮門，見產廷中。日餔時，申時食爲餔。餔，奔謨翻。遂擊產；產走。天風大起，以故其從官亂，莫敢鬭；逐產，殺之郎中府吏廁中。如淳曰：郎中令，掌宮殿門戶，故府在宮中。從，才用翻。朱虛侯已殺產，帝命謁者持節勞朱虛侯。勞，力到翻。朱虛侯欲奪其節，謁者不肯。朱虛侯則從與載，因節信馳走，師古曰：因謁者所持之節，用爲信也。章與謁者同車，故爲門者所信，得入長樂宮。斬長樂衞尉呂更始。更，工衡翻。還，馳入北軍報太尉，太尉起拜賀。朱虛侯曰：「所患獨呂產；今已誅，天下定矣！」遂遣人分部悉捕諸呂男女，無少長皆斬之。分，扶問翻。辛酉，捕斬呂祿而笞殺呂嬃，使人誅燕王呂通而廢魯王張偃。戊辰，徙濟川王王梁。呂產既誅，故徙太王梁。遣朱虛侯章以誅諸呂事告齊王，令罷兵。

灌嬰在滎陽，聞魏勃本教齊王舉兵，使使召魏勃至，責問之。勃曰：「失火之家，豈暇先言丈人而後救火乎！」因退立，股戰而栗，師古曰：言以社稷將危，故舉兵而正之，不暇待有詔命也。股，脚也。戰者，懼之甚也。栗，與慄同。恐不能言者，終無他語。灌將軍熟視笑曰：「人謂魏勃勇，妄庸人耳，何能爲乎！」乃罷魏勃。灌嬰兵亦罷滎陽歸。

班固贊曰：孝文時，天下以酈寄爲賣友。言寄與祿友善，詭說之出游，因奪其兵而誅之，是寄賣友也。夫賣友者，謂見利而忘義也。若寄父爲功臣而又執劫；雖摧呂祿以安社稷，誼存君親可也。師古曰：周勃劫其父，令其子行說。予謂劫者，劫質也。蓋劫寄父商爲質，諭以不行說祿將殺之也。蓋當時皆以寄爲賣友，故固發明父子、朋友各有其倫，爲人臣子者當知所緩急先後也。

6 諸大臣相與陰謀曰：「少帝及梁、淮陽、恆山王，皆非眞孝惠子也；呂后以計詐名他人子，殺其母養後宮，令孝惠子之，立以爲後及諸王，以強呂氏。今皆已夷滅諸呂，而所立卽長，用事，吾屬無類矣！長，知兩翻；下同。不如視諸王最賢者立之。」或言：「齊王，高帝長孫，可立也。」大臣皆曰：「呂氏以外家惡而幾危宗廟，亂功臣。幾，居衣翻。今齊王舅駟鈞，虎而冠；言駟鈞惡戾，如虎而著冠。卽立齊王，復爲呂氏矣。代王方今高帝見子最長，仁孝寬厚；太后家薄氏謹良。言高帝見在諸子惟代王爲最長也。見，賢遍翻。代王，高帝姬薄氏所生。薄姓，戰國已有之；風俗通：衞有賢人薄疑。且立長固順，況以仁孝聞天下乎！」乃相與共陰使人召代王。代王問左右，郎中令張武等曰：「漢大臣皆故高帝時大將，習兵，多謀詐。此其屬意非止此也，師古曰：言常有異志也。屬意，猶言注意也。屬，音之欲翻。特畏高帝、呂太后威耳。今已誅諸呂，新啑血京師，索隱曰：漢書作「喋」，音跕，丁牒翻。陳湯、杜業皆言「喋血」，無盟歃事。廣雅曰：喋，履也。予據類篇：啑字有色甲、色洽二翻。既從啑字音義，當與歃同；若從喋字，則有履之義。公羊傳曰：京，大也；師，衆也。天子之居，必以衆大之辭言之。此以迎大王爲名，實不可信。願大王稱疾毋往，以觀其變。」中尉宋昌進曰：「羣臣之議皆非也。夫秦失其政，諸侯、豪桀並起，人人自以爲得之者以萬數，然卒踐天子之位者，劉氏也；卒，子恤翻；下同。天下絕望，一矣。高帝封王子弟，地犬牙相制，此所謂磐石之宗也；師古曰：言地形如犬之牙，交而相入也。石大而下平，磐據地面，不可得而移動，故以爲喻也。王，于況翻。天下服其強，二矣。漢興，除秦苛政，約法令，施德惠，人人自安，難動搖，三矣。夫以呂太后之嚴，立諸呂爲三王，擅權專制；然而太尉以一節入北軍一呼，呼，火故翻。士皆左袒，爲劉氏，叛諸呂，卒以滅之。此乃天授，非人力也。今大臣雖欲爲變，百姓弗爲使，爲，于僞翻。使，如字。其黨寧能專一邪！方今內有朱虛、東牟之親，外畏吳、楚、淮陽、琅邪、齊、代之強。「淮陽」，史記作「淮南」，當從之。方今高帝子，獨淮南王與大王；大王又長，長，知兩翻。賢聖仁孝聞於天下，聞，音問。故大臣因天下之心而欲迎立大王。大王勿疑也！」代王報太后計之，猶豫未定。卜之，兆得大橫，應劭曰：龜曰兆，筮曰卦。卜者以荆灼龜，文正橫也。占曰：「大橫庚庚，余爲天王，夏啓以光。」服虔曰：庚庚，橫貌。李奇曰：庚庚，其繇文也。

占，謂其繇也。張晏曰：先是五帝官天下，老則嬗賢；至夏啓始傳嗣，能光先君之業。文帝亦襲父迹，言似啓也。師古曰：繇，丈救翻，本作「籀」。籀，書也。謂讀卜詞。孔穎達曰：兆者，龜之璺坼；繇者，卜之文辭。代王曰：「寡人固已爲王矣，又何王？」卜人曰：「所謂天王者，乃天子也。」於是代王遣太后弟薄昭往見絳侯，絳侯等具爲昭言所以迎立王意。爲，于僞翻。薄昭還報曰：「信矣，毋可疑者。」毋，與無通。代王乃笑謂宋昌曰：「果如公言。」

乃命宋昌參乘，師古曰：戎事則稱車右，其餘則曰參乘。參者，三也，蓋取三人爲義。乘，繩證翻。張武等六人乘傳，從詣長安。至高陵，休止，傳，株戀翻。班志，高陵縣屬左馮翊。括地志：高陵故城在雍州高陵縣西一里。從，才用翻。而使宋昌先馳之長安觀變。昌至渭橋，蘇林曰：渭橋，在長安北三里。索隱曰：咸陽宮在渭北，興樂宮在渭南，秦昭王通兩宮之間作渭橋，長三百八十步。關中記云：石柱以北屬扶風，石柱以南屬京兆。丞相以下皆迎。昌還報。代王馳至渭橋，羣臣拜謁稱臣，代王下車答拜。太尉勃進曰：「願請閒。」包愷曰：閒，音閑；言欲向空閑處。師古曰：閒，容也，猶今言中閒也；請容暇之頃，當有所陳，不欲於衆中顯論也。他皆類此。宋昌曰：「所言公，公言之；所言私，王者無私。」太尉乃跪上天子璽、符。上，時掌翻。代王謝曰：「至代邸而議之。」

後九月，己酉晦，代王至長安，舍代邸，羣臣從至邸。丞相陳平等皆再拜言曰：「子弘等皆非孝惠子，不當奉宗廟。大王，高帝長子，宜爲嗣。長，知兩翻。願大王卽天子位！」代王西鄉讓者三，南鄉讓者再，如淳曰：讓羣臣也。或曰：賓主位東西面，君臣位南北面；故西鄉坐三讓不受，羣臣猶稱宜，乃更南鄉坐，示變卽君位之漸也。余謂如說以代王南鄉坐爲卽君位之漸，恐非代王所以再讓之意。蓋王入代邸而漢廷羣臣繼至，王以賓主禮接之，故西鄉；羣臣勸進，王凡三讓，羣臣遂扶王正南面之位，王又讓者再；則南鄉非王之得已也羣臣扶之使南鄉耳。遽以爲南鄉坐，可乎！鄉，讀曰嚮。遂卽天子位；羣臣以禮次侍。

東牟侯興居曰：「誅呂氏，臣無功，請得除宮。」除官，清宮也。應劭曰：舊典，天子行幸，所至必遣靜室令先按行清淨殿中，以備非常。余謂此時羣臣雖奉帝卽位，而少帝猶居禁中，蓋有所屏除也。乃與太僕汝陰侯滕公入宮，前謂少帝曰：「足下非劉氏子，不當立！」乃顧麾左右執戟者掊兵罷去；掊，芳遇翻。類篇曰：頓也。有數人不肯去兵，宦者令張釋諭告，亦去兵。班表：宦者令屬少府。張釋，卽大謁者、封建陵侯者，釋本宦者，故兼是官。去，羌呂翻。滕公乃召乘輿車載少帝出。康曰：天子以天下爲家，不以宮室爲常處。當乘輿以行天下，故託乘輿言。余謂康說乘輿本不與古義相悖；但此所謂乘輿車，不當以此解之。漢乘輿之制：輪，朱班，重牙，貳轂，兩轄。金薄繆龍爲輿倚較，文虎伏軾，龍首銜軛。左右吉陽筩，鸞雀立衡。橦文畫輈，羽蓋華蚤。建大旗十二斿，畫日月升龍。駕六馬，象鑣鏤錫金鍐方釳。插翟尾，朱兼繁纓，赤罽易茸，金就十有二。左纛以犛牛尾爲之，在左騑馬軛上，大如斗。此卽法駕。文帝已立，少帝安得乘此出宮乎！沈約禮志云：魏、晉御小出，多乘輿車。輿車，今之小輿。滕公職爲太僕，與東牟侯除宮，亦無緣召乘輿、金根以載少帝。意者此輿車蓋天子常所乘輿車，卽魏、晉間小輿也。少帝曰：「欲將我安之乎？」滕公曰：「出就舍。」舍少府。乃奉天子法駕迎代王於邸，漢官儀：天子鹵簿有大駕、法駕、小駕。大駕，公卿奉引，大將軍驂乘，屬車八十一乘。法駕，公卿不在鹵簿中，惟京兆尹、執金吾、長安令奉引，侍中驂乘，屬車三十六乘。蔡邕曰：法駕，乘金根車，駕六馬，有五時副車，駕四馬；侍中驂乘，屬車三十六乘。沈約禮志：漢制：乘輿金根車，輪皆朱班，重轂、兩轄，飛軨。轂外復有轂，施轄，其外復設轄，銅貫其中。飛軨以赤油爲之，廣八寸，長注地，繫軸頭，謂之飛軨。金，金薄繆龍爲輿倚較。較在箱上，櫨文畫藩；藩，箱也。文虎伏軾，鸞雀立衡，櫨文畫轅。翠羽蓋，黄裏，所謂黄屋也。金華施橑末，建太常十二斿，畫日月升龍，駕六黑馬，施十二鑾、金爲叉髦，插以翟尾。又加左纛，所謂左纛輿也。路，如周玉路之制。應劭漢官鹵簿圖：乘輿大駕，則御鳳凰車，以金根爲副，又五色安車、五色立車各五乘，建龍旗，駕四車，施八鑾，餘如金根之制，猶周金路也。車各如方色，所謂五時副車。白馬者，朱其鬣。安車者，坐乘。又有建華蓋九重甘泉鹵簿者，道車五乘，游車九乘，在乘輿車前。又有象車，最在前，試橋道。宋明帝時，建安王休仁議曰：秦改周輅制爲金根，通以金薄周匝四面；漢、魏、二晉，因循莫改。報曰：「宮謹除。」代王卽夕入未央宮。有謁者十人持戟衛端門，郎、謁者皆執戟以宿衛宮殿。前所書少帝左右執戟者，亦中郎、郎中、謁者之官也。端門，未央宮前殿之正南門也。曰：「天子在也，足下何爲者而入！」代王乃謂太尉。太尉往諭，謁者十人皆掊兵而去，代王遂入。夜，拜宋昌爲衛將軍，班表：前、後、左、右將軍，皆周末官，秦因之，漢不常置。蔡質漢儀：漢興，置大將軍、驃騎將軍，位次丞相；車騎將軍、衛將軍、左、右、前、後將軍，皆金紫，位次上卿。余據大將軍始於灌嬰，驃騎、車騎、左、右、前、後將軍，景、武之後方有其官；衛將軍則始置於此。鎮撫南北軍；以張武爲郎中令，行殿中。行，謂案行也。行，下更翻。有司分部誅滅梁、淮陽、恆山王及少帝於邸。分，扶問翻。文帝還坐前殿，夜，下詔書赦天下。

太宗孝文皇帝上

荀悅曰：諱「恆」之字曰「常」，高祖中子也。母曰薄姬。禮，祖有功而宗有德。漢之子孫，以爲功莫盛於高帝，故爲帝者太祖之廟；德莫盛於文帝，故爲帝者太宗之廟。自唐以來，諸帝廟號莫不稱宗，而此義泯矣。謚法：經緯天地曰文。

元年（壬戌、前一七九）

1冬，十月，庚戌，徙琅邪王澤爲燕王；封趙幽王子遂爲趙王。澤以呂后七年自營陵侯封琅邪王。齊王起兵誅諸呂，澤失國，西至京師，與大臣共立帝，以功徙封燕王。趙王友幽死於呂后七年，徙梁王恢王趙，恢尋以逼死，以其國封呂祿。祿誅，乃復封友長子遂爲趙王。

2陳平謝病；上問之，平曰：「高祖時，勃功不如臣，及誅諸呂，臣功亦不如勃；願以右丞相讓勃。」十一月，辛巳，上徙平爲左丞相，太尉勃爲右丞相，大將軍灌嬰爲太尉。諸呂所奪齊、楚故地，皆復與之。呂后封呂台爲呂王，得梁地，奪齊、楚之地以傅益之。

3論誅諸呂功，右丞相勃以下益戶、賜金各有差。絳侯朝罷趨出，意得甚；上禮之恭，常目送之。上禮勃恭甚，其罷朝也，常目送之；待其既出，然後肆體自如。朝，直遙翻；下同。郎中安陵袁盎諫曰：安陵屬右扶風，惠帝所起陵邑。按姓譜：轅、袁、爰三姓皆出陳轅濤塗之後。按史記作「爰盎」，漢書作「袁盎」，則「袁」、「爰」通也。「諸呂悖逆，大臣相與共誅之。悖，蒲內翻。是時丞相爲太尉，本兵柄，適會其成功。今丞相如有驕主色，如，似也。陛下謙讓；臣主失禮，竊爲陛下弗取也！」爲，于僞翻；下同。後朝，上益莊，丞相益畏。

4 十二月，詔曰：「法者，治之正也。治，直吏翻。今犯法已論，而使無罪之父母、妻子、同產坐之，及爲收帑，朕甚不取！其除收帑諸相坐律令！」應劭曰：帑，子也。秦法：一人有罪，并坐其室家。今除此律。帑，音奴。

5 春，正月，有司請蚤建太子。上曰：「朕既不德，縱不能博求天下賢聖有德之人而禪天下焉，而曰豫建太子，是重吾不德也；其安之！」師古曰：重，謂增益也。安，猶徐也；言不宜汲汲耳。重，直用翻；他皆類此。有司曰：「豫建太子，所以重宗廟、社稷，不忘天下也。」上曰：「楚王，季父也；吳王，兄也；淮南王，弟也：豈不豫哉？今不選舉焉，而曰必子；人其以朕爲忘賢有德者而專於子，非所以優【章：甲十五行本「優」作「憂」；乙十一行本同；孔本同；退齋校同。】天下也！」有司固請曰：「古者殷、周有國，治安皆千餘歲，用此道也；師古曰：所以能爾者，以承嗣相傳故也。治，直吏翻。立嗣必子，所從來遠矣。高帝平天下爲太祖，子孫繼嗣世世不絕，今釋宜建釋，舍也。宜建，謂嗣也。而更選於諸侯及宗室，非高帝之志也。更議不宜。師古曰：不當更議。子啓最長，啓，景帝名。長，知兩翻。純厚慈仁，請建以爲太子。」上乃許之。

6 三月，立太子母竇氏爲皇后。春秋之法，母以子貴。風俗通：夏帝相遭有窮氏之難，其妃方娠，逃出自竇而生少康，其後氏焉。皇后，清河觀津人。班志，觀津縣屬信都國，清河郡無觀津。蓋信都、清河本皆趙地，景帝二年爲廣川國，四年爲信都郡，而清河郡則高帝置；此在未分置之前，故繫之清河。杜佑曰：漢觀津縣在德州蓨縣東北。有弟廣國，字少君，幼爲人所略賣，傳十餘家，傳，直戀翻。聞竇后立，乃上書自陳。召見，驗問，得實，乃厚賜田宅、金錢，與兄長君家於長安。絳侯、灌將軍等曰：「吾屬不死，命乃且縣此兩人。縣，讀曰懸。兩人所出微，不可不爲擇師傅、賓客；又復效呂氏，大事也！」於是乃選士之有節行者與居。爲，于僞翻。行，下孟翻。竇長君、少君由此爲退讓君子，不敢以尊貴驕人。觀絳、灌所以處二竇，後世大臣以文義自持者，其智識及此乎！

7詔振貸鰥、寡、孤、獨、窮困之人。師古曰：振，起也，爲給貸之，令其存立也。諸振救、振贍，其義皆同。今流俗作字從「貝」者，非也，自別有訓。貸，吐戴翻。又令：「八十已上，月賜米、肉、酒；九十已上，加賜帛、絮。賜物當稟鬻米者，稟，給也。鬻，讀曰粥，之六翻，糜也。長吏閱視，丞若尉致；師古曰：長吏，縣之令、長也。若者，豫及之辭；致者，送至也；或丞、或尉自致之也。班表：縣令、長皆秦官，掌治其縣。萬戶以上爲令，秩千石至六百石；減萬戶爲長，秩五百石至三百石；皆有丞、尉，秩四百石至二百石；是爲長吏。長，知兩翻。不滿九十，嗇夫、令史致；漢制：十里一亭，十亭一鄉。鄉有嗇夫，職聽訟，收賦稅。風俗通曰：嗇者，省也；夫，賦也；言消息百姓，均其賦役。又漢制：縣長吏百石以下有所謂斗食佐史。漢官云：斗食佐史，即斗食令史。二千石遣都吏循行，不稱者督之。」蘇林曰：取其都吏有德也。如淳曰：律說：都吏，今督郵是也。閑惠曉事，即爲文無害都吏。師古曰：如說是。其循行有不如詔意者，二千石察視責罰之。行，下孟翻。稱，尺證翻。

8楚元王交薨。

9 夏，四月，齊、楚地震，二十九山同日崩，大水潰出。

10 時有獻千里馬者。帝曰：「鸞旗在前，劉昭志：乘輿大駕、法駕，前驅有九斿、雲罕、鳳凰闟戟、皮軒、鸞旗，皆大夫載。鸞旗者，編羽毛，列繫幢旁；民或謂之雞翹，非也。胡廣曰：鸞旗，以銅作鸞鳥車衡上。與本志不同。晉志曰：鸞旗車，駕四馬，先輅所載也。屬車在後，漢制：大駕，屬車八十一乘，備千乘萬騎。劉昭曰：古者諸侯貳車九乘。秦滅六國，兼其車服。古大駕屬車八十一乘；法駕半之。沈約曰：屬車皆皂蓋、黃裏。師古曰：屬，之欲翻。吉行日五十里，師行三十里；朕乘千里馬，獨先安之？」於是還其馬，與道里費；而下詔曰：「朕不受獻也。其令四方毋求來獻。」

11 帝既施惠天下，諸侯、四夷遠近驩洽；乃脩代來功，封宋昌爲壯武侯。班志，壯武屬膠東國。括地志：壯武故城，在萊州卽墨縣西六十里，古萊夷之國。

12 帝益明習國家事。朝而問右丞相勃曰：「天下一歲決獄幾何？」朝，直遙翻。勃謝不知；又問：「一歲錢穀入【章：乙十一行本「入」上有「出」字；並刊一格。】幾何？」勃又謝不知；惶愧，汗出沾背。上問左丞相平。平曰：「有主者。」上曰：「主者謂誰？」曰：「陛下卽問決獄，責廷尉；廷尉，掌刑辟；故決獄當問之。問錢穀，責治粟內史。」班表：治粟內史，秦官，掌穀貨；故錢穀出入當問之。武帝太初元年，改爲大司農。上曰：「苟各有主者，而君所主者何事也？」平謝曰：「陛下不知其駑下，師古曰：駑，凡馬之稱，非駿者也，故以自喻。駑，音奴。使待罪宰相。宰相者，上佐天子，理陰陽，順四時；下遂萬物之宜；外鎮撫四夷諸侯；內親附百姓，使卿大夫各得任其職焉。」帝乃稱善。右丞相大慚，出而讓陳平曰：「君獨不素教我對！」陳平笑曰：「君居其位，不知其任邪？且陛下卽問長安中盜賊數，君欲強對邪？」強，其兩翻。於是絳侯自知其能不如平遠矣。居頃之，人或說勃曰：「君既誅諸呂，立代王，威震天下。而君受厚賞，處尊位，說，式芮翻。處，昌呂翻。久之，卽禍及身矣。」勃亦自危，乃謝病，請歸相印，上許之。秋，八月，辛未，右丞相勃免，左丞相平專爲丞相。

13 初，隆慮侯竈擊南越，事見高后七年。會暑濕，士卒大疫，兵不能隃領。師古曰：隃，與踰同。歲餘，高后崩，卽罷兵。趙佗因此以兵威財物賂遺閩越、西甌、駱，役屬焉。遺，于季翻；下同。劉昫曰：唐黨州，古西甌所居也；漢屬鬱林郡界。駱，越也；唐貴州鬱平縣，古西甌、駱越所居，漢爲鬱林廣鬱縣地。又，潘州亦西甌、駱越地，漢合浦郡地也。又，高州茂名縣及鬱林軍，亦古西甌之地。宋白曰：秦象林郡皆西甌地。師古曰：西甌者，卽駱越也；言西者，以別東甌也。廣州記曰：交趾有駱田，仰潮水上下；人食其田，名爲駱侯，諸縣自名爲駱將，銅印青綬，卽今之令。後蜀王子將兵討駱侯，自稱爲安陽王，治封溪縣。南越王尉佗攻破安陽王，令二使典主交趾、九眞二郡，卽甌駱也。東西萬餘里，乘黃屋左纛，稱制與中國侔。

帝乃爲佗親冢在眞定者置守邑，爲，于僞翻。歲時奉祀；召其昆弟，尊官、厚賜寵之。復使陸賈使南越，復，扶又翻。賜佗書曰：「朕，高皇帝側室之子也，師古曰：言非正嫡所生。棄外，奉北藩于代。道里遼遠，壅蔽樸愚，未嘗致書。高皇帝棄羣臣，孝惠皇帝即世；高后自臨事，不幸有疾，諸呂爲變，賴功臣之力，誅之已畢。朕以王、侯、吏不釋之故，孟康曰：辭讓帝位，不見置也。不得不立；今即位。乃者聞王遺將軍隆慮侯書，求親昆弟，請罷長沙兩將軍。佗，眞定人，親昆弟皆在眞定，故來求之。呂后七年，佗反，攻長沙，故遣兩將軍屯於長沙以備之。遺，于季翻。朕以王書罷將軍博陽侯；博陽，齊地。高祖功臣表有博陽侯陳濞，蓋於此時爲將軍也。索隱曰：博陽縣在汝南。親昆弟在眞定者，已遣人存問，脩治先人冢。治，直之翻。前日聞王發兵於邊，爲寇災不止。當其時，長沙苦之，南郡尤甚；雖王之國，庸獨利乎！師古曰：言越兵寇邊，長沙、南郡皆厭苦之，而漢兵亦當拒戰，其於越亦非利也。必多殺士卒，傷良將吏，寡人之妻，孤人之子，獨人父母；得一亡十，朕不忍爲也。朕欲定地犬牙相入者；以問吏，吏曰：『高皇帝所以介長沙土也，』介，隔也。朕不得擅變焉。今得王之地，不足以爲大；得王之財，不足以爲富。服領以南，蘇林曰：山領名也。如淳曰：長沙南界。予謂服領者，自五嶺以南，荒服之外，因以稱之。王自治之。雖然，王之號爲帝。兩帝並立，亡一乘之使以通其道，亡，與無同。乘，繩證翻。是爭也；爭而不讓，仁者不爲也。願與王分棄前惡，師古曰：彼此共棄，故曰分。終今以來，通使如故。」師古曰：從今通使至於終久，故曰「終今以來」也。

賈至南越。南越王恐，頓首謝罪；願奉明詔，長爲藩臣，奉貢職。於是下令國中曰：

「吾聞兩雄不俱立，兩賢不並世。漢皇帝，賢天子。自今以來，去帝制、黃屋、左纛。」去，羌呂翻。因爲書，稱：「蠻夷大長、老夫臣佗昧死再拜上書皇帝陛下長，知兩翻；下同。曰：【章：甲十五行本無「曰」字；乙十一行本同；孔本同。】老夫，故越吏也，高皇帝幸賜臣佗璽，以爲南越王。孝惠皇帝即位，義不忍絕，所以賜老夫者厚甚。高后用事，別異蠻夷，別，彼列翻。出令曰：『毋與蠻夷越金鐵、田器、馬、牛、羊；以越爲蠻夷，故曰蠻夷越。即予，予牡，毋予牝。』予，讀曰與。牡，雄也；牝，雌也。恐其蕃息，故不予牝。老夫處僻，馬、牛、羊齒已長。師古曰：齒已長，謂老也。處，昌呂翻；下同。自以祭祀不脩，有死罪，使內史藩、中尉高、御史平凡三輩上書謝過，皆不反。又風聞老夫父母墳墓已壞削，兄弟宗族已誅論。師古曰：風聞，謂風聲傳聞也。誅論者，以罪論死也。壞，音怪。吏相與議曰：『今內不得振於漢，言爲漢所貶削，不得振起也。外亡以自高異。』亡，讀曰無。故更號爲帝，自帝其國，非敢有害於天下。更，工衡翻。高皇后聞之，大怒，削去南越之籍，使使不通。去，羌呂翻。使使：上如字；下疏吏翻。老夫竊疑長沙王讒臣，故發兵以伐其邊。老夫處越四十九年，于今抱孫焉。然夙興夜寐，寢不安席，食不甘味，目不視靡曼之色，張揖曰：靡，細也。曼，澤也。耳不聽鍾鼓之音者，以不得事漢也。今陛下幸哀憐，復故號，通使漢如故；老夫死，骨不腐。改號，不敢爲帝矣！」

14 齊哀王襄薨。謚法：恭仁短折曰哀。

15 上聞河南守吳公治平爲天下第一，守，式又翻。治，直吏翻。召以爲廷尉。吳公薦洛陽人賈誼，班志，洛陽縣屬河南郡。帝召以爲博士。班表：博士，秦官，掌通古今，秩比六百石，員多至數十人。武帝建元五年，初置五經博士；宣帝黃龍元年，增員十二人；屬奉常。是時賈生年二十餘。帝愛其辭博，言其贍於文辭而博識也。一歲中，超遷至太中大夫。班表：太中大夫，掌論議，無員，多至數十人，秩比千石；屬郎中令。賈生請改正朔，易服色，定官名，興禮樂，以立漢制，更秦法；正朔，謂夏建寅爲人正，商建丑爲地正，周建子爲天正。秦之建亥，非三統也，而漢因之，此當改也。周以火德王，色尚赤。漢繼周者也，以土繼火，色宜尚黃，此當易也。唐、虞官百，夏、商官倍，周官則備矣，六卿各率其屬，凡三百六十。秦立百官之職名，漢因循而不革，此當定也。高祖之時，叔孫通采秦儀以制朝廷之禮，因秦樂人以作宗廟之樂，此當興也。誼之說雖未爲盡醇，而其志則可尚矣。帝謙讓未遑也。

二年（癸亥、前一七八）

1 冬，十月，曲逆獻侯陳平薨。

2 詔列侯各之國；爲吏及詔所止者，遣太子。李奇曰：爲吏，謂爲卿、大夫者；詔所止，謂特以恩愛見留。余謂當時如周勃者是也。

3 十一月，乙亥，周勃復爲丞相。

4 癸卯晦，日有食之。詔：「羣臣悉思朕之過失及知見之所不及，匄以啓告朕。匄，音丐，乞也。及舉賢良、方正、能直言極諫者，賢良方正之舉昉此。以匡朕之不逮。」因各敕以職任，務省繇費以便民；省，所景翻，減也。繇，讀曰徭，役也。罷衛將軍；按班紀，詔曰：「朕既不能遠德，故憪然念外人之有非，是以設備未息。今縱不能罷邊屯戍，又飭兵厚衛，其罷衛將軍軍。」通鑑傳寫逸一「軍」字耳。太僕見馬遺財足，餘皆以給傳置。班表：太僕掌輿馬。見馬，見在之馬也。遺，留也。財，與纔同，少也，僅也。言減見在之馬，所留財足充事而已。置者，置傳驛之所，因名置也。傳，張戀翻。

潁陰侯騎賈山潁陰侯，灌嬰也。騎者，蓋在侯家爲騎從也。上書言治亂之道曰：「臣聞雷霆之所擊，無不摧折者；折，而設翻。萬鈞之所壓，無不糜滅者。今人主之威，非特雷霆也；埶重，非特萬鈞也。開道而求諫，和顏色而受之，用其言而顯其身，士猶恐懼而不敢自盡；又況於縱欲恣暴、惡聞其過乎！惡，烏路翻。震之以威，壓之以重，雖有堯、舜之智，孟賁之勇，豈有不摧折者哉！賁，音奔。如此則人主不得聞其過，社稷危矣。

昔者周蓋千八百國，周爵五等而土三等：公、侯百里，伯七十里，子、男五十里；不滿爲附庸。九州，州方千里。八州，州二百一十國；天子之縣內九十三國，凡九州，千七百七十三國。曰千八百國者，舉成數也。以九州之民周改禹貢徐、梁二州合之於青、雍，分冀州之地以爲幽、并。職方氏所掌曰揚州、荊州、豫州、青州、兗州、雍州、幽州、冀州、并州。養千八百國之君，君有餘財，民有餘力，而頌聲作。頌者，美盛德之形容也。秦皇帝以千八百國之民自養，力罷不能勝其役，財盡不能勝其求。罷，讀曰疲。勝，音升。一君之身耳，所自養者馳騁弋獵之娛，弋，羊職翻，繳射也。天下弗能供也。秦皇帝計其功德，度其後嗣世世無窮；度，徒洛翻。然身死纔數月耳，天下四面而攻之，宗廟滅絕矣。秦皇帝居滅絕之中而不自知者，何也？天下莫敢告也。其所以莫敢告者，何也？亡養老之義，亡輔弼之臣；亡，古無字通。退誹謗之人，殺直諫之士。是以道諛、媮合苟容，道，讀曰導；言爲諂諛，導迎主意，納之於邪也。媮，與偷同。比其德則賢於堯、舜，課其功則賢於湯、武；天下已潰師古曰：潰，水旁決也；言天下已壞，如水之潰也。而莫之告也。

今陛下使天下舉賢良方正之士，天下皆訢訢焉訢，讀曰欣。曰：『將興堯舜之道、三王之功矣。』天下之士，莫不精白以承休德。師古曰：厲精而爲潔白也。今方正之士皆在朝廷矣；又選其賢者，使爲常侍、諸吏，班表：左、右曹、諸吏、散騎常侍、中常侍，皆加官。與之馳驅射獵，一日再三出。臣恐朝廷之解弛，百官之墮於事也。解，讀曰懈。弛，式氏翻，放也。墮，與惰同。陛下卽位，親自勉以厚天下，節用愛民，平獄緩刑；天下莫不說喜。說，讀曰悅。臣聞山東吏布詔令，民雖老羸癃疾，癃，音隆；病也，老也，疲病也。扶杖而往聽之，願少須臾毋死，思見德化之成也。少，詩沼翻。今功業方就，名聞方昭，聞，音問；後以義推。四方鄉風鄉，讀曰嚮。而從；豪俊之臣，方正之士，直與之日日射獵，擊兔、伐狐，以傷大業，絕天下之望，臣竊悼之！古者大臣不得與宴游，師古曰：安息曰宴。與，讀曰豫。使皆務其方而高其節，師古曰：方，道也；一曰：方，謂廉隅也。則羣臣莫敢不正身脩行，行，下孟翻。盡心以稱大禮。夫士，脩之於家而壞之於天子之廷，稱，尺證翻。壞，音怪。臣竊愍之。陛下與衆臣宴游，與大臣、方正朝廷論議，游不失樂，朝不失禮，樂，音洛。朝，直遙翻；下同。軌【章：甲十五行本「軌」上有「議不失計」四字；乙十一行本同；孔本同；張校同；退齋校同。】事之大者也。」師古曰：軌，謂法度也。軌，居洧翻。上嘉納其言。

上每朝，郎、從官上書疏，從，才用翻。未嘗不止輦受其言。言不可用置之，言可用采之，未嘗不稱善。

帝從霸陵上班志，霸陵縣屬京兆。故芷陽也；帝起陵邑，因更名。欲西馳下峻阪。中郎將袁盎騎，並車擥轡。並，蒲浪翻。擥，與攬同，魯敢翻。上曰：「將軍怯邪？」盎曰：「臣聞『千金之子，坐不垂堂』。師古曰：言富人之子則自愛也。垂堂，謂坐堂外邊，恐墜墮也。聖主不乘危，不徼幸。徼，工堯翻。今陛下騁六飛馳下峻山，有如馬驚車敗，陛下縱自輕，柰高廟、太后何！」上乃止。

上所幸慎夫人，在禁中常與皇后同席坐。及坐郎署，袁盎引卻慎夫人坐。蘇林曰：郎署，上林中直衛之署也。如淳曰：盎時爲中郎將，天子幸署，豫設供張待之，故得引卻慎夫人坐也。坐，徂臥翻。慎，姓也。古有慎到。慎夫人怒，不肯坐；上亦怒，起，入禁中。盎因前說曰：「臣聞『尊卑有序，則上下和』。今陛下既已立后，慎夫人乃妾；妾、主豈可與同坐哉！且陛下幸之，卽厚賜之；陛下所以爲慎夫人，適所以禍之也。爲，于僞翻。陛下獨不見『人彘』乎！」人彘事見上卷惠帝元年。於是上乃說，說，讀曰悅。召語愼夫人，語，牛倨翻。愼夫人賜盎金五十斤。

賈誼說上曰：「管子曰：管子，管仲之書。『倉廩實而知禮節，衣食足而知榮辱。』民不足而可治者，自古及今，未之嘗聞。治，直之翻；下同。古之人曰：『一夫不耕，或受之飢；一女不織，或受之寒。』生之有時而用之無度，亡，古無字通。則物力必屈。屈，其勿翻，盡也；下大屈同。古之治天下，至纖，至悉，故其畜積足恃。今背本而趨末者甚衆，是天下之大殘也；師古曰：本，農業也；末，工、商也。言人棄農業而務工、商者甚衆。殘，謂傷害天下也。背，蒲妹翻。淫侈之俗，日日以長，長，知兩翻。是天下之大賊也。殘、賊公行，莫之或止；大命將泛，莫之振救。孟康曰：泛，方勇翻，覆也。師古曰：字本作「覂」，此通用。振，舉也。生之者甚少而靡之者甚多，靡，讀曰糜，散也。天下財產何得不蹷！蹷，音厥，傾竭也。

漢之爲漢，幾四十年矣，幾，居衣翻。公私之積，猶可哀痛。失時不雨，民且狼顧；鄭氏曰：民欲有畔意，若狼之顧望也。李奇曰：狼性怯，走喜還顧。言民見天不雨，心亦恐也。師古曰：李說是。歲惡不入，請賣爵子；如淳曰：賣爵級又賣子也。余謂請賣爵子，猶言請爵、賣子也。入粟得以拜爵，故曰請爵。富者有粟以徼上之急，至於請爵；貧者無以自活，至於賣子。既聞耳矣。如淳曰：聞於天子之耳。安有爲天下阽危者若是而上不驚者！阽危，欲墜之意。阽，音閻，又丁念翻。

世之有饑、穰，天之行也；李奇曰：天之行氣，不能常熟也。或曰：行，道也；師古曰：穰，豐也；人羊翻。禹、湯被之矣。被，皮義翻。卽不幸有方二三千里之旱，國胡以相恤？卒然邊境有急，卒，讀曰猝。數十百萬之衆，國胡以餽之？兵、旱相乘，天下大屈，有勇力者聚徒而衡擊，衡，讀曰横。罷夫、羸老，易子齩其骨。罷，讀曰疲。齩，五巧翻，齧也。政治未畢通也，治，直吏翻。遠方之能僭擬者並舉而爭起矣；乃駭而圖之，豈將有及乎！夫積貯者，天下之大命也；貯，丁呂翻。苟粟多而財有餘，何爲而不成！以攻則取，以守則固，以戰則勝，懷敵附遠，何招而不至！

今毆民而歸之農，皆著於本；毆，與驅同。著，直略翻。使天下各食其力，末技、游食之民轉而緣南畮，則畜積足而人樂其所矣。樂，音洛。可以爲富安天下，而直爲此廩廩也，廩，與凜同；廩廩，危懼之意。師古曰：言務耕農，厚畜積，則天下富安，何乃不爲而常不足，直廩廩若此也。竊爲陛下惜之！」爲，于僞翻。

上感誼言，春，正月，丁亥，詔開藉田，上親耕以率天下之民。應劭曰：古者天子耕藉田千畝，爲天下先。藉者，典藉之常也。韋昭曰：藉，借也；借民以治之，以奉宗廟，且以勸率天下使務農也。臣瓚曰：景帝詔曰：「朕親耕，后親桑，爲天下先。」本以躬親爲義，不得以假借爲稱也。藉，謂蹈藉也。師古曰：國語云：宣王卽位，不藉千畝。虢文公諫。則藉非假借明矣。瓚說是也。陸德明經典釋文：藉，在亦翻。

5 三月，有司請立皇子爲諸侯王。詔先立趙幽王少子辟彊爲河間王，師古曰：辟彊，言辟禦彊梁，亦猶辟兵、辟非耳。辟，必亦翻。彊，其良翻。一說，辟，讀曰闢，彊，讀曰疆；闢疆，言開土地也。賈誼書曰：衞侯朝于周，周行人問其名。衞侯曰：「辟彊。」行人還之曰：「啓彊、辟彊，天子之號也，諸侯弗得用。」更其名曰燬。

其義兩說並通；他皆倣此。河間本屬趙國；元年以幽王子遂爲趙王，至是又分河間以王遂之弟辟彊。朱虛侯章爲城陽王，東牟侯興居爲濟北王；城陽、濟北本皆屬齊，今分以王章、興居，二人皆悼惠王子。濟，子禮翻。然後立皇子武爲代王，參爲太原王，揖爲梁王。

6 五月，詔曰：「古之治天下，朝有進善之旌，應劭曰：旌，幡也；堯設之五達之道，令民進善也。如淳曰：欲有進者，於旌下言之。誹謗之木，服虔曰：堯作之，橋梁交午柱頭也。應劭曰：橋梁邊版，所以書政治之愆失也；至秦去之，今乃復施也。索隱曰：尸子云：堯立誹謗之木。誹，音非，音沸。韋昭曰：慮政有闕失，使書於木。此堯時然也，後代因以爲飾；今宮外橋頭四柱木是。鄭玄註禮云：一縱一横爲午；謂以木貫表柱四出，卽今之華表。崔浩以爲木貫柱四出名桓，陳、楚俗桓聲近和，又云和表，則華又與和相訛也。所以通治道而來諫者也。今法有誹謗、訞言之罪，師古曰：高后元年，詔除妖言令。今猶有妖言罪，則是中間重設此條。訞，與妖同。是使衆臣不敢盡情而上無由聞過失也，將何以來遠方之賢良！其除之！」

7 九月，詔曰：「農，天下之大本也，民所恃以生也；而民或不務本而事末，故生不遂。朕憂其然，故今茲親率羣臣農以勸之；其賜天下民今年田租之半。」

8 燕敬王澤薨。諡法：合善典法曰敬。

資治通鑑卷第十四

翰林學士朝散大夫右諫議大夫知制誥兼侍講同提舉萬壽觀公事
兼判集賢院上護軍河內郡開國侯食邑一千三百戶賜紫金魚袋臣　司馬光　奉敕編集

後　學　天　台　胡三省　音　註

漢紀六　起閼逢困敦（甲子），盡重光協洽（辛未），凡八年。

太宗孝文皇帝中

前三年（甲子、前一七七）

1冬，十月，丁酉晦，日有食之。

2十一月，丁卯晦，日有食之。

3詔曰：「前遣列侯之國，事見上卷上年。或辭未行。丞相，朕之所重，其爲朕率列侯之國！」爲，于僞翻。十二月，免丞相勃，遣就國。乙亥，以太尉灌嬰爲丞相；罷太尉官，屬丞相。漢承秦制，以丞相、太尉、御史大夫爲三公。今周勃自丞相罷就國，灌嬰自太尉爲丞相，因罷太尉官；蓋三公不必備之意，且兵柄難以輕屬也。

4 夏，四月，城陽景王章薨。諡法：由義而濟曰景；耆意大慮曰景；布義行剛曰景。

5 初，趙王敖獻美人於高祖，得幸，有娠。娠，音身。及貫高事發，見十二卷高祖九年。美人亦坐繫河内。美人母弟趙兼因辟陽侯審食其言呂后；食其，音異基。呂后妬，弗肯白。美人已生子，恚，即自殺。恚，於避翻。吏奉其子詣上，上悔，名之曰長，令呂后母之，而葬其母眞定。後封長爲淮南王。見十二卷高祖十一年。

淮南王蚤失母，常附呂后，故孝惠、呂后時得無患；而常心怨辟陽侯，以爲不強爭之於呂后，使其母恨而死也。及帝即位，淮南王自以最親，時高祖諸子惟帝及長在，故自以爲最親。驕蹇，數不奉法；驕蹇，謂不順也。數，所角翻。上常寬假之。是歲，入朝，朝，直遙翻。從上入苑囿獵，與上同車，常謂上「大兄」。王有材力，能扛鼎。扛，音江；舉也。乃往見辟陽侯，自袖鐵椎椎辟陽侯，令從者魏敬剄之；從，才用翻。剄，古頂翻。馳走闕下，肉袒謝罪。帝傷其志爲親，故赦弗治。爲，于僞翻。治，直之翻。當是時，薄太后及太子、諸大臣皆憚淮南王。淮南王以此，歸國益驕恣，出入稱警蹕，稱制擬於天子。袁盎諫曰：「諸侯太驕，必生患。」上不聽。爲淮南王謀反廢張本。

6 五月，匈奴右賢王入居河南地，右賢王，匈奴貴王也，居西方，直上郡以西，接氐、羌。師古曰：北地郡之北、黄河之南，即白羊王所居。余謂其地在北河之南，蒙恬所收，衞青所奪，皆是地也。侵盜上郡保塞蠻夷，殺掠【章：甲十五行本「掠」作「略」；乙十一行本同；孔本同。】人民。上幸甘泉。蔡邕曰：天子車駕所至，臣民以爲僥倖，故曰幸。見令、長、三老、官屬，親臨軒作樂，賜以酒、食、帛、葛、越巾、佩帶之屬；民爵有級數；或賜田租之半；故因謂之幸也。師古曰：甘泉宮在雲陽，本秦林光宮。括地志：在雍州雲陽縣西北三十八里。元和郡國志：雲陽縣西北三十八里有車箱阪，縈紆曲折，財通單軌，上阪卽平原宏敞。甘泉宮之地亦曰車盤嶺。沈〔宋〕敏求長安志：雲陽磨石嶺，山有甘泉。遣丞相灌嬰發車騎八萬五千，詣高奴擊右賢王；發中尉材官屬衞將軍，軍長安。此中尉所掌材官士也。觀此，益足以明二年罷衞將軍軍，衞將軍之官本不罷也。右賢王走出塞。

7 上自甘泉之高奴，因幸太原，見故羣臣，皆賜之；復晉陽、中都民三歲租。班志，晉陽、中都二縣皆屬太原郡。高帝十一年，立帝爲代王，都晉陽。如淳註曰：文紀言都中都，又，帝復晉陽、中都二歲，似遷都於中都也。括地志：中都故城，在汾州平遙縣西南十二里。宋白曰：漢文帝爲代王，都中都，故介休縣東南中都城也。史記諸侯年表：高帝十年，封子恆爲代王，都中都。復，方目翻。留游太原十餘日。

8 初，大臣之誅諸呂也，朱虛侯功尤大，大臣許盡以趙地王朱虛侯，盡以梁地王東牟侯。王，于況翻；下以義推。及帝立，聞朱虛、東牟之初欲立齊王，事見上卷呂后八年。故絀其功，絀，敕律翻，貶下也。及王諸子，乃割齊二郡以王之。興居自以失職奪功，頗怏怏；聞帝幸太原，以爲天子且自擊胡，遂發兵反。帝聞之，罷丞相及行兵皆歸長安，行兵，行擊匈奴之兵也。以棘蒲侯柴武爲大將軍，將四將軍、十萬衆擊之；祁侯繒賀爲將軍，軍滎陽。應劭曰：棘蒲，卽常山平棘縣。師古非之。余據靳歙傳，則棘蒲，趙地也，在安陽以東。宋白曰：棘蒲，春秋時晉邑，漢初爲棘蒲，後改爲平棘。蓋亦本應說也。班志，祁縣屬太原郡，晉大夫賈辛邑。括地志：并州祁縣城是也。柴武、繒賀，皆高帝功臣。姓譜：柴姓，高柴之後。繒，亦姓也，以國爲氏。國語云：申、繒方強。韋昭註：繒出於姒姓。秋，七月，上自太原至長安。詔：「濟北吏民，兵未至先自定及以軍城邑降者，皆赦之，復官爵；與王興居去來者，赦之。」師古曰：雖始與興居共反，今棄之去而來降者亦赦之。貢父曰：高帝詔曰：「與綰居去來歸者赦之」，今此文當云：「與王興居居去來者赦之」，蓋脫一「居」字也。余謂貢父說是。濟，子禮翻。降，戶江翻。八月，濟北王興居兵敗，自殺。

9 初，南陽張釋之爲騎郎，秦置南陽郡，漢因之。郎屬郎中令，掌守門戶，出充車騎。郎中有車、騎、戶三將，主車曰車郎，主騎曰騎郎，主戶衞曰戶郎，皆以中郎將主之。騎，奇寄翻。十年不得調，調，徒釣翻，選也。欲免歸。袁盎知其賢而薦之，爲謁者僕射。班表：謁者掌賓讚受事，秩比六百石；有僕射，秩比千石。應劭曰：謁，請也，白也。僕，主也。漢官儀曰：僕射，秦官也。僕，主也；古者主武事，每官必有主射者以督課之。釋之從行，登虎圈，上問上林尉諸禽獸簿。虎圈，養虎之所，在上林。圈，求遠翻。班表：有令，有八丞、十二尉；武帝以後屬水衡都尉。禽獸簿，謂簿錄禽獸之大數也。十餘問；尉左右視，盡不能對。蓋帝問之而不能對，故倉皇失措而左右視也。師古曰：視其屬官，盡不能對；非也。虎圈嗇夫從旁代尉對。上所問禽獸簿甚悉，欲以觀其能；師古曰：能，謂材也。能，本獸名，形似羆，足似鹿，爲物堅中而強力，故人之有賢材者皆謂之能。口對響應，無窮者。虎圈嗇夫，掌虎圈之吏也。悉，詳盡也。響應者，如響應聲，言其捷也。帝曰：「吏不當若是邪！尉無賴。」言其才無足恃賴也。援神契曰：蝟多賴，故不使超揚。賴，才也。孟子：富歲子弟多賴。朱子曰：賴，藉也。乃詔釋之拜嗇夫爲上林令。釋之久之前，曰：「陛下以絳侯周勃何如人也？」上曰：「長者也。」長，知兩翻。又復問：「東陽侯張相如何如人也？」班志，東陽縣屬臨淮郡。上復曰：「長者。」復，扶又翻。釋之曰：「夫絳侯、東陽侯稱爲長者，此兩人言事曾不能出口，豈效此嗇夫喋喋利口捷給哉！晉灼曰：喋，音牒。且秦以任刀筆之吏，師古曰：刀，所以削書也；古者用簡牒，故吏皆以刀筆自隨也。揚子曰：刀不利，筆不銛。說文：楚謂之聿，吳謂之不律，燕謂之弗，秦謂之筆。釋名：筆，述也；述事而書之也。爭以亟疾苛察相高，亟，居力翻，急也。其敝，徒文具而無實，不聞其過，陵遲至於土崩。師古曰：陵，丘陵也；陵遲，言如丘陵之逶遲稍卑下也。又曰陵夷。夷，平也；言其頹替若丘陵之漸平也。今陛下以嗇夫口辨而超遷之，臣恐天下隨風而靡，爭爲口辯而無其實。夫下之化上，疾於景響，舉錯不可不審也！」錯，七故翻；後以義推。帝曰：「善！」乃不拜嗇夫。上就車，召釋之參乘。乘，繩證翻。徐行，問釋之秦之敝，具以質言。如淳曰：質，誠也。至宮，上拜釋之爲公車令。

頃之，太子與梁王共車入朝，不下司馬門。於是釋之追止太子、梁王，無得入殿門，遂劾「不下公門，不敬，」奏之。班表：公車令屬衞尉。漢官儀：公車司馬令掌殿司馬門。如淳曰：宮衞令：

諸出入殿門、公車司馬門者，皆下；不如令者，罰金四兩。程大昌曰：通典衞尉公車令曰：胡廣云：諸門各陳屯夾道，其旁設兵以示威武，交節立戟以遮訶出入。劾，戶概翻，又戶得翻。薄太后聞之；帝免冠，謝教兒子不謹。薄太后乃使使承詔赦太子、梁王，然後得入。帝由是奇釋之，拜爲中大夫；中大夫掌論議，屬郎中令，其位在太中大夫之下，諫大夫之上。武帝太初元年，更名中大夫曰光祿大夫，秩比二千石；太中大夫秩比千石如故。至後漢志有光祿大夫、太中大夫、中散大夫、諫議大夫。胡廣曰：光祿大夫，本爲中大夫，武帝元狩五年置，爲光祿大夫、諫大夫，世祖中興，以爲諫議大夫。又有太中、中散大夫。此四等，於古皆爲天子之下大夫，視列國之上卿。頃之，至中郎將。

從行至霸陵，上謂羣臣曰：「嗟乎！以北山石爲椁，用紵絮斮陳漆其間，師古曰：美石出京師北山，今宜州石是。斮絮以漆著其間也。紵，竹呂翻。康曰：紵，檾屬；細者爲絟，麤者爲紵。陸璣草木疏曰：紵，亦麻也。科生數十莖，宿根在地中，至春自生，不歲種也。荆、揚之間，一歲三收；今官園種之，歲再刈。刈便生剝之，以鐵若竹挾之，表厚皮自脫，但得其裏韌如筋者，謂之徽紵。今南越紵布皆用此麻。檾，口潁翻。斮，側略翻。豈可動哉！」左右皆曰：「善！」釋之曰：「使其中有可欲者，雖錮南山猶有隙；使其中無可欲者，雖無石椁，又何戚焉！」錮，音固；冶銅鑄塞以爲固也。師古曰：有可欲，謂多藏金玉而厚葬之，人皆欲發取之也，是有間隙也；無可欲，謂不寘器備而薄葬，人無欲攻掘取之者，故無憂戚也。帝稱善。

是歲，釋之爲廷尉。上行出中渭橋，張晏曰：中渭橋，在渭橋中路。臣瓚曰：中渭橋，兩岸之中。索隱曰：張晏、臣瓚之說皆非也。按今渭橋有三所：一所在城西北咸陽路，曰西渭橋；一所在城東北高陵路，曰東渭橋；其中渭橋在長安故城之北。有一人從橋下走，乘輿馬驚；乘，繩證翻。於是使騎捕之，屬廷尉。屬，之欲翻；下同。釋之奏當：「此人犯蹕，當罰金。」崔浩曰：奏當，謂處其罪也。索隱曰：按百官志云：廷尉掌平刑罰，奏當，一應郡國讞疑罪，皆處當以報之也。如淳曰：蹕，止行人。乙令：蹕先至而犯者，罰金四兩。上怒曰：「此人親驚吾馬；馬賴和柔，令他馬，固不敗傷我乎！而廷尉乃當之罰金！」釋之曰：「法者，天下公共也。今法如是；更重之，是法不信於民也。且方其時，上使使誅之則已。今已下廷尉；下，遐嫁翻。廷尉，天下之平也，壹傾，天下用法皆爲之輕重，民安所錯其手足！錯，七故翻。唯陛下察之！」上良久曰：「廷尉當是也。」

其後人有盜高廟坐前玉環，得；得，言捕得也。坐，徂臥翻。帝怒，下廷尉治。釋之按「盜宗廟服御物者」爲奏當棄市。上大怒曰：「人無道，乃盜先帝器！吾屬廷尉者，欲致之族；而君以法奏之，索隱曰：謂依律而斷也。屬，之欲翻。非吾所以共承宗廟意也。」共，讀曰恭。釋之免冠頓首謝曰：「法如是，足也。且罪等，然以逆順爲差。如淳曰：罪等，俱死罪也。盜玉環不若長陵土之逆。仲馮曰：此等，讀如等級之等，言凡罪之等差。今盜宗廟器而族之，有如萬分一，假令愚民取長陵一抔土，長陵，高祖陵也。張晏曰：不欲指言，故以取土喻之也。師古曰：抔，謂以手掬之也。抔，步侯翻。陛下且何以加其法乎？」帝乃白太后許之。

四年（乙丑、前一七六）

1 冬，十二月，潁陰懿侯灌嬰薨。

2 春，正月，甲午，以御史大夫陽武張蒼爲丞相。班志，陽武縣屬河南郡。蒼好書，博聞，尤邃律曆。好，呼到翻。

3 上召河東守季布，河東本韓、魏之地，秦置郡。欲以爲御史大夫。有言其勇、使酒、難近者；應劭曰：使酒，酗酒也。師古曰：言因酒營洽而使氣也。近，謂附近天子而爲大臣。近，其靳翻。至，留邸一月，見罷。師古曰：既引見而罷令還郡也。貢父曰：見罷，猶言見逐、見棄耳，非引見也。季布因進曰：「臣無功竊寵，待罪河東，陛下無故召臣，此人必有以臣欺陛下者。師古曰：謂妄言其賢，故云欺也。今臣至，無所受事，罷去，此人必有毀臣者。夫陛下以一人之譽而召臣，以一人之毀而去臣，譽，音余。去，羌呂翻。臣恐天下有識聞之，有以闚陛下之淺深也！」上默然，慚，良久曰：「河東，吾股肱郡，故特召君耳。」

4 上議以賈誼任公卿之位。大臣多短之曰：「洛陽之人，年少初學，少，詩照翻。專欲擅權，紛亂諸事。」於是天子後亦疏之，不用其議，以爲長沙王太傅。長沙王，吴差也。漢制：諸侯王國有太傅輔王。疏，與疎同。

5 絳侯周勃既就國，每河東守、尉行縣至絳，漢承秦制，郡有守，有尉；守掌治其郡，尉掌佐守典武職甲卒。行縣，循行屬縣也。行，下孟翻。勃自畏恐誅，常被甲，令家人持兵以見之。被，皮義翻。其後人有上書告勃欲反，下廷尉；上，時掌翻。下，遐嫁翻。廷尉逮捕勃，治之。勃恐，不知置辭；師古曰：置，立也。辭，對獄之辭。吏稍侵辱之。勃以千金與獄吏，吏【章：甲十五行本下「吏」字上重「獄」字；乙十一行本同；孔本同。】乃書牘背示之曰：牘，木簡也，以書獄辭。李奇曰：牘，吏所執簿。韋昭曰：牘，版也。索隱曰：簿即牘也；故魏志「秦宓以簿擊頰」，則亦簡牘之類也。「以公主爲證。」公主者，帝女也，勃太子勝之尚之。韋昭曰：尚，奉也，不敢言娶也。薄太后亦以爲勃無反事。帝朝太后，太后以冒絮提帝曰：應劭曰：冒絮，陌額絮也。如淳曰：太后恚怒，遭得左右物提之也。晉灼曰：巴蜀異物志謂頭上巾爲冒絮。師古曰：冒，覆也；老人所以覆其頭。提，擊之也。提，徒計翻；索隱音抵，擲也。「絳侯始誅諸呂，綰皇帝璽，綰，烏版翻。將兵於北軍，不以此時反，今居一小縣，顧欲反邪！」帝既見絳侯獄辭，乃謝曰：「吏方驗而出之。」於是使使持節赦絳侯，復爵邑。絳侯既出，曰：「吾嘗將百萬軍，然安知獄吏之貴乎！」

6 作顧成廟。服虔曰：顧成廟，在長安城南；還顧見城，故名之。應劭曰：帝自爲廟，制度卑狹，若顧望而成，猶文王靈臺不日成之，故曰顧成也。如淳曰：身存而爲廟，若周之顧命也。景帝廟號德陽，武帝廟號龍淵，昭帝廟號徘徊，宣帝廟號樂遊，元帝廟號長壽，成帝廟號陽池。師古曰：以還顧見城，於義無取；又，書本不作城郭字。應說近之。

五年（丙寅、前一七五）

1 春，二月，地震。

2 初，秦用半兩錢，秦半兩錢，重如其文。高祖嫌其重，難用，更鑄莢錢。更，工衡翻；下同。如淳曰：如榆莢也。莢，音頰。杜佑曰：莢錢，如榆莢，重一銖，半徑五分，文曰「漢興」，卽應劭所謂五分錢。於是物價騰踊，米至石萬錢。夏，四月，更造四銖錢；應劭曰：文帝以五分錢太輕小，更作四銖錢，文亦曰「半兩」，今民間半兩錢最輕小者是也。除盜鑄錢令，使民得自鑄。

賈誼諫曰：「法使天下公得雇租鑄銅、錫爲錢，師古曰：雇租，謂雇傭之直，或租其本。敢雜以鉛、鐵爲他巧者，其罪黥。然鑄錢之情，非殽雜爲巧，則不可得贏；師古曰：殽，謂亂雜也；不得贏，謂無餘利也；言不雜鉛、鐵則無利也。殽，音爻。而殽之甚微，爲利甚厚。師古曰：微，謂精妙也；言殽雜鉛、鐵，其術精妙，不可覺知，而得利甚厚，故令人輕犯姦而不可止也。余謂微，細也；言姦民殽雜鉛、鐵，其所費甚微，而得利甚厚也。夫事有召禍而法有起姦；今令細民人操造幣之勢，師古曰：操，持也；人人皆得鑄錢也。操，千高翻。各隱屏而鑄作，屏，必郢翻，蔽也；言各自隱蔽而鑄錢也。因欲禁其厚利微姦，雖黥罪日報，其勢不止。蘇林曰：報，論。余據張湯傳有訊、鞫、論、報，嚴延年傳有報囚，師古註皆以爲論奏獲報。原父註則謂報者爲斷決囚，若今有司書囚罪，長吏判準斷，是也。乃者，民人抵罪多者一縣百數，及吏之所疑搒笞奔走者甚衆。搒，音彭。夫縣法以誘民，縣，讀曰懸。師古曰：懸，謂開立之。使入陷阱，孰多於此！師古曰：阱，穿地以陷獸也。阱，才性翻。又民用錢，郡縣不同：或用輕錢，百加若干；應劭曰：時錢重四銖；法錢百文，當重一斤十六銖；輕則以錢足之若干枚令滿平也。師古曰：若干，且設數之言也。干，猶箇也，謂當如此箇數也。而胡廣云：若，順也；干，求也；當順所求而與之矣。或用重錢，平稱不受。應劭曰：用重錢則平稱有餘，不能受也。臣瓚曰：秦錢重半兩，漢初鑄莢錢，文帝更鑄四銖錢。秦錢與莢錢皆當廢，而故與四銖並行。民以其見廢，故用輕錢則百加若干；用重錢則雖一當一猶復不受；是以郡縣不同也。師古曰：應說是也。稱，尺孕翻。法錢不立：師古曰：依法之錢也。吏急而壹之乎？則大爲煩苛而力不能勝；縱而弗呵乎？則市肆異用，錢文大亂；苟非其術，何鄉而可哉！今農事棄捐而采銅者日蕃，勝，音升。鄉，讀曰嚮。蕃，扶元翻。釋其耒耨，冶鎔炊炭；姦錢日多，五穀不爲多。言民棄其農而冶銅炊炭，故五穀不爲多。爲，于僞翻。善人怵而爲姦邪，愿民陷而之刑戮；刑戮將甚不詳，奈何而忽！怵，先律翻，又音黜，誘也；言動心於爲姦邪也。愿，謹也。師古曰：詳，平也。忽，忽忘也。國知患此，吏議必曰『禁之』。禁之不得其術，其傷必大。令禁鑄錢，則錢必重；師古曰：令，謂法令也。重則其利深，盜鑄如雲而起，棄市之罪又不足以禁矣。姦數不勝而法禁數潰，銅使之然也。數，所角翻。銅布於天下，其爲禍博矣，故不如收之。」賈山亦上書諫，以爲：「錢者，亡用器也，亡，與無通。而可以易富貴。富貴者，人主之操柄也；令民爲之，是與人主共操柄，不可長也。」上不聽。操，千高翻。長，知兩翻。

是時，太中大夫鄧通方寵幸，上欲其富，賜之蜀嚴道銅山，使鑄錢。班志，嚴道屬蜀郡。括地志：雅州榮經縣北三里有銅山，即鄧通得賜銅山鑄錢者也。唐榮經，即漢嚴道也。吳王濞有豫章銅山，豫章，秦鄣郡地，高帝分置豫章郡。招致天下亡命者以鑄錢；東煑海水爲鹽；以故無賦而國用饒足。史言吳以強富致叛。於是吳、鄧錢布天下。

3 初，帝分代爲二國；事見上卷一年。立皇子武爲代王，參爲太原王。是歲，徙代王武爲淮陽王；以太原王參爲代王，盡得故地。故代國之地。

六年（丁卯、前一七四）

1 冬，十月，桃、李華。華，讀如花。

2 淮南厲王長自作法令行於其國，逐漢所置吏，請自置相、二千石；王國自相至内史、中尉皆吏二千石，漢爲置之，餘得自置。今長驕橫，逐漢所置吏而請自置之。帝曲意從之。又擅刑殺不辜及爵人至關内侯；關内侯，爵第十九。爵自上出，非侯王所擅。數上書不遜順。數，所角翻。帝重自切責之，師古曰：重，難也。乃令薄昭與書風諭之，引管、蔡及代頃王、濟北王興居以爲儆戒。周公誅管叔、蔡叔。代頃王，高祖兄仲也。謚法：甄心動懼曰頃；敏以敬慎曰頃。廢爲侯事見十一卷高祖七年。興居事見上三年。風，讀曰諷。頃，音傾。

王不說，說，讀曰悅。令大夫但、士伍開章等七十人開，姓也。姓譜：衛公子開方之後。與棘蒲侯柴武太子奇謀以輂車四十乘反谷口；師古曰：輂車，古人輓行以載兵器也。谷口在長安北，處多險阻。班志，谷口縣屬左馮翊。括地志：谷口故城，在雍州醴泉縣東北四十里。乘，繩證翻。令人使閩越、匈奴。事覺，有司治之；使，疏吏翻；下以義推。使使召淮南王。王至長安，丞相張蒼、典客馮敬行御史大夫事，與宗正、廷尉奏：「長罪當棄市。」制曰：「其赦長死罪，廢，勿王；徙處蜀郡嚴道邛郵。」邛郵，置名。師古曰：郵，行書之舍。余據班志，嚴道有邛來山，邛水所出，蓋於其地置郵驛也。杜佑曰：邛州臨邛縣南有邛來山，在雅州百丈縣。嚴道，今雅州。宋白曰：秦滅楚，徙嚴王之族以實此地，故曰嚴道。勿王，于況翻。處，昌呂翻。邛，渠容翻。郵，音尤。盡誅所與謀者。載長以輜車，令縣以次傳之。傳，直戀翻；下同。

袁盎諫曰：「上素驕淮南王，弗爲置嚴傅、相，爲，于僞翻。相，息亮翻。以故致【章：甲十五行本「致」作「至」；乙十一行本同；孔本同。】此。淮南王爲人剛，今暴摧折之，臣恐卒逢霧露病死，卒，讀曰猝，又音子恤翻，終也。陛下有殺弟之名，柰何？」上曰：「吾特苦之耳，今復之。」師古曰：暫困苦之，令其自悔，卽追還也。

淮南王果憤恚不食死。縣傳至雍，班志，雍縣屬扶風。雍，於用翻。雍令發封，以死聞。輜車有封，前此所經縣傳莫敢發；至雍，令乃發之。上哭甚悲，謂袁盎曰：「吾不聽公言，卒亡淮南王！」卒，子恤翻。今爲柰何？」盎曰：「獨斬丞相、御史以謝天下乃可。」上卽令丞相、御史逮考諸縣傳送淮南王不發封餽侍者，皆棄市；以列侯葬淮南王於雍，置守冢三十戶。

3 匈奴單于遺漢書曰：「前時，皇帝言和親事，稱書意，合歡。遺，于季翻；下同。師古曰：稱，副也；言與所遺書意相副，而共結歡親。稱，尺證翻；下同。漢邊吏侵侮右賢王，右賢王不請，聽後義盧侯難支等計，索隱曰：難支，匈奴將名也。與漢吏相距。絕二主之約，離兄弟之親，故罰右賢王，使之西求月氏擊之。以天之福，吏卒良，馬力強，以夷滅月氏，盡斬殺、降下，定之；氏，音支。降，戶江翻。樓蘭、烏孫、呼揭樓蘭國，在西域之東垂，後曰鄯善。自武帝開河西之後，地最近漢，當白龍堆之道。烏孫國，治赤谷城。師古曰：烏孫於西域諸戎，其形最異，今之胡人，青眼，赤須，狀類獼猴，是其種也。史記正義：呼揭國，在瓜州西北。余據班史，匈奴北服丁零、呼揭之國。宣帝時，匈奴乖亂，其西方呼揭王自立爲呼揭單于。西域傳，呼揭不在三十六國之數，而烏孫國東與匈奴接，則呼揭蓋在烏孫之東、匈奴西北也。師古曰：揭，丘例翻；索隱其列翻；正義音桀。及其旁二十六國，皆已爲匈奴，諸引弓之民釋名曰：弓，穹也；張之穹穹然也。并爲一家，北州以定。願寢兵，休士卒，養馬，除前事，復故約，以安邊民。皇帝卽不欲匈奴近塞，則且詔吏民遠舍。」近，其靳翻。帝報書曰：「單于欲除前事，復故約，朕甚嘉之！此古聖王之志也。漢與匈奴約爲兄弟，所以遺單于甚厚；倍約、離兄弟之親者，常在匈奴。倍，蒲妹翻。然右賢王事已在赦前，單于勿深誅！單于若稱書意，明告諸吏，使無負約，有信，敬如單于書。」

後頃之，冒頓死，子稽粥立，稽，音雞。粥，音育。號曰老上單于。老上單于初立，帝復遣宗室女翁主爲單于閼氏，復，扶又翻。閼氏，音煙支。使宦者燕人中行說傅翁主。中行，姓；說，名。中行本出荀氏，晉荀林父將中行，因以爲氏。行，戶江翻。說，讀曰悅。說不欲行，漢強使之。強，其兩翻。說曰：「必我也，爲漢患者！」言爲漢患者必我也。史倒其文，因當時語。中行說既至，因降單于，單于甚親幸之。

初，匈奴好漢繒絮、食物。繒，帛也；絮，綿也。好，呼到翻；下同。中行說曰：「匈奴人衆不能當漢之一郡，然所以強者，以衣食異，無仰於漢也。今單于變俗，好漢物；漢物不過什二，則匈奴盡歸於漢矣。」師古曰：言漢費物十分之二，則匈奴之衆將盡歸於漢矣。其得漢繒絮，以馳草棘中，衣袴皆裂敝，以示不如旃裘之完善也；得漢食物，皆去之，去，丘呂翻，棄也。以示不如湩酪之便美也。湩，竹用翻，又都奉翻，乳汁也。酪，盧各翻，以乳爲之。於是說教單于左右疏記，以計課其人衆、畜牧。其遺漢書牘及印封，皆令長大，倨傲其辭，遺，于季翻。自稱「天地所生、日月所置匈奴大單于。」

漢使或訾笑匈奴俗無禮義者，訾，將此翻，毀也。中行說輒窮漢使曰：「匈奴約束徑，易行；易，以豉翻。君臣簡，可久；一國之政，猶一體也。故匈奴雖亂，必立宗種。種，章勇翻。今中國雖云有禮義，及親屬益疏則相殺奪，以至易姓，皆從此類也。嗟！土室之人，匈奴之人，逐水草，居廬帳，非如中國有室屋，故謂中國人爲土室之人。師古曰：嗟者，歎愍之言。顧無多辭，喋喋佔佔！師古曰：顧，思念也。喋喋，利口也；佔佔，衣裳貌也；言漢人且當思念，無爲喋喋佔佔。佔，昌占翻。顧漢所輸匈奴繒絮、米糵，令其量中、必善美而已矣，師古曰：顧，念也。中，猶滿也；量中者，滿其數也。中，竹仲翻。何以言爲乎！且所給，備、善，則已；不備、苦惡，則候秋熟，以騎馳蹂而稼穡耳！」師古曰：苦，猶麤也。蹂，踐也。而，汝也。韋昭曰：苦，音靡盬之盬。蹂，人九翻。

4 梁太傅賈誼誼自長沙徵爲梁懷王太傅。上疏曰：「臣竊惟今之事勢，可爲痛哭者一，可爲流涕者二，可爲長太息者六；若其他背理而傷道者，難徧以疏舉。背，蒲妹翻。進言者皆曰：『天下已安已治矣』，臣獨以爲未也；曰安且治者，非愚則諛，皆非事實知治亂之體者也。治，直吏翻；下同。夫抱火厝之積薪之下而寢其上，厝，千故翻；置也。火未及然，因謂之安；方今之勢，何以異此！陛下何不壹令臣得孰數之於前，孰，古熟字通。因陳治安之策，試詳擇焉！

使爲治，勞志【章：甲十五行本「志」作「智」；乙十一行本同；孔本同。】慮，苦身體，乏鐘、鼓之樂，勿爲可也；樂與今同，而加之諸侯軌道，師古曰：軌道，言遵法制也。樂，音洛。兵革不動，匈奴賓服，百姓素朴，生爲明帝，沒爲明神，名譽之美垂於無窮，使顧成之廟稱爲太宗，上配太祖，與漢亡極，亡，古無字通。立經陳紀，爲萬世法；雖有愚幼、不肖之嗣猶得蒙業而安。以陛下之明達，因使少知治體者得佐下風，致此非難也。

夫樹國固必相疑之勢，鄭氏曰：今建立國泰大，其勢固必相疑也。臣瓚曰：樹國於險固，諸侯強大，則必與天子有相疑之勢也。師古曰：鄭說是。下數被其殃，上數爽其憂，如淳曰：爽，忒也。數，所角翻。甚非所以安上而全下也。今或親弟謀爲東帝，親兄之子西鄉而擊；親弟，謂淮南厲王長謀反。親兄之子，謂齊悼惠王子濟北王興居欲西擊滎陽。鄉，讀曰嚮。今吳又見告矣。如淳曰：時吳王濞不循漢法，有告之者。天子春秋鼎盛，應劭曰：鼎，方也。行義未過，德澤有加焉，行，下孟翻。猶尚如是；況莫大諸侯，權力且十此者虖！師古：莫大，謂無有大於其國者，言最大也。十此，謂十倍於此。余謂誼之大意，蓋謂淮南、濟北當文帝之時尚敢以一國爲變，使諸侯相合，襲是跡而動，則其權力十倍於此，爲患莫大焉。

然而天下少安，何也？大國之王幼弱未壯，漢之所置傅、相方握其事。數年之後，諸侯之王大抵皆冠，師古曰：大抵，猶言大略也。冠，古玩翻。血氣方剛；漢之傅、相稱病而賜罷，彼自丞、尉以上偏置私人；如此，有異淮南、濟北之爲邪！此時而欲爲治安，雖堯、舜不治。

黃帝曰：『日中必熭！操刀必割。』孟康曰：熭，音衛。日中盛者，必暴熭也。臣瓚曰：太公曰：「日中不熭，是謂失時；操刀不割，失利之期。」言當及時也。師古曰：熭，謂暴曬之也。今令此道順而全安甚易，易，以豉翻。不肯蚤爲，已乃墮骨肉之屬而抗剄之，應劭曰：抗其頭而剄之也。師古曰：墮，毀也。抗，舉也。剄，割頸也。墮，許規翻。剄，工頂翻。豈有異秦之季世虖！虖，古乎字。其異姓負強而動者，漢已幸而勝之矣，又不易其所以然；同姓襲是跡而動，既有徵矣，徵，證驗也。其勢盡又復然。殃禍之變，未知所移，明帝處之尚不能以安，處，昌呂翻。後世將如之何！

臣竊跡前事，師古曰：尋前事之蹤跡。大抵強者先反。長沙乃二萬五千戶耳，功少而最完，勢疏而最忠；漢初功臣封王者，獨長沙王吳芮傳國至文帝時。非獨性異人也，亦形勢然也。曩令樊、酈、絳、灌據數十城而王，今雖以殘亡可也；令信、越之倫列爲徹侯而居，雖至今存可也。然則天下之大計可知已：欲諸王之皆忠附，則莫若令如長沙王；欲臣子勿菹醢，則莫若令如樊、酈等；菹，臻魚翻，虀也。醢，呼改翻，肉醬也。欲天下之治安，莫若衆建諸侯而少其力。力少則易使以義，師古曰：使以義，使之遵禮義也。少，詩沼翻。國小則亡邪心。令海內之勢，如身之使臂，臂之使指，莫不制從，諸侯之君不敢有異心，輻湊並進而歸命天子。割地定制，令齊、趙、楚各爲若干國，使悼惠王、幽王、元王之子孫畢以次各受祖之分地，分，扶問翻。地盡而止；其分地衆而子孫少者，建以爲國，空而置之，須其子孫生者舉使君之；須，待也。一寸之地，一人之衆，天子亡所利焉，亡，古無字通；下同。誠以定治而已。如此，則臥赤子天下之上而安，植遺腹，朝委裘而天下不亂；服虔曰：言天下安，雖赤子、遺腹在位猶不危也。應劭曰：植遺腹，朝委裘，皆未有所知也。孟康曰：委裘，若容衣，天子未坐〔朝〕，事先帝裘衣也。植，音值。朝，直遙翻。當時大治，後世誦聖。師古曰：稱其聖明。陛下誰憚而久不爲此！

天下之勢方病大瘇，如淳曰：腫足曰瘇。師古曰：瘇，止勇翻。一脛之大幾如要，脛，戶定翻，腳脛。釋名曰：脛，莖也，直而長，似物莖也。幾，居依翻；下同。一指之大幾如股，平居不可屈伸，一二指慉，身慮無聊。師古曰：慉，謂動而痛也。聊，賴也。慉，丑六翻。失今不治，必爲錮疾，師古曰：錮疾，堅久之疾。後雖有扁鵲，不能爲已。師古曰：扁鵲，良醫也。爲，治也。已，語終辭。病非徒瘇也，又苦𨂂盭。師古曰：𨂂，古蹠字，之石翻。足下曰蹠，今所呼腳掌是也。盭，古戾字；言足蹠反戾，不可行也。元王之子，帝之從弟也；今之王者，從弟之子也。惠王之子，親兄子也；今之王者，兄子之子也。楚元王交，高帝之弟，其子於文帝爲從弟。齊悼惠王肥，高帝之庶長子，其子於文帝爲親兄子。從，才用翻。親者或亡分地以安天下，疏者或制大權以偪天子，師古曰：廣立藩屏，則天下安，故曰以安天下。偪，古逼字。臣故曰非徒病瘇也，又苦𨂂盭。可痛哭者，此病是也。

天下之勢方倒縣。縣，古懸字通；下同。凡天子者，天下之首。何也？上也。蠻夷者，天下之足。何也？下也。今匈奴嫚侮侵掠，至不敬也；而漢歲致金絮采繒以奉之。足反居上，首顧居下，師古曰：顧，亦反也。倒縣如此，莫之能解，猶爲國有人乎？師古曰：顚倒如此而不能解救，豈謂國有明智之人乎？可爲流涕者此也。

今不獵猛敵而獵田彘，不搏反寇而搏畜菟，翫細娛而不圖大患，德可遠加而直數百里外威令不勝，【章：甲十五行本「勝」作「伸」；乙十一行本同；孔本同；張校同；退齋校同。】可爲流涕者此也。

今庶人屋壁得爲帝服，倡優下賤得爲后飾；且帝之身自衣皁綈，綈，徒奚翻，厚繒也。衣，於既翻；下能衣同。而富民牆屋被文繡；被，皮義翻。天子之后以緣其領，庶人孽妾以緣其履；師古曰：緣，熒絹翻。孽，庶賤者。此臣所謂舛也。夫百人作之不能衣一人，欲天下亡寒，胡可得也；一人耕之，十人聚而食之，欲天下亡飢，不可得也；飢寒切於民之肌膚，欲其亡爲姦邪，不可得也。可爲長太息者此也。

商君遺禮義，棄仁恩，并心於進取；行之二歲，秦俗日敗。故秦人家富子壯則出分，分，扶問翻。家貧子壯則出贅；借父耰鉏，慮有德色；師古曰：耰，摩田器。言以耰及鉏借與其父，而容色自矜以爲恩德也。耰，音憂。母取箕帚，立而誶語；服虔曰：誶，猶罵也。張晏曰：誶語，讓也。誶，音碎。抱哺其子，與公併倨；師古曰：哺，飤也，言婦抱其子而哺之，乃與其舅併倨，無禮之甚也。哺，音步。併，步鼎翻。婦姑不相說，說，讀曰悅。則反脣而相稽；應劭曰：稽，計也，相與計校也。稽，工奚翻。其慈子、耆利，不同禽獸者亡幾耳。師古曰：惟有慈愛其子而貪嗜財利，不異於禽獸也。無幾，言不多也。幾，居豈翻。仲馮曰：誼謂秦人不知孝義，但知愛子、貪利而已，此其去禽獸無幾也。耆，古嗜字通用。今其遺風餘俗，猶尚未改，棄禮義，捐廉恥日甚，可謂月異而歲不同矣。逐利不耳，慮非顧行也；師古曰：言其所追赴，惟計利與不耳，念慮之中非顧所行之善惡。貢父曰：慮，大率也。不，讀曰否。今其甚者殺父兄矣。而大臣特以簿書不報、期會之間以爲大故，至於俗流失，世壞敗，因恬而不知怪，師古曰：恬，安也，徒兼翻。慮不動於耳目，以爲是適然耳。師古曰：適，當也；謂事理當然。夫移風易俗，使天下回心而鄉道，鄉，讀曰嚮。類非俗吏之所能爲也。俗吏之所務，在於刀筆、筐篋師古曰：刀，所以削書札，筐篋，所以盛書也。篋，音古頰翻。而不知大體。陛下又不自憂，竊爲陛下惜之！爲，于僞翻。豈如今定經制，令君君、臣臣，上下有差，父子六親各得其宜！賢曰：六親，謂父、子、兄、弟、夫、婦也。此業壹定，世世常安，而後有所持循矣；師古曰：執持而順行之。若夫經制不定，是猶渡江河亡維楫，師古曰：維所以繫船，楫所以刺船也。詩曰：紼纚維之。楫，音集，又音接。中流而遇風波，船必覆矣。可爲長太息者此也。

夏、殷、周爲天子皆數十世，秦爲天子二世而亡。人性不甚相遠也，遠，于萬翻。何三代之君有道之長而秦無道之暴也？其故可知也。古之王者，太子乃生，師古曰：乃，始也。固舉以禮，有司齊肅端冕，見之南郊，齊，讀曰齋。見，戶電翻。過闕則下，過廟則趨，故自爲赤子仲馮曰：嬰兒體色赤，故曰赤子。而敎固已行矣。孩提有識，師古曰：孩，小兒也；提，謂提撕之。三公、三少明孝仁禮義以道習之，太師、太傅、太保爲三公；少師、少傅、少保爲三少。少，詩照翻。逐去邪人，不使見惡行，去，羌呂翻。行，下孟翻。於是皆選天下之端士、孝弟博聞有道術者以衞翼之，使與太子居處出入。處，昌呂翻。故太子乃生而見正事，聞正言，行正道，左右前後皆正人也。夫習與正人居之不能毋正，猶生長於齊不能不齊言也；習與不正人居之不能毋不正，猶生長於楚之地不能不楚言也。孔子曰：『少成若天性，習貫如自然。』師古曰：貫，亦習也，工宦翻；下積貫同。習與智長，故切而不媿；師古曰：每被切磋，故無大過可愧恥之事。長，知兩翻。化與心成，故中道若性。夫三代之所以長久者，以其輔翼太子有此具也。及秦而不然，使趙高傅胡亥而教之獄，所習者非斬、劓人，則夷人之三族也。劓，魚器翻，割鼻也。胡亥今日卽位而明日射人，射，而亦翻。忠諫者謂之誹謗，深計者謂之妖言，其視殺人若艾草菅然。艾，與刈同。師古曰：菅，茅也，音姦。豈惟胡亥之性惡哉？彼其所以道之者非其理故也。道，讀曰導。鄙諺曰：『前車覆，後車誡。』秦世之所以亟絕者，其轍跡可見也；師古曰：亟，急也。車跡曰轍。然而不避，是後車又將覆也。天下之命，縣於太子，縣，讀曰懸。太子之善，在於早諭教與選左右。師古曰：諭，曉告也。與，猶及也。夫心未濫而先諭教，則化易成也；易，以豉翻。開於道術智誼之指，則教之力也；若其服習積貫，則左右而已。夫胡、粵之人，生而同聲，嗜欲不異；及其長而成俗，累數譯而不能相通，譯，傳言也。夷狄與中國言語不同，故使通夷狄之言者譯之，周禮象胥是也。長，知兩翻。有雖死而不相爲者，蘇林曰：言其人不能易事相爲處。則教習然也。臣故曰選左右、早諭教最急。夫教得而左右正，則太子正矣，太子正而天下定矣。書曰：『一人有慶，兆民賴之。』師古曰：周書呂刑之辭也。一人，天子也；言天子有善，則兆庶獲其利。此時務也。

凡人之智，能見已然，不能見將然。夫禮者禁於將然之前師古曰：將然，謂欲有其事。而法者禁於已然之後，是故法之所爲用易見而禮之所爲生難知也。易，以豉翻。若夫慶賞以勸善，刑罰以懲惡，先王執此之政，堅如金石；行此之令，信如四時；據此之公，無私如天地；豈顧不用哉？然而曰禮云、禮云者，貴絕惡於未萌而起教於微眇，師古曰：眇，細小也。使民日遷善、遠罪而不自知也。遠，于願翻。孔子曰：『聽訟，吾猶人也；必也使毋訟乎。』師古曰：論語載孔子之言也。言使吾聽訟與衆人齊等，然能先以德義化之使無訟。爲人主計者，莫如先審取舍，師古曰：取，所擇用也；舍，所棄置也。舍，讀曰捨；下同。取舍之極定於內而安危之萌應於外矣。安者非一日而安也，危者非一日而危也，皆以積漸然，不可不察也。人主之所積，在其取舍。以禮義治之者，積禮義；以刑罰治之者，積刑罰。刑罰積而民怨背，禮義積而民和親。故世主欲民之善同，而所以使民善者或異。或道之以德教，或毆之以法令。道之以德教者，德教洽而民氣樂；毆之以法令者，法令極而民風哀。哀樂之感，禍福之應也。秦王之欲尊宗廟而安子孫，與湯、武同；然而湯、武廣大其德行，六七百歲而弗失，秦王治天下十餘歲則大敗。治，直之翻。此亡他故矣，亡，古無字通；下同。湯、武之定取舍審而秦王之定取舍不審矣。夫天下，大器也；今人之置器，置諸安處則安，置諸危處則危。天下之情，與器無以異，在天子之所置之。湯、武置天下於仁、義、禮、樂，累子孫數十世，此天下所共聞也；秦王置天下於法令、刑罰，禍幾及身，幾，居依翻。子孫誅絕，此天下之所共見也；是非其明效大驗邪！人之言曰：『聽言之道，必以其事觀之，則言者莫敢妄言。』今或言禮誼之不如法令，教化之不如刑罰，人主胡不引殷、周、秦事以觀之也！胡，何也。人主之尊譬如堂，羣臣如陛，衆庶如地。故陛九級上，廉遠地，則堂高；遠，于願翻；下同。陛無級，廉近地，則堂卑。高者難攀，卑者易陵，師古曰：級，等也。廉，側隅也。陵，乘也。理勢然也。故古者聖王制爲等列，內有公、卿、大夫、士，外有公、侯、伯、子、男，然後有官師、小吏，師古曰：官師，一官之長。延及庶人，等級分明而天子加焉，故其尊不可及也。

里諺曰：『欲投鼠而忌器。』此善論也。鼠近於器，尚憚不投，恐傷其器，況於貴臣之近主乎！近，其靳翻。廉恥節禮以治君子，故有賜死而無戮辱。是以黥、劓之罪不及大夫，杜佑曰：刑不上大夫者，古之大夫有坐不廉汙穢者，則曰簠簋不飾；淫亂男女無別者，則曰帷薄不脩；罔上不忠者，則曰臣節未著；罷軟不勝任者，則曰下官不職；干國之紀，則曰行事不請。此五者，大夫定罪之名矣，不忍斥然正以呼之。其在五刑之域者云云，如後誼所云。以其離主上不遠也；離，力智翻。禮：不敢齒君之路馬，蹴其芻者有罰，齒，謂審其齒歲也。蹴，蹋也。芻，馬所食草。記曲禮：以足蹴路馬芻有誅，齒路馬有誅。蹴，千六翻。所以爲主上豫遠不敬也。今自王、侯、三公之貴，皆天子之所改容而禮之也，古天子之所謂伯父、伯舅也；師古曰：天子呼諸侯長者，同姓則曰伯父，異姓則曰伯舅。伯，長也。而令與衆庶同黥、劓、髡、刖、笞、傌、棄市之法，髡，苦昆翻。刖，音月，斷足也。笞，丑之翻。傌，音罵。毛晃曰：戮辱也。然則堂不無陛虖！被戮辱者不泰迫虖！師古曰：迫天子也。廉恥不行，大臣無乃握重權、大官而有徒隸無恥之心虖！夫望夷之事，二世見當以重法者，如淳曰：決罪曰當。閻樂殺二世於望夷宮，本由秦制無忌上之風也。仲馮曰：趙高殺二世，蓋又以法定其罪。投鼠而不忌器之習也。臣聞之：履雖鮮不加於枕，冠雖敝不以苴履。師古曰：苴者，履中之藉。苴，子余翻。夫嘗已在貴寵之位，天子改容而禮貌之矣，師古曰：禮貌，謂加禮容而敬之也。吏民嘗俯伏以敬畏之矣；今而有過，帝令廢之可也，退之可也，賜之死可也，滅之可也；若夫束縛之、係緤之，師古曰：緤，謂以長繩係之也。緤，先列翻。輸之司寇，編之徒官，師古曰：司寇，主刑罰之官。編，次列也。徒官，謂刑徒輸作於官者。司寇小吏詈罵而搒笞之，搒，音彭。殆非所以令衆庶見也。夫卑賤者習知尊貴者之一旦吾亦乃可以加此也，蘇林曰：知有一旦之刑。非所以尊尊、貴貴之化也。古者大臣有坐不廉而廢者，不謂不廉，曰『簠簋不飾』；師古曰：簠簋，所以盛飯也；方曰簠，圓曰簋。埤雅曰：龜有靈德，伏匿而噎，善潛而不志於養，故古者簠簋皆爲龜形於其上，而大臣以貪墨坐廢者曰簠簋不飾。賈公彥曰：簠，內圓外方；簋，內方外圓；皆受斗二升。簠，音甫，又音扶。簋，音軌。坐汙穢淫亂、男女無別者，不曰汙穢，曰『帷薄不脩』；坐罷軟不勝任者，不謂罷軟，曰『下官不職』。師古曰：罷，廢於事也。軟，弱也。罷，讀曰疲。軟，人兗翻。勝，音升。故貴大臣定有其罪矣，猶未斥然正以呼之也，尚遷就而爲之諱也。故其在大譴、大何之域者，師古曰：譴，責也。何，問也。域，界局也。聞譴、何則白冠氂纓，鄭氏曰：以毛作纓。白冠，喪服也。盤水加劍，造請室而請罪耳，應劭曰：請室，請罪之室。蘇林曰：音潔清之清。胡公漢官：車駕出，有清室令在前先驅，此官有別獄也。如淳曰：水性平，若己有正罪，君以平法治之也。加劍，當以自刎也。或曰：殺牲以盤水取頸血，故示若此也。造，七到翻。上不執縛係引而行也。其有中罪者，聞命而自弛，上不使人頸盭而加也。師古曰：中罪，非大非小也。弛，廢也；自廢而死。蘇林曰：不戾其頸而親加刀鋸。弛，式爾翻。盭，古戾字，音盧計翻。其有大罪者，聞命則北面再拜，跪而自裁，師古曰：裁，謂自刑殺也。上不使人捽抑而刑之也。師古曰：捽，持頭髮也。抑，按也。捽，才兀翻。曰：『子大夫自有過耳，吾遇子有禮矣。』服虔曰：子者，男子美號。遇之有禮，故羣臣自憙；師古曰：憙，讀曰喜，許吏翻。喜，好也；好爲志氣也。嬰以廉恥，故人矜節行。師古曰：嬰，加也。矜，尚也。行，下孟翻；下同。上設廉恥、禮義以遇其臣，而臣不以節行報其上者，則非人類也。故化成俗定，則爲人臣者皆顧行而忘利，守節而伏義，故可以託不御之權，可以寄六尺之孤，言臣下矜尚節行，故可託以權柄，不須復加制御。應劭曰：六尺之孤，未能自立者也。此厲廉恥、行禮義之所致也，主上何喪焉！師古曰：喪，失也；言如此則於主上無所失。喪，息浪翻。此之不爲而顧彼之久行，此，謂以禮義廉恥遇其臣；彼，謂戮辱貴臣。言不爲此而反久行彼也。故曰可爲長太息者此也。」

誼以絳侯前逮繫獄，卒無事，卒，子恤翻。故以此譏上。上深納其言，養臣下有節，是後大臣有罪，皆自殺，不受刑。漢人相傳以大臣不對理陳冤爲故事，多有聞命而引決者；然詣獄受刑者亦多有之，史特大概言之耳。

七年（戊辰、前一七三）

1冬，十月，令列侯太夫人、如淳曰：列侯之妻稱夫人；列侯死，子復爲列侯，乃得稱太夫人；子不爲列侯，不得稱也。夫人、諸侯王子及吏二千石無得擅徵捕。

2 夏，四月，赦天下。

3 六月，癸酉，未央宫東闕罘罳災。如淳曰：東闕與其兩旁罘罳皆災也。晉灼曰：東闕之罘罳獨災也。師古曰：罘罳，謂連闕曲閣也，以覆重刻垣墉處，其形罘罳然。一曰：屏也。崔豹古今注曰：罘罳，屏也。又云：罘者，復也；罳者，思也；臣朝君至屏外，復思所奏之事於其下。孔穎達曰：屏謂之樹，今浮思也；釋宫文。漢時謂屏爲浮思，解者以爲天子外屏；人臣至屏，俯伏思念其事。按匠人：城隅謂角浮思也。漢時東闕浮思災，以此諸文參之，則浮思小樓也，故城隅、闕上皆有之。然則屏上亦爲屋以覆屏牆，故稱屏曰浮思。蘇鶚演義曰：罘者，浮也；罳者，思也；謂織絲之文輕疏虚浮之貌，蓋宫殿門闕有此物也。余謂蘇鶚之説，有見於唐禁中之罘罳；唐太和甘露之變，宦者奉乘輿、決罘罳北出者也。此罘罳當以舊註爲正。

4 民有歌淮南王者曰：「一尺布，尚可縫；一斗粟，尚可舂；兄弟二人不相容！」帝聞而病之。臣瓚曰：一尺布可縫而共衣，一斗粟可舂而共食，況以天下之廣，而兄弟不相容乎！

八年（己巳、前一七二）

1 夏，封淮南厲王子安等四人爲列侯。淮南厲王長子安封阜陵侯，勃封安陽侯，賜封陽周侯，良封東城侯。賈誼知上必將復王之也，上疏諫曰：「淮南王之悖逆無道，悖，蒲内翻。天下孰不知其罪！陛下幸而赦遷之，自疾而死，天下孰以王死之不當！當，丁浪翻。今奉尊罪人之子，適足以負謗於天下耳。師古曰：言若尊王其子，則是淮南王無罪，漢枉殺之也。此人少壯，師古曰：少壯，猶言稍長大。少，詩沼翻。豈能忘其父哉！白公勝所爲父報仇者，大父與叔父也。爲，于僞翻。白公爲亂，非欲取國代主；發忿快志，剡手以衝仇人之匈，固爲俱靡而已。白公勝，楚平王之孫，太子建之子。建得罪於平王，出奔而死於鄭，勝又奔吳；子胥以吳師入郢，勝蓋預焉，是讎其大父也。及其還楚，殺子西、子期，是讎其叔父也。剡，式冉翻，利也。靡，武彼翻；師古曰：言與讎人俱斃。康曰：武皮切，碎也。淮南雖小，黥布嘗用之矣，事見十二卷高祖十一年。漢存，特幸耳。師古曰：言漢之勝布得存，此直天幸耳。夫擅仇人足以危漢之資，於策不便。師古曰：言假四子以資權，則當危漢。予之衆，積之財，予，讀曰與。此非有子胥、白公報於廣都之中，卽疑有剸諸、荆軻起於兩柱之間，剸諸，吳人，爲闔閭刺殺王僚。荆軻事見七卷始皇二十年。兩柱之間，南面鄉明，人君聽政正坐之處。剸，音專。所謂假賊兵，爲虎翼者也。應劭曰：周書云：無爲虎傅翼，將飛入邑，擇人而食之。願陛下少留計！」少，詩沼翻。上弗聽。

2 有長星出于東方。文潁曰：孛、彗、長三星，其占略同，然其形象少異：孛星光芒短，其光四出，蓬蓬孛孛也；彗星，光芒參參如掃彗；長星，有一直，指或竟天，或三丈、二丈無常也。大法，彗、孛星多爲除舊布新，長星多爲兵革事。

九年（庚午、前一七一）

1 春，大旱。

十年（辛未、前一七〇）

1 冬，上行幸甘泉。

2 將軍薄昭殺漢使者。帝不忍加誅，使公卿從之飲酒，欲令自引分，引分，猶言引決也。昭不肯；使羣臣喪服往哭之，乃自殺。

臣光曰：李德裕以爲：「漢文帝誅薄昭，斷則明矣，斷，丁亂翻；下同。於義則未安也。秦康送晉文，興如存之感；詩小序曰：秦康公之母，晉獻公之女。文公遭驪姬之難，未反而秦姬卒。穆公納文公，康公時爲太子，贈送文公于渭之陽；念母之不見也，我見舅氏，如母存焉。況太后尚存，唯一弟薄昭，斷之不疑，非所以慰母氏之心也。」臣愚以爲法者天下之公器，惟善持法者，親疏如一，無所不行，則人莫敢有所恃而犯之也。夫薄昭雖素稱長者，文帝不爲置賢師傅而用之典兵；驕而犯上，至於殺漢使者，非有恃而然乎！若又從而赦之，則與成、哀之世何異哉！魏文帝嘗稱漢文帝之美，而不取其殺薄昭，曰：「舅后之家，但當養育以恩而不當假借以權，既觸罪法，又不得不害。」譏文帝之始不防閑昭也，斯言得之矣。然則欲慰母心者，將慎之於始乎！

資治通鑑卷第十五

翰林學士朝散大夫右諫議大夫知制誥兼侍講同提舉萬壽觀公事
兼判集賢院上護軍河內郡開國侯食邑一千三百戶賜紫金魚袋臣 司馬光 奉敕編集

後學天台 胡三省 音註

漢紀七

起玄黓涒灘(壬申),盡柔兆閹茂(丙戌),凡十五年。

太宗孝文皇帝下

前十一年(壬申、前一六九)

1 冬,十一月,上行幸代;春,正月,自代還。

2 夏,六月,梁懷王揖薨,揖受封事見十三卷二年。無子。賈誼復上疏曰:復,扶又翻。「陛下即不定制,如今之勢,不過一傳、再傳,服虔曰:一、二傳世也。諸侯猶且人恣而不制,言人人自恣而不可制也。豪植而大強,言其矜豪自植立,太過於強也。漢法不得行矣。陛下所以爲藩扞及皇太子之所恃者,唯淮陽、代二國耳。淮陽王武、代王參,帝之子而太子之弟也,故云所恃唯此二國。代,北邊匈奴,與強敵爲鄰,能自完則足矣;而淮陽之比大諸侯,廑如黑子之著面,廑,與僅同。師古曰：黑子，今所謂黶子也。著，則略翻；下北著同。適足以餌大國言國小如魚餌，適足爲所吞食。而不足以有所禁禦。方今制在陛下；制國而令子適足以爲餌，豈可謂工哉！臣之愚計，願舉淮南地以益淮陽，而爲梁王立後，爲，于僞翻。割淮陽北邊二、三列城與東郡以益梁。不可者，可徙代王而都睢陽。睢陽故宋國，微子所封；班志屬梁國。括地志：宋州宋城縣，在州南二里外，城中本漢之睢陽縣也。漢文帝封子武於大梁，以其地卑濕，徙睢陽，故改曰梁。睢，音雖。梁起於新郪而北著之河，班志，新郪縣屬汝南郡。應劭曰：秦爲郪丘；漢興，爲新郪。師古曰：潁川縣。郪，千移翻。淮陽包陳而南揵之江，陳，卽謂古陳國之地也。晉灼曰：包，取也。如淳曰：揵，謂立封界也；或曰：揵，接也。師古曰：揵，巨偃翻。則大諸侯之有異心者破膽而不敢謀。梁足以扞齊、趙，淮陽足以禁吳、楚，陛下高枕，終無山東之憂矣，枕，職任翻。此二世之利也。如淳曰：從誼言，可二世安耳。師古曰：言帝身及太子嗣位之時。當今恬然，適遇諸侯之皆少；師古曰：恬，安也。少，謂年少。少，時照翻。數歲之後，陛下且見之矣。夫秦日夜苦心勞力以除六國之禍；今陛下力制天下，頤指如意，如淳曰：但動頤指麾，則所欲皆如意。仲馮曰：頤、指，兩事。高拱以成六國之禍，難以言智。苟身無事，畜亂，宿禍，畜，讀曰蓄。孰視而不定；孰，古熟字通。萬年之後，傳之老母、弱子，將使不寧，不可謂仁。」帝於是從誼計，徙淮陽王武爲梁王，北界泰山，西至高陽，得大縣四十餘城。後歲餘，賈誼亦死，死時年三十三矣。

3 徙城陽王喜爲淮南王。喜，城陽王章之子，齊悼惠王肥之孫。

4 匈奴寇狄道。狄道縣爲隴西郡治所。師古曰：其地有狄種，故曰狄道。

時匈奴數爲邊患，數，所角翻。太子家令潁川鼂錯上言兵事太子家令，屬詹事。張晏曰：太子稱家，故曰家令。臣瓚曰：茂陵中書：太子家令，秩八百石。潁川本韓國；秦置郡，漢因之。鼂，與朝同。風俗通：衛大夫史鼂之後。姓譜：王子朝之後。錯，倉故翻；音錯雜之錯者非。曰：「兵法曰：『有必勝之將，無必勝之民。』繇此觀之，安邊境，立功名，在於良將，不可不擇也。將，卽亮翻；下同。

臣又聞：用兵臨戰合刃之急者三：一曰得地形，二曰卒服習，三曰器用利。兵法，步兵、車騎、弓弩、長戟、矛鋋、劍楯之地，師古曰：鋋，鐵杷短矛也。孔穎達曰：方言云：矛，吳、揚、江、淮南、楚、五湖之間謂之鍦，或謂之鋋，或謂之鏦；其柄謂之矜。鍦，音蛇。晉陳安執丈八蛇矛，蓋蛇卽方言之所謂鍦也。鋋，上延翻。楯，食尹翻。各有所宜；不得其宜者，或十不當一。士不選練，卒不服習，起居不精，動靜不集，趨利弗及，避難不畢，趨，七喻翻。難，乃旦翻。前擊後解，與金鼓之指相失，師古曰：金，金鉦。鼓，所以進衆，金，所以止衆。「指」，當作「音」。此不習勒卒之過也，百不當十。兵不完利，與空手同；甲不堅密，與袒裼同；應劭曰：袒裼，肉袒。裼，音錫。弩不可以及遠，與短兵同；射不能中，與無矢同；中不能入，與無鏃同；中，竹仲翻。師古曰：鏃，矢鋒也。鏃，子木翻。此將不省兵之禍也，師古曰：省，視也，悉井翻。五不當一。故兵法曰：『器械不利，以其卒予敵也；卒不可用，以其將予敵也；將不知兵，以其主予敵也；君不擇將，以其國予敵也。』予，讀曰與。四者，兵之至要也。

臣又聞：小大異形，強弱異勢，險易異備。師古曰：易，平勢也。易，以豉翻；下同。夫卑身以事強，小國之形也；合小以攻大，敵國之形也；師古曰：彼我之力不能相勝，則須連結外援共制之也。以蠻夷攻蠻夷，中國之形也。師古曰：不煩華夏之兵，使其同類自相攻擊也。今匈奴地形、技藝與中國異：上下山阪，出入溪澗，中國之馬弗與也；弗與，猶言不如也。技，渠綺翻；下同。險道傾仄，仄，古側字。且馳且射，中國之騎弗與也；風雨罷勞，罷，讀曰疲。飢渴不困，中國之人弗與也；此匈奴之長技也。若夫平原、易地，輕車、突騎，則匈奴之衆易橈亂也；師古曰：突騎，言其驍鋭可用衝突敵人也。橈，撓也，音火高翻；其字從「手」。一曰：橈，曲也，弱也，音女教翻；其字從「木」。勁弩、長戟，射疏、及遠，師古曰：疏，亦闊遠也。仲馮曰：「長戟」恐誤。或者勁弩如今九牛大弩，以槍爲矢歟，故可射疏及遠也；然戟有鈎，又不可射。余謂文意各有所屬；勁弩，所以射疏，長戟，所以及遠也。則匈奴之弓弗能格也；堅甲、利刃，長短相雜，遊弩往來，什伍俱前，師古曰，五人爲伍，十人爲什。則匈奴之兵弗能當也；材官騶發，矢道同的，如淳曰：騶，矢也。處平易之地，可以矢相射也。臣瓚曰：材官，騎射之官也。射者騶發，其用矢者同中一的，言其工妙也。師古曰：騶，矢之善者；春秋傳作「菆」，其音同耳。材官，有材力者。騶發，發騶矢以射也。手工，矢善，故中則同的。的，謂所射之準臬也。騶，側鳩翻。則匈奴之革笴、木薦弗能支也；孟康曰：革笴，以皮作如鎧者被之。木薦，以木板作如楯。一曰：革笴，木薦之，以當人心也。師古曰：一說非也。笴，音息嗣翻。下馬地鬬，劍戟相接，去就相薄，薄，伯各翻；師古曰：迫也。則匈奴之足弗能給也；師古曰：給，謂相連及。此中國之長技也。以此觀之：匈奴之長技三，中國之長技五；陛下又興數十萬之衆以誅數萬之匈奴，衆寡之計，以一擊十之術也。

雖然，兵，凶器；戰，危事也；故以大爲小，以強爲弱，在俛仰之間耳。師古曰：言不知其術，則雖大必小，雖強必弱。俛，亦俯字。余謂俛，音免，亦通。夫以人之死爭勝，跌而不振，服虔曰：蹉跌不可復起也。師古曰：跌，足失據也。跌，徒結翻。則悔之無及也；帝王之道，出於萬全。今降胡、義渠、蠻夷之屬來歸誼者，其衆數千，飲食、長技與匈奴同。【章：甲十五行本「同」下有「可」字；乙十一行本同；孔本同；張校同。】賜之堅甲、絮衣、勁弓、利矢，益以邊郡之良騎，令明將能知其習俗、和輯其心者，師古曰：輯，與集同。以陛下之明約將之。卽有險阻，以此當之；平地通道，則以輕車、材官制之；兩軍相爲表裏，各用其長技，衡加之以衆，衡，與橫同。此萬全之術也。」

帝嘉之，賜錯書，寵答焉。

錯又上言曰：「臣聞秦起兵而攻胡、粵者，非以衞邊地而救民死也，貪戾而欲廣大也，故功未立而天下亂。且夫起兵而不知其勢，戰則爲人禽，屯則卒積死。夫胡、貉之人，其性耐寒；揚、粵之人，其性耐暑。秦之戍卒不耐其水土，戍者死於邊，輸者僨於道。耐，乃代翻。服虔曰：僨，仆也。如淳曰：僨，音奮。秦民見行，如往棄市，因以謫發之，名曰『謫戍』；先發吏有謫及贅壻、賈人，後以嘗有市籍者，又後以大父母、父母嘗有市籍者，後入閭取其左。應劭曰：秦以謫發戍，先自吏有過至于大父母、父母嘗有市籍者；曹輩盡，復入閭取其左者發之，未及取右而秦亡。孟康曰：秦時復除者居閭之左，後發役不供，復役之也。師古從應說。閭，里門也；居閭之左者，一切發之。發之不順，行者憤怨，有萬死之害而亡銖兩之報，亡，古無字通。死事之後，不得一算之復，漢律：人出一算，算百二十錢。天下明知禍烈及己也；師古曰：猛火曰烈，取以喻耳。陳勝行戍，至於大澤，爲天下先倡，事見七卷二世元年。天下從之如流水者，秦以威劫而行之之敝也。

胡人衣食之業，不著於地，著，直略翻。其勢易以擾亂邊境，易，以豉翻。往來轉徙，時至時去；此胡人之生業，而中國之所以離南畮也。師古曰：南畮，所以耕種處也。離，力智翻。今胡人數轉牧、行獵於塞下，數，所角翻。以候備塞之卒，卒少則入。陛下不救，則邊民絕望而有降敵之心；救之，少發則不足，多發，遠縣纔至，則胡又已去。師古曰：纔，淺也，猶言僅至也；他皆類此。聚而不罷，爲費甚大；罷之，則胡復入。復，扶又翻。如此連年，則中國貧苦而民不安矣。陛下幸憂邊境，遣將吏發卒以治塞，甚大惠也。治，直之翻。然今【章：甲十五行本「今」作「令」；孔本同。】遠方之卒守塞，一歲而更，歲更，見十三卷高后五年。更，工衡翻。不知胡人之能。不如選常居者家室田作，且以備之，以便爲之高城深塹；因山川地形之便而爲之城塹。要害之處，通川之道，調立城邑，毋下千家。師古曰：調，謂算度之也。揔計城邑之中，令有千家以上也。調，徒釣翻。先爲室屋，具田器，乃募民，免罪，拜爵，謂有罪者免其罪，無罪者拜爵以勸其徙。復其家，謂民之欲往者，復除其家征役。復，方目翻。予冬夏衣、廩食，能自給而止。師古曰：初徙之時，縣官且廩給其衣食，於後能自供贍乃止也。予，讀曰與；下同。塞下之民，祿利不厚，不可使久居危難之地。難，乃旦翻。胡人入驅而能止其所驅者，以其半予之，孟康曰：謂胡人爲寇，驅收中國，能奪得之者，以半予之。師古曰：孟說非也。言胡人入爲寇，驅略漢人及畜產也。人能止得其所驅者，令其本主以半賞之。縣官爲贖。張晏曰：得漢人，官爲贖也。師古曰：張說非也。此承上句之言，謂官爲備價贖之耳。爲，于僞翻；下同。其民如是，則邑里相救助，赴胡不避死。非以德上也，師古曰：言非以此事欲立德義於主上也。欲全親戚而利其財也；此與東方之戍卒不習地勢而心畏胡者功相萬也。言其功萬倍於東方之戍卒也。以陛下之時，徙民實邊，使遠方無屯戍之事；塞下之民，父子相保，無係虜之患；利施後世，名稱聖明，其與秦之行怨民，相去遠矣。」師古曰：行怨民，言發怨恨之民使行戍役也。

上從其言，募民徙塞下。

錯復言：「陛下幸募民徙以實塞下，使屯戍之事益省，輸將之費益寡，如淳曰：將，送也；或曰：資也。復，扶又翻。甚大惠也。下吏誠能稱厚惠，稱，尺證翻。奉明法，存卹所徙之老弱，善遇其壯士，和輯其心而勿侵刻，使先至者安樂而不思故鄉，樂，音洛。則貧民相募【章：甲十五行本「募」作「慕」；乙十一行本同；孔本同。】而勸往矣。臣聞古之徙民者，相其陰陽之和，相，息亮翻。嘗其水泉之味，然後營邑、立城，製里、割宅，先爲築室家，置器物焉，民至有所居，作有所用。此民所以輕去故鄉而勸之新邑也。之，往也。爲置醫、巫以救疾病，以脩祭祀，男女有昏，師古曰：昏，謂婚姻配合也。生死相卹，墳墓相從，種樹畜長，師古曰：種樹，謂桑、果之屬。張晏曰：畜長，六畜也。貢父曰：所種、所樹，畜積、長茂。余謂畜長當從張說。畜，許六翻。長，知兩翻。室屋完安。此所以使民樂其處而有長居之心也。樂，音洛。

臣又聞古之制邊縣以備敵也，使五家爲伍，伍有長，長，知兩翻。十長一里，里有假士，四里一連，連有假五百，十連一邑，邑有假候，服虔曰：假，音假借之假。五百，帥名也。師古曰：假，大也，工雅翻。仲馮曰：假，服說是。古者戍皆有期，代則不置，故曰假，謂其權設；猶假司馬之類，亦非常置也。余謂五百，卽後所謂伍伯也。賈公彥曰：伍伯者，漢制，五人爲伍；伯，長也。沈約曰：舊說，古者君行師從，卿行旅從；旅者，五百人也，今諸官府至郡各置五百四，以象師從、旅從，依古義也。候，卽軍候也。皆擇其邑之賢材有護、師古曰：有保護之能者也。習地形、知民心者；居則習民於射法，出則教民於應敵。故卒伍成於內，則軍政定於外。服習以成，勿令遷徙，師古曰：各守其業也。幼則同遊，長則共事。長，知兩翻。夜戰聲相知，則足以相救；晝戰目相見，則足以相識；驩愛之心，足以相死。如此而勸以厚賞，威以重罰，則前死不還踵矣。師古曰：還踵，回旋其足也。還，音旋。所徙之民非壯有材者，但費衣糧，不可用也；雖有材力，不得良吏，猶亡功也。亡，古無字通。陛下絕匈奴不與和親，臣竊意其冬來南也；師古曰：意，疑也。壹大治，則終身創矣。師古曰：創，懲艾也；初亮翻。欲立威者，始於折膠；蘇林曰：秋氣至，膠可折，弓弩可用；匈奴常以爲候而出軍。折，而設翻。來而不能困，使得氣去，師古曰：使之得勝，逞志氣而去。後未易服也。」易，以豉翻。

錯爲人陗直刻深，師古曰：陗，與峭同。陗，謂峻陿也；章笑翻。韋昭曰：岸高曰峭。臣瓚曰：陗，峻陗。以其辯得幸太子，太子家號曰「智囊」。師古曰：言其一身所有皆是智算，若囊橐之盛物也。

十二年（癸酉、前一六八）

1冬，十二月，河決酸棗，東潰金隄，東郡；大興卒塞之。班志，酸棗縣屬陳留郡。師古曰：金隄在東郡白馬界，今滑州。括地志：金隄，一名千里隄，在白馬縣東五里。余據河隄自汴口以東，緣河積石爲堰，通河古口，咸曰金隄。又水經註：濮陽縣故城在河南，與衞縣分水；城北十里有瓠河口，有金隄。塞，悉則翻。

2春，三月，除關，無用傳。張晏曰：傳，信也；若今過所也。如淳曰：兩行書繒帛，分持其一，出入關，合之乃得過，謂之傳也。李奇曰：傳，棨也。師古曰：張說是也。古者或用棨，或用繒帛；棨者，刻木爲合符也。康曰：傳以木爲之，長尺五，書符於上爲信。傳，張戀翻。

3鼂錯言於上曰：「聖王在上而民不凍飢者，非能耕而食之，織而衣之也，爲開其資財之道也。食，祥吏翻。衣，於既翻。爲，于僞翻。故堯有九年之水，湯有七年之旱，而國亡捐瘠者，孟康曰：肉腐爲瘠。捐，骨不埋者。或曰：捐，謂有飢相棄捐者；或謂貧乞者爲捐。蘇林曰：瘠，音漬。師古曰：瘠，瘦病也；言無相棄捐而瘦病者耳，不當音漬也；貧乞之釋，尤疏僻焉。亡，古無字通。以畜積多而備先具也。今海內爲一，土地人民之衆不減湯、禹，加以無天災數年之水旱，而畜積未及者，何也？地有遺利，民有餘力；生穀之土未盡墾，山澤之利未盡出，游食之民未盡歸農也。

夫寒之於衣，不待輕暖；師古曰：苟禦風霜，不求美麗也。飢之於食，不待甘旨；師古曰：旨，美也。飢寒至身，不顧廉恥。人情，一日不再食則飢，終歲不製衣則寒。夫腹飢不得食，膚寒不得衣，雖慈父不能保其子，君安能以有其民哉！明主知其然也，故務民於農桑，薄賦斂，斂，力贍翻。廣畜積，以實倉廩，備水旱，故民可得而有也。民者，在上所以牧之；民之趨利，如水走下，四方無擇也。趨，七喻翻。走，音奏。

夫珠、玉、金、銀，飢不可食，寒不可衣；然而衆貴之者，以上用之故也。其爲物輕微易藏，易，以豉翻；下同。在於把握，可以周海內而無飢寒之患。師古曰：周，謂周遍而遊行。此令臣輕背其主背，蒲妹翻。而民易去其鄉，盜賊有所勸，亡逃者得輕資也。粟、米、布、帛，生於地，長於時，聚於力，非可一日成也；長，知兩翻；下同。數石之重，中人弗勝，師古曰：中人者，處強弱之中也。勝，音升。不爲姦邪所利，一日弗得而飢寒至。是故明君貴五穀而賤金玉。

今農夫五口之家，其服役者不下二人，師古曰：服，事也；服公事之役也。其能耕者不過百晦，百晦之收不過百石。春耕，夏耘，秋穫，冬藏，伐薪樵，治官府，給繇役；治，直之翻。繇，與傜同；後以義推。春不得避風塵，夏不得避暑熱，秋不得避陰雨，冬不得避寒凍，四時之間無日休息；又私自送往迎來，弔死問疾，養孤長幼在其中。勤苦如此，尚復被水旱之災，復，扶又翻。被，皮義翻。急政暴賦，賦斂不時，朝令而暮改。斂，力贍翻。有者半賈而賣，師古曰：本直千錢，止得五百也。賈，讀曰價。無者取倍稱之息，如淳曰：取一償二爲倍稱。師古曰：稱，舉也，今俗所謂舉錢者也。余謂如說是。稱，尺證翻。於是有賣田宅，鬻妻子【章：甲十五行本「妻子」作「子孫」；乙十一行本同；退齋校同。】以償責者矣。而商賈，大者積貯倍息，小者坐列販賣，師古曰：行賣曰商，坐販曰賈。列，市列也，若今市中賣物行也。賈，音古。貯，丁呂翻。操其奇贏，日游都市，操，千高翻。師古曰：奇贏，謂有餘財而蓄聚奇異之物也；一說：奇，謂殘餘物也；居宜翻。乘上之急，所賣必倍。師古曰：上所急求，則其價倍貴。故其男不耕耘，女不蠶織，衣必文采，食必粱肉；師古曰：粱，好粟也，即今之粱米。無農夫之苦，有仟伯之得。師古曰：仟，謂千錢；伯，謂百錢也。伯，莫白翻，今俗猶謂百錢爲一伯。因其富厚，交通王侯，力過吏勢，以利相傾；千里游敖，冠蓋相望，乘堅、策肥，履絲、曳縞。乘堅車，策肥馬。師古曰：堅，謂好車也。縞，皓素也；繒之精白者也。此商人所以兼并農人，農人所以流亡者也。

方今之務，莫若使民務農而已矣。欲民務農，在於貴粟；貴粟之道，在於使民以粟爲賞罰。今募天下入粟縣官，得以拜爵，得以除罪。如此，富人有爵，農民有錢，粟有所渫。師古曰：渫，散也，先列翻。夫能入粟以受爵，皆有餘者也；取於有餘以供上用，則貧民之賦可損，師古曰：損，減也。所謂損有餘，補不足，令出而民利者也。今令民有車騎馬一匹者，復卒三人；如淳曰：復三卒之算錢也；或曰：除三夫不作甲卒也。師古曰：當爲卒者，免其三人；不爲卒者，復其錢。復，方目翻。車騎者，天下武備也，故爲復卒。爲，于僞翻。神農之教曰：『有石城十仞，應劭曰：仞，六尺五寸也。師古曰：此說非也；八尺曰仞，取人伸臂之一尋也。湯池百步，師古曰：池，城邊池也，以沸湯爲池，不可輒近，言嚴固之甚。帶甲百萬，而無粟，弗能守也。』以是觀之，粟者，王者大用，政之本務。今民入粟受爵至五大夫以上，師古曰：五大夫，第九爵。乃復一人耳，此其與騎馬之功相去遠矣。爵者，上之所擅，師古曰：擅，專也。出於口而無窮；粟者，民之所種，生於地而不乏。夫得高爵與免罪，人之所甚欲也；使天下人入粟於邊以受爵、免罪，不過三歲，塞下之粟必多矣。」

帝從之，令民入粟於邊，拜爵各以多少級數爲差。時令入粟六百石爵上造，稍增至四千石爲五大夫，萬二千石爲大庶長。

錯復奏言：「陛下幸使天下入粟塞下以拜爵，甚大惠也。復，扶又翻；下同。竊恐塞卒之食不足用，大渫天下粟。邊食足以支五歲，可令入粟郡縣矣；師古曰：入諸郡縣以備凶災也。郡縣足支一歲以上，可時赦，勿收農民租。如此，德澤加於萬民，民愈勤農，大富樂矣。」樂，音洛。

上復從其言，詔曰：「道民之路，在於務本。道，讀曰導。朕親率天下農，十年于今，而野不加辟，師古曰：辟，讀曰闢，開也。歲一不登，民有飢色；師古曰：登，成也；言五穀一歲不成則衆庶飢餒，是無蓄積故也。是從事焉尚寡師古曰：從事，謂從農事也。而吏未加務。吾詔書數下，歲勸民種樹而功未興，是吏奉吾詔不勤而勸民不明也。且吾農民甚苦而吏莫之省，將何以勸焉！數，所角翻。省，悉井翻。其賜農民今年租稅之半。」

十三年（甲戌、前一六七）

1 春，二月，甲寅，詔曰：「朕親率天下農耕以供粢盛，稷曰明粢，在器曰盛。盛，時征翻。皇后親桑以供祭服；其具禮儀！」

2 初，秦時祝官有祕祝，應劭曰：祕祝之官，移過於下，國家諱之，故曰祕也。即有災祥，輒移過於下。夏，詔曰：「蓋聞天道，禍自怨起而福繇德興，百官之非，宜由朕躬。今祕祝之官移過於下，以彰吾之不德，朕甚弗取。其除之！」

3 齊太倉令淳于意有罪，太倉令，齊王國官也。姓譜：淳于出於姜姓，州公之後。當刑，詔獄逮繫長安。師古曰：逮，及也；辭之所及，則追捕之，故謂之逮。一曰：逮者，在道將送，防禦不絕，若今之傳送囚。其少女緹縈上書曰：師古曰：緹，他弟翻；索隱音啼。縈，於營翻。「妾父爲吏，齊中皆稱其廉平；今坐法當刑。妾傷夫死者不可復生，刑者不可復屬，夫，音扶。復，扶又翻；下同。師古曰：屬，聯也，之欲翻。雖後欲改過自新，其道無繇也。繇，古由字通用。妾願沒入爲官婢，漢制：永巷令典官婢。以贖父刑罪，使得自新。」

天子憐悲其意，五月，詔曰：「詩曰：『愷弟君子，民之父母。』師古曰：大雅泂酌之詩也。言君子有和樂簡易之德，則其下尊之如父，親之如母也。今人有過，教未施而刑已加焉，或欲改行爲善而道無繇至，朕甚憐之！夫刑至斷支體，刻肌膚，終身不息，行，下孟翻。斷，端管翻。師古曰：息，生也。何其刑之痛而不德也！豈爲民父母之意哉！其除肉刑，有以易之；及令罪人各以輕重，不亡逃，有年而免。孟康曰：其不亡逃者，滿其年數，得免爲庶人。具爲令！」師古曰：使更爲條例。

丞相張蒼、御史大夫馮敬奏請定律曰：「諸當髡者爲城旦、舂；髡，鬄也，謂去其髮及其耏鬢。應劭曰：城旦者，旦起行治城；舂者，婦人不豫外傜，但舂作米：皆四歲刑也。當黥髡者鉗爲【章：乙十一行本作「當黥者髡鉗爲」。】城旦、舂；鉗者，以鐵束其頸。當劓者笞三百；當斬左止者笞五百；當斬右止及殺人先自告及吏坐受賕、枉法、守縣官財物而卽盜之、已論而復有笞罪者皆棄市。

師古曰：止，足也；當斬右足者，以其罪次重，故從棄市也。殺人先自告，謂殺人先自首得免罪者也。吏受賕枉法，謂受賂而曲公法者也。守縣官財物而卽盜之，卽今律所謂主守自盜者也。殺人害重，受賕、盜物贓汙之身，故此三罪已被論而又犯笞，亦皆棄市。罪人獄已決爲城旦、舂者，各有歲數以免。」城旦、舂滿三歲爲鬼薪、白粲，鬼薪、白粲一歲爲隸臣妾，隸臣妾一歲免爲庶人；隸臣妾滿二歲爲司寇，司寇一歲及作如司寇二歲皆免爲庶人。制曰：「可。」

是時，上既躬修玄默，而將相皆舊功臣，少文多質。懲惡亡秦之政，惡，烏露翻。論議務在寬厚，恥言人之過失；化行天下，告訐之俗易。自下告上曰訐。師古曰：面相斥罪也，居謁翻。吏安其官，民樂其業，樂，音洛。畜積歲增，戶口寖息。風流篤厚，禁罔疏闊，疏，與疎同。罪疑者予民，師古曰：從輕斷。予，讀曰與。是以刑罰大省，至於斷獄四百，師古曰：謂普天之下重罪者也。斷，丁亂翻。有刑錯之風焉。應劭曰：錯，置也。民不犯法，無所刑也。錯，千故翻。

4 六月，詔曰：「農，天下之本，務莫大焉。今勤身從事而有租稅之賦，是爲本末者無以異也，李奇曰：本，農也；末，賈也。言農與賈俱出租無異也，故除田租。其於勸農之道未備。其除田之租稅！」

十四年（乙亥、前一六六）

1 冬，匈奴老上單于十四萬騎入朝那、蕭關，班志，朝那縣屬安定郡。應劭曰：史記，故戎那邑也。

蕭關在朝那界，唐屬原州之境，後置蕭關縣，爲武州治所。史記正義曰：蕭關，今古隴山關，在原州平涼縣界。殺北地都尉卬，徐廣曰：卬，姓段。師古曰：非也，姓孫。卬，五郎翻。虜人民畜產甚多；遂至彭陽，使奇兵入燒回中宮，候騎至雍甘泉。班志，彭陽縣屬安定郡。師古曰：即今彭原縣。括地志：彭陽縣故城，在今涇州臨涇縣東二十里彭原。寧州雍縣，班志屬扶風。騎，奇寄翻；下同。帝以中尉周舍、郎中令張武爲將軍，發車千乘、乘，繩證翻。騎卒十萬軍長安旁，以備胡寇；而拜昌侯盧卿爲上郡將軍，甯侯魏遬爲北地將軍，隆慮侯周竈爲隴西將軍，屯三郡。昌侯「盧卿」，功臣表作「旅卿」，古字借用也。姓譜：姜姓之後封於盧，以國爲氏，與甯侯、隆慮侯皆高祖功臣。昌侯國屬琅邪郡。甯侯國在河內脩武縣界。隆慮侯國亦屬河內郡。三人分屯三郡，故各以郡爲將軍號。遬，古速字。上親勞軍，勒兵，申教令，賜吏卒，自欲征匈奴。羣臣諫，不聽；皇太后固要，上乃止。勞，力到翻。文穎曰：要，劫也，哀痛祝誓之言。余謂固要，力止也。要，讀曰邀。康力笑翻，非也。於是以東陽侯張相如爲大將軍，成侯董赤、成侯董赤，高帝功臣董渫之子。成侯國屬涿郡。赤，史記正義音赫。內史欒布皆爲將軍，擊匈奴。單于留塞內月餘，乃去。漢逐出塞卽還，不能有所殺。

2 上輦過郎署，問郎署長馮唐曰：署，郎舍也。長，知兩翻。「父家何在？」對曰：「臣大父趙人，父徙代。」上曰：「吾居代時，吾尚食監高祛尚食監，主膳食之官。祛，音區。數爲我言趙將李齊之賢，戰於鉅鹿下。當是秦將王離圍鉅鹿時。數，所角翻。爲，于僞翻。今吾每飯意未嘗不在鉅鹿也。每食時，念高祛所言，其心未嘗不在鉅鹿。父知之乎？」唐對曰：「尚不如廉頗、李牧之爲將也。」上搏髀曰：搏，拊也。左傳曰：搏膺而踊。髀，音陛。「嗟乎，吾獨不得廉頗、李牧爲將！吾豈憂匈奴哉！」唐曰：「陛下雖得廉頗、李牧，弗能用也。」

上怒，起，入禁中，良久，召唐，讓曰：「公柰何衆辱我，獨無間處乎！」師古曰：何不於隙間之處而言。唐謝曰：「鄙人不知忌諱。」上方以胡寇爲意，乃卒復問唐曰：卒，子恤翻。「公何以知吾不能用廉頗、李牧也？」唐對曰：「臣聞上古王者之遣將也，跪而推轂，曰：『閫以內者，寡人制之；閫以外者，將軍制之。』推，吐雷翻。閫，苦本翻，門橛也。軍功爵賞皆決於外，歸而奏之，此非虛言也。臣大父言：李牧爲趙將，居邊，軍市之租，索隱曰：軍中立市，市有稅；稅卽租也。皆自用饗士；賞賜決於外，不從中覆也。師古曰：覆，謂覆白之也。一說，不從中覆校其所用之數，亦通。委任而責成功，故李牧乃得盡其智能；選車千三百乘，乘，繩證翻。彀騎萬三千，百金之士十萬，弓弩引滿爲彀；謂騎兵能射者。服虔曰：良士直百金。晉灼曰：百金，喻貴重也。彀，古候翻。是以北逐單于，破東胡，滅澹林，澹林，卽襜襤。澹，丁甘翻。西抑強秦，南支韓、魏；當是之時，趙幾霸。幾，居依翻。其後會趙王遷立，用郭開讒，卒誅李牧，事見六卷始皇十八年。卒，子恤翻。令顏聚代之；是以兵破士北，爲秦所禽滅。今臣竊聞魏尚爲雲中守，守，式又翻。其軍市租盡以饗士卒，私養錢服虔曰：私廩假錢。索隱曰：按漢市肆租稅之入爲私奉養。服虔曰：私廩假錢是也。或云：官所別給也。余謂當從漢書以私養錢屬下句。五日一椎牛，自饗賓客、軍吏、舍人，是以匈奴遠避，不近雲中之塞。近，其靳翻。虜曾一入，尚率車騎擊之，所殺甚衆。夫士卒盡家人子，師古曰：家人子，謂庶人家之子也。起田中從軍，安知尺籍、伍符！李奇曰：尺籍，所以書軍令；伍符，軍士伍伍相保之符信也。如淳曰：漢軍法曰：吏卒斬首，以尺籍書下縣移郡；令人故行不行，奪勞二歲。伍符，亦什五之符要節度也。或曰：以尺簡書，故曰尺籍也。索隱曰：按尺籍者，謂書其斬首之功於一尺之板。伍符者，令軍人伍伍相保，不容姦詐也。終日力戰，斬首捕虜，上功幕府，上，時掌翻。一言不相應，索隱曰：應，一陵翻，謂數不同也。余謂相應之應，當從去聲。文吏以法繩之，其賞不行；而吏奉法必用。臣愚以爲陛下賞太輕，罰太重。且雲中守魏尚坐上功首虜差六級，陛下下之吏，削其爵，罰作之。蘇林曰：一歲刑爲罰作。下之，遐嫁翻。由此言之，陛下雖得廉頗、李牧，弗能用也！」上說。說，讀曰悅。是日，令唐持節赦魏尚，復以爲雲中守，而拜唐爲車騎都尉。詳考班表：漢無車騎都尉官。時使唐主中尉及郡國車士。

3 春，詔廣增諸祀壇場、珪幣，師古曰：築土爲壇，除土爲場；珪幣，所以薦神。且曰：「吾聞祠官祝釐，如淳曰：釐，福也。師古曰：「釐」，本作「禧」，假借用耳；音禧。祝，職救翻。皆歸福於朕躬，不爲百姓，爲，于僞翻。朕甚愧之。夫以朕之不德，而專饗獨美其福，百姓不與焉，是重吾不德也。與，讀曰預。師古曰：重，直用翻。其令祠官致敬，無有所祈！」

4是歲，河間文王辟彊薨。

5初，丞相張蒼以爲漢得水德，魯人公孫臣以爲漢當土德，其應，黃龍見；蒼以爲非，【章：甲十五行本「非」下有「是」字；乙十一行本同；孔本同。】罷之。公孫臣上書曰：「始，秦得水德；推終始傳，漢當土德。土德之應，黃龍見；宜改正朔，服色尚黃。」張蒼以爲：「漢乃水德，河決金隄，其符也。公孫臣言非是，罷之。」見，賢遍翻。

十五年（丙子、前一六五）

1春，黃龍見成紀。班志，成紀縣屬天水郡，庖犧所生處。見，賢遍翻。帝召公孫臣，拜爲博士，與諸生申明土德，草改曆、服色事。師古曰：草，謂創造之。張蒼由此自絀。

2夏，四月，上始幸雍，郊見五帝，秦立白帝、赤帝、黃帝、青帝畤於雍，漢高帝又立黑帝畤，故雍有五帝畤。雍，於用翻。見，賢遍翻。赦天下。

3九月，詔諸侯王、公卿、郡守舉賢良、能直言極諫者，守，式又翻。上親策之。太子家令鼂錯對策高第，擢爲中大夫。錯又上言宜削諸侯及法令可更定者，更，工衡翻。書凡三十篇。上雖不盡聽，然奇其材。

4是歲，齊文王則、河間哀王福皆薨，無子，國除。齊王則，哀王襄之子，悼惠王肥之孫。河間王福，辟彊之子。趙幽王子遂之孫。

5 趙人新垣平以望氣見上，言長安東北有神，氣成五采。於是作渭陽五帝廟。韋昭曰：在渭城。師古曰：郊祀志云：在長安東北，非渭城也；韋說謬矣。余據水北爲陽，長安在渭南，渭城在渭北，五帝廟或在渭城界，韋說未可非也。括地志：渭陽五帝廟，在雍州咸陽縣東三十里。

十六年（丁丑、前一六四）

1 夏，四月，上郊祀五帝于渭陽五帝廟。於是貴新垣平至上大夫，周官有上大夫。漢官有太中大夫、中大夫、諫大夫；爵十九級，有大夫、五大夫，而上大夫不見於表。賜累千金；而使博士、諸生刺六經中作王制，師古曰：刺，采取也；七賜翻。即今禮記王制篇是也。謀議巡狩、封禪事。又於長門道北立五帝壇。如淳曰：長門，亭名，在長安城東南。括地志：長門故亭，在雍州萬年縣東北苑中。

2 徙淮南王喜復爲城陽王。又分齊爲六國；丙寅，立齊悼惠王子在者六人：楊虛侯將閭爲齊王，安都侯志爲濟北王，武成侯賢爲菑川王，白石侯雄渠爲膠東王，平昌侯卬爲膠西王，扐侯辟光爲濟南王。淮南厲王子在者三人：阜陵侯安爲淮南王，安陽侯勃爲衡山王，陽周侯賜爲廬江王。十一年，徙城陽王喜王淮南，今復其舊；將復以淮南地分王厲王三子安、勃、賜也。楊虛，據水經，河水過楊虛縣；註引地理志曰：楊虛，平原之隸縣也，城在高唐之西南；而班志無此縣，不知酈道元所謂志者何志也。史記正義曰：安都故城，在瀛州高陽縣西南三十九里。濟北王，都盧。「武成」，史記作「武城」。索隱曰：武城縣屬平原。正義曰：貝州縣。菑川王，都劇。班志，金城郡有白石縣。正義曰：白石故城，在德州安德縣北二十里。膠東王，都卽墨。班志，平昌，侯國，屬平原郡。膠西王，都高苑。扐，侯國，屬平原郡。濟南王，都東平陵。皋陵縣屬九江郡。淮南王，都壽春。安陽屬汝南郡。衡山王，都六。陽周縣屬上郡。廬江王，都江南。濟，子禮翻。扐，音力。

3 秋，九月，新垣平使人持玉杯上書闕下獻之。平言上曰：「闕下有寶玉氣來者。」已，視之，果有獻玉杯者，刻曰「人主延壽」。平又言：「臣候日再中。」居頃之，日卻，復中。於是始更以十七年爲元年，復，扶又翻。令天下大酺。漢律：三人無故羣飲，罰金四兩。今詔橫賜得會聚飲食。師古曰：酺，布也；言王德布於天下而合聚飲食爲酺。周禮族師：春秋祭酺。註：酺者，爲人裁害之神也。有馬酺，有蝝螟之酺與人鬼之酺，亦爲壇位如雩禜。族長無飲酒之禮，因祭酺而與其民以長幼相獻酬焉。正義曰：古者祭酺，聚錢飲酒，故後世聽民聚飲，皆謂之酺。漢書，每有嘉慶，令民大酺，是其事也。彼註云因祭酺而與其民長幼相酬，鄭註所謂祭酺、合醵也。酺，音蒲。平言曰：「周鼎亡在泗水中。今河決，通於泗，臣望東北汾陰直有金寶氣，班志，汾陰縣屬河東郡。師古曰：直，謂正當汾陰也。宋白曰：蒲州寶鼎縣，古綸氏地，夏少康所邑也。汾水南流過縣，漢置汾陰縣，今縣北九十里汾陰故城是也。意周鼎其出乎！兆見，不迎則不至。」於是上使使治廟汾陰，南臨河，欲祠出周鼎。見，賢遍翻。

後元年（戊寅、前一六三）

1 冬，十月，人有上書告新垣平「所言皆詐也」；下吏治，誅夷平。師古曰：夷者，平也；謂盡平除其家室、宗族。下，遐嫁翻。是後，上亦怠於改正、服、鬼神之事，師古曰：正，正朔也；服，服色也。正，之成翻。而渭陽、長門五帝，使祠官領，以時致禮，不往焉。

2春，三月，孝惠皇后張氏薨。孝惠皇后，張敖之女；諸呂之誅，徙居北宮。張晏曰：后黨於呂氏，故不曰崩。

3詔曰：「間者數年不登，又有水旱、疾疫之災，朕甚憂之。愚而不明，未達其咎：意者朕之政有所失而行有過與？與，與歟同；下同。乃天道有不順，地利或不得，人事多失和，鬼神廢不享與？何以致此？將百官之奉養或廢，無用之事或多與？何其民食之寡乏也？夫度田非益寡，師古曰：度，謂量計之。度，徒各翻。而計民未加益，以口量地，量，音良。其於古猶有餘；而食之甚不足者，其咎安在？無乃百姓之從事於末以害農者蕃，師古曰：蕃，多也，扶元翻。爲酒醪以靡穀者多，師古曰：醪，汁滓酒也。靡，散也。醪，來高翻。靡，音縻。六畜之食焉者衆與？六畜，馬、牛、羊、犬、豕、雞。畜，許救翻。細大之義，吾未得其中，師古曰：中，竹仲翻。其與丞相、列侯、吏二千石、博士議之；有可以佐百姓者，率意遠思，無有所隱！」

二年（己卯、前一六二）

1夏，上行幸雍棫陽宮。黄圖曰：棫陽宮，秦昭王所起。括地志：在岐州扶風縣東北。棫，音域。

2六月，代孝王參薨。參，前二年封於太原，三年徙代。

3匈奴連歲入邊，殺略人民、畜產甚多；雲中、遼東最甚，遼東，戰國時燕之東北境，秦置郡。郡萬餘人。上患之，乃使使遺匈奴書。遺，于季翻。單于亦使當戶報謝，匈奴官自左、右賢王至左、右大當戶，凡二十四長。復與匈奴和親。

4 八月，戊戌，丞相張蒼免。帝以皇后弟竇廣國賢、有行，欲相之，相，息亮翻。行，下孟翻。曰：「恐天下以吾私廣國，久念不可。」而高帝時大臣，餘見無可者。謂高帝大臣薨逝之餘，其見存之臣無可相者。見，賢遍翻。御史大夫梁國申屠嘉，莊子有申徒狄，夏之賢人也。一曰：申徒，楚官號。姓譜：申侯之後，支子居安定屠原，因爲申屠氏。故以材官蹶張從高帝，梁國本秦碭郡，漢爲梁國。如淳曰：材官之多力者，能脚蹋強弩張之，故曰蹶張。律有蹶張士。師古曰：今之弩，以手張者爲擘張，以足蹋者爲蹶張。蹶，音厥。封關內侯；庚午，以嘉爲丞相，封故安侯。班志，故安縣屬涿郡。括地志：今易州界武陽城中東南隅故城是也。嘉爲人廉直，門不受私謁。是時，太中大夫鄧通方愛幸，賞賜累鉅萬；帝嘗燕飲通家，其寵幸無比。嘉嘗入朝，而通居上旁，有怠慢之禮。嘉奏事畢，因言曰：「陛下幸愛羣臣，則富貴之；至於朝廷之禮，不可以不肅。」師古曰：肅，敬也。上曰：「君勿言，吾私之。」師古曰：言欲私告戒之。罷朝，坐府中，風俗通：府，聚也，公、卿、牧、守道德之所聚也；又舍也。嘉爲檄召通詣丞相府，師古曰：檄，木書也，長二尺。不來，且斬通。通恐，入言上；上曰：「汝第往，吾今使人召若。」通詣丞相府，【章：乙十一行本無「府」字；孔本同。】免冠、徒跣，頓首謝嘉。嘉坐自如，弗爲禮，責曰：「夫朝廷者，高帝之朝廷也。通小臣，戲殿上，大不敬，當斬。吏！今行斬之！」如淳曰：嘉語其吏曰：「今便行斬之」。通頓首，首盡出血，不解。上度丞相已困通，度，徒洛翻。使使持節召通而謝丞相：「此吾弄臣，君釋之！」鄧通既至，爲上泣曰：「丞相幾殺臣！」爲，于僞翻。幾，居希翻。

三年（庚辰、前一六一）

1春，二月，上行幸代。

2是歲，匈奴老上單于死，子軍臣單于立。

四年（辛巳、前一六〇）

1夏，四月，丙寅晦，日有食之。月末爲晦。天文書，晦則日月相沓，月在日後，則光體伏矣。

2五月，赦天下。

3上行幸雍。

五年（壬午、前一五九）

1春，正月，上行幸隴西；三月，行幸雍；秋，七月，行幸代。

六年（癸未、前一五八）

1冬，匈奴三萬騎入上郡，三萬騎入雲中，所殺略甚衆，烽火通於甘泉、長安。文穎曰：邊方備胡寇作高土，櫓上作桔槔，桔槔頭兜零，以薪草置其中，常低之。有寇，卽燃火舉之以相告，曰烽。又多積薪，寇至卽燃之，以望其煙，曰燧。以中大夫令免爲車騎將軍，屯飛狐；師古曰：中大夫，官名；其人姓令名免耳。此諸將軍下至徐厲皆書姓，而徐廣以爲中大夫令是官名，此說非也。據百官表：景帝初改衛尉爲中大夫令，文帝時無此官；而中大夫是郎中令屬官，秩比二千石。索隱曰：據風俗通：令姓，楚令尹子文之後。虞世南曰：中大夫令是史家追書耳。故楚相蘇意爲將軍，屯句注；句，音鈎。將軍張武屯北地；秦滅義渠，置北地郡。河內太守周亞夫爲將軍，次細柳；項羽以河內郡爲殷國；高帝滅殷，復置河內郡。服虔曰：細柳在長安西北。如淳曰：長安細柳倉在渭北，近石徼。張揖曰：在昆明池南，今有柳市是也。臣瓚曰：一宿曰宿，再宿曰信，過信爲次。師古曰：匈奴傳云：置三將軍，軍長安西細柳、渭北棘門、霸上，此則細柳不在渭北，揖說是也。索隱曰：按三輔故事：細柳在直城門外阿房宮西北維。舊唐書：肅宗母元獻楊后葬細柳原。宗正劉禮爲將軍，次霸上；祝茲侯徐厲爲將軍，次棘門；宗正，秦官，掌親屬；漢因之。徐厲，高祖功臣，呂后四年封祝茲侯。史記表作「松滋」。班志，松滋縣屬廬江郡。孟康曰：棘門在長安北，秦時宮門也。如淳曰：棘門在橫門外。橫門，長安城北出西頭第一門。以備胡。上自勞軍，至霸上及棘門軍，直馳入，將以下騎送迎。勞，力到翻。將，卽亮翻；下其將同。騎，奇寄翻。已而之細柳軍，之，往也。軍士吏被甲，銳兵刃，彀弓弩持滿，被，皮義翻。彀，古候翻。天子先驅至，不得入。先驅曰：師古曰：先驅導駕，若今之武候隊矣。「天子且至！」軍門都尉曰：「將軍令曰：『軍中聞將軍令，不聞天子之詔。』」居無何，上至，又不得入。於是上乃使使持節詔將軍：「吾欲入營勞軍。」亞夫乃傳言「開壁門。」壁門士請車騎曰：「將軍約：軍中不得驅馳。」於是天子乃按轡徐行。至營，將軍亞夫持兵揖曰：「介胄之士不拜，請以軍禮見。」禮：介者不拜。見，賢遍翻。天子爲動，改容，式車，爲，于僞翻。使人稱謝：「皇帝敬勞將軍。」成禮而去。既出軍門，羣臣皆驚。上曰：「嗟乎，此眞將軍矣！曩者霸上、棘門軍若兒戲耳，其將固可襲而虜也。至於亞夫，可得而犯耶！」稱善者久之。月餘，漢兵至邊，匈奴亦遠塞，遠，于願翻。漢兵亦罷。乃拜周亞夫爲中尉。爲以亞夫屬太子張本。

2夏，四月，大旱，蝗。師古曰：蝗，卽螽也，食苗爲災；今俗呼爲簸蝩。說文曰：一曰蝝，一曰蝗。蝗，戶光翻。蝩，音鍾。令諸侯無入貢；弛山澤，師古曰：弛，解也；解而不禁，與衆庶同其利。減諸服御，損郎吏員；發倉庾以振民；應劭曰：水漕倉曰庾。胡公曰：在邑曰倉，在野曰庾。康曰：凡倉無屋曰庾。民得賣爵。

七年（甲申、前一五七）

1夏，六月，己亥，帝崩于未央宮。臣瓚曰：壽四十六。遺詔曰：「朕聞之：蓋天下萬物之萌生，靡不有死；死者，天地之理，萬【章：乙十一行本無「萬」字。】物之自然，奚可甚哀！當今之世，咸嘉生而惡死，惡，烏路翻。厚葬以破業，重服以傷生，吾甚不取。且朕旣不德，無以佐百姓；今崩，又使重服久臨，師古曰：臨，哭也，力禁翻；下出臨、服臨、當臨、夕臨、哭臨音同。以罹寒暑之數，師古曰：罹，音離，遭也。哀人父子，傷長老之志，損其飲食，絕鬼神之祭祀，以重吾不德，謂天下何！朕獲保宗廟，以眇眇之身師古曰：眇眇，猶言細末也。託于天下君王之上，二十有餘年矣。賴天之靈，社稷之福，方內安寧，方內，四方之內也。靡有兵革。朕既不敏，常懼過行以羞先帝之遺德，師古曰：過行，行有過失也。羞，謂忝辱也。行，下孟翻。惟年之久長，懼于不終。今乃幸以天年得復供養於高廟，其奚哀念之有！帝自謙，以謂得終其天年以從先帝幸矣，奚哀念之有乎！供，居用翻。養，羊亮翻。其令天下吏民：令到，出臨三日，皆釋服；毋禁取婦、嫁女、祠祀、飲酒、食肉；取，讀曰娶。自當給喪事服臨者，皆無跣；跣，先典翻，足親地也。絰帶毋過三寸；毋布車及兵器；應劭曰：毋以布衣車及兵器也。服虔曰：不施輕車介士也。師古曰：應說是也。毋發民哭臨宮殿中；殿中當臨者，皆以旦夕各十五舉音，禮畢罷；非旦夕臨時，禁毋得擅哭臨；已下棺，服大功十五日，小功十四日，纖七日，釋服。喪禮：大功之服，七升、八升、九升；小功，十升、十一升、十二升。再期而大祥，踰月而禫；禫而纖，無所不佩。鄭註云：大祥，除衰杖。黑經白緯曰纖。舊說：纖，冠者采纓也。無所不佩者，紛帨之屬如平常也。孔氏正義曰：禫而纖者，禫祭之時，玄冠朝服；禫祭既訖，而首著纖冠，身著素端黃裳；以至吉祭，無所不佩者，吉祭之時，身尋常吉服，平常所服之物無不佩也。服虔曰：大功、小功，布也；纖，細布衣也。應劭曰：凡三十六日而釋服矣，此以日易月也。師古曰：此喪制者，文帝自率己意創而爲之，非有取於周禮也。何爲以日易月乎！三年之喪，其實二十七月，豈有三十六月之文！禫又無七月也。應氏既失之於前，近代學者因循繆說，未之思也。貢父曰：文帝制此喪服，斷自已葬之後；其未葬之前，則服斬衰。漢諸帝自崩至葬有百餘日者，未葬則服不除矣。翟方進傳：「後母終，既葬，三十六日起視事」，其證也。說者遂以日易月，又不通計葬之日，皆大謬也。攷之文帝意，既葬除重服，制大功、小功，所以漸卽吉耳。賈公彥曰：布之精粗，斬衰三升；齊衰有三等：或四升，或五升，或六升；小功、大功如前說；緦麻十五升，抽去半；朝服十五升。他不在令中者，皆以此令比類從事。師古曰：言此詔中無文者，皆以類比而行事。布告天下，使明知朕意。霸陵山川因其故，毋有所改。應劭曰：因山爲藏，不復起墳，山下川流不遏絕，就其水名以爲陵號耳。師古曰：霸陵在長安東南。歸夫人以下至少使。」應劭曰：夫人已下，有美人、良人、八子、七子、長使、少使，皆遣歸家，重絕人類。乙巳，葬霸陵。

帝卽位二十三年，宮室、苑囿、車騎、服御，無所增益；有不便，輒弛以利民。嘗欲作露臺，召匠計之，直百金。上曰：「百金，中人十家之產也。吾奉先帝宮室，嘗恐羞之，何以臺爲！」師古曰：中，謂不富不貧。今新豐縣南驪山之頂有露臺鄉，極爲高顯，猶有文帝所欲作臺之處。身衣弋綈；如淳曰：弋，皁也。師古曰：弋，黑色。衣，於旣翻。所幸愼夫人，衣不曳地；帷帳無文繡；以示敦朴，爲天下先。治霸陵，皆瓦器，不得以金、銀、銅、錫爲飾，因其山，不起墳。古者墓而不墳。墳者，聚土使之高大也。皇甫謐曰：漢長陵高十三丈，陽陵高十四丈；安陵三十餘丈，則不度甚矣。治，直之翻。吳王詐病不朝，賜以几杖。羣臣袁盎等諫說雖切，常假借納用焉。張武等受賂金錢，覺，更加賞賜以媿其心；專務以德化民。是以海內安寧，家給人足，後世鮮能及之。鮮，息淺翻。

2 丁未，太子卽皇帝位。鄭樵曰：漢大斂畢，三公奏：「尚書顧命，太子卽日卽天子位于柩前。請太子卽皇帝位，皇后爲皇太后」。奏可，羣臣皆出，吉服入會，如儀。太尉升自阼階，當柩御坐，北面稽首，讀冊畢，以傳國玉璽綬東面跪授；皇太子卽皇帝位，告令羣臣，羣臣皆伏稱萬歲，或大赦天下。羣臣百僚罷，入，成喪服，如禮。尊皇太后薄氏曰太皇太后，皇后曰皇太后。帝祖母曰太皇太后，帝母曰皇太后。

3 九月，有星孛于西方。孛，蒲內翻。

4 是歲，長沙王吳著薨，無子，國除。高帝封吳芮爲長沙王，傳成王臣，共〔哀〕王回、共王右，至著而絕。「著」，漢書作「差」。初，高祖賢文王芮，制詔御史：「長沙王忠，其定著令。」鄧展曰：漢約非劉氏不王而芮王，故著令使特王也。或曰：以芮至忠，故著令也。仲馮曰：兼用鄧二說，乃著令之意也。貢父曰：「長沙王忠，其定著令，」定著令者，謂於令著長沙王車服土地之類也。至孝惠、高后時，封芮庶子二人爲列侯，傳國數世絕。

孝景皇帝上

荀悅曰：諱「啓」之字曰「開」。文帝長子也。應劭曰：禮謚法：布義行剛曰景。

元年（乙酉、前一五六）

1 冬，十月，丞相嘉等奏：「功莫大於高皇帝，德莫盛於孝文皇帝。高皇帝廟，宜爲帝者太祖之廟；孝文皇帝廟，宜爲帝者太宗之廟。天子宜世世獻祖宗之廟，郡國諸侯宜各爲孝文皇帝立太宗之廟。」應劭曰：始取天下者曰祖，高帝稱高祖是也。始治天下者曰宗，文帝稱太宗是也。師古曰：應說非也。祖，始也，始受命也。宗，尊也，有德可尊。貢父曰：顏說非也。始受命稱太祖耳；有功亦稱祖，商祖甲是也。制曰：「可。」

2 夏，四月，乙卯，赦天下。

3 遣御史大夫青至代下與匈奴和親。開封侯陶青，高祖功臣陶舍之子。

4 五月，復收民田半租，文帝十二年，賜民田租之半；次年，盡除田之租稅；今復收半租。三十而稅一。

5 初，文帝除肉刑，事見文帝十三年。外有輕刑之名，內實殺人；斬右止者又當死；斬左止者笞五百，當劓者笞三百，率多死。是歲，下詔曰：「加笞與重罪無異；孟康曰：重罪，謂死刑。幸而不死，不可爲人。師古曰：謂不能自起居也。其定律：笞五百曰三百，笞三百曰二百。」

6 以太中大夫周仁爲郎中令，張歐爲廷尉，孟康曰：歐，音驅；索隱曰：於后翻。楚元王子平陸侯禮爲宗正，平陸，戰國時齊邑。班志，東平國有東平陸縣，又，西河郡有平陸縣。意禮所封者齊地。中大夫鼂錯爲左內史。仁始爲太子舍人，內史掌治京邑，武帝建元六年始分左、右內史。疑「左」字衍。續漢志：太子舍人更直宿衞，如三署郎中。鼂，音朝，直遙翻。以廉謹得幸。張歐亦事帝於太子宮，雖治刑名家，爲人長者；治，直之翻。長，知兩翻。帝由是重之，用爲九卿。歐爲吏未嘗言按人，專以誠長者處官；官屬以爲長者，亦不敢大欺。處，昌呂翻。

二年（丙戌、前一五五）

1 冬，十二月，有星孛于西南。孛，蒲內翻。

2 令天下男子年二十始傅。師古曰：舊制二十三而傅；今此二十，更爲異制也。傅，讀曰附。

3 春，三月，甲寅，立皇子德爲河間王，閼爲臨江王，餘爲淮陽王，非爲汝南王，彭祖爲廣川王，發爲長沙王。河間王，都樂成。臨江王，都江陵。淮陽王，都陳。汝南王，都平輿。廣川王，都信都，長沙王，都長沙。閼，一曷翻。

4 夏，四月，壬午，太皇太后薄氏崩。薄太皇，文帝母也。

5 六月，丞相申屠嘉薨。時內史鼂錯數請間言事，輒聽，寵幸傾九卿，漢正卿九，奉常、郎中令、衛尉、太僕、廷尉、典客、宗正、治粟內史、少府是也。數，所角翻。法令多所更定。更，工衡翻。丞相嘉自絀所言不用，疾錯。錯爲內史，東出不便，更穿一門南出。南出者，太上皇廟堧垣也。三輔黃圖：太上皇廟在長安香室街南，馮翊府北。武帝分內史爲左右，後又改左內史爲左馮翊。括地志：漢太上皇廟，在雍州長安縣西北，長安故城中酒池之北。服虔曰：堧垣，宮外垣餘地也。師古曰：內垣之外餘地也。堧，而緣翻。嘉聞錯穿宗廟垣，爲奏，請誅錯。客有語錯，語，牛倨翻。錯恐，夜入宮上謁，自歸上。上謁，時掌翻。至朝，朝，直遙翻；下同。嘉請誅內史錯。上曰：「錯所穿非眞廟垣，乃外堧垣，故宂官居其中；師古曰：宂，謂散輩也，如今之散官。宂，如隴翻。且又我使爲之，錯無罪。」丞相嘉謝。罷朝，嘉謂長史曰：「吾悔不先斬錯乃請之，爲錯所賣。」至舍，因歐血而死。歐，於后翻。錯以此愈貴。

6 秋，與匈奴和親。

7 八月，丁未，以御史大夫開封侯陶青爲丞相。班志，開封縣屬河南郡。姓譜：陶，陶唐氏之後。丁巳，以內史鼂錯爲御史大夫。

8 彗星出東北。彗，祥歲翻，又徐醉翻，又旋芮翻。

9 秋，衡山雨雹，大者五寸，深者二尺。大戴禮曰：孔會子云：陽之專氣爲霰，陰之專氣爲雹。盛陽之氣在雨水，則溫暖而爲雨，陰氣薄而脅之不相入，則摶而爲雹也。盛陰之氣在雨水，則凝滯而爲雪，陽氣薄而脅之不相入，則消散而下，因水而爲霰。雨，于具翻。

10 熒惑逆行守北辰，月出北辰間；歲星逆行天廷中。熒惑，火星。北辰，中宮天極星也。月有九行，黑道二，出黃道北，自立冬、冬至行之；青道二，出黃道東，立春、春分行之；赤道二，出黃道南，立夏、夏至行之；白道二，出黃道西，立秋、秋分行之。其去極有遠近，終不能出北辰之間；出北辰間，失其行也。歲星，木星也。太微爲天廷。據天文志：北極及太微，人君之位；或守之，或出之，或逆行經之，皆變也。又石氏星傳曰：龍左角爲天田，右角爲天廷。孔穎達曰：春秋緯文：紫微宮爲大帝，太微爲天庭，中有五帝座。

11 梁孝王以竇太后少子故，有寵，王四十餘城，少，詩沼翻。王，于況翻。居天下膏腴地。賞賜不可勝道，府庫金錢且百巨萬，巨萬，萬萬也。勝，音升。珠玉寶器多於京師。築東苑，方三百餘里，廣睢陽城七十里，唐宋州治宋城縣，卽漢睢陽。大治宮室，治，直之翻。爲複道，自宮連屬於平臺三十餘里。如淳曰：平臺在梁東北，離宮所在。師古曰：今其城東二十里所有故臺基，其處寬博，俗云平臺也。屬，之欲翻。招延四方豪俊之士，如吳人枚乘、嚴忌，齊人羊勝、公孫詭、鄒陽，蜀人司馬相如之屬皆從之遊。姓譜：枚，姓也。六國有賢人枚被。嚴忌，本姓莊，漢書避明帝諱，改爲嚴。羊，晉羊舌大夫之後。鄒，以國爲氏。每入朝，上使使持節以乘輿駟馬迎梁王於關下。既至，寵幸無比；入則侍上同輦，出則同車，射獵上林中；因上疏請留，且半歲。梁侍中、郎、謁者著籍引出入天子殿門，史記正義曰：籍，謂名簿也；若今通引出入門也。著，竹略翻。與漢宦官無異。

資治通鑑卷第十六

翰林學士朝散大夫右諫議大夫知制誥兼侍講同提舉萬壽觀公事
兼判集賢院上護軍河内郡開國侯食邑一千三百戶賜紫金魚袋臣　司馬光　奉敕編集

後　學　天　台　胡三省　音　註

漢紀八　起強圉大淵獻（丁亥），盡上章困敦（庚子），凡十四年。

孝景皇帝下

前三年（丁亥、前一五四）

1 冬，十月，梁王來朝。朝，直遥翻。時上未置太子，與梁王宴飲，從容言曰：從，千容翻。「千秋萬歲後傳於王。」王辭謝，雖知非至言，然心内喜；孔穎達曰：喜者，外竟會心之謂。太后亦然。詹事竇嬰班表：詹事，秦官，掌皇后、太子家。應劭曰：詹，省也，給也。臣瓚曰：茂陵書：詹事，秩眞二千石。師古曰：皇后、太子各置詹事，隨其所在以名官。引卮酒進上曰：「天下者，高祖之天下，父子相傳，漢之約也；上何以得傳梁王！」太后由此憎嬰；引酒進之，蓋罰爵也。嬰因病免；太后除嬰門籍，不得朝請。門籍，出入宫殿門之籍也。請，材性翻，又如字。梁王以此益驕。

2 春，正月，乙巳，赦。

3 長星出西方。

4 洛陽東宮災。洛陽縣，河南郡治所。高祖先居洛陽，因築宮室，有南宮、北宮、東宮。

5 初，孝文時，吳太子入見，楚漢春秋曰：吳太子，名賢，字德明。見，賢遍翻。得侍皇太子飲、博。吳太子博爭道，不恭；皇太子引博局提吳太子，殺之。提，徒計翻。遣其喪歸葬，至吳，吳王慍曰：慍，於問翻。師古曰：怒也。孔穎達曰：慍者，外竟違心之謂；事與心違，所以怒生。「天下同宗，師古曰：猶言同姓共爲一家。死長安卽葬長安，何必來葬爲！」復遣喪之長安葬。吳王由此稍失藩臣之禮，稱疾不朝。朝，直遙翻。京師知其以子故，繫治、驗問吳使者；吳王恐，始有反謀。後使人爲秋請，應劭曰：冬當斷獄，秋先請擇其輕重也。孟康曰：律：春曰朝，秋曰請。如淳曰：濞不自行，使人代己致請禮。索隱曰：音淨；孟說是。文帝復問之，復，扶又翻。使者對曰：「王實不病；漢繫治使者數輩，吳王恐，以故遂稱病。夫『察見淵中魚不祥』；服虔曰：言天子察見下之私則不祥也。索隱曰：案此語見韓子及文子。韋昭曰：知臣下陰私，使憂患生，變爲不祥，故當赦宥使自新也。唯上棄前過，與之更始。」師古曰：言赦其已往之事，使得自新也。更，工衡翻。於是文帝乃赦吳使者，歸之，而賜吳王几杖，老，不朝。吳得釋其罪，謀亦益解。然其居國，以銅、鹽故，百姓無賦；索隱曰：吳國有鑄錢、煮鹽之利，故百姓不別徭賦也。卒踐更，輒予平賈；服虔曰：以當爲更卒，出錢三百，謂之過更；自行爲卒，謂之踐更。吳王欲得民心，以爲卒者雇其庸，隨時月予平賈。晉灼曰：謂借人自代爲卒者，官爲出錢雇，其時庸平賈也。師古曰：晉説是。索隱曰：案漢律，卒更有三：踐更、居更、過更也。此言踐更輒與平賈者，謂爲踐更合自出錢，今吳王欲得人心，乃予平賈，官讎之也。予，讀曰與；下同。賈，讀曰價。歲時存問茂材，賞賜閭里；他郡國吏欲來捕亡人者，公共禁弗予。如此者四十餘年。

鼂錯數上書言吳過，可削；文帝寬，不忍罰，以此吳日益横。鼂，直遥翻。錯，千故翻。數，所角翻。横，戶孟翻。及帝即位，錯説上曰：「昔高帝初定天下，昆弟少，諸子弱，説，式芮翻。少，詩沼翻。大封同姓，齊七十餘城，楚四十餘城，吳五十餘城；封三庶孽，分天下半。今吳王前有太子之郤，郤，與隙同；下有郤同。詐稱病不朝，於古法當誅。文帝弗忍，因賜几杖，德至厚，當改過自新；反益驕溢，即山鑄錢，師古曰：即，就也。煑海水爲鹽，誘天下亡人謀作亂。今削之亦反，不削亦反。削之，其反亟，禍小；不削，反遲，禍大。」上令公卿、列侯、宗室雜議，莫敢難；獨竇嬰爭之，由此與錯有郤。難，乃旦翻。郤，與隙同。及楚王戊來朝，錯因言：「戊往年爲薄太后服，私姦服舍，師古曰：服舍，居喪之次，若堊室之屬也。請誅之。」詔赦，削東海郡。東海郡，即秦郯郡，高帝更名。及前年，趙王有罪，削其常山郡；膠西王卬以賣爵事有姦，膠西後改爲高密。削其六縣。

廷臣方議削吳。吳王恐削地無已，因發謀舉事；念諸侯無足與計者，聞膠西王勇，好兵，好，呼到翻。諸侯皆畏憚之，於是使中大夫應高口說膠西王曰：應本自周武王後。左傳曰：邘，晉、應、韓，武之穆也。「今者，主上任用邪臣，聽信讒賊，侵削諸侯，誅罰良重，師古曰：良，實也，信也。日以益甚。語有之曰：『狧穅及米。』師古曰：狧，古舓字，食爾翻。狧，用舌食也，蓋以犬爲諭。言初狧穅，遂至食米也。索隱曰：言狧穅盡則至米，謂削土盡則至滅國也。吳與膠西，知名諸侯也，一時見察，不得安肆矣。師古曰：肆，縱也。吳王身有內疾，師古曰：謂疾在身中，不顯於外也。不能朝請二十餘年，常患見疑，無以自白，脅肩累足，猶懼不見釋。師古曰：脅，翕也，謂斂之也；累足，重足也；並謂懼耳。釋，解也，放也。累，與絫同。竊聞大王以爵事有過。所聞諸侯削地，罪不至此；師古曰：言其罪皆不至於削地。此恐不止削地而已！」王曰：「有之。子將柰何？」高曰：「吳王自以爲與大王同憂，願因時循理，棄軀以除患於天下，意亦可乎？」膠西王瞿然駭曰：瞿，居具翻。說文：瞿，遠視貌。師古曰：瞿然，無守之貌。「寡人何敢如是！主上雖急，固有死耳，安得不事！」高曰：「御史大夫鼂錯，營惑天子，師古曰：營，謂回繞之也。侵奪諸侯，【章：甲十五行本「侯」下有「朝廷疾怨」四字；乙十一行本同；張校同；退齋校同。】諸侯皆有背叛之意，人事極矣。彗星出，背，蒲妹翻。彗，祥歲翻；又徐醉翻；又旋芮翻。蝗蟲起，此萬世一時；而愁勞，聖人所以起也。索隱曰：所謂殷憂以啓明聖也。吳王內以鼂錯爲誅，外從大王後車，方洋天下，方，音房，又音旁。洋，音羊。師古曰：方洋，猶翺翔也。所向者降，降，戶江翻。所指者下，莫敢不服。大王誠幸而許之一言，則吳王率楚王略函谷關，守滎陽、敖倉之粟，距漢兵，治次舍，須大王。師古曰：次舍，息立之處。須，待也。治，直之翻。大王幸而臨之，則天下可併，兩主分割，不亦可乎！」王曰：「善！」歸，報吳王，吳王猶恐其不果，乃身自爲使者，至膠西面約之。膠西羣臣或聞王謀，諫曰：「諸侯地不能當漢十二，爲叛逆以憂太后，非計也。文穎曰：謂王之太后也。今承一帝，尚云不易；易，以豉翻。假令事成，兩主分爭，患乃益生。」王不聽，遂發使約齊、菑川、膠東、濟南，皆許諾。齊王將閭，菑川王賢，膠東王雄渠，濟南王辟光，皆文帝封。濟，子禮翻。

初，楚元王好書，好，呼到翻。與魯申公、穆生、白生俱受詩於浮丘伯；及王楚，以三人爲中大夫。及王，于況翻。穆生不耆酒；元王每置酒，常爲穆生設醴。及子夷王、孫王戊即位，楚元王交，高祖異母弟。楚子重、子辛皆出於穆王，楚人謂之「二穆」，故楚有穆姓。秦有白乙丙、白圭，楚有白公。浮丘，複姓。夷王，名郢客，元王子。戊，元王孫。師古曰：醴，甘酒，少麴多米，二宿而熟。不耆之耆，讀曰嗜。爲，于僞翻；下同。常設，後乃忘設焉。忘，巫放翻。穆生退，曰：「可以逝矣！醴酒不設，王之意怠；不去，楚人將鉗我於市。」遂稱疾臥。申公、白生強起之，強，其兩翻。曰：「獨不念先王之德與？與，讀曰歟。今王一旦失小禮，何足至此！」穆生曰：「易稱：『知幾其神乎！幾者，動之微，吉凶之先見者也。幾，居衣翻。師古曰：易下繫之辭。見，戶電翻。君子見幾而作，不俟終日。』先王之所以禮吾三人者，爲道存也；今而忽之，是忘道也。忘道之人，胡可與久處，豈爲區區之禮哉！」區區，謂小也。處，昌呂翻。爲，于僞翻。遂謝病去。申公、白生獨留。王戊稍淫暴，太傅韋孟作詩諷諫，不聽，亦去，居於鄒。姓譜：韋姓出顓頊大彭豕韋之後。戊因坐削地事，遂與吳通謀。申公、白生諫戊，戊胥靡之，衣之赭衣，使雅舂於市。晉灼曰：高肱舉杵，正身而舂之。師古曰：爲木杵而手舂，即今所謂步臼者耳。衣之，於既翻。休侯富使人諫王。孟子去齊居休。趙岐註曰：休，地名；蓋即富所封之地。富，楚元王之子，夷王之弟也。王曰：「季父不吾與，我起，先取季父矣！」休侯懼，乃與母太夫人奔京師。臣瓚曰：侯母號太夫人。

及削吳會稽、豫章郡書至，吳王遂先起兵，誅漢吏二千石以下；膠西、膠東、菑川、濟南、楚、趙亦皆反。楚相張尚、太傅趙夷吾諫王戊，戊殺尚、夷吾。趙相建德、內史王悍諫王遂，遂燒殺建德、悍。悍，下罕翻，又侯旰翻。齊王後悔，背約城守。背，蒲妹翻。守，式又翻。濟北王城壞未完，其郎中令劫守，王不得發兵。膠西王、膠東王爲渠率，師古曰：渠，大也。率，所類翻。與菑川、濟南共攻齊，圍臨菑。臨菑，齊都。趙王遂發兵住其西界，欲待吳、楚俱進，北使匈奴與連兵。使，疏吏翻；下同。

吳王悉其士卒，下令國中曰：「寡人年六十二，身自將；將，即亮翻。少子年十四，亦爲士卒先。諸年上與寡人同，下與少子等，皆發。」凡二十餘萬人。南使閩、東越，使，疏吏翻。閩、東越亦發兵從。從，才用翻。吳王起兵於廣陵，廣陵，吳都。西涉淮，因并楚兵，發使遺諸侯書，罪狀鼂錯，遣，于季翻。欲合兵誅之。吳、楚共攻梁，破棘壁，索隱曰：按左氏傳，宣公二年，宋華元戰於大棘。杜預曰：在襄邑東南；蓋卽棘壁是也。括地志：大棘故城，在宋州寧陵縣西南七十里。殺數萬人；乘勝而前，銳甚。梁孝王遣將軍擊之，又敗梁兩軍，敗，補邁翻。士卒皆還走。梁王城守睢陽。睢陽，梁都。睢，音雖。

初，文帝且崩，戒太子曰：「卽有緩急，周亞夫眞可任將兵。」及七國反書聞，上乃拜中尉周亞夫爲太尉，將三十六將軍往擊吳、楚，遣曲周侯酈寄擊趙，班志，曲周縣屬廣平國。將軍欒布擊齊；復召竇嬰，拜爲大將軍，使屯滎陽監齊、趙兵。班志，滎陽縣屬河南郡。監，古銜翻。

初，鼂錯所更令三十章，更，工衡翻。諸侯讙譁。讙，許元翻。錯父聞之，從潁川來，錯，潁川人。謂錯曰：「上初卽位，公爲政用事，侵削諸侯，疏人骨肉，疏，與疎同。口語多怨，公何爲也？」錯曰：「固也；不如此，天子不尊，宗廟不安。」父曰：「劉氏安矣而鼂氏危，吾去公歸矣！」遂飲藥死，曰：「吾不忍見禍逮身！」後十餘日，吳、楚七國俱反，以誅錯爲名。

上與錯議出軍事，錯欲令上自將兵而身居守；守，式又翻。又言：「徐、僮之旁吳所未下者，可以予吳。」徐、僮二縣皆屬臨淮郡。錯初議削諸侯地以強漢，及七國反，乃欲以徐、僮之旁予吳；是自畔其說，惡得無死乎！予，讀曰與。錯素與吳相袁盎不善，相，息亮翻。錯所居坐，盎輒避；盎所居坐，錯亦避；坐，徂臥翻。兩人未嘗同堂語。及錯爲御史大夫，使吏按盎受吳王財物，抵罪；詔赦以爲庶人。吳、楚反，錯謂丞、史曰：班表：御史大夫有兩丞，秩千石；侍御史十五人。「袁盎多受吳王金錢，專爲蔽匿，言不反；今果反，欲請治盎，宜知其計謀。」丞、史曰：「事未發，治之有絕；如淳曰：事未發之時治之，乃有所絕也。治，直之翻。今兵西向，治之何益！且盎不宜有謀。」錯猶與未決。猶與，卽猶豫也。與，去聲。人有告盎，盎恐，夜見竇嬰，爲言吳所以反，願至前，口對狀。嬰入言，上乃召盎。盎入見，爲，于僞翻。入見，賢遍翻。上方與錯調兵食。師古曰：調，計也，計發兵食也。調，徒釣翻。上問盎：「今吳、楚反，於公意何如？」對曰：「不足憂也！」上曰：「吳王卽山鑄錢，煮海爲鹽，誘天下豪傑；白頭舉事，此其計不百全，豈發乎！何以言其無能爲也？」對曰：「吳銅鹽之利則有之，安得豪傑而誘之！誘，音酉。誠令吳得豪傑，亦且輔而爲誼，不反矣。吳所誘皆無賴子弟、亡命、鑄錢姦人，章懷太子賢曰：命，名也，謂脫其名籍而逃亡。故相誘以亂。」錯曰：「盎策之善。」上曰：「計安出？」盎對曰：「願屏左右。」上屏人，獨錯在；盎曰：「臣所言，人臣不得知。」乃屏錯。屏，必郢翻。錯趨避東廂，甚恨。上卒問盎，卒，子恤翻；下卒受同。對曰：「吳、楚相遺書，言高皇帝王子弟各有分地，遺，于季翻。分，扶問翻。今賊臣鼂錯擅適諸侯，適，讀曰謫。削奪之地，以故反，欲西共誅錯，復故地而罷。方今計獨有斬錯，發使赦吳、楚七國，使，疏吏翻；下使吳同。復其故地，則兵可毋血刃而俱罷。」於是上默然良久，曰：「顧誠何如？吾不愛一人以謝天下。」盎曰：「愚計出此，唯上孰計之！」孰，與熟同。乃拜盎爲太常，中六年，始改奉常爲太常，時盎猶爲奉常也。密裝治行。治，直之翻。後十餘日，上令丞相青、中尉嘉、廷尉歐丞相陶青，中尉嘉，失其姓，廷尉張歐。劾奏錯：「不稱主上德信，欲疏羣臣、百姓，又欲以城邑予吳，無臣子禮，大逆無道。錯當要斬，劾，戶概翻。疏，與疎同。予，讀曰與。要，與腰同。父母、妻子、同產無少長皆棄市。」少，詩照翻。長，知兩翻。制曰：「可。」錯殊不知。壬子，上使中尉召錯，紿載行市，師古曰：誑云乘車案行市中也。行，下孟翻。錯衣朝衣斬東市。衣朝，上於既翻，下直遙翻。上乃使袁盎與吳王弟子宗正德侯通使吳。高祖兄仲之子廣封德侯，生通。德，侯國，在泰山界。

謁者僕射鄧公爲校尉，上書言軍事，見上，校，戶教翻。上書之上，時掌翻。上問曰：「道軍所來，如淳曰：道路從吳軍所來也。臣瓚曰：道，由也。聞鼂錯死，吳、楚罷不？」不，讀曰否。鄧公曰：「吳爲反數十歲矣；發怒削地，以誅錯爲名，其意不在錯也。且臣恐天下之士拑口不敢復言矣。」拑，其炎翻。復，扶又翻。上曰：「何哉？」鄧公曰：「夫鼂錯患諸侯強大不可制，故請削之以尊京師，萬世之利也。計畫始行，卒受大戮；卒，子恤翻，或讀爲猝。內杜忠臣之口，外爲諸侯報仇，臣竊爲陛下不取也。」爲，于僞翻。於是帝喟然長息曰：「公言善，吾亦恨之！」

袁盎、劉通至吳，吳、楚兵已攻梁壁矣。宗正以親故，先入見，諭吳王，令拜受詔。宗正於濞，猶子之親也。吳王聞袁盎來，知其欲說，說，式芮翻；下同。笑而應曰：「我已爲東帝，尚誰拜！」不肯見盎，而留軍中，欲劫使將；將，卽亮翻。盎不肯，使人圍守，且殺之。盎得間，脫亡歸報。間，古莧翻。

太尉亞夫言於上曰：「楚兵剽輕，難與爭鋒，剽，匹妙翻。輕，虛勁翻。願以梁委之，絕其食道，乃可制也。」上許之。亞夫乘六乘傳，張晏曰：傳車六乘也。乘，繩證翻。傳，張戀翻。余據漢有乘傳、馳傳；文帝之自代入立也，張武等乘六乘傳，今亞夫乘六乘傳，六乘傳之見於史者二，蓋又與乘傳不同也。將會兵滎陽。師古曰：會兵，謂集大兵。發至霸上，趙涉遮說亞夫曰：「吳王素富，懷輯死士久矣。此知將軍且行，必置間人於殽、澠阸陿之間；澠，彌兗翻。殽山、澠池之間，其道阸陿。阸，於懈翻。陿，與狹同。且兵事尙【章：甲十五行本「尙」作「上」；乙十一行本同。】神密，將軍何不從此右去，走藍田，出武關，抵洛陽！間不過差一二日，自霸上左趨殽、澠至洛陽，其道便近；若自霸上右趨藍田出武關至洛陽，其道迂曲，故差一二日。走，音奏。間，如字。直入武庫，洛陽有武庫。擊鳴鼓。諸侯聞之，以爲將軍從天而下也。」太尉如其計，至洛陽，喜曰：「七國反，吾乘傳至此，不自意全。師古曰：言不自意得安全至洛陽也。今吾據滎陽，滎陽以東，無足憂者。」考異曰：史記、漢書皆云：「太尉得劇孟喜，如得一敵國，曰：『吳楚無足憂者。』」按孟一游俠之士耳，亞夫得之，何足爲輕重！蓋其徒欲爲孟重名，妄撰此言，不足信也。使吏搜殽、澠間，果得吳伏兵。乃請趙涉爲護軍。

太尉引兵東北走昌邑。昌邑，梁地，後爲山陽郡治所。走，音奏；下同。吳攻梁急，梁數使使條侯求救，條侯不許；班志，勃海郡有脩縣，音條。數，所角翻。使使，上如字，下疏吏翻。又使使愬條侯於上。上使告條侯救梁，亞夫不奉詔，堅壁不出；而使弓高侯等將輕騎兵出淮泗口，韓王信之子頹當自匈奴中來歸，封爲弓高侯。功臣表：弓高屬營陵；地理志，弓高屬河間國。蓋頹當受封於文帝之初，而河間國則三年所置，故志與表異。泗水南入淮，故謂之淮泗口。騎，奇寄翻。絕吳、楚兵後，塞其饟道。塞，悉則翻。饟，古餉字。梁使中大夫韓安國及楚相張尚弟羽爲將軍；羽力戰，安國持重，乃得頗敗吳兵。吳兵欲西，梁城守，不敢西；敗，補邁翻。守，式又翻。卽走條侯軍，會下邑，下邑縣屬梁國。欲戰。條侯堅壁不肯戰；吳糧絕卒飢，數挑戰，終不出。數，所角翻。挑，徒了翻。條侯軍中夜驚，內相攻擊，擾亂至帳下，亞夫堅臥不起，頃之，復定。吳奔壁東南陬，陬，子侯翻，隅也。亞夫使備西北；已而其精兵果奔西北，不得入。吳、楚士卒多飢死叛散，乃引而去。二月，亞夫出精兵追擊，大破之。吳王濞棄其軍，與壯士數千人夜亡走；楚王戊自殺。

吳王之初發也，吳臣田祿伯爲大將軍。田祿伯曰：「兵屯聚而西，無他奇道，難以立功。臣願得五萬人，別循江、淮而上，上，時掌翻。收淮南、長沙，入武關，與大王會，此亦一奇也。」吳王太子諫曰：「王以反爲名，此兵難以借人，人亦且反王，柰何？且擅兵而別，多他利害，蘇林曰：祿伯儻將兵降漢，自爲己利，於吳生患也。徒自損耳！」吳王卽不許田祿伯。

吳少將桓將軍說王曰：「吳多步兵，步兵利險；漢多車騎，車騎利平地。願大王所過城不下，直去，疾西據洛陽武庫，食敖倉粟，阻山河之險以令諸侯，雖無入關，天下固已定矣。大王徐行留下城邑，漢軍車騎至，馳入梁、楚之郊，事敗矣。」吳王問諸老將，老將曰：「此年少，椎鋒可耳，安知大慮！」老將，卽亮翻；下幷將、爲將同。於是王不用桓將軍計。

王專幷將兵。兵未渡淮，諸賓客皆得爲將、校尉、候、司馬，凡軍行有大將、裨將領軍，皆有部曲；部有校尉，曲有軍候、軍司馬，又有假候、假司馬，皆有副；其別營領屬爲別部司馬。獨周丘不用。周丘者，下邳人，班志，下邳屬東海郡。亡命吳，酤酒無行；行，下孟翻。王薄之，不任。周丘乃上謁，說王曰：「臣以無能，不得待罪行間。上，時掌翻。說，式芮翻。行，戶剛翻。臣非敢求有所將也，將，卽亮翻。願請王一漢節，必有以報。」王乃予之。予，讀曰與。周丘得節，夜馳入下邳；下邳時聞吳反，皆城守。至傳舍，召令入戶，使從者以罪斬令，傳，張戀翻。令，力正翻。從，才用翻。遂召昆弟所善豪吏告曰：「吳反，兵且至，屠下邳不過食頃；今先下，家室必完，能者封侯矣。」出，乃相告，下邳皆下。周丘一夜得三萬人，使人報吳王，遂將其兵北略城邑；比至陽城，兵十餘萬，破陽城中尉軍。「陽城」，漢書作「城陽」。城陽國都莒，其地南接下邳之境，班表：王國有中尉，掌武職。比，必寐翻，及也。聞吳王敗走，自度無與共成功，度，徒洛翻。卽引兵歸下邳，未至，疽發背死。史言吳王有才不能用，以至於敗。

6 壬午晦，日有食之。

7吳王之棄軍亡也，軍遂潰，往往稍降太尉條侯及梁軍。降，戶江翻。吳王渡淮，走丹徒，班志，丹徒縣屬會稽郡，卽春秋之朱方。括地志：丹徒故城，在潤州丹徒縣東南十八里。南徐州記：秦使赭衣鑿其處，因謂之丹徒，鑿處今在故縣西北六里丹徒峴東南。保東越，欲依東越以自保也。兵可萬餘人，收聚亡卒。漢使人以利啗東越，啗，徒覽翻，餌之也；又徒濫翻，譙〔醮〕也，食也。東越卽紿吳王出勞軍，勞，力到翻。使人鏦殺吳王，孟康曰：方言：戟謂之鏦。蘇林曰：鏦，音從容之從。師古曰：鏦，謂以矛戟撞殺之。鏦，楚江翻。盛其頭，馳傳以聞。盛，時征翻。傳，張戀翻。吳太子駒亡走閩越。吳、楚反，凡三月，皆破滅，於是諸將乃以太尉謀爲是；然梁王由此與太尉有隙。爲梁王毀短亞夫張本。

三王之圍臨菑也，齊王使路中大夫告於天子。張晏曰：姓路，官爲中大夫。姓譜：路本自帝摯之後。天子復令路中大夫還報，告齊王堅守，「漢兵今破吳楚矣。」路中大夫至，三國兵圍臨菑數重，無從入。三國將與路中大夫盟曰：「若反言：『漢已破矣，重，直龍翻。將，卽亮翻。師古曰：若，汝也。反，謂反易其辭也。齊趣下三國，趣，讀曰促。不，且見屠。』」路中大夫既許，至城下，望見齊王曰：「漢已發兵百萬，使太尉亞夫擊破吳、楚，方引兵救齊；齊必堅守無下！」三國將誅路中大夫。齊初圍急，陰與三國通謀，約未定；會路中大夫從漢來，其大臣乃復勸王無下三國。會漢將欒布、平陽侯等兵至齊，據班史齊王傳作平陽侯曹襄。史記索隱曰：平陽侯，按表是簡侯曹奇。擊破三國兵。解圍已，句斷。後聞齊初與三國有謀，將欲移兵伐齊。齊孝王懼，飲藥自殺。

膠西、膠東、菑川王各引兵歸國。膠西王徒跣、席藁、飲水謝太后。王太子德曰：「漢兵還，臣觀之，已罷，罷，與疲同。可襲，願收王餘兵擊之！不勝而逃入海，未晚也。」王曰：「吾士卒皆已壞，不可用。」弓高侯韓頹當遺膠西王書曰：「奉詔誅不義：降者赦除其罪，復故；不降者滅之。遺，于季翻。降，戶江翻。王何處？須以從事。」言膠西王於降與不降之間，欲以何自處，吾待以行事。處，昌汝翻。王肉袒叩頭，詣漢軍壁謁曰：「臣卬奉法不謹，驚駭百姓，乃苦將軍遠道至于窮國，敢請菹醢之罪！」弓高侯執金鼓見之曰：「王苦軍事，願聞王發兵狀。」王頓首厀行，厀，與膝同。對曰：「今者鼂錯天子用事臣，變更高皇帝法令，侵奪諸侯地。卬等以爲不義，恐其敗亂天下，更，工衡翻。敗，補邁翻。七國發兵且誅錯。今聞錯已誅，卬等謹已罷兵歸。」將軍曰：「王苟以錯爲不善，何不以聞？及未有詔、虎符，擅發兵擊義國？以此觀之，意非徒欲誅錯也。」乃出詔書，爲王讀之，爲，于僞翻；下同。曰：「王其自圖！」王曰：「如卬等死有餘罪！」遂自殺，太后、太子皆死。膠東王、菑川王、濟南王皆伏誅。

酈將軍兵至趙，趙王引兵還邯鄲城守。邯鄲，趙都。酈寄攻之，七月不能下。匈奴聞吳、楚敗，亦不肯入邊。欒布破齊還，并兵引水灌趙城；城壞，王遂自殺。

帝以齊首善，師古曰：言其初首無逆亂之心。以迫劫有謀，非其罪也，召立齊孝王太子壽，是爲懿王。

濟北王亦欲自殺，濟北王志，齊悼惠王子，文帝十六年受封。幸全其妻子。齊人公孫玃謂濟北王曰：玃，俱碧翻；康俱縛切。「臣請試爲大王明說梁王，通意天子；說而不用，死未晚也。」爲，于僞翻。說，式芮翻。公孫玃遂見梁王曰：「夫濟北之地，東接強齊，南牽吳、越，北脅燕、趙。此四分五裂之國，張晏曰：四方受敵，濟北居中央爲五。晉灼曰：四分，即交午而裂，如田字也。權不足以自守，勁不足以捍寇，又非有奇怪云以待難也；雖墜言於吳，非其正計也。如淳曰：非有奇材異計欲爲亂逆也，但假權許吳以避禍耳。晉灼曰：非有以怪異之心而城守，須待變難以應吳也。師古曰：二說皆非也。此言權謀、勁力既不能扞守，又無奇怪神靈可以禦難，恐不能自全，故墜言於吳也。墜，猶失也。難，乃旦翻。鄉使濟北見情實，示不從之端，鄉，讀曰向。見，賢遍翻。則吳必先歷齊，畢濟北，歷，過也。畢，了也。招燕、趙而總之，如此，則山東之從結而無隙矣。從，子容翻。今吳王連諸侯之兵，敺白徒之衆，師古曰：敺，與驅同。白徒，素非習軍旅之人，猶言白丁也。西與天子爭衡；濟北獨底節不下，使吳失與而無助，跬步獨進，師古曰：半步曰跬。跬，空累翻。瓦解土崩，破敗而不救者，未必非濟北之力也。夫以區區之濟北而與諸侯爭強，是以羔犢之弱而扞虎狼之敵也。小羊曰羔。小牛曰犢。守職不橈，橈，奴教翻。可謂誠一矣。功義如此，尚見疑於上，脅肩低首，累足撫衿，使有自悔不前之心，自悔者，悔不與吳同也。不前，不敢前進以自歸於漢也。非社稷之利也。臣恐藩臣守職者疑之！臣竊料之，能歷西山，徑長樂，抵未央，攘袂而正議者，師古曰：西山，謂殽及華山也。抵，至也。攘，卻也。袂，衣袖也。攘袂，猶今人言捋臂耳。余謂長樂，太后居之；未央，天子居之。徑長樂，抵未央，猶言自太后所至帝所也。樂，音洛。獨大王耳；上有全亡之功，下有安百姓之名，德淪於骨髓，恩加於無窮，願大王留意詳惟之！」惟，思也。孝王大說，說，讀曰悅。使人馳以聞；濟北王得不坐，徙封於菑川。

8 河間王太傅衞綰擊吳、楚有功，拜爲中尉。綰以中郎將事文帝，醇謹無他。上爲太子時，召文帝左右飲，而綰稱病不行。文帝且崩，屬上曰：「綰長者，善遇之！」故上亦寵任焉。屬，之欲翻。

9 夏，六月，乙亥，詔：「吏民爲吳王濞等所詿誤當坐及逋逃亡軍者，皆赦之。」詿，戶卦翻。亡軍，從軍而逃者也。

帝欲以吳王弟德哀侯廣之子續吳，以楚元王子禮續楚。德，哀侯廣之子，卽德侯通也。禮時封平陸侯，爲宗正。竇太后曰：「吳王，老人也，宜爲宗室順善；今乃首率七國紛亂天下，柰何續其後！」不許吳，許立楚後。乙亥，徙淮陽王餘爲魯王；汝南王非爲江都王，王故吳地；立宗正禮爲楚王；立皇子端爲膠西王，勝爲中山王。中山王，都盧奴。

四年（戊子、前一五三）

1 春，復置關，用傳出入。應劭曰：文帝十二年，除關，無用傳。至此復用傳，以七國新反，備非常。傳，張戀翻。

2 夏，四月，己巳，立子榮爲皇太子，徹爲膠東王。

3 六月，赦天下。

4 秋，七月，臨江王閼薨。

5 冬，十月，戊戌晦，月末爲晦。日有食之。李心傳曰：漢景帝四年、中四年皆以冬十月日食，今通鑑書于夏、秋之後，蓋編輯者自志中摘出，不思漢初以十月爲歲首，故誤係之歲末耳。余按此誤劉貢父已言之，通鑑蓋承用漢書本紀也。

6 初，吳、楚七國反，吳使者至淮南，淮南王欲發兵應之。其相曰：「王必欲應吳，臣願爲將。」王乃屬之。將，即亮翻；下同。屬，之欲翻，委也；言以兵事委之。相已將兵，因城守，不聽王而爲漢；守，式又翻。爲，于僞翻。漢亦使曲城侯將兵救淮南，晉灼曰：曲城侯，功臣表，蟲達也。師古曰：晉說非。此蟲達之子耳，名捷；達已先薨也。班志，曲城縣屬東萊郡。以故得完。

吳使者至廬江，廬江王不應，而往來使越。使，疏吏翻。至衡山，衡山王堅守無二心。及吳、楚已破，衡山王入朝。上以爲貞信，勞苦之，曰：「南方卑濕。」勞，來到翻。徙王王於濟北以褒之。王於之王，于況翻。廬江王以邊越，數使使相交，師古曰：邊越者，邊界與越相接。據班志，廬江故淮南，文帝別爲國。廬江水出陵陽東南而北入于江。陵陽縣屬丹楊郡。文帝初分淮南爲廬江國，在江南；若班志之廬江郡，則其地盡在江北矣。數，所角翻。徙爲衡山王，王江北。衡山王都六，其地在江北。

五年（己丑、前一五二）

1 春，正月，作陽陵邑。班志，陽陵縣屬馮翊，本弋陽縣。索隱曰：帝豫作壽陵於此，因更縣名；在長安東北四十五里。夏，募民徙陽陵，賜錢二十萬。

2 遣公主嫁匈奴單于。

3 徙廣川王彭祖爲趙王。

4 濟北貞王勃薨。諡法：淸白守節曰貞。

六年（庚寅、前一五一）

1 冬，十二月，雷，霖雨。雨三日以往爲霖。

2 初，上爲太子，薄太后以薄氏女爲妃；及卽位，爲皇后，無寵。秋，九月，皇后薄氏廢。

3 楚文王禮薨。

4 初，燕王臧荼有孫女曰臧兒，嫁爲槐里王仲妻，生男信與兩女而仲死；班志，槐里縣屬扶風，秦之廢丘也，高祖二年更名。更嫁長陵田氏，更，工衡翻。生男蚡、勝。蚡，扶粉翻。文帝時，臧兒長女爲金王孫婦，生女俗。長，知兩翻；下同。臧兒卜筮之，曰：「兩女皆當貴。」臧兒乃奪金氏婦，金氏怒，不肯予決；予，讀曰與。決，別也，言不肯與別。師古曰：決，絕也。內之太子宮，生男徹。徹方在身身，與娠同。師古曰：漢史多以娠爲任身字。時，王夫人夢日入其懷。

及帝即位，長男榮爲太子；其母栗姬，齊人也。長公主嫖欲以女嫁太子，長，知兩翻。嫖，文帝女，景帝之姊。師古曰：年最長，故謂之長公主。余謂帝女稱公主，帝之姊妹稱長公主。嫖降堂邑侯陳午，生女，是爲武帝陳皇后。嫖，匹昭翻。栗姬以後宮諸美人皆因長公主見帝，故怒而不許；長公主欲與王夫人男徹，予，讀曰與。王夫人許之。由是長公主日讒栗姬而譽王夫人【章：甲十五行本「人」下有「男」字；乙十一行本同；孔本同。】之美；譽，音余。帝亦自賢之，又有曩者所夢日符，王夫人之震武帝也，夢日入其懷，所謂符也。計未有所定。王夫人知帝嗛栗姬，嗛，乎監翻，口有所銜也。康曰：恨也。史記曰：帝嘗體不安，屬諸子爲王者於栗姬曰：「善視之！」栗姬怒，不肯應，言不遜。帝恚，心嗛之而未發也。因怒未解，陰使人趣大行晉灼曰：禮有大行人、小行人，主謚官。臣瓚曰：大行是官名，掌九儀之制以賓諸侯者。師古曰：大行令，本名行人，典客屬官也，後改曰大行令。余按班表，帝中六年改典客曰大行令，武帝太初元年改大行令爲大鴻臚，更名行人爲大行令，意其有誤；不然，則追書也。原父曰：史記文、景事最略，漢書則頗有所錄。蓋班氏博採他書成之，故於景帝世謂典客爲鴻臚，行人爲大行。由他書即武帝時官記景帝世事，班氏失於改革耳，非表誤也。趣，讀曰促。請立栗姬爲皇后。帝怒曰：「是而所宜言邪！」而，汝也。遂按誅大行。

七年（辛卯、前一五〇）

1冬，十一月，己酉，廢太子榮爲臨江王。太子太傅竇嬰力爭不能得，乃謝病免。栗姬恚恨而死。

2庚寅晦，日有食之。

3二月，丞相陶青免。乙巳，太尉周亞夫爲丞相。罷太尉官。

4夏，四月，乙巳，立皇后王氏。

5丁巳，立膠東王徹爲皇太子。

6是歲，以太僕劉舍爲御史大夫，劉舍，高祖功臣桃安侯劉襄之子。襄本項氏，親賜姓。濟南太守郅都爲中尉。濟南王辟光反，國除爲郡。郅，之日翻。風俗通：郅，商時侯國，後以爲氏。

始，都爲中郎將，敢直諫。嘗從入上林，賈姬如廁，賈姬，即賈夫人，生趙王彭祖、中山王勝。野彘卒來入廁。卒，讀曰猝。上目都，都不行；上欲自持兵救賈姬。都伏上前曰：「亡一姬，復一姬進，復，扶又翻。天下所少，寧賈姬等乎！陛下縱自輕，柰宗廟、太后何！」上乃還，彘亦去。太后聞之，賜都金百斤，由此重都。都爲人，勇悍公廉，不發私書，問遺無所受，悍，下罕翻。遺，于季翻。請謁無所聽。及爲中尉，先嚴酷，先，悉薦翻。行法不避貴戚；列侯、宗室見都，側目而視，號曰「蒼鷹」。師古曰：言其鷙擊之甚。

中元年（壬辰、前一四九）

1 夏，四月，乙巳，赦天下。

2 地震。衡山原都雨雹，大者尺八寸。原都，地名，蓋屬衡山國。雨，王遇翻。

二年（癸巳、前一四八）

1 春，二月，匈奴入燕。燕，因肩翻。

2 三月，臨江王榮坐侵太宗廟壖垣爲宮，徵詣中尉府對簿。帝即位之初，令天下郡國各立太祖、太宗之廟，故臨江王國亦有之。壖，與堧同，而緣翻。師古曰：簿者，獄辭之文書。簿，步戶翻。臨江王欲得刀筆，爲書謝上，師古曰：刀，所以削治書也。古者著書於簡牘，故必用刀焉。而中尉郅都禁吏不予；魏其侯使人間與臨江王。伺間隙而與之也。魏其侯，竇嬰。班志，魏其，侯國，屬琅邪郡。予，讀曰與。間，古莧翻。臨江王既爲書謝上，因自殺。竇太后聞之，怒；後竟以危法中都而殺之。師古曰：謂構成其罪。中，竹仲翻。考異曰：史記本紀：「後二年正月，郅將軍擊匈奴。」酷吏傳：「郅都死後，宗室多犯法，上乃召甯成爲中尉。」成爲中尉在中六年，則後二年所謂郅將軍者，非都也，疑別一人。漢書紀無郅將軍事。

3 夏，四月，有星孛于西北。孛，蒲內翻。

4 立皇子越爲廣川王，寄爲膠東王。廣川王彭祖王趙，故立越爲王。膠東王徹爲太子，故立寄爲王。

5 秋，九月，甲戌晦，日有食之。

6 初，梁孝王以至親有功，梁王以母弟之親，又有破吳、楚之功。得賜天子旌旗，從千乘萬騎，出蹕入警。王寵信羊勝、公孫詭，以詭爲中尉。勝、詭多奇邪計，欲使王求爲漢嗣。栗太子之廢也，太子榮，栗姬之子，故號栗太子。太后意欲以梁王爲嗣，嘗因置酒謂帝曰：「安車大駕，用梁王爲寄。」帝跪席舉身曰：「諾。」罷酒，帝以訪諸大臣，大臣袁盎等曰：「不可。昔宋宣公不立子而立弟，以生禍亂，五世不絕。宋宣公舍其子與夷而立穆公，穆公又舍其子馮而立與夷，其後馮卒與與夷爭國。見春秋傳。小不忍，害大義，故春秋大居正。」公羊傳之言。由是太后議格，遂不復言。格，音閣，止也。王又嘗上書：「願賜容車之地，徑至長樂宮，自使梁國士衆築作甬道朝太后。」甬，余拱翻。朝，直遙翻。袁盎等皆建以爲不可。建，建議也。

梁王由此怨袁盎及議臣，乃與羊勝、公孫詭謀，陰使人刺殺袁盎及他議臣十餘人。刺，七亦翻。賊未得也，於是天子意梁；意梁者，以意測度，知其爲梁所爲也。逐賊，果梁所爲。上遣田叔、呂季主往按梁事，捕公孫詭、羊勝；詭、勝匿王後宮。使者十餘輩至梁，責二千石急。梁相軒丘豹及內史韓安國以下舉國大索，姓譜：楚文王庶子食采於軒丘，其後爲氏。索，山客翻。月餘弗得。安國聞詭、勝匿王所，乃入見王而泣曰：「主辱者臣死。大王無良臣，故紛紛至此。今勝、詭不得，請辭，賜死！」王曰：「何至此！」安國泣數行下，曰：「大王自度於皇帝，孰與臨江王親？」王曰：「弗如也。」安國曰：「臨江王適長太子，行，戶剛翻。度，徒洛翻。適，讀曰嫡。長，知兩翻。以一言過，師古曰：景帝常屬諸姬子，栗姬言不遜，由是廢太子。廢王臨江；用宮垣事，卒自殺中尉府。王，于況翻。卒，子恤翻；下同。何者？治天下終不用私亂公。治，直之翻。今大王列在諸侯，訹邪臣浮說，訹，音戌，誘也。犯上禁，橈明法。橈，奴教翻。天子以太后故，不忍致法於大王；太后日夜涕泣，幸大王自改，大王終不覺寤。有如太后宮車卽晏駕，大王尚誰攀乎？」語未卒，王泣數行而下，卒，子恤翻。行，戶剛翻。謝安國曰：「吾今出勝、詭。」王乃令勝、詭皆自殺，出之。上由此怨望梁王。

梁王恐，使鄒陽入長安，見皇后兄王信說曰：說，式芮翻；下同。「長君弟得幸於上，後宮莫及，而長君行迹多不循道理者。長，知兩翻。行，下孟翻。今袁盎事卽窮竟，梁王伏誅，太后無所發怒，切齒側目於貴臣，竊爲足下憂之。」爲，于僞翻；下精爲同。長君曰：「爲之柰何？」陽曰：「長君誠能精爲上言之，得毋竟梁事；長君必固自結於太后，太后厚德長君入於骨髓，而長君之弟幸於兩宮，長君之弟，謂皇后也。如淳曰：兩宮，太后宮及帝宮也。金城之固也。師古曰：言其榮寵無極而不可壞，故取喩於金城。昔者舜之弟象，日以殺舜爲事，及舜立爲天子，封之於有卑。卑，音鼻。師古及柳宗元皆以爲零陵之鼻亭卽象所封。夫仁人之於兄弟，無藏怒，無宿怨，厚親愛而已。用孟子語意。是以後世稱之。以是說天子，徼幸梁事不奏。」長君曰：「諾。」乘間入言之，徼，工堯翻。間，古莧翻。帝怒稍解。

是時，太后憂梁事不食，日夜泣不止，帝亦患之。會田叔等按梁事來還，至霸昌廐，霸昌廄在長安東。括地志：在雍州萬年縣東北三十八里。取火悉燒梁之獄辭，空手來見帝。見，賢遍翻。帝曰：「梁有之乎？」叔對曰：「死罪！有之。」上曰：「其事安在？」田叔曰：「上毋以梁事爲問也！」上曰：「何也？」曰：「今梁王不伏誅，是漢法不行也；伏法而太后食不甘味，臥不安席，此憂在陛下也。」上大然之，使叔等謁太后，且曰：「梁王不知也；造爲之者，獨在幸臣羊勝、公孫詭之屬爲之耳，謹已伏誅死，梁王無恙也。」恙，余亮翻。太后聞之，立起坐餐，氣平復。

梁王因上書請朝。朝，直遙翻。既至關，茅蘭說王，使乘布車、從兩騎入，匿於長公主園。服虔曰：茅蘭，孝王大夫。張晏曰：布車，降服自比喪人也，長公主，卽館陶長公主嫖。漢使使迎王，王已入關，車騎盡居外，不知王處。太后泣曰：「帝果殺吾子！」帝憂恐。於是梁王伏斧質於闕下謝罪。太后、帝大喜，相泣，復如故，悉召王從官入關。從，才用翻。然帝益疏王，不與同車輦矣。疏，與踈同；下同。帝以田叔爲賢，擢爲魯相。相魯王餘也。

三年（甲午、前一四七）

1 冬，十一月，罷諸侯御史大夫官。

2 夏，四月，地震。

3 旱，禁酤酒。酤，工護翻，謂賣酒也。

4 三月，丁巳，立皇子乘爲清河王。高帝置清河郡於齊、趙之間，今以爲王國。

5 秋，九月，蝗。

6 有星孛于西北。孛，蒲內翻。

7 戊戌晦，日有食之。

8 初，上廢栗太子，周亞夫固爭之，不得；上由此疏之。而梁孝王每朝，常與太后言條侯之短。梁王與條侯有隙，見前三年。竇太后曰：「皇后兄王信可侯也。」帝讓曰：「始，南皮、章武，先帝不侯，南皮侯竇彭祖，太后弟長君之子；章武侯竇廣國，太后弟也。班志，南皮、章武皆屬勃海郡。及臣即位乃侯之；信未得封也。」竇太后曰：「人生各以時行耳。自竇長君在時，竟不得侯，死後，其子彭祖顧得侯，吾甚恨之！帝趣侯信也。」趣，讀曰促。帝曰：「請得與丞相議之。」上與丞相議。亞夫曰：「高皇帝約：『非劉氏不得王，非有功不得侯。』今信雖皇后兄，無功，侯之，非約也。」帝默然而止。其後匈奴王徐盧等六人降，降，戶江翻。帝欲侯之以勸後。丞相亞夫曰：「彼背主降陛下，背，蒲內翻。陛下侯之，則何以責人臣不守節者乎？」帝曰：「丞相議不可用。」乃悉封徐盧等爲列侯。徐盧，容城侯；賜，桓侯；陸彊，遒侯；僕黖，易侯；范代，范陽侯；邯鄲，翕侯。黖，師古音怛。亞夫因謝病。九月，戊戌，亞夫免；以御史大夫桃侯劉舍爲丞相。索隱曰：桃縣屬信都郡。

四年（乙未、前一四六）

1 夏，蝗。

2 冬，十月，戊午，日有食之。

五年（丙申、前一四五）

1 夏，立皇子舜爲常山王。高帝置常山郡，屬趙國；呂后分爲王國；文帝併爲趙國；今復以王舜。

2 六月，丁巳，赦天下。

3 大水。

4 秋，八月，己酉，未央宮東闕災。

5 九月，詔：「諸獄疑，若雖文致於法讁原情定罪，本不至於死，而以律文傅致之。而於人心不厭者，輒讞之。」厭，服也；師古曰：一涉翻，又於涉翻。讞，魚列翻，又魚蹇翻，平議也。

6 地震。

六年（丁酉、前一四四）

1 冬，十月，梁王來朝，上疏欲留；上弗許。褚少孫曰：諸侯王朝見天子，漢法凡當四見耳：始到，入，小見。到正月朔旦，奉皮薦璧玉賀正月，法見。後三日，爲王置酒，賜金錢財物。後二日，復入小見，辭去。凡留長安，不過二十日。小見者，燕見於禁門內，飲於省中。王歸國，意忽忽不樂。樂，音洛。

2 十一【章：乙十一行本「一」作「二」；孔本同。】月，改諸廷尉、將作等官名。時改廷尉爲大理，將作少府爲大匠，奉常爲太常，典客爲大行令，長信詹事爲長信少府，將行爲大長秋，主爵中尉爲都尉。

3 春，二月，乙卯，上行幸雍，郊五時。時，音止。

4 三月，雨雪。

5 夏，四月，梁孝王薨。竇太后聞之，哭極哀，不食，曰：「帝果殺吾子！」帝哀懼，不知所爲；與長公主計之，乃分梁爲五國，盡立孝王男五人爲王：買爲梁王，明爲濟川王，彭離爲濟東王，定爲山陽王，不識爲濟陰王；梁仍都睢陽。濟川國在陳留、東郡之間。濟東國後入漢爲大河郡，後又爲東平國。山陽國卽山陽郡。濟陰國卽濟陰郡。濟，子禮翻。女五人皆食湯沐邑。奏之太后，太后乃說，爲帝加一餐。說，讀曰悅。爲，于僞翻。孝王未死時，財以巨萬計，及死，藏府餘黃金尚四十餘萬斤，藏，徂浪翻。他物稱是。稱，尺證翻。

6 上既減笞法，見上卷元年。笞者猶不全；乃更減笞三百曰二百，笞二百曰一百。又定箠令：師古曰：箠，策也，所以擊者也。箠，止蕊翻。箠長五尺，長，直亮翻。其本大一寸，竹也；末薄半寸，皆平其節。當笞者笞臀；如淳曰：然則先時笞背也。臀，徒門翻。畢一罪，乃更人。更，工衡翻。自是笞者得全。然死刑既重而生刑又輕，民易犯之。易，以豉翻。

7 六月，匈奴入鴈門，至武泉，入上郡，取苑馬；鴈門有句注之險。如淳曰：漢儀注：太僕牧師諸苑三十六所，分布北邊、西邊，以郎爲苑監，官奴婢三萬人，養馬三十萬匹。師古曰：武泉，雲中縣也。養鳥獸通名曰苑，故謂牧馬處曰苑。食貨志：景帝始造苑馬以廣用。吏卒戰死者二千人。隴西李廣爲上郡太守，嘗從百騎出，【章：甲十五行本「出」下有「卒」字；乙十一行本同；張校同。】遇匈奴數千騎，見廣，以爲誘騎，誘騎者，見少以誘敵。誘，音酉；下同。皆驚，上山陳。師古曰：爲陳以待廣也。陳，讀曰陣；下同。廣之百騎皆大恐，欲馳還走。廣曰：「吾去大軍數十里，今如此以百騎走，匈奴追射我立盡。射，而亦翻；下同。今我留，匈奴必以我爲大軍之誘，必不敢擊我。」廣令諸騎曰：「前！」未到匈奴陳二里所，止，令曰：「皆下馬解鞍！」其騎曰：「虜多且近，卽有急，柰何？」廣曰：「彼虜以我爲走；令【章：乙十一行本「令」作「今」；孔本同；熊校同。】皆解鞍以示不走，用堅其意。」師古曰：示以堅牢，令敵意知之。於是胡騎遂不敢擊。有白馬將出，護其兵；師古曰：將之乘白馬者也。護，謂監視之。將，卽亮翻。李廣上馬，與十餘騎奔，射殺白馬將而復還，至其騎中解鞍，令士皆縱馬臥。是時會暮，胡兵終怪之，不敢擊。夜半時，胡兵亦以爲漢有伏軍於旁，欲夜取之，胡皆引兵而去。平旦，李廣乃歸其大軍。

8 秋，七月，辛亥晦，日有食之。

9 自郅都之死，長安左右宗室多暴犯法。上乃召濟南都尉南陽甯成爲中尉。其治效郅都，其廉弗如；然宗室、豪傑皆人人惴恐。惴，之瑞翻。

10 城陽共王喜薨。共王喜，文帝前四年嗣父章爵爲王，八年徙王淮陽，後四年復還城陽，至是而薨。共，讀曰恭。

後元年（戊戌、前一四三）

1 春，正月，詔曰：「獄，重事也。人有智愚，官有上下。獄疑者讞有司；有司所不能決，移廷尉；讞而後不當，讞者不爲失。師古曰：假令讞訖，其理不當，所讞之人不爲罪失。讞，魚列翻，又魚蹇翻。欲令治獄者務先寬。」治，直之翻。

2 三月，赦天下。

3 夏，大酺五日，民得酤酒。中三年禁民酤酒，今弛此禁。酺，音蒲。

4 五月，丙戌，地震。上庸地震二十二日，班志，上庸縣屬漢中郡。壞城垣。壞，音怪。

5 秋，七月，丙午，丞相舍免。

6 乙巳晦，日有食之。

7 八月，壬辰，以御史大夫衛綰爲丞相，衛尉南陽直不疑爲御史大夫。姓譜：楚人直弓之後。初，不疑爲郎，同舍有告歸，悞持其同舍郎金去。已而同舍郎覺亡，意不疑；師古曰：疑其盜取。不疑謝有之，師古曰：告云實取。買金償。後告歸者至而歸金，亡金郎大慙。以此稱爲長者，稍遷至中大夫。人或廷毁不疑，師古曰：當廷見之時而毁之。以爲盜嫂。不疑聞，曰：「我乃無兄。」然終不自明也。

8 帝居禁中，召周亞夫賜食，獨置大胾，師古曰：胾，大臠。孔穎達曰：熟肉帶骨而臠曰殽；純肉而臠曰胾。胾，側吏翻。無切肉，又不置箸。亞夫心不平，顧謂尚席取箸。應劭曰：尚席，主席者也。上視而笑曰：「此非不足君所乎？」孟康曰：設胾無箸者，此非不足滿於君所乎？嫌恨之也。如淳曰：非故不足君之食具，偶失之也。師古曰：孟說近之。帝言賜君食而不設箸，此由我意，於君有不足乎？亞夫免冠謝上，上曰：「起！」亞夫因趨出。上目送之曰：「此鞅鞅，非少主臣也。」

居無何，亞夫子爲父買工官尚方甲楯五百被，可以葬者。少，詩沼翻。爲，于僞翻。楯，食尹翻。如淳曰：工官，官名。張晏曰：被，具也；五百具甲楯也。師古曰：被，皮義翻。取庸苦之，不與錢。師古曰：庸，謂賃也；苦，謂極苦使也。余謂亞夫之子無識，苦使其人而不與賃錢，致其懷怨而禍及其父。亞夫之死，雖由景帝之少恩，其子亦深可罪也。庸知其盜買縣官器，怨而上變，告子，上，時掌翻。事連汙亞夫。書既聞，上下吏。吏簿責亞夫，如淳曰：簿問其辭情。師古曰：簿責者，書之於簿，一一責問之也。汙，烏故翻。下，戶嫁翻。亞夫不對。上罵之曰：「吾不用也！」孟康曰：言不用汝對，欲殺之也。如淳曰：恐獄吏畏其復用事，不敢折辱也。師古曰：孟說是也。一云：帝責吏，云不勝其任，吾不用汝，故召亞夫令詣廷尉也。召詣廷尉。廷尉責問曰：「君侯欲反何？」亞夫曰：「臣所買器，乃葬器也，何謂反乎？」吏曰：「君縱不欲反地上，卽欲反地下耳！」吏侵之益急。初，吏捕亞夫，亞夫欲自殺，其夫人止之，以故不得死，遂入廷尉。因不食五日，歐血而死。

9 是歲，濟陰哀王不識薨。濟，子禮翻。

二年（己亥，前一四二）

1 春，正月，地一日三動。

2 三月，匈奴入鴈門，太守馮敬與戰，死。發車騎、材官屯鴈門。

3 春，以歲不登，禁內郡食馬粟；沒入之。師古曰：食，讀曰飤。以粟食馬者，沒其馬入官。

4 夏，四月，詔曰：「雕文刻鏤，傷農事者也；鏤，力豆翻。錦繡纂組，害女工者也。應劭曰：纂，今五采屬，綷是也。組，今綬紛絛是也。臣瓚曰：許慎云：纂，赤組也。師古曰：瓚說是也。綷，會也；會五采者，今謂之錯綵，非纂也。綷，子內翻。絛，他牢翻。農事傷則飢之本，女工害則寒之原也。夫飢寒並至而能亡爲非者寡矣。亡，古無字通。朕親耕，后親桑，以奉宗廟粢盛、祭服，爲天下先；盛，時征翻。不受獻，減太官，省繇賦，師古曰：省，所領翻。繇，讀曰傜。欲天下務農蠶，素有蓄積，以備災害。強毋攘弱，衆毋暴寡；老耆以壽終，幼孤得遂長。師古曰：遂，成也。長，知兩翻。今歲或不登，民食頗寡，其咎安在？或詐僞爲吏，張晏曰：以詐僞人爲吏也。臣瓚曰：律所謂矯枉以爲吏者也。師古曰：二說並非也，直謂詐自稱吏耳。以貨賂爲市，漁奪百姓，侵牟萬民。師古曰：漁，言若漁獵之爲也。李奇曰：牟，食苗根蟲也。侵牟食民，比之蟊賊也。杜佑曰：牟，取也。縣丞，長吏也；姦法與盜盜，甚無謂也！李斐曰：姦法，因法作姦也。文穎曰：與盜，謂盜者當治，而知情反佐與之，是則共盜無異也。師古曰：與盜盜者，共盜爲盜耳。其令二千石各脩其職；不事官職、耗亂者，師古曰：耗，不明也，讀與眊同，音莫報翻。丞相以聞，請其罪。布告天下，使明知朕意。」

5 五月，詔算訾四得官。服虔曰：訾萬錢，算百二十七也。應劭曰：古者疾吏之貪，衣食足知榮辱，限訾十算乃得爲吏；十算，十萬也。賈人有財不得爲吏，廉士無訾又不得官，故減訾四算得官矣。

6 秋，大旱。

三年（庚子、前一四一）

1 冬，十月日月皆食，赤五日。

2 十二月晦，雷；日如紫；五星逆行守太微；晉天文志：太微，天子廷也，五帝座也，十二諸侯府也。其外蕃，九卿也；南蕃中二星間曰端門，東曰左執法，廷尉象也；西曰右執法，御史大夫象也。左執法之東，左掖門也；右執法之西，右掖門也。東蕃四星：南第一星曰上相，其北東太陽門也；第二星曰次相，其北中華東門也；第三星曰次將，其北東太陰門也；第四星曰上將，所謂四輔也。西蕃四星：第一星曰上將，其北西太陽門也；第二星曰次將，其北中華西門也；第三星曰次相，其北西太陰門也；第四星曰上相，次亦四輔也。月貫天廷中。

3 春，正月，詔曰：「農，天下之本也。黃金、珠、玉，飢不可食，寒不可衣，以爲幣用，師古曰：幣者，所以通有無，易貴賤也。不識其終始。間歲或不登，意爲末者衆，農民寡也。其令郡國務勸農桑，益種樹，可得衣食物。吏發民若取庸韋昭曰：發民，用其民也；取庸，取其資以顧庸也。采黄金、珠、玉者，坐贓爲盜。二千石聽者，與同罪。」

4 甲寅，皇太子冠。冠，古玩翻。

5 甲子，帝崩于未央宫。臣瓚曰：壽四十八。太子卽皇帝位，年十六。尊皇太后爲太皇太后，皇后爲皇太后。

6 二月，癸酉，葬孝景皇帝于陽陵。臣瓚曰：自崩及葬凡十日。

7 三月，封皇太后同母弟田蚡爲武安侯，班志，武安縣屬魏郡。又據溝洫志，蚡封武安，而奉邑食清河之鄃。蚡，房吻翻。勝爲周陽侯。史記正義：絳州聞喜縣東二十九里有周陽故城。

8 班固贊曰：孔子稱：「斯民也，三代之所以直道而行也。」師古曰：此論語載孔子之辭也。言今此時之人，亦夏、殷、周之所馭，以政化淳壹，故能直道而行。傷今不然。信哉！周、秦之敝，罔密文峻，而姦軌不勝。師古曰：不可勝。漢興，掃除煩苛，與民休息；至于孝文，加之以恭儉；孝景遵業。五六十載之間，至於移風易俗，黎民醇厚。師古曰：黎，衆也。醇，不澆雜。周云成、康，漢言文、景，美矣！

9 漢興，接秦之弊，作業劇而財匱，自天子不能具鈞駟，四馬一色，謂之鈞駟。而將相或乘牛車，師古曰：以牛駕車也。余據漢時以牛車爲賤，魏、晉以後，王公始多乘牛車。齊民無藏蓋。蘇林曰：無物可蓋藏。天下已平，高祖乃令賈人不得衣絲、乘車，重租稅以困辱之。賈，音古。衣，於既翻。孝惠、高后時，爲天下初定，復弛商賈之律；然市井之子孫，亦不得仕宦爲吏。量吏祿，度官用，以賦於民。師古曰：纔取足。量，音良。度，徒洛翻。而山川、園池、市井租稅之入，自天子以至於封君湯沐邑，皆各爲私奉養焉，不領於天子【章：甲十五行本「子」作「下」；乙十一行本同。】之經費。師古曰：言各收其所賦稅以自供，不入於國朝之倉廩府庫也。經，常也。漕轉山東粟以給中都官，師古曰：中都官，京師諸官府也。歲不過數十萬石。繼以孝文、孝景，清淨恭儉，安養天下，七十餘年之間，國家無事，非遇水旱之災，民則人給家足。都鄙廩庾皆滿，而府庫餘貨財；京師之錢累鉅萬，貫朽而不可校；師古曰：累巨萬，謂數百萬萬也。校，謂計數也。太倉之粟陳陳相因，師古曰：陳，謂久舊也。充溢露積於外，至腐敗不可食。衆庶街巷有馬，而阡陌之間成羣，師古曰：謂田中之阡陌也。乘字牝者擯而不得聚會。孟康曰：皆乘父馬，有牝馬間其間則踶齧，故斥出不得會同。師古曰：言時富饒，恥乘字牝，不必以其踶齧也。守閭閻者食粱肉；爲吏者長子孫，如淳曰：時無事，吏不數轉，至於生長子孫而不轉職也。長，知兩翻。居官者以爲姓號。如淳曰：貨殖傳倉氏、庫氏是也。故人人自愛而重犯法，先行義而後詘【章：甲十五行本「詘」作「絀」；乙十一行本同。】辱焉。師古曰：以行義爲先，以愧辱相絀也。行，下孟翻。當此之時，罔疏而民富，役財驕溢，或至兼幷、豪黨之徒，以武斷於鄉曲。師古曰：恃其豪富則擅行威罰也。斷，丁亂翻。宗室有土、師古曰：謂國之宗姓受封邑土地者也。公、卿、大夫以下，爭于奢侈，室廬、輿服僭于上，無限度。物盛而衰，固其變也；自是之後，孝武內窮侈靡，外攘夷狄，天下蕭然，財力耗矣！

聶崇岐標點容肇祖覆校

資治通鑑卷第十七

翰林學士朝散大夫右諫議大夫知制誥兼侍講同提舉萬壽觀公事兼判集賢院上護軍河内郡開國侯食邑一千三百戶賜紫金魚袋臣司馬光 奉敕編集
後學天台胡三省 音註

漢紀九
起重光赤奮若（辛丑），盡強圉協洽（丁未），凡七年。

世宗孝武皇帝上之上
荀悅曰：諱「徹」之字曰「通」。景帝中子也。應劭曰：禮謚法：威強叡德曰武。

建元元年（辛丑、前一四〇）自古帝王未有年號，始起於此。貢父曰：封禪書云：「其後三年，有司言：『元宜以天瑞命，不宜以一二數推。』」所謂「其後三年」者，蓋盡元狩六年至元鼎三年也。然元鼎四年方得寶鼎，又無緣先三年稱之。以此而言，自元鼎以前之年，皆有司所追命；其實年號之起在元鼎，故元封改元則始有詔書也。

1冬，十月，詔舉賢良方正直言極諫之士，上親策問以古今治道，對者百餘人。廣川董仲舒對曰：「道者，所繇適於治之路也，師古曰：繇，從也。適，往也。治，直吏翻。繇，古由字。仁、義、禮、樂，皆其具也。故聖王已沒，而子孫長久，安寧數百歲，此皆禮樂教化之功也。夫人君莫不欲安存，而政亂國危者甚衆；所任者非其人而所繇者非其道，是以政日以仆滅也。夫周道衰於幽、厲，非道亡也，幽、厲不繇也。至於宣王，思昔先王之德，興滯補敝，明文、武之功業，周道粲然復興，復，扶又翻。此夙夜不懈行善之所致也。

孔子曰：『人能弘道，非道弘人。』師古曰：論語載孔子之言也。言明智之人則能行道；內無其質，非道所化。故治亂廢興在於己，非天降命，不可得反；其所操持誖謬，失其統也。操，千高翻；下同。爲人君者，正心以正朝廷，正朝廷以正百官，正百官以正萬民，正萬民以正四方。四方正，遠近莫敢不壹於正，而亡有邪氣奸其間者，奸，音干，犯也。是以陰陽調而風雨時，羣生和而萬民殖，諸福之物，可致之祥，莫不畢至，而王道終矣！

孔子曰：『鳳鳥不至，河不出圖，吾已矣夫！』論語載孔子之言。自悲可致此物，而身卑賤不得致也。師古曰：鳳鳥、河圖，皆王者之瑞；仲尼自嘆有德無位，故不至也。今陛下貴爲天子，富有四海，居得致之位，操可致之勢，又有能致之資；行高而恩厚，知明而意美，愛民而好士，可謂誼主矣。行，下孟翻。知，讀曰智。好，呼到翻。然而天地未應而美祥莫至者，何也？凡以教化不立而萬民不正也。夫萬民之從利也，如水之走下，走，音奏。不以教化隄防之，不能止也。古之王者明於此，故南面而治天下，治，直之翻。莫不以教化爲大務。立太學以教於國，設庠序以化於邑，學記曰：古之教者，家有塾，黨有庠，遂有序，國有學也。漸民以仁，摩民以誼，漸，音沾，謂浸潤之也。摩，謂砥厲之也。節民以禮，故其刑罰甚輕而禁不犯者，教化行而習俗美也。聖王之繼亂世也，掃除其迹而悉去之，去，羌呂翻。復脩教化而崇起之；復，扶又翻。教化已明，習俗已成，子孫循之，師古曰：循，順也；順而行之。行五六百歲尚未敗也。秦滅先聖之道，爲苟且之治，故立十四年而亡，自始皇初并天下數之，至亡十四年。其遺毒餘烈至今未滅，使習俗薄惡，人民嚚頑，抵冒殊扞，熟爛如此之甚者也。文穎曰：扞，突也。師古曰：口不道忠信之言爲嚚，心不則德義之經爲頑。抵，觸也。冒，犯也。殊，絕也。扞，拒也。嚚，魚巾翻。冒，如字，又莫克翻。竊譬之：琴瑟不調，甚者必解而更張之，乃可鼓也；爲政而不行，甚者必變而更化之，乃可理也。故漢得天下以來，常欲治而至今不可善治者，失之於當更化而不更化也。更，工衡翻。

臣聞聖王之治天下也，自此以下，係第二策。少則習之學，長則材諸位，謂授之位以試其材。少，詩沼翻。長，知兩翻。爵祿以養其德，刑罰以威其惡，故民曉於禮誼而恥犯其上。武王行大誼，平殘賊，周公作禮樂以文之；至於成、康之隆，囹圄空虛四十餘年：爾雅〔劉熙〕釋名：囹，領也；圄，禦也；領錄囚徒禁禦也。禮記正義：崇精問曰：「獄，周曰圜土，殷曰羑里，夏曰均臺；囹圄，何代之獄？」焦氏答曰：「月令，秦書，則獄名也，漢曰若盧，魏曰司空是也。」此亦敎化之漸而仁誼之流，非獨傷肌膚之效也。漸，子廉翻。至秦則不然。師申、商之法，申不害、商鞅也。行韓非之說，憎帝王之道，以貪狼爲俗，師古曰：狼性皆貪，故謂貪者爲貪狼也。誅名而不察實，師古曰：誅，責也。爲善者不必免而犯惡者未必刑也。是以百官皆飾虛辭而不顧實，外有事君之禮，內有背上之心，造僞飾詐，趨利無恥；背，蒲妹翻。趨，七喻翻。是以刑者甚衆，死者相望，而姦不息，俗化使然也。今陛下并有天下，莫不率服，而功不加於百姓者，殆王心未加焉。曾子曰：『尊其所聞，則高明矣；行其所知，則光大矣。高明光大，不在於他，在乎加之意而已。』師古曰：曾子之書也。曾子，曾參。願陛下因用所聞，設誠於內而致行之，則三王何異哉！

夫不素養士而欲求賢，譬猶不琢玉而求文采也。故養士之大者，莫大虖太學；太學者，賢士之所關也，師古曰：關，由也。教化之本原也。今以一郡、一國之衆對，亡應書者，師古曰：書，謂舉賢良文學之詔書。亡，古無字通；下同。是王道往往而絕也。臣願陛下興太學，置明師，以養天下之士，數考問以盡其材，數，所角翻。則英俊宜可得矣。今之郡守、縣令，民之師帥，所使承流而宣化也；故師帥不賢，則主德不宣，恩澤不流。帥，所類翻。今吏既亡教訓於下，或不承用主上之法，暴虐百姓，與姦爲市，師古曰：言小吏有爲姦欺者，守令不舉，乃反與交易求利也。貧窮孤弱，冤苦失職，甚不稱陛下之意；是以陰陽錯繆，氛氣充塞，稱，尺證翻。塞，悉則翻。羣生寡遂，黎民未濟，皆長吏不明使至於此也！

夫長吏多出於郎中、中郎、吏二千石子弟，選郎吏又以富訾，未必賢也。長，知兩翻。訾，讀曰貲。且古所謂功者，以任官稱職爲差，非謂積日累久也；故小材雖累日，不離於小官，賢材雖未久，不害爲輔佐，師古曰：害，猶妨也。離，力智翻。是以有司竭力盡知，務治其業而以赴功。知，讀曰智。治，直之翻。今則不然。累日以取貴，積久以致官，是以廉恥貿亂，賢不肖渾殽，未得其眞。貿，音茂。渾，戶本翻。臣愚以爲使諸列侯、郡守、二千石各擇其吏民之賢者，歲貢各二人以給宿衞，且以觀大臣之能；所貢賢者，有賞，所貢不肖者，有罰。夫如是，諸吏二千石皆盡心於求賢，天下之士可得而官使也。授之以官而任使之。徧得天下之賢人，則三王之盛易爲易，以豉翻。而堯、舜之名可及也。毋以日月爲功，實試賢能爲上，量材而授官，錄德而定位，量，音良。師古曰：錄，謂存視也。則廉恥殊路，賢不肖異處矣！

臣聞衆少成多，積小致鉅，自此以下，係第三策。師古曰：鉅，大也。故聖人莫不以晻致明，晻，古暗字。以微致顯；是以堯發於諸侯，舜興虖深山，師古曰：堯，謂從唐侯升天子之位。孟康曰：舜耕于歷山。非一日而顯也，蓋有漸以致之矣。言出於己，不可塞也；行發於身，不可掩也；言行，治之大者，君子之所以動天地也。塞，悉則翻。行，下孟翻。故盡小者大，愼微者著；師古曰：能盡衆小，則致高大；能謹於微，則其善著明也。積善在身，猶長日加益而人不知也；師古曰：長，言身形之脩短，自幼及壯也。積惡在身，猶火銷膏而人不見也；此唐、虞之所以得令名而桀、紂之可爲悼懼者也。

夫樂而不亂，復而不厭者，謂之道。樂，音洛。師古曰：復，謂反覆行之也，音扶目翻。道者，萬世亡敝；敝者，道之失也。師古曰：言有敝非道，由失道故有敝。亡，古無字通；下同。先王之道，必有偏而不起之處，故政有眊而不行，眊，莫報翻，不明也。舉其偏者以補其敝而已矣。三王之道，所祖不同，非其相反，將以捄溢扶衰，所遭之變然也。捄，與救同。故孔子曰：『無爲而治者其舜乎！』改正朔，易服色，以順天命而已；其餘盡循堯道，何更爲哉！更，工衡翻。故王者有改制之名，亡變道之實。然夏尚忠，殷尚敬，周尚文者，所繼之捄當用此也。師古曰：繼，謂所受先代之次也。捄，謂救其敝也。孔子曰：『殷因於夏禮，所損益可知也；周因於殷禮，所損益可知也；其或繼周者，雖百世可知也。』師古曰：論語載孔子之言。謂忠敬與文因循爲教，立政垂則，不遠此也。此言百王之用，以此三者矣。夏因於虞，而獨不言所損益者，其道一而所上同也。道之大原出于天，天不變，道亦不變；是以禹繼舜，舜繼堯，三聖相受而守一道，亡捄敝之政也，師古曰：言政和平，不須救弊也。故不言其所損益也。繇是觀之，繼治世者其道同，繼亂世者其道變。

今漢繼大亂之後，若宜少損周之文致，師古曰：致，至極也。貢父曰：致，當屬下句。少，詩沼翻。用夏之忠者。夫古之天下，亦今之天下，共是天下，以古準今，壹何不相逮之遠也！安所繆盭而陵夷若是？盭，古戾字。師古曰：安，焉也。意者有所失於古之道與，有所詭於天之理與？詭，違也，異也。與，與歟同。

夫天亦有所分予：予之齒者去其角，傅其翼者兩其足，師古曰：謂牛無上齒則有角，其餘無角者則有上齒。傅，著也；言鳥不四足。分，扶問翻。予，讀曰與。去，羌呂翻。傅，讀曰附。是所受大者不得取小也。古之所予祿者，不食於力，不動於末，師古曰：末，謂工商之業。是亦受大者不得取小，與天同意者也。夫已受大，又取小，天不能足，而況人虖！此民之所以囂囂苦不足也。囂，音敖；囂囂，衆怨愁聲也。身寵而載高位，載，乘也。家溫而食厚祿，因乘富貴之資力以與民爭利於下，民安能如之哉！民日削月朘，孟康曰：朘，音揎，謂轉蹴也。蘇林曰：朘，音鐫石；俗語謂朒爲朘縮。師古曰：孟說是也。揎，音宣。蹴，音子六翻。寖以大窮。富者奢侈羨溢，羨，饒也，讀與衍同，音弋戰翻。貧者窮急愁苦；民不樂生，安能避罪！此刑罰之所以蕃樂，音洛。師古曰：蕃，多也，音扶元翻。而姦邪不可勝者也。天子大夫者，下民之所視效，遠方之所四面而內望也；近者視而放之，師古曰：放，依也，音甫往翻。遠者望而效之，豈可以居賢人之位而爲庶人行哉！行，下孟翻；下同。夫皇皇求財利，常恐乏匱者，庶人之意也；皇皇求仁義，常恐不能化民者，大夫之意也。皇皇，急速也。易曰：『負且乘，致寇至。』此易解卦六三之辭也。乘車者，君子之位也；負擔者，小人之事也；此言居君子之位而爲庶人之行者，患禍必至也。若居君子之位，當君子之行，則舍公儀休之相魯，無可爲者矣。公儀休相魯，之其家，見織帛，怒而出。其妻食於舍而茹葵，慍而拔其葵。曰：「吾已食祿，而奪園夫、紅女利乎！」舍，讀曰捨。言爲君子者當如公儀休；若廢而不遵，則無可爲者矣。

春秋大一統者，天地之常經，古今之通誼也。師古曰：一統者，萬物之統皆歸于一也。春秋公羊傳：「隱公元年，春王正月。何言乎王正月？大一統也。」此言諸侯皆繫統天子，不得自專也。今師異道，人異論，百家殊方，指意不同，是以上無以持一統，法制數變，下不知所守。數，所角翻。臣愚以爲諸不在六藝之科、孔子之術者，皆絕其道，勿使並進，邪辟之說滅息，辟，讀曰僻。然後統紀可一而法度可明，民知所從矣！」

天子善其對，以仲舒爲江都相。會稽莊助亦以賢良對策，漢書作「嚴助」，蓋明帝諱莊，避之也。會，工外翻。天子擢爲中大夫。按考異曰：漢書武紀：「元光元年五月，詔舉賢良，董仲舒、公孫弘出焉。」仲舒傳曰：「仲舒對册，推明孔氏，抑黜百家。立學校之官，州縣舉茂才、孝廉，皆自仲舒發之。」今舉孝廉在元光元年十一月，若對策在下五月，則不得云自仲舒發之，蓋武紀誤也。然仲舒對策，不知果在何時；元光元年以前，唯今年舉賢良見於紀。三年，閩越、東甌相攻，莊助已爲中大夫，故皆著之於此。仲舒傳又云：「遼東高廟、長陵高園災。仲舒推說其意；主父偃竊其書奏之，仲舒由是得罪。」按二災在建元六年，主父偃傳，上書召見在元光元年。蓋仲舒追述二災而作書，或作書不上，而偃後來方見其草藁也。丞相衞綰奏：「所舉賢良，或治申、韓、蘇、張之言亂國政者，請皆罷。」奏可。董仲舒少治春秋，治，直之翻。少，詩照翻。孝景時爲博士，進退容止，非禮不行，學者皆師尊之。及爲江都相，事易王。江都易王非，景帝子，帝之兄也。謚法：好更故舊曰易；音亦。易王，帝兄，素驕，好勇。好，呼到翻；下同。仲舒以禮匡正，王敬重焉。

2 春，二月，赦。

3 行三銖錢。師古曰：新壞四銖錢，造此錢也，重如其文。

4 夏，六月，丞相衞綰免。丙寅，以魏其侯竇嬰爲丞相，武安侯田蚡爲太尉。上雅嚮儒術，嬰、蚡俱好儒，推轂代趙綰爲御史大夫，蘭陵王臧爲郎中令。謂薦進賢者，若推車轂然，主於進也。推，吐雷翻。轂，古祿翻。班志，代縣屬代郡；蘭陵縣屬東海郡。綰請立明堂以朝諸侯，王者之堂，所以正四時，出教化；自秦滅先王之禮，其制不存。朝，直遙翻；下同。且薦其師申公。秋，天子使使束帛加璧、安車駟馬以迎申公。古者，高車立乘，安車坐乘。據申公傳，安車以蒲裹輪。孔穎達曰：安車，若今小車者。古者乘四馬之車，立乘；既老，故乘一馬小車，坐乘也。余按孔氏所謂小車，乃古之大夫致事者適四方所乘私車也；今加禮申公，迎以駟馬安車，非小車也。既至，見天子。天子問治亂之事，申公年八十餘，對曰：「爲治者不至多言，顧力行何如耳！」治，直吏翻。是時，天子方好文詞，見申公對，默然；然已招致，則以爲太中大夫，舍魯邸，議明堂、巡狩、改曆、服色事。漢制：郡國皆立邸於京師。申公，魯人，故舍魯邸。

5 是歲，內史甯成抵罪髡鉗。

二年（壬寅、前一三九）

1 冬，十月，淮南王安來朝。上以安屬爲諸父而材高，甚尊重之，安，淮南王長之子。長於文帝爲弟，安於景帝爲從弟，於帝爲諸父行。每宴見談語，昏暮然後罷。見，賢遍翻。

安雅善武安侯田蚡，雅，素也。其入朝，武安侯迎之霸上，與語曰：「上無太子，王親高皇帝孫，行仁義，天下莫不聞。宮車一日晏駕，非王尚誰立者！」安大喜，厚遺蚡金錢財物。遺，于季翻。

2 太皇竇太后好黃、老言，不悅儒術。趙綰請毋奏事東宮。漢長樂宮在東，太后居之，故謂之東宮，亦謂之東朝。竇太后大怒曰：「此欲復爲新垣平邪！」事見十五卷文帝十六年。復，扶又翻。陰求得趙綰、王臧姦利事，以讓上；上因廢明堂事，諸所興爲皆廢。下綰、臧吏，皆自殺；下，遐嫁翻。丞相嬰、太尉蚡免，申公亦以疾免歸。

初，景帝以太子太傅石奮及四子皆二千石，乃集其門，號奮爲「萬石君」。石姓，衞大夫石碏之後。師古曰：集，合也，凡最計也。總合其一門之計，五人爲二千石，故號萬石君。萬石君無文學，而恭謹無與比。子孫爲小吏，來歸謁，萬石君必朝服見之，不名。朝，直遥翻。子孫有過失，不責讓，爲便坐，師古曰：便坐，於便側之處，非正室也。坐，徂臥翻。對案不食；然後諸子相責，因長老肉袒謝罪，改之，乃許。子孫勝冠者在側，勝，音升。雖燕居必冠。其執喪，哀戚甚悼。子孫遵教，皆以孝謹聞乎郡國。聞，音問。及趙綰、王臧以文學獲罪，竇太后以爲儒者文多質少；少，詩沼翻。今萬石君家不言而躬行，乃以其長子建爲郎中令，少子慶爲內史。建在上側，事有可言，屏人恣言極切，至廷見，如不能言者；謂事有當諫正者。廷見，謂於百官正朝畢集之時。屏，必郢翻。見，賢遍翻。上以是親之。慶嘗爲太僕，御出，爲上御車而出。考異曰：按百官公卿表，慶不爲太僕，蓋嘗攝職也。上問車中幾馬，慶以策數馬畢，舉手曰：「六馬。」慶於諸子中最爲簡易矣。易，以豉翻。

竇嬰、田蚡既免，以侯家居。蚡雖不任職，以王太后故親幸，數言事多效；謂言事多見聽用。數，所角翻。士吏趨勢利者，趨，七喻翻。皆去嬰而歸蚡，蚡日益橫。爲嬰、蚡交惡張本。橫，戶孟翻。

3 春，二月，丙戌朔，日有食之。

4 三月，乙未，以太常柏至侯許昌爲丞相。昌，高祖功臣許盎之孫。柏至，地闕。

5 初，堂邑侯陳午尚帝姑館陶公主嫖，帝之爲太子，公主有力焉；班志，堂邑縣屬臨淮郡。陳午，高祖功臣陳嬰之孫。館陶縣屬魏郡。公主援上爲太子，事見上卷景帝前七年。以其女爲太子妃，及即位，妃爲皇后。竇太主恃功，求請無厭，厭，於鹽翻。上患之。皇后驕妬，擅寵而無子，與醫錢凡九千萬，欲以求子，然卒無之；卒，子恤翻。后寵浸衰。皇太后謂上曰：「汝新即位，大臣未服，先爲明堂，太皇太后已怒；今又忤長主，忤，五故翻。長，知兩翻。必重得罪。重，直用翻。婦人性易悅耳，易，以豉翻。宜深慎之！」上乃於長主、皇后復稍加恩禮。復，扶又翻。

上祓霸上，孟康曰：祓，除也；於霸水上自祓除。今之上巳祓禊也。祓，音廢，又音拂。還，過上姊平陽公主，班志，平陽縣屬河東郡。公主，景帝女，降平陽侯曹壽。悅謳者衞子夫。師古曰：齊歌曰謳；一侯翻。子夫母衞媪，平陽公主家僮也；師古曰：僮者，婢妾之總稱；媪者，年老之號，非當時所呼也。衞者，舉夫家姓。媪，烏浩翻。主因奉送子夫入宮，恩寵日隆。陳皇后聞之，恚，幾死者數矣；恚，於避翻，慍怒也。幾，居衣翻。數，所角翻。上愈怒。

子夫同母弟衞青，其父鄭季，本平陽縣吏，給事侯家，師古曰：縣遣於侯家供事也。與衞媪私通而生青，冒姓衞氏。冒姓者，靑本鄭氏子而冒衞姓也。青長，爲侯家騎奴。大長公主執囚青，大長公主，卽館陶公主也。長，知兩翻。騎，奇寄翻；下同。欲殺之；其友騎郎公孫敖與壯士篡取之。郎之騎從者。郎中有車、戶、騎三將。逆取曰篡。上聞，乃召青爲建章監、侍中，建章宮監。據史，太初元年起建章宮，蓋因舊宮而大起也。青時爲建章監而兼侍中。賞賜數日間累千金。既而以子夫爲夫人，青爲太中大夫。

6夏，四月，有星如日，夜出。

7初置茂陵邑。班志，茂陵邑屬扶風。黄圖曰：本槐里之茂鄉。武帝起陵邑，在長安西北八十里。

8時大臣議者多冤鼂錯之策，鼂錯事見上卷景帝前三年。務摧抑諸侯王，數奏暴其過惡，吹毛求疵，謂暴露其過惡。數，所角翻。疵，才斯翻，病也，瑕也。笞服其臣，使證其君；諸侯王莫不悲怨。

三年（癸卯、前一三八）

1 冬，十月，代王登、長沙王發、中山王勝、濟川王明來朝。代王登，王參之子，文帝之孫。長沙、中山王，皆景帝子。濟川王，梁孝王之子。濟，子禮翻。上置酒，勝聞樂聲而泣。上問其故，對曰：「悲者不可爲累欷，思者不可爲嘆息。累，重也。欷，歔欷也，悲思之積於心，聞欷嘆之聲，則其悲思益甚。累，力癸翻。欷，許既翻。今臣心結日久，每聞幼眇之聲，幼，一笑翻。眇，音妙；精微也。不知涕泣之橫集也。臣得蒙肺附爲東藩，屬又稱兄。「肺附」，一作「肺腑」。史記正義曰：顏師古曰：舊解云：肺附，如肝肺之相附著也。一說：肺，碎木札也；喻其輕薄附著大材。按顏此說，並是疏繆；又改「腑」爲「附」就其義，重疏繆矣。八十一難云：寸口者，脈之大會；手，太陰之動脈也。呂廣云：太陰，肺之脈也；肺爲諸藏之主，通陰陽，故十二經脈皆會于太陰，所以決吉凶者。十二經有病，皆於寸口知其何經之動，浮沉濇滑，春秋逆順，知其死生。顧野王曰：肺腑，腹心也。余謂史若從肺附，則顏說爲是；若從肺腑，則依正義。勝王中山，在關東，故曰東藩；以親屬言，則勝於帝，兄也。泣，亦淚也。今羣臣非有葭莩之親、鴻毛之重；張晏曰：葭，蘆葉也；莩，葉裏白皮；皆取喻於輕薄也。師古曰：葭，蘆也；莩者，其筩中白皮至薄者也。葭莩喻著，鴻毛喻輕薄甚。莩，音孚。羣居黨議，朋友相爲，使夫宗室擯卻，擯卻，斥退也。擯，必刃翻。卻，丘略翻。骨肉冰釋，臣竊傷之！」具以吏所侵聞。於是上乃厚諸侯之禮，省有司所奏諸侯事，加親親之恩焉。省，悉井翻。

2 河水溢于平原。平原本齊地，高祖置郡。禹疏九河，皆在平原、勃海郡界。

3 大饑，人相食。

4 秋，七月，有星孛于西北。孛，蒲內翻。

5 濟川王明坐殺中傅，濟川王明，梁孝王子。應劭曰：中傅，宦者也。漢諸王國有太傅，秩二千石，掌傅王以德義。中傅出入王宮，在王左右，亦主傅教導王。梁王傳作「中尉」，此從帝紀。廢遷房陵。班志，房陵縣屬漢中郡。

6 七國之敗也，事見上卷景帝前三年。吳王子駒亡走閩越，怨東甌殺其父，常勸閩越擊東甌。閩粵從之，發兵圍東甌，東甌使人告急天子。天子問田蚡，蚡對曰：「越人相攻擊，固其常；又數反覆，數，所角翻；下同。自秦時棄不屬，不屬，不臣屬也。不足以煩中國往救也。」莊助曰：莊，姓也。戰國時，楚有莊周，趙有莊豹。「特患力不能救，德不能覆；覆，敷又翻。誠能，何故棄之！且秦舉咸陽而棄之，師古曰：舉，總也；言總天下乃至京師皆棄之。何但越也！今小國以窮困來告急，天子不救，尚安所愬；又何以子萬國乎！」上曰：「太尉不足與計。考異曰：史記東越、漢書嚴助傳，皆云「建元三年，閩越圍東甌，天子問太尉田蚡。」按是時蚡不爲太尉，云太尉，誤也。下云「太尉不足與計」，蓋追呼其官；或亦誤耳。吾新卽位，不欲出虎符發兵郡國。」乃遣助以節發兵會稽。會稽，東南邊越。會稽守欲距法不爲發，以法距之，爲無漢虎符驗。會，工外翻。守，式又翻。爲，于僞翻。助乃斬一司馬，諭意指，謂曉喻以天子不欲出虎符之意。遂發兵浮海救東甌。未至，閩越引兵罷。東甌請舉國內徙，乃悉舉其衆來，處於江、淮之間。處，昌呂翻。

7 九月，丙子晦，日有食之。

8 上自初即位，招選天下文學材智之士，待以不次之位。師古曰：不拘常次，言超擢之。四方士多上書言得失，自眩鬻者以千數，漢書作「衒」，行賣也。鬻，亦賣也。衒，與眩同，音州縣之縣，又工縣翻。鬻，音育。上簡拔其俊異者寵用之。莊助最先進；後又得吳人朱買臣、趙人吾丘壽王、姓譜：吾，音虞，即虞丘氏。史記有楚相虞丘子。蜀人司馬相如、平原東方朔、風俗通曰：伏羲之後，帝出乎震，主東方，子孫爲東方氏。吳人枚皋、濟南終軍等，姓譜：枚姓出於周官銜枚氏，其後以官爲姓。風俗通：六國有賢人枚被。終姓出於顓頊裔孫陸終。濟，子禮翻。並在左右，每令與大臣辨論，中外相應以義理之文，大臣數屈焉。然相如特以辭賦得幸；朔、皋不根持論，好詼諧，言其議論無所根據。好，呼到翻。詼，古回翻。李奇曰：詼，嘲也。上以俳優畜之，師古曰：俳，雜戲也；優，調戲也。左傳曰：少相狎，長相優。俳優，即今伶人調戲者。雖數賞賜，終不任以事也。數，所角翻。朔亦觀上顏色，時時直諫，有所補益。

是歲，上始爲微行，北至池陽，西至黃山，班志，池陽縣屬馮翊。黃山，宮名，在扶風槐里縣。南獵長楊，東游宜春，長楊，宮名。水經註云：槐里縣東有漏水，出南山赤谷東北，逕長楊宮；宮有長楊，因名；其地在盩厔界。師古曰：宜春，宮也，在長安東南；說者乃以爲在鄠，非也。在鄠者自是宜春觀，在長安城西，非東游也。與左右能騎射者期諸殿門。期門之號始此。常以夜出，自稱平陽侯；平陽侯曹壽尙帝姊，見尊寵，故稱之。旦明，入南山下，射鹿、豕、狐、兔，終南山橫亘關中南面，西起秦、隴，東徹藍田，凡雍、岐、郿、鄠、長安、萬年相去且八百里，而連綿峙據其南者，皆此一山也。射，而亦翻。馳鶩禾稼之地，民皆號呼罵詈。號，戶高翻。鄠、杜令欲執之，班志，鄠縣屬扶風。杜縣屬京兆，宣帝更爲杜陵。鄠，音戶。示以乘輿物，乃得免。乘，繩證翻。又嘗夜至柏谷，水經：河水逕湖縣故城北，又東合柏谷。水經註云：水出弘農縣西石隄山，北逕柏谷亭下，卽帝微行處。投逆旅宿，就逆旅主人求漿，主人翁曰：「無漿，正有溺耳！」溺，奴弔翻。且疑上爲姦盜，聚少年欲攻之；主人嫗睹上狀貌而異之，嫗，威遇翻。止其翁曰：「客非常人也；且又有備，不可圖也。」翁不聽，嫗飲翁以酒，醉而縛之。飲，於禁翻。少年皆散走，嫗乃殺雞爲食以謝客。明日，上歸，召嫗，賜金千斤，拜其夫爲羽林郎。羽林郎屬郎中令。師古曰：羽林，宿衞之官，言如羽之疾，如林之多也。一說曰：羽所以爲王者羽翼。後乃私置更衣，從宣曲以南十二所，夜投宿長楊、五柞等諸宮。師古曰：爲休息更衣之處。宣曲，宮名，在昆明池西。五柞，宮名；水經註：宮在盩厔縣長楊宮東北。更，工衡翻。柞，昨、作二音。

上以道遠勞苦，又爲百姓所患，乃使太中大夫吾丘壽王舉籍阿城以南，盩厔以東，宜春以西，提封頃畝，及其賈直，師古曰：舉，計其數以爲簿籍也。阿城本秦阿房宮，以其牆壁崇廣，故俗呼爲阿城。盩厔屬扶風。山曲曰盩，水曲曰厔。杜佑曰：盩厔，唐爲宜壽縣。提封，亦謂提舉四封之內，總計其大數也。盩，音輈。厔，音窒。賈，讀曰價。欲除以爲上林苑，屬之南山。又詔中尉、左右內史師古曰：時未爲京兆、扶風、馮翊，故云中尉及左、右內史也。予據班表，帝後改右內史爲京兆尹，左內史爲左馮翊，主爵都尉爲右扶風：是爲三輔。屬，之欲翻。表屬縣草田，草田，荒田之未耕墾者。欲以償鄠、杜之民。壽王奏事，上大說稱善。說，讀曰悅。時東方朔在傍，進諫曰：「夫南山，天下之阻也。漢興，去三河之地，河南、河內、河東爲三河。漢高帝始居洛陽，後西都關中，是去三河之地也。止霸、滻以西，都涇、渭之南，此所謂天下陸海之地，霸水出藍田縣藍田谷。滻水亦出藍田谷，逕藍田川，北出霸陵，入霸水。霸又北入于渭。涇水註見六卷。渭水出隴西首陽縣西南鳥鼠同穴山，東流與霸水、涇水合，又東至船司空入河。陸海，師古曰：高平曰陸；關中地高，故稱之耳。海者，萬物所出。言關中陸產饒富，是以謂之陸海也。秦之所以虜西戎、兼山東者也。其山出玉、石、金、銀、銅、鐵、良材，百工所取給，萬民所卬足也。卬，古仰字，通用，音牛向翻。又有秔、稻、梨、栗、桑、麻、竹箭之饒，土宜薑、芋，水多鼃、魚，芋，卽蹲鴟也，其葉似藕荷而長，不圓；其根大者爲芋魁，其小者附麗甚衆，白膩可食。鼃，與蛙同。師古曰：似蝦蟆而小，長脚。貧者得以人給家足，無飢寒之憂；故酆、鎬之間，號爲土膏，周文王都酆，武王都鎬。水經：渭水東過槐里縣故城南，東合甘水；又東，豐水從南來注之；又東北與鎬水合。班志，豐水出鄠縣東南。鎬水上承鎬池水於昆明池北，皆在上林苑中。其賈畝一金。賈，與價同。今規以爲苑，絕陂池水澤之利而取民膏腴之地，上乏國家之用，下奪農桑之業，是其不可一也。盛荆、棘之林，廣狐、菟之苑，菟，古兔字通用。大虎、狼之虛，壞人冢墓，虛，讀曰墟。壞，音怪。發人室廬，令幼弱懷土而思，耆老泣涕而悲，是其不可二也。賀瑒曰：耆，至也，至老之境也。斥而營之，垣而囿之，騎馳東西，車騖南北，師古曰：亂馳曰騖。有深溝大渠。夫一日之樂，不足以危無隄之輿，蘇林曰：隄，限也。輿，乘輿也，無限，若言不訾也。不敢斥天子，故曰輿也。張晏曰：一日之樂，謂田獵也；無隄之輿，謂天子富貴無隄限。貢父曰：不足以危，「不」字當作「亦」。隄，亦防也。言車輿馳騁，不爲防慮，必有顛蹶之變。樂，音洛。是其不可三也。夫殷作九市之宮而諸侯畔，應劭曰：紂於宮中設九市。靈王起章華之臺而楚民散，師古曰：楚靈王作章華之臺，納亡人以實之，卒有乾谿之禍也。章華臺在華容城也。秦興阿房之殿而天下亂。糞土愚臣，逆盛意，罪當萬死！」上乃拜朔爲太中大夫、給事中，百官表：給事中，加官。師古曰：漢官解詁云：掌侍從左右，無員，常侍中。續漢志：給事中，關通內外。蓋以給事禁中名官也。賜黃金百斤。然遂起上林苑，如壽王所奏。

上又好自擊熊、豕，說文：熊，似豕，山居，冬蟄，春出。詩疏：熊能攀緣上樹，見人則顛倒投地而下。豕，謂野豕也；生一歲爲豵，二歲爲豣。二獸皆能突人。馳逐野獸。司馬相如上疏諫曰：「臣聞物有同類而殊能者，故力稱烏獲，捷言慶忌，勇期賁、育。烏獲，秦武王力士也。慶忌，吳王僚之子，射能捷矢也。孟賁，古之勇士，水行不避蛟龍，陸行不避豺狼，發怒吐氣，聲響動天。夏育，亦猛士也。賁，音奔。臣之愚，竊以爲人誠有之，獸亦宜然。今陛下好陵阻險，射猛獸，卒然遇逸材之獸，駭不存之地，師古曰：不存，不可得安存也。貢父曰：不存，猶言不虞，下文云存變之意。射，而亦翻。卒，讀曰猝。犯屬車之清塵，屬車，註見十三卷。師古曰：屬者，言聯屬不絕也。塵，謂行而起塵也。言清者，尊貴之意也。說者乃以清塵爲清道灑塵，非也。輿不及還轅，人不暇施巧，雖有烏獲、逢蒙之技逢蒙，古之善射者也。孟子曰：逢蒙學射於羿。逢，皮江翻。不得用，宜承上文爲句。枯木朽株，盡爲難矣。是胡、越起於轂下而羌、夷接軫也，軫，後車橫木也。豈不殆哉！雖萬全而無患，然本非天子之所宜近也。近，其靳翻。且夫清道而後行，中路而馳，猶時有銜橛之變；張揖曰：銜，馬勒銜也。橛，騑馬口長銜也。師古曰：橛，謂車之鉤心也。銜橛之變，言馬銜或斷，鉤心或出，則致傾敗以傷人也。橛，鉅月翻。況乎涉豐草，豐草，茂草也。騁丘墟，前有利獸之樂虛，讀曰墟。樂，音洛；下同。而內無存變之意，其爲害也不難矣。夫輕萬乘之重不以爲安，樂出萬有一危之塗以爲娛，臣竊爲陛下不取。爲，于僞翻。蓋明者遠見於未萌師古曰：萌，謂事始，若草木初生者也。而知者避危於無形，知，讀曰智。禍固多藏於隱微而發於人之所忽者也。故鄙諺曰：『家累千金，坐不垂堂。』張揖曰：畏櫩瓦墮中人也。師古曰：垂堂者，近堂邊外，自恐墜墮耳，非畏櫩瓦也。言富人之子則自愛深矣。此言雖小，可以諭大。」上善之。考異曰：此多非今年事；因莊助救東甌及微行始出終言之。

四年（甲辰、前一三七）

1 夏，有風赤如血。

2 六月，旱。

3秋，九月，有星孛于東北。孛，蒲內翻。

4是歲，南越王佗死，佗，徒河翻。其孫文王胡立。

五年（乙巳，前一三六）

1春，罷三銖錢，行半兩錢。建元元年，行三銖錢，至是而罷，又新鑄半兩錢。

2置五經博士。

3夏，五月，大蝗。

4秋，八月，廣川惠王越、淸河哀王乘皆薨，無後，國除。二王，皆景帝子；越中二年四月受封，乘中三年三月受封，至是國除。

六年（丙午、前一三五）

1春，二月，乙未，遼東高廟災。景帝令郡國各立高祖廟，故遼東有高廟。

2夏，四月，壬子，高園便殿火；上素服五日。師古曰：凡言便殿、便室、便坐者，皆非正大之處，所以就便安也。園者，於陵上作之；既有正寢以象平生，又立便殿爲休息閑宴之處耳。便，如字。沈約曰：漢氏諸陵皆有園寢，承秦所爲也。說者以爲古前廟後寢，以象人主前有朝，後有寢也。廟以藏主，四時祭祀；寢有衣冠、象生之具以薦新。秦始出寢，起於墓側；漢因不改。及魏武帝葬高陵，有司依漢立陵上祭殿。文帝以爲古不墓祭，皆設於廟。高陵上殿屋皆毀壞，車馬還廐，衣服藏府。文帝自作終制，又曰：「壽陵無立寢殿，造園邑。」自是至今，陵寢遂絕。

3 五月，丁亥，太皇太后崩。孝文皇后竇氏也。

4 六月，癸巳，丞相昌免；許昌也。武安侯田蚡爲丞相。蚡驕侈：治宅甲諸第，田園極膏腴；師古曰：甲諸第者，言爲諸第之最也。以甲、乙之次言，甲則爲上矣。膏腴，謂肥厚之處。治，直之翻。市買郡縣物，相屬於道；多受四方賂遺；其家金玉、婦女、狗馬、聲樂、玩好，不可勝數。屬，之欲翻。遺，于季翻。好，呼到翻。勝，音升。每入奏事，坐語移日，所言皆聽；薦人或起家至二千石，權移主上。上乃曰：「君除吏已盡未？吾亦欲除吏。」嘗請考工地益宅，考工，少府之屬官也，主作器械。上怒曰：「君何不遂取武庫！」是後乃稍退。

5 秋，八月，有星孛于東方，長竟天。孛，蒲內翻。

6 閩越王郢興兵擊南越邊邑；南越王守天子約，不敢擅興兵，使人上書告天子。於是天子多南越義，大爲發兵，爲，于僞翻；下同。遣大行王恢出豫章，大農令韓安國出會稽，大農令，本秦之治粟內史也，漢初因之；景帝中六年，更名大農令；帝太初元年，更名大司農。擊閩越。

淮南王安上書諫曰：「陛下臨天下，布德施惠，天下攝然，孟康曰：攝，安也，奴協翻。人安其生，自以沒身不見兵革。今聞有司舉兵將以誅越，臣安竊爲陛下重之。師古曰：重，難也。越，方外之地，剪髮文身之民也，晉灼曰：淮南云：越人劗髮。張揖以爲古剪字。師古曰：劗，與剪同，張說是也。應劭曰：越人常在水中，故斷其髮，文其身，以象龍子，欲不見傷害。不可以冠帶之國法度理也。自三代之盛，胡、越不與受正朔，與，讀曰預。非強勿能服，威弗能制也；以爲不居之地，不牧之民，不足以煩中國也。師古曰：地不可居而民不可牧養也。自漢初定以來七十二年，越人相攻擊者不可勝數，勝，音升。然天子未嘗舉兵而入其地也。臣聞越非有城郭邑里也，處谿谷之間，篁竹之中，處，昌呂翻。服虔曰：竹叢曰篁。師古曰：竹田曰篁，音皇。習於水鬬，便於用舟，地深昧而多水險；昧，暗也；言多草木也。中國之人不知其勢阻而入其地，雖百不當其一。得其地，不可郡縣也，攻之，不可暴取也。以地圖察其山川要塞，相去不過寸數，而間獨數百千里，師古曰：間，中間也，或八九百里，或千里也。險阻、林叢弗能盡著；師古曰：不能盡載於地圖也。著，竹助翻。視之若易，行之甚難。天下賴宗廟之靈，方內大寧，戴白之老師古曰：言白髮在首。不見兵革，民得夫婦相守，父子相保，陛下之德也。越人名爲藩臣，貢酎之奉不輸大內，貢者，以土產之物來貢也。酎者，三重釀醇酒也；味厚，故以薦宗廟也。漢制：於正月旦作酒，八月成，曰酎。酎之言純也。八月嘗酎於太廟，諸侯王各出金助祭，所謂酎金也。大內，都內也，國之寶藏。班表，治粟屬官有都內令、丞。言越國僻遠，既不輸土貢，又不輸酎金於中國，得其地無益也。酎，直又翻。一卒之奉【章：乙十一行本「奉」作「用」；孔本同。】不給上事；給，供也。自相攻擊，而陛下發兵救之，是反以中國而勞蠻夷也！師古曰：疲勞中國之人於蠻夷之地。且越人愚戇輕薄，戇，陟降翻。負約反覆，其不用天子之法度，非一日之積也。師古曰：積，久也。壹不奉詔，舉兵誅之，臣恐後兵革無時得息也。

間者，數年歲比不登，民待賣爵、贅子以接衣食。比，毗至翻。如淳曰：淮南俗賣子與人作奴婢，名曰贅子，三年不能贖，遂爲奴婢。師古曰：贅，質也。一說云：贅子者，謂令子出就婦家爲贅壻。賴陛下德澤振救之，得毋轉死溝壑；四年不登，五年復蝗，民生未復。年復，扶又翻；未復，如字。今發兵行數千里，資衣糧，師古曰：資，猶齎也。入越地，輿轎而隃領，拕舟而入水，轎，竹輿車，江南人又謂之籃輿。領，山嶺也。不通舟車，故用肩輿以行。轎，旗妙翻。拕，音他，曳也。行數百千里，夾以深林叢竹，水道上下擊石；謂水道多巨石，船行上下，皆與石相擊觸也。林中多蝮蛇、猛獸，應劭曰：蝮蛇，一名虺。蠚，螫也，螫人手足，則割去其肉，不然則死。師古曰：爾雅及說文皆以爲蝮卽虺也，博三寸，首大如擘。而郭璞云：各自一種蛇，其蝮蛇，大頭，細頸，焦尾，色如綬文，文間有毛似猪鬣，鼻上有針，大者七八尺，一名反鼻，非虺之類也。以今俗名證之，郭說得矣。虺若土色，所在有之，俗呼土虺。其蝮惟出南方。蝮，敷福翻。夏月暑時，歐泄霍亂之病相隨屬也；歐，吐也。泄，利也。師古曰：泄，以制翻。屬，之欲翻。曾未施兵接刃，死傷者必衆矣。前時南海王反，陛下先臣使將軍間忌將兵擊之，文穎曰：先臣，淮南厲王長也，間忌，人姓名也。師古曰：淮南王傳作「簡忌」，此本作「間」，傳寫字誤省耳。左傳有魯大夫簡叔。以其軍降，處之上淦。班志，豫章郡有新淦縣。應劭註云：淦水所出。上淦，蓋淦水之上流也。降，戶江翻。處，昌呂翻。淦，音紺，又工含翻。後復反，會天暑多雨，樓船卒水居擊棹，師古曰：言常居舟中水上，而又有擊棹行舟之役，故多死也。復，扶又翻。未戰而疾死者過半；親老涕泣，孤子啼號，號，戶高翻。破家散業，迎尸千里之外，裹骸骨而歸。悲哀之氣，數年不息，長老至今以爲記，曾未入其地而禍已至此矣。曾，才登翻。陛下德配天地，明象日月，恩至禽獸，澤及草木，一人有飢寒不終其天年而死者，爲之悽愴於心。今方內無狗吠之警，而使陛下甲卒死亡，暴露中原，霑漬山谷，邊境之民爲之早閉晏開，師古曰：晏，晚也。言有兵難，故邊城早閉而晚開也。爲，于僞翻；下同。朝不及夕，師古曰：言憂危亡不自保也。臣安竊爲陛下重之。

不習南方地形者，多以越爲人衆兵強，能難邊城。服虔曰：爲邊城作難也。難，乃旦翻。淮南全國之時，多爲邊吏，師古曰：全國，謂未分爲三之時也，淮南人於邊爲吏，與越接境，故知其地形也。臣竊聞之，與中國異；師古曰：言其風土不同。限以高山，人迹絕，車道不通，天地所以隔外內也。其入中國，必下領水，領水之山峭峻，漂石破舟，領水，即贛水也；班志所謂彭水出豫章南壄縣東入湖漢水，庾仲初所謂大庾嶠水北入豫章注于江者是也。漂石破舟，言三百里贛石。不可以大船載食糧下也。越人欲爲變，必先田餘干界中，班志，豫章郡有餘汗縣。應劭曰：汗，音干。今饒州餘干縣，漢古縣名也。積食糧，乃入，伐材治船。治，直之翻。邊城守候誠謹，越人有入伐材者，輒收捕，焚其積聚，積，子賜翻。聚，慈諭翻。雖百越，柰邊城何！且越人緜力薄材，師古曰：緜，弱也；言其柔弱如緜。不能陸戰，又無車騎、弓弩之用，然而不可入者，以保地險，而中國之人不耐其水土也。臣聞越甲卒不下數十萬，所以入之，五倍乃足，師古曰：不下，言不減也。漢軍多之五倍，然後可入其地也。輓車奉餉者不在其中。師古曰：輓，音晚，引車也。南方暑濕，近夏癉熱，近，其靳翻。師古曰：癉，黄病也，丁幹翻。暴露水居，蝮蛇蠚生，師古曰：蠚，毒也，音壑。疾疢多作，疢，丑刃翻，病也。兵未血刃而病死者什二三，雖舉越國而虜之，不足以償所亡。師古曰：舉，謂總取也。

臣聞道路言：閩越王弟甲弒而殺之，甲以誅死，甲者，閩越王弟之名。其民未有所屬。陛下若欲來，內處之中國，處，昌呂翻。使重臣臨存，師古曰：存，謂省問之。施德垂賞以招致之，此必攜幼、扶老以歸聖德。若陛下無所用之，則繼其絕世，存其亡國，建其王侯，以爲畜越，李奇曰：如人畜養六畜也。師古曰：直謂畜養之耳，非六畜也。畜，許六翻。此必委質爲藩臣，世共貢職。共，讀曰供。陛下以方寸之印，丈二之組，填撫方外，不勞一卒，不頓一戟，師古曰：頓，壞也，讀曰鈍。而威德並行。今以兵入其地，此必震恐，以有司爲欲屠滅之也，必雉兔逃，入山林險阻。師古曰：如雉兔之逃竄而入山林險阻之中。背而去之，則復相羣聚；留而守之，歷歲經年，則士卒罷勌，背，蒲妹翻。罷，讀曰疲。勌，卽倦字。食糧乏絕，民苦兵事，盜賊必起。臣聞長老言：秦之時，嘗使尉屠睢擊越，張晏曰：郡都尉，姓屠，名睢。晉有屠岸賈、屠蒯。睢，音雖。又使監祿鑿渠通道，張晏曰：監郡御史也，名祿。案秦郡置守、尉、監。越人逃入深山林叢，不可得攻；留軍屯守空地，曠日引久，士卒勞勌；越出擊之，秦兵大敗，乃發適戍以備之。適，讀曰謫。當此之時，外內騷動，皆不聊生，亡逃相從，羣爲盜賊，於是山東之難始興。難，乃旦翻。兵者凶事，一方有急，四面皆聳。臣恐變故之生，姦邪之作，由此始也。

臣聞天子之兵有征而無戰，言莫敢校也。師古曰：校，計也；不敢與計強弱曲直。如使越人蒙徼幸以逆執事之顏行，徼，工堯翻。文穎曰：顏行，猶雁行；在前行，故曰顏也。行，戶剛翻。廝輿之卒有一不備而歸者，張晏曰：廝，微；輿，衆也。師古曰：廝，析薪者；輿，主駕車者；皆言賤役之人也。雖得越王之首，臣猶竊爲大漢羞之。爲，于僞翻。陛下以四海爲境，生民之屬，皆爲臣妾。垂德惠以覆露之，覆，謂蓋幬也。露，謂使之霑潤澤也。覆，敷又翻。使安生樂業，則澤被萬世，樂，音洛。被，皮義翻。傳之子孫，施之無窮，天下之安，猶泰山而四維之也；師古曰：維，謂聯繫之。夷狄之地，何足以爲一日之閒，如淳曰：得其地不足爲一日閒暇之娛也。而煩汗馬之勞乎！詩云：『王猶允塞，徐方既來。』師古曰：大雅常武之詩也。允，信也；塞，滿也，言王道信充滿於天下，則徐方、淮夷盡來服也。塞，悉則翻。言王道甚大而遠方懷之也。臣安竊恐將吏之以十萬之師爲一使之任也！」師古曰：言漢發一使鎮撫之，則越人賓服，不煩兵往。使，疏吏翻。

是時，漢兵遂出，未隃領，隃，與踰同。領，與嶺同。閩越王郢發兵距險。其弟餘善乃與相、宗族謀曰：相，閩越國相也，音息亮翻。「王以擅發兵擊南越不請，故天子兵來誅。漢兵衆強，卽幸勝之，後來益多，師古曰：言漢地廣大，兵衆盛強，今雖勝之，後必復來也。終滅國而止。今殺王以謝天子，天子聽罷兵，固國完；不聽，乃力戰；不勝，卽亡入海。」皆曰：「善！」卽鏦殺王，鏦，初江翻，短矛也。使使奉其頭致大行。大行曰：「所爲來者，誅王。爲，于僞翻；下同。今王頭至，謝罪；不戰而殞，利莫大焉。」乃以便宜案兵，告大農軍，而使使奉王頭馳報天子。詔罷兩將兵，將，卽亮翻。曰：「郢等首惡，獨無諸孫繇君丑不與謀焉。」張晏曰：繇，邑號也。師古曰：繇，音搖。與，讀曰預。乃使中郎將立丑爲越繇王，奉閩越先祭祀。餘善已殺郢，威行於國，國民多屬，竊自立爲王，繇王不能制。上聞之，爲餘善不足復興師，曰：「餘善數與郢謀亂，而後首誅郢，師得不勞。」因立餘善爲東越王，與繇王並處。處，昌呂翻。復，扶又翻。數，所角翻。

上使莊助諭意南越。南越王胡頓首曰：「天子乃爲臣興兵討閩越，死無以報德！」遣太子嬰齊入宿衛，謂助曰：「國新被寇，被，皮義翻。使者行矣，胡方日夜裝，入見天子。」見，賢遍翻；下同。助還，過淮南，上又使助諭淮南王安以討越事，嘉答其意，安謝不及。助既去南越，南越大臣皆諫其王曰：「漢興兵誅郢，亦行以驚動南越。且先王昔言：『事天子期無失禮。』要之，不可以說好語入見，言不可喜漢使好語而入朝也。說，讀曰悅。則不得復歸，亡國之勢也。」於是胡稱病，竟不入見。

7 是歲，韓安國爲御史大夫。

8 東海太守濮陽汲黯爲主爵都尉。按汲黯傳：其先有寵於衞君，至黯十世，世爲卿大夫。蓋食采於汲，因以爲氏。班表：主爵中尉，秦官，掌列侯；景帝中六年，更名都尉；武帝太初元年，更名右扶風，治內史右地。

濮，博木翻。始，黯爲謁者，以嚴見憚。東越相攻，上使黯往視之；不至，至吳而還，報曰：「越人相攻，固其俗然，不足以辱天子之使。」河內失火，延燒千餘家，上使黯往視之；還，報曰：「家人失火，屋比延燒，師古曰：家人，猶言庶人家也。比，近也；言屋相近，故連延而燒也。比，頻寐翻。不足憂也。臣過河南，河南貧人傷水旱萬餘家，或父子相食，臣謹以便宜，持節發河南倉粟以振貧民。臣請歸節，伏矯制之罪。」師古曰：矯，託也；託言奉制詔而行之也。漢律：矯制者，論棄市罪。上賢而釋之。其在東海，治官理民，好清靜，擇丞、史任之，如淳曰：擇丞及史任之也。漢律：太守、都尉、諸侯內史，史各一人，卒史、書佐各十人。余據漢制，郡守之屬有丞，有諸曹掾史。好，呼到翻。責大指而已，不苛小。黯多病，臥閨閤內不出；歲餘，東海大治，稱之。治，直吏翻；下同。上聞，召爲主爵都尉，列於九卿。漢太常、郎中令、中大夫令、太僕、大理、大行令、宗正、大司農、少府，爲正九卿；中尉、主爵都尉、內史，列於九卿。其治務在無爲，引大體，不拘文法。

黯爲人，性倨少禮，師古曰：倨，簡傲也。少，詩沼翻。面折，不能容人之過。折，之舌翻。時天子方招文學儒者，上曰：「吾欲云云。」張晏曰：所言欲施仁義也。師古曰：云云，猶言如此如此也，史略其辭耳。黯對曰：「陛下內多欲而外施仁義，柰何欲效唐、虞之治乎！」上默然，怒，變色而罷朝，公卿皆爲黯懼。上退，謂左右曰：「甚矣汲黯之戇也！」羣臣或數黯，師古曰：數，責也，音所具翻。黯曰：「天子置公卿輔弼之臣，寧令從諛承意，陷主於不義乎！且已在其位，縱愛身，忝辱朝廷何！」黯多病，病且滿三月；上常賜告者數，數，所角翻。終不愈。最後病，莊助爲請告。爲，于僞翻。上曰：「汲黯何如人哉？」助曰：「使黯任職居官，無以踰人；然至其輔少主，守城深堅，招之不來，麾之不去，雖自謂賁、育亦不能奪之矣！」賁，音奔。上曰：「然。古有社稷之臣，至如黯，近之矣！」近，其靳翻。

9 匈奴來請和親，天子下其議。下，遐嫁翻。大行王恢，燕人也，習胡事，議曰：「漢與匈奴和親，率不過數歲，卽復倍約；倍，蒲妹翻。不如勿許，興兵擊之。」韓安國曰：「匈奴遷徙鳥舉，難得而制，言其輕疾，逐水草遷徙，若鳥之舉也。自上古不屬爲人。不以人類待之。今漢行數千里與之爭利，則人馬罷乏；罷，讀曰疲。虜以全制其敝，此危道也。不如和親。」羣臣議者多附安國，於是上許和親。

元光元年（丁未、前一三四）

1 冬，十一月，初令郡國舉孝廉各一人，師古曰：孝，謂善事父母者；廉，謂清廉有廉隅者也。從董仲舒之言也。

2 衞尉李廣爲驍騎將軍，屯雲中，周末置左、右、前、後將軍，秦、漢因之，位上卿。至武帝置驍騎、車騎等將軍，後來名號浸多，不可勝紀，謂之雜號將軍。盤洲洪氏曰：西漢雜號將軍掌征伐背叛，事訖則罷，不常置也。驍，堅堯翻。中尉程不識爲車騎將軍，姓譜：程本自顓頊重黎之後，周宣王時，程伯休父入爲大司馬，封於程者以爲氏；與司馬氏同出。屯雁門；六月，罷。廣與程不識俱以邊太守將兵，有名當時。廣行無部伍、行陳，部者，軍行各有分部；伍者，五人爲伍也。部有校尉，伍有伍長。行，戶剛翻。陳，讀曰陣。就善水草舍止，人人自便，不擊刁斗以自衞，孟康曰：刁斗，以銅作鐎，受一斗，晝炊飲食，夜擊持行夜，名曰刁斗。蘇林曰：形如鋗，無緣。荀悅曰：刁斗，小鈴，如宮中傳夜鈴也。索隱曰：鋗，卽鈴也。埤蒼云：鐎，溫器，有柄；斗，似銚，無緣。師古曰：鐎，音譙。鋗，火玄翻；鋗，卽銚也。銚，音姚。緣，去聲。莫府省約文書；然亦遠斥候，淮南子曰：斥，度也；候，視也，望也。未嘗遇害。程不識正部曲、行伍、營陳，擊刁斗，士吏治軍簿師古曰：簿，文簿。治，直之翻；下言治同。至明，軍不得休息；然亦未嘗遇害。不識曰：「李廣軍極簡易，易，以豉翻。然虜卒犯之，無以禁也；卒，讀曰猝。而其士卒亦佚樂，咸樂爲之死。樂，音洛；下同。我軍雖煩擾，然虜亦不得犯我。」然匈奴畏李廣之略，士卒亦多樂從李廣而苦程不識。師古曰：苦，謂厭苦之也。

臣光曰：易曰：「師出以律，否臧凶。」否，音鄙。易師卦初六爻辭。王弼註曰：齊衆以律，失律則散；故師出以律。律不可失；失律而臧，何異於否！失令有功，法所不赦。故師出不以律，否臧皆凶。言治衆而不用法，無不凶也。李廣之將，使人人自便。以廣之材，如此焉可也；然不可以爲法。何則？其繼者難也；況與之並時而爲將乎！夫小人之情，樂於安肆而昧於近禍，彼旣以程不識爲煩擾而樂於從廣，且將仇其上而不服。然則簡易之害，非徒廣軍無以禁虜之倉卒而已也！故曰「兵事以嚴終」，爲將者，亦嚴而已矣。然則傚程不識，雖無功，猶不敗；傚李廣，鮮不覆亡哉！鮮，息淺翻。

3 夏，四月，赦天下。

4 五月，詔舉賢良、文學，上親策之。

5 秋，七月，癸未，日有食之。

資治通鑑卷第十八

翰林學士朝散大夫右諫議大夫知制誥兼侍講同提舉萬壽觀公事
兼判集賢院上護軍河內郡開國侯食邑一千三百戶賜紫金魚袋臣　司馬光　奉敕編集
後學天台　胡三省　音註

漢紀十起著雍涒灘（戊申），盡柔兆執徐（丙辰），凡九年。

世宗孝武皇帝上之下

元光二年（戊申、前一三三）

1 冬，十月，上行幸雍，祠五畤。雍，於用翻。畤，音止。

2 李少君以祠竈卻老方見上，祠竈者，祭竈以致鬼物，化丹砂以爲黃金，以爲飲食器，可以延年。方士之言云爾。少，詩照翻。上尊之。少君者，故深澤侯舍人，高祖功臣有深澤侯趙將夕；景帝三年，孫脩嗣侯；七年，有罪，耐爲司寇。少君當是爲脩舍人。班志，涿郡有南深澤縣。匿其年及其生長，謂其生時及長時所居止處也。長，知兩翻。其游以方徧諸侯，無妻子。人聞其能使物及不死，如淳曰：物，謂鬼物也。更饋遺之，更，工衡翻。遺，于季翻。常餘金錢、衣食。人皆以爲不治生業而饒給，又不知其何所人，愈信，爭事之。治，直之翻。少君善爲巧發奇中。如淳曰：時時發言有所中也。中，竹仲翻。嘗從武安侯飲，田蚡封武安侯。坐中有九十餘老人，坐，徂臥翻；下同。少君乃言與其大父游射處；老人爲兒時從其大父，識其處，師古曰：識，記也，式志翻。一坐盡驚。少君言上曰：「祠竈則致物，致物而丹沙可化爲黄金，壽可益，蓬萊仙者可見；見之，以封禪則不死，黄帝是也。臣嘗游海上，見安期生，列仙傳：安期生，琅邪人，賣藥東海邊，時人皆言千歲。食臣棗，大如瓜。食，祥吏翻。安期生仙者，通蓬萊中，合則見人，不合則隱。」於是天子始親祠竈，遣方士入海求蓬萊安期生之屬，而事化丹沙諸藥齊爲黄金矣。藥之分齊。齊，才計翻。居久之，李少君病死，天子以爲化去，不死；而海上燕、齊怪迂之方士多更來言神事矣。更，工衡翻。

3 亳人謬忌奏祠太一。如淳曰：亳，亦薄也。晉灼曰：亳縣屬濟陰郡。予據班志，亳屬山陽郡；「亳」作「薄」。謬，姓也，音靡幼翻，與繆同；戰國時，趙有宦者令繆賢。太一者，天之尊神。天文志：中宮天極星，其一明者，太一常居也。淮南子：太微者，太一之庭；紫宮者，太一之居。索隱曰：樂汁徵圖云：天宮，紫微；北極，天一、太一。宋均云：天一、太一，北極神之别名。春秋佐助期云：紫宮，天皇耀魄寶之所理也。石氏云：天一、太一各一星，在紫宮門外立，承事天皇大帝。方曰：「天神貴者太一，太一佐曰五帝。」五帝，謂東方青帝靈威仰，南方赤帝赤熛怒，西方白帝白招矩，北方黑帝叶光紀，中央黄帝含樞紐也。一説：蒼帝名靈符，赤帝名文祖，白帝名顯記，黑帝名玄矩，黄帝名神斗。於是天子立其祠長安東南郊。

4 鴈門馬邑豪聶壹，馬邑縣屬鴈門郡。豪，謂以貲財、武力雄於鄉曲者。聶，姓也。姓譜曰：楚大夫食采於聶，因以爲氏。壹，其名。聶，尼輒翻。因大行王恢言：「匈奴初和親，親信邊，可誘以利致之，伏兵襲擊，必破之道也。」上召問公卿。王恢曰：「臣聞全代之時，戰國之初，代自爲一國，故曰全代。其後爲趙襄子所滅，代始屬趙。服虔曰：代未分之時也。李奇曰：六國之時，代爲一國，尚能以擊匈奴；況今加以漢之大乎！北有強胡之敵，內連中國之兵，然尚得養老、長幼，長，知兩翻。種樹以時，倉廩常實，匈奴不輕侵也。今以陛下之威，海內爲一；然匈奴侵盜不已者，無他，以不恐之故耳。言不示以威，故匈奴不知懼也。臣竊以爲擊之便。」韓安國曰：「臣聞高皇帝嘗圍於平城，事見十一卷高祖七年。七日不食；及解圍反位而無忿怒之心。夫聖人以天下爲度者也，師古曰：言當隨天下人心而寬大其度量也。不以己私怒傷天下之公，故遣劉敬結和親，至今爲五世利。臣竊以爲勿擊便。」恢曰：「不然。高帝身被堅執銳，行幾十年，被，皮義翻。幾，居衣翻。所以不報平城之怨者，非力不能，所以休天下之心也。今邊境數驚，數，所角翻。士卒傷死，中國槥車相望，應劭曰：槥，小棺也，今謂之櫝。金布令曰：不幸死，所爲櫝傳歸所居縣。師古曰：從軍死者，以槥送致其喪；載槥之車相望於道，言其多也。槥，音衛。此仁人之所隱也。隱，惻也；張晏曰：痛也。故曰擊之便。」安國曰：「不然。臣聞用兵者以飽待飢，正治以待其亂，定舍以待其勞；故接兵覆衆，伐國墮城，師古曰：覆，敗也；墮，毁也；言兵與敵接則敗其衆，所伐之國則墮其城也。墮，讀曰隳。常坐而役敵國，此聖人之兵也。今將卷甲輕舉，卷，讀曰捲。深入長歐，難以爲功；歐，與驅同。從行則迫脅，衡行則中絕，從，子容翻。衡，讀曰横。疾則糧乏，徐則後利，師古曰：後利，謂不及於利。後，戶遘翻。不至千里，人馬乏食。兵法曰：『遺人，獲也。』言以軍遺敵人，令其禽獲也。遺，于季翻。臣故曰勿擊便。」恢曰：「不然。臣今言擊之者，固非發而深入也；將順因單于之欲，誘而致之邊，誘，音酉。吾選梟騎、壯士陰伏而處以爲之備，梟，古堯翻。騎，奇寄翻。審遮險阻以爲其戒。吾勢已定，或營其左，或營其右，或當其前，或絕其後，單于可禽，百全必取。」上從恢議。考異曰：史記韓長孺傳，元光元年，聶壹畫馬邑事；而漢書武紀在二年。蓋元年壹始言之，二年議乃決也。

夏，六月，以御史大夫韓安國爲護軍將軍，衞尉李廣爲驍騎將軍，太僕公孫賀爲輕車將軍，大行王恢爲將屯將軍，司馬彪曰：輕車，古之戰車。李奇曰：將屯，主監諸屯。太中大夫李息爲材官將軍，將車騎、材官三十餘萬匿馬邑旁谷中，約單于入馬邑縱兵。陰使聶壹爲間，間，古莧翻。亡入匈奴，謂單于曰：「吾能斬馬邑令、丞，以城降，縣有令，有丞，長吏也。財物可盡得。」單于愛信，以爲然而許之。聶壹乃詐斬死罪囚，縣其頭馬邑城下，縣，古懸字通。示單于使者爲信，曰：「馬邑長吏已死，長，知兩翻。可急來！」於是單于穿塞，將十萬騎入武州塞。班志，武州縣屬鴈門郡。崔浩曰：今平城首西百里有武州城是也。杜佑曰：武州塞在朔州善陽縣界。未至馬邑百餘里，見畜布野，畜，許救翻。而無人牧者，怪之。乃攻亭，得鴈門尉史，欲殺之；師古曰：漢律：近塞皆置尉，百里一人，士史、尉史各二人。時鴈門尉史行徼見寇，因保此亭。尉史乃告單于漢兵所居。單于大驚曰：「吾固疑之。」乃引兵還，出曰：「吾得尉史，天也！」以尉史爲天王。塞下傳言單于已去，漢兵追至塞，度弗及，乃皆罷兵。度，徒洛翻。王恢主別從代出擊胡輜重，重，直用翻。聞單于還，兵多，亦不敢出。

上怒恢。恢曰：「始，約爲入馬邑城，兵與單于接，而臣擊其輜重，可得利。今單于不至而還，臣以三萬人衆不敵，祇取辱。固知還而斬，然完陛下士三萬人。」於是下恢廷尉，下，遐嫁翻。廷尉當「恢逗橈，當斬。」應劭曰：逗，曲行避敵也。橈，顧望也。如淳曰：軍行而逗留、畏懦者，要斬。師古曰：應說非也。逗，留止也。橈，謂屈弱也。逗，音豆，又音住。橈，奴教翻。恢行千金丞相蚡，蚡不敢言上，而言於太后曰：「王恢首爲馬邑事，今不成而誅恢，是爲匈奴報仇也。」蚡，房吻翻。是爲，于僞翻。上朝太后，朝，直遙翻。太后以蚡言告上。上曰：「首爲馬邑事者恢，故發天下兵數十萬，從其言爲此。且縱單于不可得，恢所部擊其輜重，猶頗可得以尉士大夫心。尉，與慰同。今不誅恢，無以謝天下。」於是恢聞，乃自殺。自是之後，匈奴絕和親，攻當路塞，師古曰：塞之當行道處者。往往入盜於漢邊，不可勝數；然尚貪樂關市，匈奴與漢人於邊爲互市，如今之回易場也。勝，音升。樂，音洛。嗜漢財物；漢亦關市不絕以中其意。中，竹仲翻。

三年（己酉、前一三二）

1春，河水徙，從頓丘東南流。師古曰：頓丘，丘名，因以爲縣；本衞地也。地理志，屬東郡；今則在魏州界。考異曰：漢書武紀云：「東南流入勃海。」按頓丘屬東郡，勃海乃在頓丘東。此恐誤，今不取。夏，五月，丙子，復決濮陽瓠子，濮陽縣屬東郡。服虔曰：瓠子，隄名，在東郡。蘇林曰：甄城以南、濮陽以北爲瓠子河，廣百步，深五丈。水經：瓠子河出濮陽縣北十里，卽瓠河口。復，扶又翻。瓠，戶故翻。考異曰：史記河渠書：「元光中，河決瓠子，東注鉅野。」服虔註漢書武紀曰：「瓠子，隄名，在東郡白馬。」蘇林曰：「在甄城以南，濮陽以北。」將相名臣表曰：「五月，丙子，河決瓠子。」然則瓠子卽濮陽縣境隄名也。注鉅野，班志，鉅野縣屬山陽郡；大野澤在其北。師古曰：卽今鄆州鉅野縣。通淮、泗，決河之水，由鉅野而通泗水，由泗水而通淮也。汎郡十六。汎，敷劍翻。天子使汲黯、鄭當時發卒十萬塞之，輒復壞。塞，悉則翻。復，扶又翻；下同。是時，田蚡奉邑食鄃，奉，扶用翻。鄃，音輸。鄃縣屬清河郡。鄃居河北，河決而南，則鄃無水災，邑收多。蚡言於上曰：「江、河之決皆天事，未易以人力強塞，易，以豉翻。強，其兩翻。塞之未必應天。」而望氣用數者亦以爲然。於是天子久之不復事塞也。

2初，孝景時，魏其侯竇嬰爲大將軍，武安侯田蚡乃爲諸郎，諸郎，諸曹郎也。侍酒跪起如子姪；已而蚡日益貴幸，爲丞相。魏其失勢，賓客益衰，師古曰：言素爲嬰之賓客者，漸以衰退，不復往也。獨故燕相潁陰灌夫不去。燕王定國，王澤之孫也；夫自太僕出相之。班志，潁陰縣屬潁川郡。相，息亮翻。嬰乃厚遇夫，相爲引重，張晏曰：相薦達爲聲勢也。師古曰：相牽引以致於尊重也。爲，于僞翻。其游如父子然。夫爲人剛直，使酒，諸有勢在己之右者必陵之；數因酒忤丞相。數，所角翻。忤，五故翻。丞相乃奏案：「灌夫家屬橫潁川，民苦之。」夫宗族、賓客爲權利，橫於潁川；小兒歌之曰：「潁水清，灌氏寧；潁水濁，灌氏族。」橫，戶孟翻。收繫夫及支屬，皆得棄市罪。刑人於市，與衆棄之，故殺之於市者謂之棄市。景帝中元年，改磔曰棄市。應劭曰：先諸死刑皆磔於市，今改曰棄市，自非妖逆，不復磔也。師古曰：磔，謂張其尸也。棄市，殺之於市也。魏其上書論救灌夫，上令與武安東朝廷辨之。東朝，謂太后居長樂宮，在未央宮之東也；令於長樂宮見太后，廷辨其是非也。朝，直遙翻；下同。魏其、武安因互相詆訐。訐，居謁翻。上問朝臣：「兩人孰是？」唯汲黯是魏其，韓安國兩以爲是；鄭當時是魏其，後不敢堅。上怒當時曰：「吾幷斬若屬矣！」若屬，猶言汝輩也。即罷。起，入，上食太后，上，時掌翻。太后怒不食，曰：「今我在也，而人皆藉吾弟；晉灼曰：藉，蹈也。藉，慈夜翻。令我百歲後，皆魚肉之乎！」師古曰：以比魚肉而食啖也。上不得已，遂族灌夫；使有司案治魏其，得棄市罪。

四年（庚戌、前一三一）

1冬，十二月晦，論殺魏其於渭城。漢法，以冬月行重刑，遇春則赦若贖，故以十二月晦論殺魏其侯。此武安侯蚡之意也。渭城縣屬扶風，秦之咸陽也。考異曰：班固漢武故事曰：「上召大臣議之。羣臣多是竇嬰，上亦不復窮問，兩罷之。田蚡大恨，欲自殺；先與太后訣，兄弟共號哭訴太后，太后亦哭，弗食。上不得已，遂乃殺嬰。」按漢武故事，語多誕妄，非班固書；蓋後人爲之，託固名耳。春，三月，乙卯，武安侯蚡亦薨。考異曰：武安侯傳云：「元光四年春，丞相按灌夫事；其夏，取夫人。五年十月，論灌夫及家屬。十二月，晦，魏其棄市。」徐廣引武帝本紀、侯表，以爲蚡薨在嬰死後分明，四年當是三年，五年當是四年。今從之。廣又疑十二月爲二月；按漢制，常以立春下寬大詔書，蚡恐魏其得釋，故以十二月晦殺之，何必改爲二月也！及淮南王安敗，見後十九卷元狩元年。上聞蚡受安金，有不順語，見上卷建元二年。曰：「使武安侯在者，族矣！」

2 夏，四月，隕霜殺草。

3 御史大夫安國行丞相事，引，墮車，蹇。如淳曰：爲天子導引而墮車蹇跛也。余據漢制，大駕則公卿奉引，安國蓋因奉引而墮車也。墮，杜火翻。五月，丁巳，以平棘侯薛澤爲丞相；薛澤，高祖功臣廣平侯薛歐之孫。廣平，侯國，景帝中二年罪絕；中五年，復封澤平棘侯。班志，平棘縣屬常山郡。安國病免。

4 地震；赦天下。

5 九月，以中尉張歐爲御史大夫。韓安國疾愈，復爲中尉。

6 河間王德，脩學好古，實事求是，德，景帝子，帝之兄也；景帝前二年受封。師古曰：實事求是，務得其實，每求眞是也。好，呼到翻；下同。以金帛招求四方善書，得書多與漢朝等。朝，直遙翻；下同。是時，淮南王安亦好書，所招致率多浮辯；獻王所得書，皆古文先秦舊書，師古曰：先秦，猶言秦先，謂未焚書之前。余據獻王傳，舊書，卽謂周官、尚書、禮記、孟子、老子之書也。采禮樂古事，稍稍增輯至五百餘篇，被服、造次師古曰：被服，言常居處其中也。造次，謂所向必行也。余謂被服者，言以儒術衣被其身也。被，皮義翻。造，千到翻。必於儒者，山東諸儒多從之遊。

五年（辛亥、前一三〇）

1 冬，十月，河間王來朝，獻雅樂，對三雍宮應劭曰：辟雍、明堂、靈臺也。雍，和也；言天地、君臣、人民皆和也。余謂對三雍宮者，對三雍之制度，非召對於三雍宮。及詔策所問三十餘事；其對，推道術而言，得事之中，文約指明。師古曰：中，竹仲翻。約，少也。指，謂義之所趨，若人以手指物也。天子下太樂官常存肄河間王所獻雅聲，班表：太樂官屬大常。肄，以至翻，習也。下，遐嫁翻。歲時以備數，然不常御也。春，正月，河間王薨，中尉常麗以聞，姓譜：常姓，黃帝相常先之後。曰：「王身端行治，師古曰：端，直也。治，理也。行，下孟翻。溫仁恭儉，篤敬愛下，明知深察，惠于鰥寡。」大行令奏：「謚法：『聰明睿知曰獻』，謚曰獻王。」知，讀曰智。

班固贊曰：昔魯哀公有言：「寡人生於深宮之中，長於婦人之手，未嘗知憂，未嘗知懼。」師古曰：哀公與孔子言也，事見孫卿子。長，知兩翻。信哉斯言也，雖欲不危亡，不可得已！師古曰：已，語終辭。是故古人以宴安爲鴆毒，師古曰：左氏傳：管敬仲曰：「宴安鴆毒，不可懷也。」無德而富貴謂之不幸。漢興，至於孝平，諸侯王以百數，率多驕淫失道。何則？沈溺放恣之中，沈，持林翻。居勢使然也。自凡人猶繫于習俗，而況哀公之倫乎！「夫唯大雅，卓爾不羣」，河間獻王近之矣。近，其靳翻。

2 初，王恢之討東越也，見上卷建元六年。使番陽令唐蒙風曉南越。南越食蒙以蜀枸醬，班志，番陽縣屬豫章郡。番，蒲何翻。風，讀曰諷。劉德曰：枸樹如桑，其椹長二三寸，味酢；取其實以爲醬，美。師古曰：枸者，緣木而生，非樹也。子形如桑椹，又不長，一二寸，味尤辛，不酢。劉說非也。裴駰曰：按漢書音義：枸木似穀樹，其葉似桑葉，用其葉作醬酢，美，蜀人以爲珍味。廣志曰：枸，黑色，味辛，下氣，消穀。晉灼曰：枸，音矩。索隱從徐廣音求羽翻。唐本本草註曰：蒟，蔓生，葉似王瓜而厚大，味辛香，實似桑椹，皮黑，肉白。劉淵林曰：蒟醬，緣木而生，其子如桑椹，熟時正青，長二三寸，以蜜藏而食，辛香，調五藏。李心傳曰：蒟醬，廣、蜀皆有之，實草類也。蜀中者，緣木而生，如桑椹，熟時正青，長二三寸，以蜜藏而食之。廣中者，蔓生，葉似王瓜而厚大，味辛香，實似桑椹，皮黑，肉白，其苗如浮留藤，取葉合檳榔食之。西戎亦時時持來，細而辛烈。唐蒙所見，謂來自牂柯，則廣生，殆蜀本也。蒟醬之味，全類蓽撥，而蓽撥辛烈尤甚。世人唯用蓽撥，不用蒟醬，故鮮有知者。蒙問所從來。曰：「道西北牂柯江。牂柯江廣數里，出番禺城下。」南越志曰：番禺之西有江浦焉。師古曰：牂柯，繫船杙。華陽國志云：楚遣莊蹻伐夜郎，軍至且蘭，椓船於岸而步戰。既滅夜郎，以且蘭有椓船牂柯處，乃改爲牂牱。又後漢志註：牂柯，江中名山。或曰，牂柯江東通四會，至番禺入海。水經：牂柯水東至鬱林廣鬱縣爲鬱水，南流入交趾界。劉昫曰：唐邕州治宣化縣，漢鬱林郡之領方縣地也；驩水在縣北，本牂柯河，俗呼爲鬱狀江，卽駱越水也。蓋廣鬱縣，漢亦屬鬱林郡。水經所謂交趾界者，漢交趾州界也。牂，音臧。柯，音歌。班志，番禺縣屬南海郡，時爲南越王都。廣，古曠翻。番，音潘。禺，音愚。蒙歸至長安，問蜀賈人。賈人曰：「獨蜀出枸醬，多持竊出市夜郎。華陽國志：夜郎王，竹王三郎之後，武帝開爲縣，屬牂柯郡。史記正義曰：今瀘州南大江南岸協州、曲州，本夜郎國。賈，音古。夜郎者，臨牂柯江，江廣百餘步，足以行船。南越以財物役屬夜郎，西至桐師，桐師亦西南夷種，其地在夜郎之西，葉榆之西南。然亦不能臣使也。」蒙乃上書說上曰：乃上，時掌翻。說，式芮翻。「南越王黃屋左纛，地東西萬餘里，名爲外臣，實一州主也。今以長沙、豫章往，水道多絕，難行。竊聞夜郎所有精兵可得十餘萬，浮船牂柯江，出其不意，此制越一奇也。誠以漢之強，巴、蜀之饒，通夜郎道爲置吏，甚易。」爲，于僞翻；下同。易，以豉翻。上許之。

乃拜蒙爲中郎將，將千人，食重萬餘人，師古曰：食糧及衣重也。重，直用翻。從巴、蜀筰關入，李文子曰：筰關在沈黎郡；又云：在犍爲郡界。宋白曰：眉州青神縣臨青衣江。郡國志：漢武帝使唐蒙開西南夷路始此。眉州，漢犍爲郡地。筰，才各翻。遂見夜郎侯多同。多同，夜郎侯之名也。蒙厚賜，喻以威德，約爲置吏，使其子爲令。自此以下，爲，如字。夜郎旁小邑皆貪漢繒帛，以爲漢道險，終不能有也，乃且聽蒙約。還報，上以爲犍爲郡，李文子曰：犍爲郡治鼈；元光五年，又治南廣。水經註曰：鼈水出符縣南不狼山，縣有犍山。後漢志：鼈水過牂柯郡入延江水。水經註：沅水出且蘭，東至鐔城爲沅水。寰宇記：唐播州、夷州、費州、莊州卽秦且蘭、夜郎之西北隅，今珍州亦其地。又西，高州有夜郎縣，牂州建安縣有古夜郎城，西近施、黔，東近辰、沅，皆其境也。犍，居言翻。章懷太子賢曰：犍爲故城，在今眉州隆山縣西北。發巴、蜀卒治道，自僰道指牂柯江，班志，僰道屬犍爲郡。宋白曰：古僰國；縣有蠻夷曰道，故爲僰道，今戎州治所。康曰：僰國在馬湖江，唐蒙鑿石開道以通之。治，直之翻。僰，蒲北翻。作者數萬人，士卒多物故，有逃亡者；用軍興法誅其渠率，鄭玄曰：縣官徵聚曰興，今云軍興是也。率，所類翻。巴、蜀民大驚恐。上聞之，使司馬相如責唐蒙等，因諭告巴、蜀民以非上意；相如還報。

是時，邛、筰之君長華陽國志：雅州邛崍山，本名邛筰山，故邛人、筰人界。韋昭曰：筰縣在越巂。文穎曰：邛者，今爲邛都縣；筰者，今爲定筰縣。史記正義曰：邛都西有邛僰山，在雅州榮經縣界，山巖峭峻，曲回九折乃至上，下有疑冰，卽王尊叱馭處。康曰；邛都夷，其地陷爲汙澤，因名卭池，南人呼爲邛河。師古曰：邛都，今之邛州本其地。卭，渠容翻。筰，才各翻。聞南夷與漢通，得賞賜多，多欲願爲內臣妾，請吏比南夷。天子問相如，相如曰：「邛、筰、冉駹者近蜀，道亦易通；師古曰：今開州、夔州等首領多姓冉者，本皆冉種也。後漢書：冉駹，其山有六夷、七羌、九蠻，各有部落。括地志：蜀西徼外羌，茂州、冉州本冉駹國。康曰：其人依山居土，累石爲室至十餘丈。駹，音厖。易，以豉翻。秦時嘗通，爲郡縣，至漢興而罷。今誠復通，爲置郡縣，愈於南夷。」張揖曰：愈，差也；又云：愈，猶勝也。晉灼曰：南夷，謂牂柯、犍爲，西夷，謂越巂、益州也。爲置之爲，于僞翻。天子以爲然，乃拜相如爲中郎將，建節往使，及副使王然于等乘傳，因巴、蜀吏幣物以賂西夷；邛、筰、冉駹、斯榆之君康曰：本葉榆澤，其君長因以立號，後隨畜移於徙。師古曰：徙，音斯，故又號爲徙榆。使，疏吏翻。傳，張戀翻。皆請爲內臣。除邊關；關益斥，西至沫、若水，斥，開廣也。張揖曰：沫水出蜀廣平徼外，與青衣水合。若水出旄牛徼外，至僰道入江。華陽國志：漢嘉縣有沫水。李文子曰：若水南至大作入繩水。師古曰：沫，音妹。南至牂柯爲徼，通零關道，班志，零關屬越巂郡。張揖曰：鑿靈山爲道。寰宇記：靈關山在雅州盧山縣北二十里，靈關鎮在盧山縣北八十二里。零、靈通用。徼，吉弔翻。橋孫水張揖曰：孫水出臺登縣，南至會無，入若水。康曰：一名白沙江。李文子曰：孫水，本名長河水。以通邛都，爲置一都尉、十餘縣，屬蜀。爲，于僞翻。天子大說。說，讀曰悅。

3 詔發卒萬人治鴈門阻險。師古曰：阻險，所以爲固，用止匈奴之寇。貢父曰：治險阻者，通道令平易，以便伐匈奴。治，直之翻。

4 秋，七月，大風拔木。

5 女巫楚服等教陳皇后祠祭厭勝，挾婦人媚道；事覺，厭，一涉翻。賈公彥曰：按漢書：婦人蠱惑媚道，更相祝詛，作木偶人埋之於地。漢法又有官禁敢行媚道者。上使御史張湯窮治之。湯深竟黨與，相連及誅者三百餘人，楚服梟首於市。梟，堅堯翻。乙巳，賜皇后册，收其璽綬，罷退，居長門宮。長門宮，如淳曰：長門在長安城東南。東方朔傳：竇太主獻長門園，上以爲宮。竇太主慙懼，稽顙謝上。竇太主，陳皇后母也。稽，音啓。上曰：「皇后所爲不軌於大義，不得不廢。主當信道以自慰，勿受妄言以生嫌懼。后雖廢，供奉如法，長門無異上宮也。」

6 初，上嘗置酒竇太主家，主見所幸賣珠兒董偃，上賜之衣冠，尊而不名，稱爲「主人翁」，使之侍飲；由是董君貴寵，天下莫不聞。考異曰：漢武故事曰：「陳皇后廢處長門宮，竇太主以宿恩猶自親近。後置酒主家，主見所幸董偃。」按東方朔傳：「爰叔爲偃畫計，令主獻長門園，更名曰長門宮，」則偃見上在陳后廢前明矣。常從游戲北宮，馳逐平樂觀，平樂觀在未央宮北，周回十五里；高祖時，制度草創。至帝增修之。三輔黃圖曰：上林苑中有平樂觀。樂，音洛。觀，古玩翻。雞、鞠之會，鬬雞及蹴踘也。鞠，毬也，以皮爲之。鞠，音居六翻。角狗、馬之足，師古曰：角，猶校也。上大歡樂之。上爲竇太主置酒宣室，蘇林曰：宣室，未央前殿正室也。如淳曰：宣室，布政教之室也。樂，音洛。爲，于僞翻。使謁者引内董君。是時，中郎東方朔陛戟殿下，師古曰：持戟立列陛側也。辟戟而前曰：辟，頻亦翻。「董偃有斬罪三，安得入乎！」上曰：「何謂也？」朔曰：「偃以人臣私侍公主，其罪一也。敗男女之化，而亂婚姻之禮，傷王制，其罪二也。敗，補邁翻。陛下富於春秋，方積思於六經；偃不遵經勸學，反以靡麗爲右，師古曰：右，尊之也。思，相吏翻。奢侈爲務，盡狗馬之樂，極耳目之欲，是乃國家之大賊，人主之大蜮，師古曰：蜮，魅也，音或。說者以爲短狐，非也；短狐，射工耳，於此不當其義；今俗猶云魅蜮也。貢父曰：劉向說春秋，蜮，南方淫氣所生，以應哀姜。然則朔正用指偃耳，何必遷就魅蜮也。余按洪範五行傳曰：蜮如鱉，三足，生於南越。南越婦人多淫，故其地多蜮，淫女惑亂之氣所生也。陸璣草木疏曰：一名射影，江、淮水皆有之。人在岸上，影見水中，投水影則殺之，故曰射影。南人將入水，先以瓦石投水中，令水濁，然後入。或曰，含沙射人皮肌，其瘡如疥。陸佃埤雅曰：蜮，一名射工，有長角横在口前如弩，檐臨其角，端曲如上弩，以氣爲矢，因水勢以射人，故俗呼爲水弩。其罪三也。」上默然不應，良久曰：「吾業已設飲，後而自改。」朔曰：【章：乙十一行本「曰」下有「不可」二字；孔本同；退齋校同。】「夫宣室者，先帝之正處也，非法度之政不得入焉。故淫亂之漸，其變爲篡。是以豎貂爲淫而易牙作患，慶父死而魯國全。」豎貂、易牙，皆齊桓公之臣也。管仲有疾，桓公問之曰：「將何以教寡人？」仲曰：「願君之遠豎貂、易牙。」公曰：「易牙烹其子以快寡人，尚可疑邪？」對曰：「人之情非不愛其子，其子之忍，又將何有於君！」公曰：「豎貂自宮以近寡人，尚可疑邪？」對曰：「人之情非不愛其身，其身之忍，又將何有於君！」公曰：「諾。」管仲死，盡逐之；而公食不甘，宮不治。居三年，公曰：「仲父不亦過乎！」於是復皆召而反之。明年，公病。豎貂、易牙相與作亂，塞門築牆不通人。有一婦人踰垣至公所，公曰：「我欲食。」婦人曰：「吾無所得。」又曰：「我欲飲。」婦人曰：「吾無所得。」公曰：「何故？」曰：「豎貂、易牙作亂，故無所得。」公慨然嘆曰：「若死者有知，吾何面目見仲父乎！」蒙衣袂而絕乎壽宮；蟲流出於戶，蓋以楊門之扉，三月不葬。慶父，魯桓公庶子，莊公之兄，通于哀姜。莊公薨，慶父弑其子般及閔公，欲爲亂而不克，奔莒。莒人歸之，縊于密，魯乃定。父，音甫。上曰：「善！」有詔止，更置酒北宮，引董君從東司馬門入；未央宮有東闕、北闕，東闕曰蒼龍。東司馬門，蒼龍闕內之司馬門也。更，工衡翻。賜朔黃金三十斤。董君之寵由是日衰。是後，公主、貴人多踰禮制矣。

7 上以張湯爲太中大夫，與趙禹共定諸律令，務在深文。拘守職之吏，作見知法，吏傳相監司。用法益刻自此始。蘇林曰：拘刻於守職之吏。師古曰：見知人犯法而不舉告，謂之故縱。晉志曰：見知而不舉劾，各與同罪；失不舉劾，以贖論；其不見、不知，不坐也。傳，張戀翻。監，古銜翻。

8 八月，螟。食心曰螟。

9 是歲，徵吏民有明當世之務、習先聖之術者，縣次續食，令與計偕。師古曰：計者，上計簿使也；郡國每歲遣詣京師上之。偕者，俱也；令所徵之人與上計者俱來，而縣次給其食。後世訛誤，因承此語，遂謂上計爲計偕。闞駰不詳，妄爲解說，云秦、漢謂諸侯朝使曰計偕。偕，次也。晉代有計偕簿，又改「偕」爲「階」，失之彌遠，致誤後學。

菑川人公孫弘對策曰：「臣聞上古堯、舜之時，不貴爵賞而民勸善，不重刑罰而民不犯，躬率以正而遇民信也；末世貴爵厚賞而民不勸，深刑重罰而姦不止，其上不正，遇民不信也。夫厚賞重刑，未足以勸善而禁非，必信而已矣。是故因能任官，則分職治；去無用之言，則事情得；不作無用之器，則賦斂省；治，直吏翻。去，羌呂翻。斂，力贍翻。不奪民時，不妨民力，則百姓富；有德者進，無德者退，則朝廷尊；有功者上，無功者下，則羣臣逡；李奇曰：言有次第也。師古曰：逡，七旬翻。罰當罪，則姦邪止；賞當賢，則臣下勸。凡此八者，治之本也。故民者，業之則不爭，理得則不怨，有禮則不暴，愛之則親上，師古曰：各得其業，則無爭心；各申其理，則無所怨；使之由禮，則無暴慢；子而愛之，則知親上也。此有天下之急者也。禮義者，民之所服也；而賞罰順之，則民不犯禁矣。

臣聞之：氣同則從，聲比則應。比，頻寐翻，音毗，和也。今人主和德於上，百姓和合於下，故心和則氣和，氣和則形和，形和則聲和，聲和則天地之和應矣。故陰陽和，風雨時，甘露降，五穀登，六畜蕃，畜，許又翻。蕃，扶元翻。嘉禾興，朱草生，山不童，澤不涸，此和之至也。」

時對者百餘人，太常奏弘第居下。策奏，天子擢弘對爲第一，拜爲博士，待詔金馬門。如淳曰：武帝時，相馬者東方京作銅馬法獻之，立馬於魯班門外，更名魯班門爲金馬門。三輔黃圖曰：金馬門，宦者署，武帝得大宛馬，以銅鑄作，立於署門，因以爲名。

齊人轅固，年九十餘，亦以賢良徵。公孫弘仄目而事固，固曰：「公孫子，務正學以言，無曲學以阿世！」諸儒多疾毀固者，固遂以老罷歸。

是時，巴、蜀四郡四郡，蜀郡、廣漢郡、犍爲郡、巴郡也。鑿山通西南夷，千餘里戍轉相餉。數歲，道不通，士罷餓、離暑濕死者甚衆；罷，讀曰疲。西南夷又數反，數，所角翻。發兵興擊，費以巨萬計而無功。上患之，詔使公孫弘視焉。還奏事，盛毀西南夷無所用，上不聽。弘每朝會，【章：乙十一行本「會」下有「議」字；孔本同；退齋校同。】朝，直遙翻。開陳其端，使人主自擇，不肯面折廷爭。於是上察其行慎厚，辯論有餘，習文法吏事，緣飾以儒術，師古曰：譬之於衣，加純緣也。折，之舌翻。爭，讀曰諍。行，下孟翻。大說之，說，讀曰悅。一歲中遷至左內史。考異曰：漢書武紀云：「元光元年五月，詔策賢良，於是董仲舒、公孫弘等出焉。」按弘傳：「元光五年，復徵賢良文學，菑川國推上弘。」其策文頗與武紀元年策文相類。又云：「一歲中至左內史。」百官表：「元光五年，弘爲左內史。」然則弘之再舉賢良，不在元光元年明矣。荀紀著於此年「徵吏民明當世之務」下。葛洪西京雜記亦云：「弘以元光五年爲國士所推上爲賢良，」若此續食之詔在八月，則弘不容於今年已爲左內史。蓋此詔在今年，不知何月，故班氏繫之於年末耳。

其策文相類，蓋出偶然；或者此策乃弘先舉賢良時所對，班氏誤以爲此年之策。疑未能明，今從漢紀。

弘奏事，有不可，不廷辨。常與汲黯請間，師古曰：求空隙之暇。黯先發之，弘推其後，天子常說，說，讀曰悅。所言皆聽，以此日益親貴。弘嘗與公卿約議，至上前，皆倍其約以順上旨。倍，蒲妹翻。汲黯廷詰弘曰：「齊人多詐而無情實；始與臣等建此議，今皆倍之，不忠！」上問弘。弘謝曰：「夫知臣者，以臣爲忠；不知臣者，以臣爲不忠。」上然弘言。左右幸臣每毀弘，上益厚遇之。

六年（壬子、前一二九）

1 冬，初算商車。李奇曰：始稅商賈車船，令出算。

2 大司農鄭當時言：「穿渭爲渠，下至河，渠起長安，旁南山下至河三百餘里。漕關東粟徑易，易，以豉翻。又可以溉渠下民田萬餘頃。」春，詔發卒數萬人穿渠，如當時策；三歲而通，人以爲便。

3 匈奴入上谷，殺略吏民。遣車騎將軍衞青出上谷，騎將軍公孫敖出代，輕車將軍公孫賀出雲中，驍騎將軍李廣出鴈門，各萬騎，擊胡關市下。衞青至龍城，龍城，匈奴祭天，大會諸部處。得胡首虜七百人；公孫賀無所得；公孫敖爲胡所敗，亡七千騎；李廣亦爲胡所敗。胡生得廣，置兩馬間，絡而盛臥，敗，補邁翻。盛，時征翻。行十餘里；廣佯死，暫騰而上胡兒馬上，師古曰：騰，跳躍也。上，時掌翻。奪其弓，鞭馬南馳，遂得脫歸。漢下敖、廣吏，下，遐嫁翻。當斬，贖爲庶人；唯青賜爵關內侯。青雖出於奴虜，青本平陽公主家騎奴。然善騎射，材力絕人；遇士大夫以禮，與士卒有恩，衆樂爲用，有將帥材，騎，奇寄翻。樂，音洛。將，卽亮翻。帥，所類翻。故每出輒有功。天下由此服上之知人。

4 夏，大旱；蝗。

5 六月，上行幸雍。

6 秋，匈奴數盜邊，數，所角翻。漁陽尤甚。以衞尉韓安國爲材官將軍，屯漁陽。

元朔元年（癸丑、前一二八）應劭曰：朔，蘇也。孟軻曰：「后來其蘇。」蘇，息也；言萬民品物大繁息也。師古曰：朔，猶始也；言更爲初始也。蘇息之息，非息生義，應說失之。

1 冬，十一月，詔曰：「朕深詔執事，興廉舉孝，庶幾成風，紹休聖緒。師古曰；休，美也；緒，業也：言紹先聖之休緒也。幾，居衣翻。夫十室之邑，必有忠信；三人並行，厥有我師。論語曰：十室之邑，必有忠信如丘者焉。又曰：三人行，必有我師焉。今或至闔郡而不薦一人，師古曰：闔，閉也；總一郡之中，故曰闔。是化不下究，而積行之君子壅於上聞也。師古曰：究，竟也；言見壅遏，不得聞達於天子也。行，下孟翻。且進賢受上賞，蔽賢蒙顯戮，古之道也。其議二千石不舉【章：孔本「者」作「孝」。】者罪！」有司奏：「不舉孝，不奉詔，當以不敬論；張晏曰：謂其不勤求士報國。不察廉，不勝任也，當免。」張晏曰：二千石當率身化下；今親宰牧而無賢人，爲不勝任也。勝，音升。奏可。

2 十二月，江都易王非薨。非，景帝子；前二年，封汝南；三年，徙江都。

3 皇子據生，衛夫人之子也。是爲戾太子。考異曰：漢書武五子傳贊曰：「建元六年春，戾太子生。」外戚傳：「衛皇后，元朔元年生男據。」按枚皋傳云：「武帝春秋二十九乃有皇子，」與外戚傳合。蓋贊語因蚩尤之旗致此誤，亦猶五星聚在秦二世末年，誤爲漢元年也。三月，甲子，立衛夫人爲皇后，赦天下。

4 秋，匈奴二萬騎入漢，殺遼西太守，略二千餘人，圍韓安國壁；又入漁陽、鴈門，各殺略千餘人。安國益東徙，屯北平；數月，病死。考異曰：安國死在明年，於此終言之。天子乃復召李廣，拜爲右北平太守。匈奴號曰「漢之飛將軍」，避之，數歲不敢入右北平。

5 車騎將軍衛青將三萬騎出鴈門，將軍李息出代；青斬首虜數千人。

6 東夷薉君南閭等共【章：乙十一行本「共」作「□」；孔本同，熊校同。】二十八萬人降，爲蒼海郡；服虔曰：薉貊在辰韓之北，高麗、沃沮之南，東窮大海。師古曰：南閭，薉君名。食貨志：彭吳開道通薉貊、朝鮮，置滄海郡。陳壽夫餘傳：魏時，夫餘庫有玉璧、珪瓚，傳世以爲寶。耆老言先代所賜，其印文言「濊王之印」。國有故城名濊城，蓋本濊貊之地。又濊傳云：武帝滅朝鮮，置樂浪郡，自單單大嶺以西屬樂浪，自嶺以東七縣，都尉主之，皆以濊爲民，今不耐濊，皆其種也。班志，樂浪東部都尉治不耐縣。薉，音濊。降，戶江翻。考異曰史記平準書曰：彭吳賈滅朝鮮，置蒼海之郡。按：滅朝鮮，置蒼海，兩事也，不知何者出賈之謀。人徒之費，擬於南夷，燕、齊之間，靡然騷動。

7是歲，魯共王餘、長沙定王發皆薨。二王皆景帝子：餘以前二年受封淮陽，三年，徙魯；發亦以前二年受封長沙。

8臨菑人主父偃、趙武靈王自號主父，支庶因以爲氏。嚴安，無終人徐樂，班志，無終縣屬右北平郡，春秋無終子之國。皆上書言事。

始，偃游齊、燕、趙，皆莫能厚遇，諸生相與排擯不容；家貧，假貸無所得，乃西入關上書闕下，朝奏，暮召入。所言九事，其八事爲律令；一事諫伐匈奴，其辭曰：「司馬法曰：『國雖大，好戰必亡；天下雖平，忘戰必危。』師古曰：司馬穰苴善用兵，著書言兵法，謂之司馬法。一說：司馬，古主兵之官，有軍陳用師之法。余據史記，齊威王使大夫追論古者司馬兵法而附穰苴於其中，因號司馬穰苴兵法。好，呼到翻。夫怒者逆德也，兵者凶器也，爭者末節也。夫務戰勝，窮武事者，未有不悔者也。

昔秦皇帝并吞戰國，務勝不休，欲攻匈奴。李斯諫曰：『不可。夫匈奴，無城郭之居，委積之守，委，于僞翻。積，子智翻。委積者，倉廩之藏也。鄭氏曰：少曰委，多曰積。遷徙鳥舉，難得而制也。輕兵深入，糧食必絕；踵糧以行，重不及事。得其地，不足以爲利也；得其民，不可調而守也；李奇曰：不可和調也。勝必殺之，非民父母也；靡敝中國，師古曰：靡，散也，音縻。快心匈奴，非長策也。』秦皇帝不聽，遂使蒙恬將兵攻胡，辟地千里，辟，讀曰闢。以河爲境。地固沮澤、鹹鹵，不生五穀。沮，將預翻。五穀，黍、稷、菽、麥、稻；或曰：黍、稷、秫、稻、粱。然後發天下丁男以守北河，河水逕安定、北地、朔方界，皆北流；至高闕，始屈而東流；過雲中楨陵縣，又屈而南流。故朔方、雲中之北，謂之北河。杜佑曰：衛青渡西河至高闕破匈奴，河自今靈武郡之西南便北流，千餘里，過九原郡乃東流。時帝都在秦，所謂西河，疑是此處；其高闕當在河之西也。史記，趙武靈王築長城，自代並陰山，下至高闕，則與漢書符矣。其河自九原東流千里，在京師直北，漢史即云「北河」，斯則西河之側者。暴兵露師十有餘年，死者不可勝數，勝，音升。終不能踰河而北，是豈人衆不足，兵革不備哉？其勢不可也。又使天下蜚芻、輓粟，師古曰：運載芻槁，令其疾至，故曰飛芻。輓，謂引車船也。起於東腄、琅邪負海之郡，轉輸北河，率三十鍾而致一石。「東腄」，漢書作「黃腄」。師古曰：黃、腄二縣並在東萊。言自東萊及琅邪緣海諸郡皆令轉輸至北河。六斛四斗爲鍾，計其道路所費，凡用一百九十二斛，乃得一石至。杜佑曰：腄，即今文登縣。腄，直睡翻，又音誰。男子疾耕，不足於糧餉，女子紡績，不足於帷幕，百姓靡敝，靡，美爲翻。孤寡老弱不能相養，道路死者相望，蓋天下始畔秦也。

及至高皇帝，定天下，略地於邊，聞匈奴聚於代谷之外而欲擊之。御史成進諫曰：『不可。夫匈奴之性，獸聚而鳥散，從之如搏影。師古曰：搏，擊也。搏人之陰影，言不可得。余謂影隨物而生者也，存滅不常，難得而搏之。今以陛下盛德攻匈奴，臣竊危之。』高帝不聽，遂北至於代谷，果有平城之圍。高皇帝蓋悔之甚，乃使劉敬往結和親之約，事見高帝紀。然後天下忘干戈之事。

夫匈奴難得而制，非一世也；行盜侵驅，師古曰：來侵邊竟而驅掠人畜也。所以爲業也，天性固然。上及虞、夏、殷、周，固弗程督，師古曰：程，課也；督，視責也。禽獸畜之，畜，許六翻。不屬爲人。夫上不觀虞、夏、殷、周之統，而下循近世之失，此臣之所大憂，百姓之所疾苦也。」

嚴安上書曰：「今天下人民，用財侈靡，車馬、衣裘、宮室，皆競修飾，調五聲使有節族，蘇林曰：族，音奏。師古曰：節，止也。奏，準也。雜五色使有文章，重五味方丈於前，以觀欲天下。孟康曰：觀，猶顯也。師古曰：顯示之，使其慕欲也。重，直龍翻。觀，古玩翻。彼民之情，見美則願之，是教民以侈也；侈而無節，則不可贍，民離本而徼末矣。師古曰：贍，足也。離，力智翻。徼，要求也，於堯翻。末不可徒得，故搢紳者不憚爲詐，帶劍者夸殺人以矯奪，師古曰：夸，大也，競也。矯，僞也。而世不知愧，是以犯法者衆。臣願爲民制度以防其淫，使貧富不相燿以和其心；心志定，則盜賊消，刑罰少，陰陽和，萬物蕃也。師古曰：蕃，扶元翻，多也。昔秦王意廣心逸，欲威海外，使蒙恬將兵以北攻胡，又使尉屠睢將樓船之士以攻越。睢，音雖。當是時，秦禍北構於胡，南挂於越，師古曰：挂，縣也。宿兵於無用之地，進而不得退。行十餘年，丁男被甲，丁女轉輸，苦不聊生，自經於道樹，自經，縊也。死者相望。及秦皇帝崩，天下大畔，滅世絕祀，窮兵之禍也。故周失之弱，秦失之強，不變之患也。今徇西【章：乙十一行本「西」作「南」；孔本同；

退齋校同。】夷，朝夜郎，降羌、僰，略薉州，朝，直遙翻。降，戶江翻。僰，蒲北翻。薉，音穢。建城邑，深入匈奴，燔其龍城，議者美之；此人臣之利，非天下之長策也。」

徐樂上書曰：「臣聞天下之患，在於土崩，不在瓦解，古今一也。

何謂土崩？秦之末世是也。陳涉無千乘之尊、尺土之地，身非王公、大人、名族之後，鄉曲之譽，非有孔、曾、墨子之賢，陶朱、猗頓之富也；范蠡居於陶，自號爲陶朱公，治產至鉅萬。猗頓，魯人，用鹽鹽起，與王者埒富。然起窮巷，奮棘矜，棘，與戟同。師古曰：矜者，戟之把也。矜，讀曰穫，其巾翻。偏袒大呼，呼，火故翻。天下從風。此其故何也？由民困而主不恤，下怨而上不知，俗已亂而政不脩。此三者，陳涉之所以爲資也，此之謂土崩。故曰天下之患在乎土崩。

何謂瓦解？吳、楚、齊、趙之兵是也。七國謀爲大逆，號皆稱萬乘之君，帶甲數十萬，威足以嚴其境內，財足以勸其士民；然不能西攘尺寸之地師古曰。攘，謂侵取漢也。而身爲禽於中原者，此其故何也？非權輕於匹夫而兵弱於陳涉也。當是之時，先帝之德未衰而安土樂俗之民衆，樂，音洛。故諸侯無竟外之助，師古曰：竟，讀曰境。此之謂瓦解。故曰天下之患不在瓦解。

此二體者，安危之明要，賢主之所宜留意而深察也。

間者，關東五穀數不登，年歲未復，民多窮困，重之以邊境之事；數，所角翻。師古曰：復，扶目翻。重，直用翻。推數循理而觀之，民宜有不安其處者矣。不安，故易動；易動者，土崩之勢也。易，以豉翻。故賢主獨觀萬化之原，明於安危之機，脩之廟堂之上而銷未形之患也，其要期使天下無土崩之勢而已矣。」

書奏，天子召見三人，謂曰：「公等皆安在，何相見之晚也！」皆拜爲郎中。考異曰：漢書主父偃傳，云「元光元年，三人上書」；按嚴安書云「徇南夷，朝夜郎，降羌、僰，略薉州」，此等事皆在元光元年後，蓋誤以「朔」字爲「光」字耳。主父偃尤親幸，一歲中凡四遷，爲中大夫；大臣畏其口，賂遺累千金。或謂偃曰：「太横矣！」遺，于季翻。横，戶孟翻。偃曰：「吾生不五鼎食，死卽五鼎烹耳！」張晏曰：五鼎，牛、羊、豕、魚、麋也。諸侯五，卿大夫三。孔穎達曰：少牢陳五鼎：羊一，豕二，膚三，魚四，腊五。師古曰：五鼎烹，謂被鑊烹之誅。爲主父偃被誅張本。

二年（甲寅，前一二七）

1 冬，賜淮南王几杖，毋朝。朝，直遙翻。考異曰：漢書武紀曰：「賜淮南、菑川王几杖，毋朝。」顏師古曰：「淮南王安，菑川王志，皆武帝諸父列也，故賜几杖。」按諸侯表，菑川王志在位三十五年，以元光五年薨，齊悼惠王世家、高五王傳皆同。此云菑川王志，誤也。

2 主父偃說上曰：「古者諸侯不過百里，強弱之形易制。今諸侯或連城數十，地方千里，緩則驕奢，易爲淫亂，急則阻其強而合從以逆京師；說，式芮翻。易，以豉翻。從，子容翻。以法割削之，則逆節萌起；師古曰：萌，謂事之始生，如草木之萌芽也。前日鼂錯是也。事見十六卷景帝前三年。鼂，直遙翻。錯，千故翻。今諸侯子弟或十數，而適嗣代立，適，讀曰嫡。餘雖骨肉，無尺地之封，則仁孝之道不宣。願陛下令諸侯得推恩分子弟，以地侯之，彼人人喜得所願；上以德施，實分其國，不削而稍弱矣。」上從之。春，正月，詔曰：「諸侯王或欲推私恩分子弟邑者，令各條上，上，時掌翻。朕且臨定其號名。」於是藩國始分，而子弟畢侯矣。

3 匈奴入上谷、漁陽，殺略吏民千餘人。遣衞青、李息出雲中以西至隴西，擊胡之樓煩、白羊王於河南，得胡首虜數千，牛羊百餘萬，走白羊、樓煩王，遂取河南地。詔封青爲長平侯；班志，長平侯國屬汝南郡。青校尉蘇建、張次公皆有功，封建爲平陵侯，次公爲岸頭侯。據功臣表：平陵侯食邑於南陽郡武當縣界。晉灼曰：河東皮氏縣有岸頭亭。校，戶教翻。

主父偃言：「河南地肥饒，外阻河，蒙恬城之以逐匈奴，內省轉輸戍漕，廣中國，滅胡之本也。」上下公卿議，皆言不便。下，遐嫁翻。上竟用偃計，立朔方郡，使蘇建興十餘萬人築朔方城，括地志：夏州朔方縣北什賁故城，按是蘇建築；什賁之號，蓋出蕃語也。宋白曰：漢朔方郡治三封縣，今長澤縣有三封故城。什賁故城，今爲德靜縣治。復繕故秦時蒙恬所爲塞，因河爲固。轉漕甚遠，自山東咸被其勞，被，皮義翻。費數十百鉅萬，府庫並虛；漢亦棄上谷之斗辟縣造陽地以予胡。孟康曰：縣斗僻，曲近胡。師古曰：斗，絕也，縣之斗曲入匈奴界者，其中造陽地也。杜佑曰：造陽，在今嬀川郡之北。辟，讀曰僻。予，讀曰與。

4 三月，乙亥晦，日有食之。

5 夏，募民徙朔方十萬口。

6 主父偃說上曰：「茂陵初立，初立於建元二年。天下豪傑，并兼之家，亂衆之民，皆可徙茂陵；內實京師，外銷姦猾，此所謂不誅而害除。」上從之，徙郡國豪傑及訾三百萬以上于茂陵。訾，與貲同。

軹人郭解，班志，軹縣屬河內郡，音止。關東大俠也，亦在徙中。衞將軍爲言：「郭解家貧，不中徙。」爲，于僞翻，言其貧不當在見徙之數。中，竹仲翻。上曰：「解，布衣，權至使將軍爲言，師古曰：將軍爲之言，是爲其所使也。此其家不貧。」卒徙解家。卒，子恤翻。解平生睚眦殺人甚衆，師古曰：睚，音厓，舉眼也；眦，卽眥字，謂目匡也；言舉眼相忤者，卽殺之也。一說：睚，五懈翻；眦，士懈翻。睚眦，瞋目貌。二說並通。上聞之，下吏捕治解，下，遐嫁翻。所殺皆在赦前。軹有儒生侍使者坐，客譽郭解，譽，音余。生曰：「解專以姦犯公法，何謂賢！」解客聞，殺此生，斷其舌。斷，丁管翻。吏以此責解，解實不知殺者，殺者亦【章：乙十一行本「亦」下有「竟」字；孔本同。】絕莫知爲誰。吏奏解無罪，公孫弘議曰：「解，布衣，爲任俠行權，以睚眦殺人；解雖弗知，此罪甚於解殺之，當大逆無道。」當，謂處斷其罪，蓋以大逆無道之罪坐郭解也。遂族郭解。考異曰：荀紀以郭解事著於建元二年。按武紀，「建元二年初置茂陵邑」，「三年賜徙茂陵者錢」；當是時，衞青、公孫弘皆未貴。又，「元朔二年徙郡國豪傑于茂陵」；此乃徙解之時也。

班固曰：古者天子建國，諸侯立家，自卿大夫以至于庶人，各有等差，是以民服事其上而下無覬覦。師古曰：覬，幸也；覦，欲也；幸得其所欲也。覬，音冀。覦，音俞，又音喻。周室既微，禮樂、征伐自諸侯出；桓、文之後，大夫世權，陪臣執命。師古曰：陪，重也。大夫世權，晉六卿、魯三桓、齊田氏是也。陪臣執命，陽虎之類是也。諸侯之臣，於天子爲陪臣；大夫之家臣，於諸侯爲陪臣。陵夷至於戰國，合從連衡，從，子容翻。衡，讀曰橫。繇是列國公子，魏有信陵，趙有平原，齊有孟嘗，楚有春申，皆藉王公之勢，競爲游俠，雞鳴狗盜，事見三卷赧王十七年。無不賓禮。而趙相虞卿，棄國捐君，以周窮交魏齊之厄；事見五卷周赧王五十六年。信陵無忌，竊符矯命，戮將專師，以赴平原之急；事見五卷赧王五十七年。將，即亮翻。皆以取重諸侯，顯名天下，搤腕而游談者，以四豪爲稱首。師古曰：搤，捉持也，音戹。腕，烏貫翻。四豪，即魏信陵以下也。於是背公死黨之議成，守職奉上之義廢矣。背，蒲妹翻。及至漢興，禁網疏闊，未知匡改也。是故代相陳豨從車千乘，而吳濞、淮南皆招賓客以千數；從，才用翻。濞，普懿翻。外戚大臣魏其、武安之屬競逐於京師，布衣游俠劇孟、郭解之徒馳騖於閭閻，權行州域，力折公侯，衆庶榮其名迹，覬而慕之。雖其陷於刑辟，辟，毗亦翻。自與殺身成名，若季路、仇牧，死而不悔。季路死於衛侯輒之難，仇牧死於宋閔公之難，事並見左傳。故曾子曰：「上失其道，民散久矣。」見論語。非明主在上，示之以好惡，好，呼到翻。惡，烏路翻。齊之以禮法，民曷由知禁而反正乎！古之正法：五伯，三王之罪人也；而六國，五伯之罪人也；伯，讀曰霸。夫四豪者，又六國之罪人也。況於郭解之倫，以匹夫之細，竊殺生之權，其罪已不容於誅矣。觀其溫良泛愛，振窮周急，謙退不伐，亦皆有絕異之姿。惜乎，不入於道德，苟放縱於末流，殺身亡宗，非不幸也。

荀悅論曰：世有三遊，德之賊也：一曰遊俠，二曰遊說，三曰遊行。說，式芮翻。行，下孟翻。立氣勢，作威福，結私交以立強於世者，謂之遊俠；飾辯辭，設詐謀，馳逐於天下以要時勢者，謂之遊說；要，一遙翻。色取仁以合時好，好，呼到翻。連黨類，立虛譽以為權利者，謂之遊行。此三者，亂之所由生也；傷道害德，敗法惑世，敗，補邁翻。先王之所慎也。國有四民，各修其業；不由四民之業者，謂之姦民。四民，士、農、工、商也。姦民不生，王道乃成。

凡此三遊之作，生於季世，周、秦之末尤甚焉。上不明，下不正，制度不立，綱紀弛廢；以毀譽為榮辱，不核其眞；譽，音余；下同。以愛憎為利害，不論其實；以喜怒為賞罰，不察其理。上下相冒，萬事乖錯，是以言論者計薄厚而吐辭，選舉者度親疏而舉筆，度，徒洛翻。善惡謬於衆聲功罪亂於王法。然則利不可以義求，害不可以道避也。是以君子犯禮，小人犯法，奔走馳騁，越職僭度，飾華廢實，競趣時利。趣，七喻翻。簡父兄之尊而崇賓客之禮，薄骨肉之恩而篤朋友之愛，忘脩身之道而求衆人之譽，割衣食之業以供饗宴之好，好，呼到翻。苞苴盈於門庭，聘問交於道路，裹曰苞，藉曰苴。詩箋：以果實相遺者苞苴之。又曰：苞苴，裹魚肉，或以葦，或以茅。左傳註云：聘，執玉帛以相存問。書記繁於公文，私務衆於官事，於是流俗成而正道壞矣。

是以聖王在上，經國序民，正其制度；善惡要於功罪而不淫於毁譽，要，一遙翻。聽其言而責其事，舉其名而指其實。故實不應其聲者謂之虚，情不覆其貌者謂之僞，覆，敷又翻。毁譽失其眞者謂之誣，言事失其類者謂之罔。虚僞之行不得設，行，下孟翻。誣罔之辭不得行，有罪惡者無僥倖，無罪過者不憂懼，請謁無所行，請，求也。謁，告也。貨賂無所用，息華文，去浮辭，去，羌呂翻。禁僞辯，絶淫智，放百家之紛亂，壹聖人之至道，養之以仁惠，文之以禮樂，則風俗定而大化成矣。

7 燕王定國與父康王姬姦；奪弟妻爲姬。殺肥如令郢人，肥如，燕之屬縣。燕國除，入漢，屬遼西郡。應劭曰：肥子奔燕，燕封於此。郢人兄弟上書告之，主父偃從中發其事。公卿請誅定國，上許之。定國自殺，國除。文帝初，王澤始封於燕，傳子康王嘉；文帝九年，嘉薨，定國嗣；蓋立四十二年矣。

齊厲王次昌亦與其姊紀翁主通。齊孝王將閭，文帝十六年受封，傳子懿王壽，壽傳次昌。主父偃欲納其女於齊王，齊紀太后不許。偃因言於上曰：「齊臨菑十萬戶，市租千金，人衆殷富，鉅於長安，非天子親弟、愛子，不得王此。王，于況翻。今齊王於親屬益疏，疏，與疎同。又聞與其姊亂，請治之！」於是帝拜偃爲齊相，且正其事。偃至齊，急治王後宮宦者，辭及王；王懼，飲藥自殺。偃少時游齊及燕、趙，少，詩照翻。及貴，連敗燕、齊。敗，補邁翻。趙王彭祖懼，彭祖，景帝子；前二年封廣川，五年徙趙。上書告主父偃受諸侯金，以故諸侯子弟多以得封者。及齊王自殺，上聞，大怒，以爲偃劫其王令自殺，乃徵下吏。【章：乙十一行本「吏」下有「治」字；孔本同；張校同。】下，遐嫁翻。偃服受諸侯金，實不劫王令自殺。上欲勿誅，公孫弘曰：「齊王自殺，無後，國除爲郡入漢，主父偃本首惡。陛下不誅偃，無以謝天下。」乃遂族主父偃。

8張歐免，上欲以蓼侯孔臧爲御史大夫。班志，蓼縣屬衡山國，春秋之蓼國也；音了。康曰音六，未知其何據。蓼侯孔聚，高祖功臣；臧，其子也。臧自言世修經學，蓋謂孔子後也；安國爲從弟。安國，孔子十三世孫。臧辭曰：「臣世以經學爲業，乞爲太常，典臣家業，與從弟侍中安國百官表：侍中，加官，得出入禁中。應劭曰：入侍天子，故曰侍中。續漢書曰：侍中，比二千石，無員。漢官儀曰：侍中，左蟬、右貂，本秦丞相史，往來殿內，故謂之侍中，分掌乘輿服物，下至褻器虎子之屬。武帝時，孔安國爲侍中，以其儒者，特聽掌御座唾壺，朝廷榮之。從，才用翻。綱紀古訓，使永垂來嗣。」上乃以臧爲太常，其禮賜如三公。

三年（乙卯、前一二六）

1冬，匈奴軍臣單于死，其弟左谷蠡王伊稚斜自立爲單于，匈奴左、右谷蠡王，在左、右賢王之下。谷蠡，音鹿黎。索隱曰：稚，持利翻。斜，士嗟翻，鄒誕生音直牙翻。蓋「稚斜」胡人語，近得其實。攻破軍臣單于太子於單，於單亡降漢。於單，音丹。降，戶江翻。

2以公孫弘爲御史大夫。是時，方通西南夷，東置蒼海，北築朔方之郡。公孫弘數諫，以爲罷敝中國以奉無用之地，願罷之。數，所角翻。爲罷，讀曰疲。天子使朱買臣等難以置朔方之便，發十策，弘不得一。師古曰：言其利害十條，弘無以應之。難，乃旦翻。弘乃謝曰：「山東鄙人，不知其便若是，願罷西南夷、蒼海而專奉朔方。」上乃許之。春，罷蒼海郡。

弘爲布被，食不重肉。言不重肉味也。重，音直龍翻。汲黯曰：「弘位在三公，奉祿甚多；奉，扶用翻。然爲布被，此詐也。」上問弘，弘謝曰：「有之。夫九卿與臣善者無過黯，然今日廷詰弘，誠中弘之病。中，竹仲翻。夫以三公爲布被，與小吏無差，誠飾詐，欲以釣名，師古曰：釣，取也；言若釣魚之謂也。如汲黯言。且無汲黯忠，陛下安得聞此言！」天子以爲謙讓，愈益尊之。

3三月，赦天下。

4夏，四月，丙子，封匈奴太子於單爲涉安侯，數月而卒。

5 初，匈奴降者言：「月氏故居敦煌、祁連間，爲強國，降，戶江翻。氏，音支。敦煌、張掖，匈奴破月氏，使昆邪王居之；漢開置郡。祁連，山名，卽天山也，匈奴呼天爲祁連；在張掖西北。敦，徒門翻。匈奴冒頓攻破之。老上單于殺月氏王，以其頭爲飲器。餘衆遁逃遠去，怨匈奴，無與共擊之。」上募能通使月氏者。使，疏吏翻。漢中張騫以郎應募，出隴西，徑匈奴中；單于得之，留騫十餘歲。騫得間亡，鄉月氏間，古莧翻。鄉，讀曰嚮。西走，數十日，至大宛。西域傳：大宛國治貴山城，去長安萬二千五百七十里；西南至大月氏所居六百九十里。宛，於元翻。大宛聞漢之饒財，欲通不得，見騫，喜，爲發導譯抵康居，導者，引路之人；譯者，傳言之人也。康居國治樂越匿地，到卑闐城，去長安萬二千三百里。爲，于僞翻。傳致大月氏。傳，張戀翻。大月氏太子爲王，既擊大夏，分其地而居之，大夏國在大宛西南，都嬀水南。月氏居嬀水北。地肥饒，少寇，少，詩沼翻。殊無報胡之心。騫留歲餘，竟不能得月氏要領，李奇曰：要領，要契也。師古曰：要，衣要也；領，衣領也。凡持衣者執要與領；言騫不能得月氏意趣，無以持歸於漢，故以要領爲喻。要，一遙翻。乃還；並南山，史記曰：南山卽連終南山，從京南東至華山，東北連延至海，卽中條山也。從京南而西，連接至葱嶺萬餘里，故云並南山也。西域傳云：其南山東出金城，與漢南山屬。還，從宣翻，又如字；下同。並，步浪翻。欲從羌中歸，復爲匈奴所得，復，扶又翻。留歲餘。會伊稚斜逐於單，匈奴國內亂，騫乃與堂邑氏奴甘父逃歸。服虔曰：堂邑，姓也。漢人；其奴名甘父。父，音甫。上拜騫爲太中大夫，甘父爲奉使君。騫初行時百餘人，去十三歲，唯二人得還。考異曰：史記西南夷傳曰：「元狩元年，張騫使大夏來，言通身毒國之利。」按年表，騫以元朔六年二月甲辰封博望侯，必非元狩元年始歸也。或者元狩元年，天子始令騫通身毒國。疑不能明，故因是歲伊稚斜立終言之。

6 匈奴數萬騎入塞，殺代郡太守恭，代郡，唐蔚州、武州界。及略千餘人。

7 六月，庚午，皇太后崩。武帝母王太后也。

8 秋，罷西夷，獨置南夷、夜郎兩縣、一都尉，稍令犍爲自葆就，師古曰：葆，與保同；令自保守，且成其郡縣。專力城朔方。

9 匈奴又入鴈門，殺略千餘人。

10 是歲，中大夫張湯爲廷尉。湯爲人多詐，舞智以御人。時上方鄉文學，鄉，讀曰嚮。湯陽浮慕，事董仲舒、公孫弘等；以千乘兒寬爲奏讞掾，兒，本郳姓，以國爲氏，其後去「邑」。以爲廷尉掾，專主奏讞也。兒，五奚翻。讞，魚蹇翻。掾，俞絹翻。以古法義決疑獄。所治：即上意所欲罪，與監、史深禍者；班表，廷尉有左、右監，秩千石。漢官曰：廷尉獄史二十七人。深禍，謂持文深刻，欲致人於禍者。即上意所欲釋，與監、史輕平者；上由是悅之。湯於故人子弟調護之尤厚；師古曰：調，和適之令得其所；護，謂保佑之也。其造請諸公，師古曰：造，詣至也。請，謁問也。造，七到翻。不避寒暑。是以湯雖文深、意忌、不專平，文深，謂持文深；意忌，謂其意忌前也；不專平，謂不專於持平也。然得此聲譽。汲黯數質責湯於上前質，對也，對面責之也。或曰：質，正也，以正義責之。數，所角翻。曰：「公爲正卿，漢官，九卿之外，又有列於九卿者，故謂九卿爲正卿。上不能褒先帝之功業，下不能抑天下之邪心，安國富民，使囹圄空虛，何空取高皇帝約束紛更之爲！師古曰：言何爲乃紛亂而改更也。更，工衡翻。而公以此無種矣。」言當誅及子孫。種，章勇翻。黯時與湯論議，湯辯常在文深小苛；黯伉厲守高，伉，口浪翻，健也，高也。厲，嚴也。不能屈忿發，罵曰：「天下謂刀筆吏不可以爲公卿，果然！必湯也，令天下重足而立，累足而立，懼之甚也。重，直龍翻。側目而視矣！」

四年（丙辰、前一二五）

1 冬，上行幸甘泉。

2 夏，匈奴入代郡、定襄、上郡，上郡，唐延、綏、銀之地，高祖置定襄郡。括地志：定襄故城，在朔州善陽縣北三百八十里。各三萬騎，殺略數千人。

資治通鑑卷第十九

翰林學士朝散大夫右諫議大夫知制誥兼侍講同提舉萬壽觀公事
兼判集賢院上護軍河內郡開國侯食邑一千三百戶賜紫金魚袋臣　司馬光　奉敕編集

後學天台　胡三省　音註

漢紀十一　起強圉大荒落（丁巳），盡玄黓閹茂（壬戌），凡六年。

世宗孝武皇帝中之上

元朔五年（丁巳、前一二四）

1 冬，十一月，乙丑，薛澤免。以公孫弘爲丞相，封平津侯。勃海郡高成縣有平津鄉。宋白曰：滄州鹽山縣，勃海高成縣也，有平津鄉。考異曰：史記將相名臣表、漢書公卿百官表，弘爲相皆在今年。建元以來侯者表、恩澤侯表皆云「元朔三年封侯」。按三年弘始爲御史大夫。蓋誤書「五」爲「三」，因置於三年耳。丞相封侯自弘始。漢初常以列侯爲丞相，弘則既相而後封侯，故丞相封侯自弘始。

時上方興功業，弘於是開東閣以延賢人，師古曰：閤，小門也；東向開之，避當庭門而引客，別於掾史官屬也。與參謀議。每朝覲奏事，因言國家便宜，上亦使左右文學之臣與之論難。難，乃旦翻。弘嘗奏言：「十賊彍弩，張晏曰：彍，音郭。師古曰：引滿曰彍。百吏不敢前。請禁民毋得挾弓弩，便。」上下其議。下，遐嫁翻。侍中吾丘壽王對曰：「臣聞古者作五兵，師古曰：五兵，謂矛、戟、弓、劍、戈。吾，讀曰虞。非以相害，以禁暴討邪也。秦兼天下，銷甲兵，折鋒刃；其後民以耰鉏、箠梃相撻擊，師古曰：耰，摩田之器也。箠，馬撾也。梃，大杖也。折，而設翻。耰，音憂。梃，大鼎翻。撻，音闥。犯法滋衆，盜賊不勝，師古曰：滋，益也。不勝，言不可勝也。卒以亂亡。卒，子恤翻。故聖王務教化而省禁防，知其不足恃也。禮曰：『男子生，桑弧、蓬矢以舉之，』明示有事也。記內則：國君世子生三日，射人以桑弧、蓬矢六射天地四方。註云：天地四方，男子之所有事也。大射之禮，自天子降及庶人，三代之道也。古者天子射豹侯，諸侯射熊侯，卿大夫射麋侯，士射鹿侯、豕侯。周官又以鄉射之禮詢衆庶。愚聞聖王合射以明教矣，未聞弓矢之爲禁也。且所爲禁者，爲盜賊之以攻奪也；爲盜之爲，于僞翻。攻奪之罪死，然而不止者，大姦之於重誅，固不避也。臣恐邪人挾之而吏不能止，良民以自備而抵法禁，師古曰：抵，觸也。是擅賊威而奪民救也。竊以爲大不便。」書奏，上以難弘，弘詘服焉。難，乃旦翻。詘，與屈同。

弘性意忌，外寬內深；諸嘗與弘有隙，無近遠，雖陽與善，後竟報其過。董仲舒爲人廉直，以弘爲從諛，弘嫉之。膠西王端驕恣，數犯法，端，景帝子，前三年受封。數，所角翻；下同。所殺傷二千石甚衆。弘乃薦仲舒爲膠西相；仲舒以病免。汲黯常毀儒，面觸弘，弘欲誅之以事，以事致其罪而誅之。乃言上曰：「右內史界部中多貴臣、宗室，難治，非素重臣不能任，請徙黯爲右內史。」右內史後爲右扶風。治，直之翻。任，音壬。上從之。

2 春，大旱。

3 匈奴右賢王數侵擾朔方。天子令車騎將軍青將三萬騎出高闕，衛尉蘇建爲游擊將軍，左內史李沮爲強弩將軍，沮，音組。太僕公孫賀爲騎將軍，代相李蔡爲輕車將軍，皆領屬車騎將軍，俱出朔方；大行李息、岸頭侯張次公爲將軍，俱出右北平；凡十餘萬人，擊匈奴。右賢王以爲漢兵遠，不能至，飲酒，醉。衛青等兵出塞六七百里，夜至，圍右賢王。右賢王驚，夜逃，獨與壯騎數百馳，潰圍北去。得右賢裨王十餘人，師古曰：裨王，小王也，猶言裨將也。裨，頻移翻。衆男女萬五千餘人，畜數十百萬，師古曰：數十萬以至百萬。畜，許救翻。於是引兵而還。

至塞，天子使使者持大將軍印，即軍中拜衛青爲大將軍，諸將皆屬焉。夏，四月，乙未，復益封青八千七百戶，復，扶又翻。封青三子伉、不疑、登皆爲列侯。師古曰：伉，音杭，又工郎翻。伉爲宜春侯，不疑爲陰安侯，登爲發干侯。青固謝曰：師古曰：固，謂再三也。「臣幸得待罪行間，行，戶剛翻。賴陛下神靈，軍大捷，皆諸校尉力戰之功也。陛下幸已益封臣青；臣青子在繦褓中，未有勤勞，上列地封爲三侯，「列」，漢書作「裂」。非臣待罪行間所以勸士力戰之意也。」天子曰：「我非忘諸校尉功也。」乃封護軍都尉公孫敖爲合騎侯，晉灼曰：合騎侯，猶冠軍、從票之名也。余據功臣表，合騎侯食邑於渤海高成。都尉韓說爲龍頟侯，班志，龍頟，侯國，屬平原郡。頟，音洛。公孫賀爲南窌侯，窌，匹孝翻，又普孝翻。李蔡爲樂安侯，「樂安」，功臣表作「安樂」，食邑於琅邪之昌縣。校尉李朔爲涉軹侯，「涉軹」，班史衞青傳作「陟軹」，功臣表作「軹」，食邑於齊郡之西安。趙不虞爲隨成侯，隨成侯，功臣表，食邑於千乘縣。公孫戎奴爲從平侯，從平侯，食邑於東郡樂昌。李沮、李息及校尉豆如意班史「豆」作「竇」。皆賜爵關内侯。

於是青尊寵，於羣臣無二，公卿以下皆卑奉之，獨汲黯與亢禮。亢，音抗。人或說黯曰：「自天子欲羣臣下大將軍，說，式芮翻。師古曰：下，戶嫁翻。大將軍尊重，君不可以不拜。」黯曰：「夫以大將軍有揖客，反不重邪！」師古曰：言能降貴以禮士，最爲重也。大將軍聞，愈賢黯，數請問國家朝廷所疑，數，所角翻。遇黯加於平日。大將軍青雖貴，有時侍中，上踞廁而視之；如淳曰：廁，溷也。孟康曰：廁，牀邊側也。師古曰：如說是也。仲馮曰：廁，當從孟說。古者見大臣則御坐爲起；然則踞廁者輕之也。丞相弘燕見，上或時不冠；至如汲黯見，見，賢遍翻。上不冠不見也。上嘗坐武帳中，應劭曰：武帳，織成帳爲武士象也。孟康曰：今御武帳置兵，闌五兵於帳中也。師古曰：孟說是。韋昭曰：以武名之，示威。黯前奏事，上不冠，望見黯，避帳中，使人可其奏。其見敬禮如此。

4夏，六月，詔曰：「蓋聞導民以禮，風之以樂。師古曰：風，教也。詩序曰：上以風化下。今禮壞、樂崩，朕甚閔焉。其令禮官勸學興禮以爲天下先！」於是丞相弘等奏：「請爲博士官置弟子五十人，復其身；爲，于僞翻。復，方目翻。第其高下，以補郎中、文學、掌故；兒寬以射策爲掌故，功次補廷尉文學卒史。蘇林曰：卒史秩六百石。臣瓚曰：漢註，卒史秩百石。師古曰：瓚說是。余謂掌故，掌故府之典籍者也。」以兒寬自掌故補卒史推之，則掌故之品秩從可知也。卽有秀才異等，輒以名聞；秀才異等，謂有俊秀之才異於常等者。其不事學若下材，輒罷之。又，吏通一藝以上者，請皆選擇以補右職。」吏，謂百石已上及比百石以下也。右職，謂中二千石、二千石之卒史也。上從之。自此公卿、大夫、士、吏彬彬多文學之士矣。

5秋，匈奴萬騎入代，殺都尉朱英，略千餘人。

6初，淮南王安，好讀書屬文，喜立名譽，好，呼到翻。屬，之欲翻。喜，許記翻。招致賓客方術之士數千人。其羣臣、賓客，多江、淮間輕薄士，常以厲王遷死感激安。遷死見十四卷文帝前六年。建元六年，彗星見，彗，祥歲翻，又徐醉翻，又旋芮翻。見，賢遍翻。或說王曰：「先吳軍時，彗星出，長數尺，然尚流血千里。說，式芮翻。先，悉薦翻。長，直亮翻。謂吳王濞起兵時也。今彗星竟天，天下兵當大起。」王心以爲然，乃益治攻戰具，積金錢。治，直之翻；下同。

郎中雷被獲罪於太子遷，雷被善用劍，與太子戲，誤中太子，故得罪。師古曰：被，皮義翻。姓譜：雷，古方雷氏後。時有詔，欲從軍者輒詣長安，被卽願奮擊匈奴。太子惡被於王，惡，毀惡也，如字。斥免之，欲以禁後。師古曰：令後人更不敢效之也。是歲，被亡之長安，上書自明。事下廷尉治，下，遐嫁翻。蹤迹連王，公卿請逮捕治王。太子遷謀令人衣衞士衣，持戟居王旁，漢使有非是者，卽刺殺之，人衣，於既翻。刺，七亦翻。因發兵反。天子使中尉宏卽訊王，師古曰：卽，就也，就問也。王視中尉顔色和，遂不發。公卿奏：「安壅閼奮擊匈奴者，格明詔，當棄市。」閼，音遏。師古曰：格，音閣，謂閣止不行之。詔削二縣。既而安自傷曰：「吾行仁義，反見削地。」恥之，於是爲反謀益甚。

安與衡山王賜相責望，禮節間不相能。賜，卽安之弟也，孝文十六年與安同受封。師古曰：兄弟相責，故有嫌。衡山王聞淮南王有反謀，恐爲所幷，亦結賓客爲反具，以爲淮南已西，欲發兵定江、淮之間而有之。衡山王后徐來譖太子爽於王，欲廢之而立其弟孝。王囚太子而佩孝以王印，令招致賓客。賓客來者微知淮南、衡山有逆計，日夜從容勸之。從，千容翻。王乃使孝客江都人枚赫、陳喜作輣車、鍛矢，輣，薄庚翻，兵車也，樓車也。鍛，都玩翻，冶鐵也。刻天子璽、將相軍吏印。秋，衡山王當入朝，過淮南；淮南王乃昆弟語，師古曰：爲相親愛之言。除前隙，約束反具。師古曰：共契約爲反具。衡山王卽上書謝病，上賜書不朝。

六年（戊午、前一二三）

1 春，二月，大將軍青出定襄，擊匈奴；杜佑曰：漢定襄郡在今馬邑北三百餘里，後魏置雲中郡。以合騎侯公孫敖爲中將軍，太僕公孫賀爲左將軍，翕侯趙信爲前將軍，功臣表，翕，侯國，在魏郡內黃界。衛尉蘇建爲右將軍，郎中令李廣爲後將軍，左內史李沮爲強弩將軍，師古曰：沮，音俎。咸屬大將軍；斬首數千級而還，賢曰：秦法，斬首一，賜爵一級，故因謂斬首爲級。休士馬于定襄、雲中、鴈門。

2 赦天下。

3 夏，四月，衛青復將六將軍出定襄，擊匈奴，復，扶又翻。斬首虜萬餘人。右將軍建、前將軍信并軍三千餘騎獨逢單于兵，與戰一日餘，漢兵且盡。信故胡小王，降漢，漢封爲翕侯，信，元光四年十月壬午受封。及敗，匈奴誘之，遂將其餘騎可八百降匈奴。誘，音酉。將，卽亮翻。降，戶江翻。建盡亡其軍，脫身亡，自歸大將軍。

議郎周霸曰：班表：議郎屬郎中令，秩比六百石。「自大將軍出，未嘗斬裨將。今建棄軍，可斬，以明將軍之威。」軍正閎、長史安曰：「不然。凡軍行置軍正，掌舉軍法以正軍中。軍法曰：正無屬將軍，將軍有罪以聞。劉昭志：大將軍長史秩千石。如淳曰：律：都軍官長史一人。兵法：『小敵之堅，大敵之禽也。』孫子之言，言大小不敵，小雖堅於戰，終必爲大所禽。今建以數千當單于數萬，力戰一日餘，士盡，不敢有二心，自歸，而斬之，是示後無反意也，不當斬。」大將軍曰：「青幸得以肺腑待罪行間，不患無威，而霸說我以明威，甚失臣意。言失爲臣之意也。行，戶剛翻。說，式芮翻。且使臣職雖當斬將，將，卽亮翻。以臣之尊寵而不敢【章：十四行本「敢」下有「自」字；乙十一行本同。】擅誅於境外，而具歸天子，天子自裁之，於以見爲人臣不敢專權，不亦可乎？」軍吏皆曰：「善！」遂囚建詣行在所。蔡邕獨斷曰：天子以四海爲家，故謂所居爲行在所。

初，平陽縣吏霍仲孺給事平陽侯家，與靑姊衛少兒私通，生霍去病。霍姓，以國爲氏。去病年十八，爲侍中，善騎射，再從大將軍擊匈奴，爲票姚校尉，服虔曰：票姚，音飄搖。師古曰：票，匹妙翻。姚，羊召翻。票姚，勁疾之貌。荀悅漢紀作「票鷂」字。去病後爲票騎將軍，尙取票姚之字耳。今讀者音飄搖，則不當其義也。與輕騎勇八百，直棄大軍數百里赴利，斬捕首虜過當。師古曰：計其所將人數，則捕斬首爲多，過於所當。一曰：漢軍失亡者少，而殺獲匈奴數多，故曰過當也。於是天子曰：「票姚校尉去病，斬首虜二千餘級，得相國、當戶，斬單于大父行藉若侯產，生捕季父羅姑，匈奴左、右大當戶，在左、右大都尉之下，左、右骨都侯之上。大父行，單于祖行也。張晏曰：藉若，胡侯也，產，其名也。師古曰：此人，單于祖父之行也。季父，亦單于季父也，羅姑，其名。行，戶浪翻。比再冠軍，師古曰：比，頻也。比，毗至翻。冠，古玩翻。封去病爲冠軍侯。帝以去病功冠諸軍，以南陽穰縣盧陽鄉、宛縣臨駣聚爲冠軍侯國。駣，音桃。上谷太守郝賢四從大將軍，捕斬首虜二千餘級，封賢爲衆利侯。」姓譜：殷帝乙有子期，封太原郝鄉，後因氏焉。功臣表，衆利侯食邑於琅邪郡姑幕縣。

是歲，失兩將軍，亡翕侯，軍功不多，故大將軍不益封，止賜千金。右將軍建至，天子不誅，贖爲庶人。

單于既得翕侯，以爲自次王，師古曰：自次者，尊重次於單于。用其姊妻之，妻，七細翻。與謀漢。信教單于益北絕幕，師古曰：直度曰絕，幕，與漠同。陰山以北皆大漠，不生草木。以誘罷漢兵，徼極而取之，師古曰：罷，讀曰疲。徼，要也。誘令疲，徼其困極，然後取之。徼，一遙翻。無近塞。單于從其計。近，其靳翻。

是時，漢比歲發十餘萬衆擊胡，比，毗至翻。斬捕首虜之士受賜黃金二十餘萬斤，而漢軍士馬死者十餘萬，兵甲轉漕之費不與焉。與，讀曰預。於是大司農經用竭，不足以奉戰士。六月，詔令民得買爵及贖禁錮，免臧罪。置賞官，名曰武功爵，級十七萬，凡直三十餘萬金。諸買武功爵至千夫者，得先除爲吏。禁錮，重繫也。臣瓚曰：茂陵中書有武功爵：一級曰造士，二級曰閑輿衛，三級曰良士，四級曰元戎士，五級曰官首，六級曰秉鐸，七級曰千夫，八級曰樂卿，九級曰執戎，十級曰政戾庶長，十一級曰軍衛：此武帝所制，以寵軍功。師古曰：下云「級十七萬，凡直三十餘萬金」；今瓚引茂陵中書，說之不盡也。貢父曰：直三十餘萬金，其價之差殊不可詳也。或說：「七」當作「一」，與茂陵書合矣。余謂賣爵當級，級稍增其價，豈可例云級十七萬！若每級十七萬，比至三十餘萬金，當一萬七千餘級，又非也。然則誤衍此「萬」字。蓋武功爵，其級十七，參考顏、劉註，皆因求其說而不得，遂疑茂陵書所謂十一級爲不足，又疑史之正文「萬」字爲衍，皆未爲允也。蓋級十七萬者，賣爵一級爲錢十七萬，至二級則三十四萬矣，自此以上，烏得不每級而增乎！王莽時黃金一斤直錢萬，以此推之，則三十萬金爲錢三十餘萬萬矣，此當時鬻武功爵所直之數也。夫民入錢買爵，隨其錢之多少爲爵級之高下，爵之高下有定直，而民錢之多少無定數，若比而同之，其失彌遠矣。史記作「直八十萬金」，索隱曰：一金萬錢，初一級十七萬，自此以上每級加二萬，至十七級合成三十四萬萬也。**吏道雜而多端，官職耗廢矣。**師古曰：耗，亂也，莫報翻。

元狩元年（己未、前一二二）

1 **冬，十月，上行幸雍，祠五畤，**雍，於用翻。畤，音止。**獲獸，一角而足有五蹄。有司言：「陛下肅祗郊祀，上帝報享，錫一角獸，蓋麟云。」**麟，麕身，牛尾，馬足，五色，圜蹄，一角，角端有肉，音中鍾呂，行中規矩，遊必擇地，詳而後處，不履生蟲，不踐生草，不羣居，不侶行，不入陷穽，不罹羅網，王者至仁則出。今幷州界有麟，大小如鹿，非瑞應麟也。京房易傳曰：麟，麕身，牛尾，馬蹄，有五采，腹下黃，高丈二。爾雅：麟，麕身，牛尾，一角。蓋麟似麕，圓頂一角。曰「蓋」云者，意其爲麟而未知其果爲麟也。**於是以慶**【章十四行本「慶」作「薦」；乙十一行本同。】**五畤，畤加一牛，以燎。**時，音止。**久之，有司又言：「元宜以天瑞命，不宜以一二數，一元曰建，二元以長星曰光，今元以郊得一角獸曰狩云」。於是濟北王**濟北王勃，淮南厲王子，孝文十六年，封衡山王，孝景四年，徙封濟北；今王，勃子成王胡也。濟北王，都盧，後天漢四年，國除，入漢爲泰山郡。濟，子禮翻。**以爲天子且封禪，上書獻泰山及其旁邑；天子以他縣償之。**

2 **淮南王安與賓客左吳等日夜爲反謀，**姓譜：齊之公族有左、右公子，後因氏焉。余按衛亦有左、右公子，姓譜之說非是。魯有左丘明。**按輿地圖，**蘇林曰：輿，猶盡載之意。索隱曰：志林云：輿地圖，漢家所畫，非出遠也。部署兵所從入。諸使者道長安來，爲妄言，言「上無男，漢不治」，即喜；即言「漢廷治，有男」，王怒，以爲妄言，非也。治，直吏翻。

王召中郎伍被被，皮義翻。姓譜：伍姓，出於楚伍舉。與謀反事，被曰：「王安得此亡國之言乎？臣見宮中生荆棘，露霑衣也！」王怒，繫伍被父母，囚之。三月，復召問之，復，扶又翻。被曰：「昔秦爲無道，窮奢極虐，百姓思亂者十家而六七。高皇帝起於行陳之中，行，戶剛翻。陳，讀曰陣。立爲天子，此所謂蹈瑕候間，間，古莧翻。因秦之亡而動者也。今大王見高皇帝得天下之易也，易，以豉翻。獨不觀近世之吳、楚乎！事見十五卷景帝三年。夫吳王王四郡，四郡：東陽郡、鄣郡、吳郡、豫章郡。王王，下于況翻。國富民衆，計定謀成，舉兵而西；然破於大梁，謂爲梁孝王所破也。奔走而東，身死祀絕者何？誠逆天道而不知時也。方今大王之兵，衆不能十分吳、楚之一，天下安寧，萬倍吳、楚之時，大王不從臣之計，今見大王棄千乘之君，賜絕命之書，爲羣臣先死於東宮也。」如淳曰：東宮，淮南王所居也。王涕泣而起。

王有孽子不害，最長，庶生曰孽。長，知兩翻。王弗愛，王后、太子皆不以爲子、兄數。言后不以爲子，太子不以爲兄。數，秩數也。不害有子建，材高有氣，常怨望太子，陰使人告太子謀殺漢中尉事，事見上元朔五年。下廷尉治。下，遐嫁翻。

王患之，欲發，復問伍被曰：復，扶又翻。「公以爲吳興兵，是邪，非邪？」被曰：「非也。

臣聞吳王悔之甚，願王無爲吳王之所悔。」王曰：「吳何知反！漢將一日過成皋者四十餘人；今我絕成皋之口，據三川之險，漢河南，秦三川郡也，其地當伊、洛、河三川之會。招山東之兵，舉事如此，左吳、趙賢、朱驕如皆以爲什事九成，公獨以爲有禍無福，何也？必如公言，不可徼幸邪？」師古曰：徼，要也。幸，非妄之福也。徼，工堯反。被曰：「必不得已，被有愚計。當今諸侯無異心，百姓無怨氣，可僞爲丞相、御史請書，言僞爲丞相、御史奏請於天子之書。徙郡國豪傑高貲於朔方，益發甲卒，急其會日；又僞爲詔獄書，漢時左右都司空、上林、中都官皆有詔獄，蓋奉詔以鞫囚，因以爲名。逮諸侯太子、幸臣；逮，追對獄也。如此，則民怨，諸侯懼，卽使辯士隨而說之，說，式芮翻；下同。儻可徼幸什得一乎！」王曰：「此可也。雖然，吾以爲不至若此。」言不須爲此也。

於是王乃作皇帝璽，丞相、御史大夫、將軍、軍吏、中二千石及旁近郡太守、都尉印，漢使節。使，疏吏翻。欲使人僞得罪而西，言使人詐爲得罪而逃去，西如京師。事大將軍，一日發兵，一日，猶言一旦。卽刺殺大將軍。刺，七亦翻。且曰：「漢廷大臣，獨汲黯好直諫，好，呼到翻。守節死義，難惑以非，至如說丞相弘等，如發蒙振落耳！」發蒙，謂物所蒙覆，發而去之；振落，謂木葉將落，振而墜之；皆言其易。說，式芮翻。

王欲發國中兵，恐其相、二千石不聽，王乃與伍被謀，先殺相、二千石。又欲令人衣求盜衣，求盜，卒也，掌逐捕盜賊。漢書本紀，高帝時爲亭長，令求盜之薛，治竹皮冠。人衣，於既翻。持羽檄從東方來，呼曰：「南越兵入界！」呼，火故翻。欲因以發兵。

會廷尉逮捕淮南太子，淮南王聞之，與太子謀，召相、二千石，欲殺而發兵。召相，相至，內史、中尉皆不至。王念，獨殺相，無益也，即罷相。罷，遣出去也。相，息亮翻。王猶豫，計未決。太子即自剄，不殊。晉灼曰：不殊，不死也。師古曰：言雖自剄而身首不能絕也。剄，古頂翻；下同。

伍被自詣吏，告與淮南王謀反蹤跡如此。吏因捕太子、王后，圍王宮，盡求捕王所與謀反賓客在國中者，索得反具，以【章：十四行本「以」下有「聞」字；乙十一行本同；孔本同；退齋校同。】上。下公卿治其黨與，索，山客翻，求也，搜也。以上，時掌翻。下公，戶嫁翻。「以上」句斷。使宗正以符節治王。未至，【章：十四行本「至」下有「十一月」三字；乙十一行本同；張校作「十二月」，云「無註本作十一月」。】淮南王安自剄。殺王后荼、太子遷，諸所與謀反者皆族。

天子以伍被雅辭多引漢之美，欲勿誅。雅，素也。雅辭，素來言語也。廷尉湯曰：「被首爲王畫反計，爲，于僞翻。罪不可赦。」乃誅被。侍中莊助素與淮南王相結交，私論議，王厚賂遺助；遺，于季翻。上薄其罪，欲勿誅。張湯爭，以爲：「助出入禁門，腹心之臣，而外與諸侯交私如此；不誅，後不可治。」助竟棄市。

衡山王上書，請廢太子爽，立其弟孝爲太子。爽聞，卽遣所善白嬴之長安上書，言「孝作輣車、鍛矢，與王御者姦」，欲以敗孝。敗，補邁翻。會有司捕所與淮南王謀反者，得陳喜於衡山王子孝家，吏劾孝首匿喜。師古曰：爲頭首而藏匿之。孝聞「律：先自告，除其罪」，卽先自告所與謀反者枚赫、陳喜等。公卿請逮捕衡山王治之，王自剄死。王后徐來、太子爽及孝皆棄市，所與謀反者皆族。

凡淮南、衡山二獄，所連引列侯、二千石、豪傑等，死者數萬人。

3 夏，四月，赦天下。

4 丁卯，立皇子據爲太子，年七歲。

5 五月，乙巳晦，日有食之。

6 匈奴萬人入上谷，殺數百人。

7 初，張騫自月氏還，事見上卷元朔四年。氏，音支。具爲天子言西域諸國風俗：爲，于僞翻。「大宛在漢正西，可萬里。其俗土著，耕田；土著，謂有城郭常居，不隨水草移徙也。宛，於元翻。著，直略翻。多善馬，馬汗血；孟康曰：大宛國有高山，其上有馬，不可得，因取五色母馬置其下，與集，生駒皆汗血，因號天馬子云。一說：汗血者，汗從肩髆出如血，號能一日千里。有城郭、室屋，如中國。其東北則烏孫，東則于窴。于窴國在南山下，居西城。窴，徒賢翻，又徒見翻。于窴之西，則水皆西流注西海，水經

註：崑崙山西有大水名新頭河，度葱嶺入北天竺境，又西南流，屈而東南流，逕中天竺國，又西逕安息，南注於雷翥海。雷翥海，即西海也，在安息之西，犂靬之東，東南連交州海。**其東，水東流注鹽澤。**水經註：河水一源出于窴國南山，北流與葱嶺河合，東注蒲昌海。西域傳：鹽澤，一名蒲昌海，去玉門、陽關三百餘里，廣袤三百里，其水停居，冬夏不增減，皆以爲潛行地下，南出於積石，爲中國河云。玉門、陽關皆在敦煌西界。括地志：蒲昌海，一名泑澤，亦名鹽澤，亦名輔日海，亦名穿蘭，亦名臨海，在沙州西南。玉門關，在沙州壽昌縣西六里。**鹽澤潛行地下，其南則河源出焉。**索隱曰：按漢書西南夷傳云：河有兩源，其一出葱嶺，一出于窴。山海經云：河出崑崙東北隅。郭璞云：河出崑崙，潛行地下，至葱嶺山于窴國，復分流歧出，合而東注泑澤，已而復行積石爲中國河。泑澤即鹽澤也。西域傳云：于窴在南山下，與郭璞註山海經不同。廣志云：蒲昌海在蒲類海東。唐長慶中，劉元鼎爲盟會使，言河之上流，由洪濟西南行二千里，水益狹，冬春可涉，夏秋乃勝舟，其南三百里，三山，中高四下，曰歷山，直大羊同國，古所謂昆侖者也，虜曰悶摩黎山，東距長安五千里。河源其間，流澄緩下，稍合衆流，色赤，行益遠，他水幷注則濁。河源東北直莫賀延磧尾，隱測其地，蓋劍南之西。**鹽澤去長安可五千里。匈奴右方居鹽澤以東，至隴西長城，**即秦所築長城也。秦築長城起臨洮。臨洮縣，漢屬隴西郡。**南接羌，鬲漢道焉。**鬲，與隔同。**烏孫、康居、奄蔡、大月氏，皆行國，隨畜牧，**奄蔡國在康居西北，臨大澤無涯，蓋北海云。隨畜牧逐水草而居，無城郭常處，故曰行國。**與匈奴同俗。大夏在大宛西南，與大宛同俗。臣在大夏時，見邛竹杖、蜀布，**臣瓚曰：邛，山名，生竹，高節，可作杖。服虔曰：蜀布，細布也。史記正義曰：邛都邛山出此竹，因名邛竹，節高實中，或奇生，可爲杖。布，土蘆布。邛，渠容翻。**問曰：『安得此？』大夏國人**

曰：『吾賈人往市之身毒。』孟康曰：身毒，卽天竺也，所謂浮屠胡也。鄧展曰：毒，音篤。李奇曰：一名天篤。師古曰：亦曰捐毒。賈，音古。索隱曰：身，音乾。身毒在大夏東南可數千里，其俗土著，與大夏同。以騫度之，著，直略翻。度，徒洛翻。大夏去漢萬二千里，居漢西南；今身毒國又居大夏東南數千里，有蜀物，此其去蜀不遠矣。今使大夏，從羌中，險，羌人惡之；使，疏吏翻。惡，烏路翻。少北，則爲匈奴所得；少，詩沼翻。從蜀，宜徑，又無寇。」師古曰：宜，當也。逕，直也。從蜀向大夏，其道當直。

天子既聞大宛及大夏、安息之屬，安息治番兜城，臨嬀水，去長安萬一千六百里，其俗亦土著。皆大國，多奇物，土著，頗與中國同業，而兵弱，貴漢財物。其北有大月氏、康居之屬，兵強，可以賂遺設利朝也。師古曰：設，施也。施之以利，誘令入朝。遺，于季翻。朝，直遙翻。誠得而以義屬之，師古曰：謂不以兵革。則廣地萬里，重九譯，譯，傳言之人，周官象胥之職也。遠方之人，言語不同，更歷九譯，乃能通於中國。重，直龍翻。致殊俗，威德偏於四海，欣然以騫言爲然。乃令騫因蜀、犍爲發間使王然于等四道並出，師古曰：間使者，求間隙而行。間，古莧翻。使，疏吏翻。出駹，出冉，出徙，出邛、僰，指求身毒國，徙，斯榆也。以手點物爲指。使之出求路，指身毒而行。徙，讀與斯同。僰，蒲墨翻。各行一二千里，其北方閉氐、莋，南方閉巂、昆明。服虔曰：漢使見閉於夷也。師古曰：巂，卽今巂州也；昆明又在其西南，卽今南寧州，諸爨所居是其地。莋，音昨，又音作。巂，先蘂翻。昆明之屬無君長，善寇盜，輒殺略漢使，終莫得通。於是漢以求身毒道，始通滇國。滇國地有滇池，因以名國。楚使莊蹻以兵定夜郎諸國，至滇池，因留王其地。華陽國志：滇池周回三百里，所出深廣，下流淺狹如倒流，故謂之滇池。漢爲益州郡，後改爲永昌郡；魏、晉之間爲晉寧郡；唐爲昆州。括地志：滇池澤，在昆州晉寧縣西南三十里。長，知兩翻。滇，音顛。滇王當羌謂漢使者曰：「漢孰與我大？」及夜郎侯亦然。以道不通，故各自以爲一州主，不知漢廣大。使者還，因盛言滇大國，足事親附；天子注意焉，乃復事西南夷。元朔三年罷西南夷，至是復通。師古曰：事，謂經略通之，專以爲事也。復，扶又翻。

二年（庚申、前一二一）

1 冬，十月，上幸雍，祠五畤。雍，於用翻。畤，音止。

2 三月，戊寅，平津獻侯公孫弘薨。壬辰，以御史大夫樂安侯李蔡爲丞相，廷尉張湯爲御史大夫。考異曰：漢書百官公卿表：「元狩三年三月壬辰，廷尉張湯爲御史大夫，六年，有罪自殺。」史記將相名臣表：「元狩二年，御史大夫湯。」按李蔡既遷，湯卽應補其缺，豈可留之期年，復與李蔡爲丞相月日正同乎！又按長曆，三年三月無壬辰；又以得罪之年推之，在今年明矣。今從史記表。

3 霍去病爲票騎將軍，票騎將軍始此。票，頻妙翻。將萬騎出隴西，擊匈奴，歷五王國，轉戰六日，過焉支山千餘里，括地志：焉支山，一名删丹山，在甘州删丹縣東南五十里。焉，音煙。殺折蘭王，斬盧侯王，張晏曰：折蘭、盧侯，胡國名也。殺者，殺之而已；斬者，獲其首也。師古曰：折蘭，匈奴中姓也。今鮮卑中有是蘭姓者，即其種也。折，上列翻。執渾邪王子師古曰：渾，下昆翻。及相國、都尉，獲首虜八千九百餘級，收休屠王祭天金人。孟康曰：匈奴祭天處，本在雲陽甘泉山下，秦擊奪其地，後徙之休屠王右地，故休屠王有祭天金人像也。如淳曰：祭天以金人爲主也。張晏曰：佛徒祠金人也。師古曰：作金人以爲天神之像而祭之，今之佛像，是其遺法。屠，音儲。詔益封去病二千戶。

夏，去病復與合騎侯公孫敖將數萬騎俱出北地，異道。復，扶又翻。衞尉張騫、郎中令李廣俱出右北平，異道。廣將四千騎先行，可數百里，騫將萬騎在後。匈奴左賢王將四萬騎圍廣，廣軍士皆恐；廣乃使其子敢獨與數十騎馳貫胡騎，貫，穿也。出其左右而還，告廣曰：「胡虜易與耳！」易，以豉翻。軍士乃安。廣爲圜陳，外嚮，陳，讀曰陣。胡急擊之，矢下如雨，漢兵死者過半，漢矢且盡。廣乃令士持滿毋發，師古曰：注矢於弓弩而引滿之，不發矢也。而廣身自以大黃射其裨將，殺數人，徐廣曰：南都賦：黃間機張，善弩之名。裴駰曰：按鄭德曰：黃肩弩，淵中黃朱之。孟康曰：太公六韜云：陷堅、敗強敵，用大黃連弩。韋昭曰：角弩色黃而體大也。射，而亦翻。胡虜益解。會日暮，吏士皆無人色，師古曰：言懼甚。而廣意氣自如，師古曰：自如，猶云如舊。益治軍，師古曰：巡部曲，整行陳也。治，直之翻。軍中皆服其勇。明日，復力戰，復，扶又翻。死者過半，所殺亦過當。會博望侯軍亦至，張騫從大將軍擊匈奴，知水草處，軍得以不乏，封博望侯。師古曰：取其能廣博瞻望。班志，博望，侯國，屬南陽郡。括地志：博望故城，在鄧州向城縣東南四十五里。匈奴軍乃解去。漢軍罷，罷，讀曰疲。弗能追，罷歸。漢法：博望侯留遲後期，當死，贖爲庶人。廣軍功自如，無賞。自如，言功過正相當也。廣軍失亡多，而殺虜亦過當，故曰自如。而票騎將軍去病深入二千餘里，與合騎侯失，不相得。票騎將軍踰居延，居延澤，古文以爲流沙，帝開置居延縣，屬張掖郡，使路博德築遮虜障於其北。過小月氏，匈奴破大月氏，月氏西擊大夏而臣之，其餘小衆不能去者保南山羌，號小月氏。至祁連山，得單桓、酋涂王，張晏曰：單桓、酋涂，皆胡王也。師古曰：酋，才猶翻。涂，音塗。及相國、都尉以衆降者二千五百人，降，戶江翻。斬首虜三萬二百級，獲裨小王七十餘人。天子益封去病五千戶，封其裨將有功者鷹擊司馬趙破奴爲從票侯，以從票騎有功，因以爲號。功臣侯表不書食邑之地。校尉高不識爲宜冠侯，功臣表，宜冠侯食邑於琅邪之昌縣。校尉僕多爲煇渠侯。僕多本匈奴種，來降漢。功臣表「僕多」作「僕朋」。煇渠侯食邑於南陽之魯陽縣。合騎侯敖坐行留不與票騎會，當斬，贖爲庶人。

是時，諸宿將所將士、馬、兵皆不如票騎，票騎所將常選；師古曰：選取驍鋭。索隱曰：選，宣變翻。然亦敢深入，常與壯騎先其大軍；先，悉薦翻。軍亦有天幸，未嘗困絕也。而諸宿將常留落不偶，師古曰：留，謂遲留；落，謂墜落；故不諧耦而無功也。由此票騎日以親貴，比大將軍矣。

匈奴入代、鴈門，殺略數百人。

4 江都王建建，易王非之子，景帝之孫。與其父易王所幸淖姬等及女弟徵臣姦。淖，鄭氏音卓，師古音奴教翻。淖，姓也；戰國時楚有淖齒。建游雷陂，雷陂，卽廣陵之雷塘，在今揚州堡城之北，平岡之上。天大風，建使郎二人乘小船入陂中，船覆，兩郎溺，攀船，乍見乍沒；見，賢徧翻。建臨觀大笑，令勿救，皆死。凡殺不辜三十五人，專爲淫虐。自知罪多，恐誅，與其后成光共使越婢下神，祝詛上。祝，職救翻。詛，莊助翻。又聞淮南、衡山陰謀，建亦作兵器，刻皇帝璽，爲反具。事發覺，有司請捕誅；建自殺，后成光等皆棄市，國除。

5 膠東康王寄薨。寄，景帝子，中二年受封。

6 秋，匈奴渾邪王降。是時，單于怒渾邪王、休屠王居西方爲漢所殺虜數萬人，欲召誅之。渾邪王與休屠王恐，謀降漢，先遣使向邊境要遮漢人，要，一遙翻。令報天子。是時，大行李息將城河上，得渾邪王使，使，疏吏翻。馳【章：十四行本「馳」上有「卽」字；乙十一行本同；張校同，云無註本亦無「卽」字。】傳以聞。傳，株戀翻；下同。天子聞之，恐其以詐降而襲邊，乃令票騎將軍將兵往迎之。休屠王後悔，渾邪王殺之，幷其衆。票騎旣渡河，與渾邪王衆相望。渾邪王裨將見漢軍，而多不欲降者，師古曰：恐被掩覆也。頗遁去。票騎乃馳入，得與渾邪王相見，斬其欲亡者八千人，遂獨遣渾邪王乘傳詣至【章：十四行本「傳」下有「先」字，無「至」字；乙十一行本同；孔本同；張校同。】行在所，傳，張戀翻。盡將其衆渡河。降者四萬餘人，號稱十萬。旣至長安，天子所以賞賜者數十巨萬；封渾邪王萬戶，爲漯陰侯，班志，漯陰縣屬平原郡。漯，他合翻。封其裨王呼毒尼等四人皆爲列侯；呼毒尼爲下摩侯，雁疵爲煇渠侯，禽黎爲河綦侯，大當戶調雖爲常樂侯。文穎曰：雁，音鷹。疵，音庇蔭之庇。師古曰：疵，匹履翻。益封票騎千七百戶。

渾邪之降也，漢發車二萬乘以迎之，考異曰：漢書食貨志云「三萬兩」。今從史記平準書、汲黯傳。縣官無錢，從民貰馬，貰，始制翻，貸也。師古曰：賖買也。民或匿馬，馬不具。上怒，欲斬長安令，右內史汲黯曰：「長安令無罪，獨斬臣黯，民乃肯出馬。且匈奴畔其主而降漢，漢徐以縣次傳之，何至令天下騷動，罷敝中國罷，讀曰疲。而以事夷狄之人乎！」上默然。及渾邪至，賈人與市者坐當死五百餘人，黯請間見高門，晉灼曰：三輔黃圖，未央宮中有高門殿。賈，音古。見，賢遍翻。曰：「夫匈奴攻當路塞，言塞障當匈奴所入之路也。絕和親，中國興兵誅之，死傷者不可勝計，勝，音升。而費以巨萬百數。師古曰：即數百鉅萬也。臣愚以爲陛下得胡人，皆以爲奴婢，以賜從軍死事者家，所鹵獲，因予之，鹵，與虜同。予，讀曰與。以謝天下之苦，塞百姓之心。師古曰：塞，滿也。塞，悉則翻。今縱不能，渾邪率數萬之衆來降，虛府庫賞賜，發良民侍養，譬若奉驕子，愚民安知市買長安中物，而文吏繩以爲闌出財物于邊關乎！應劭曰：闌，妄也。律：胡市，吏民不得持兵器及錢出關；雖於京師市買，其法一也。臣瓚曰：無符傳出入爲闌也。陛下縱不能得匈奴之資以謝天下，又以微文殺無知者五百餘人，是所謂『庇其葉而傷其枝』者也。臣竊爲陛下不取也。」爲，于僞翻。上默然不許，曰：「吾久不聞汲黯之言，今又復妄發矣！」

居頃之，乃分徙降者邊五郡故塞外，而皆在河南，因其故俗爲五屬國。五郡，謂隴西、北地、上郡、朔方、雲中也。故塞，秦之先與匈奴所關之塞。自秦使蒙恬奪匈奴地而邊關益斥，秦、項之亂，冒頓南侵，與中國關於故塞。及衛青收河南，而邊關復蒙恬之舊。所謂故塞外，其地在北河之南也。師古曰：凡言屬國，存其國號而屬漢朝，故曰屬國。史記正義曰：以來降之民徙置五郡，各依本國之俗而屬於漢，故曰屬國。而金城河西，河水出金城河關縣西南塞外積石山，東流逕金城郡界。自允吾以西，通謂之金城河。渡河而西，則武威等四郡之地。然金城郡昭帝於元始六年方置，史追書也。西並南山至鹽澤，空無匈奴，並，步浪翻。匈奴時有候者到而希矣。

休屠王太子日磾與母閼氏、弟倫俱沒入官，輸黃門養馬。久之，磾，丁奚翻。班表，黃門屬少府。師古曰：黃門之署，職任親近，以供天子，百物在焉。閼氏，音煙支。帝游宴，見馬，師古曰：方於游宴之時而召閱諸馬。後宮滿側，日磾等數十人牽馬過殿下，莫不竊視，師古曰：視宮人。至日磾獨不敢。日磾長八尺二寸，長，直亮翻。容貌甚嚴，馬又肥好，上異而問之，具以本狀對；上奇焉，卽日賜湯沐、衣冠，拜爲馬監，黃門有馬監、狗監。遷侍中、駙馬都尉、光祿大夫。侍中，得出入禁中。駙馬都尉，帝所置，秩比二千石。師古曰：駙，副馬也；非正駕車，皆爲副馬。一曰：駙，近也，疾也。光祿大夫，本中大夫，帝改其名。日磾既親近，近，其靳翻。未嘗有過失，上甚信愛之；賞賜累千金，出則驂乘，乘，繩正翻。入侍左右。貴戚多竊怨曰：「陛下妄得一胡兒，反貴重之。」上聞，愈厚焉。以休屠作金人爲祭天主，故賜日磾姓金氏。爲金氏貴顯張本。

三【「三」，原誤「二」。】年（辛酉、前一二〇）

1春，有星孛于東方。孛，蒲內翻。

2夏，五月，赦天下。

3淮南王之謀反也，膠東康王寄微聞其事，私作戰守備。及吏治淮南事，辭出之。師古曰：獄辭所連，發出其事。寄母王夫人，卽皇太后之女弟也，於上最親，意自傷，發病而死，不敢置後。上聞而憐之，立其長子賢爲膠東王；康王寄去年薨，今年方置後。又封其所愛少子慶爲六安王，王故衡山王地。衡山國都六，故改爲六安。

4秋，匈奴入右北平、定襄，各數萬騎，殺略千餘人。

5山東大水，民多飢乏。天子遣使者虛郡國倉廥以振貧民，廥，工外翻，芻藁之藏也；一曰：庫廐名。猶不足，又募豪富吏民能假貸貧民者以名聞；尚不能相救，乃徙貧民於關以西及充朔方以南新秦中，應劭曰：秦遣蒙恬卻匈奴，得其河南造陽之地千里，地甚好，於是爲築城郭，徙民充之，名曰新秦。四方錯雜，奢儉不同。今俗名新富貴者爲「新秦」，由是名也。七十餘萬口，衣食皆仰給縣官，數歲假予產業。使者分部護之，仰，牛向翻。予，讀曰與。分，扶問翻。冠蓋相望。其費以億計，不可勝數。勝，音升。

6 漢既得渾邪王地，隴西、北地、上郡益少胡寇，詔減三郡戍卒之半，以寬天下之繇。繇，讀曰傜。

7 上將討昆明，以其閉漢使故也。以昆明有滇池方三百里，乃作昆明池以習水戰。昆明池在長安西南，周回四十里。三輔舊事，昆明池蓋地三百二十頃。是時法既益嚴，吏多廢免。兵革數動，數，所角翻。民多買復師古曰：入財於官以取優復。復，方目翻。及五大夫，五大夫，舊爵二十等之第九級也。漢法，至此始免傜役。徵發之士益鮮。鮮，少也，先淺翻。於是除千夫、五大夫爲吏，不欲者出馬。師古曰：千夫、五大夫不欲爲吏者，使之出馬也。千夫，武功爵第七級。以故吏弄法，皆謫令伐棘上林，穿昆明池。

8 是歲，得神馬於渥洼水中。李斐曰：南陽新野有暴利長，當武帝時遭刑，屯田敦煌界，數於此水旁見羣野馬，中有奇馬與凡馬異，來飲此水。利長先作土人持勒絆於水傍，後馬玩習。久之，代土人持勒絆，收得其馬，獻之，欲神異此馬，云從水中出。渥，音握。洼，於佳翻。上方立樂府，樂府有安世房中歌十七章，郊祀歌十九章，使童男女七十人歌之。師古曰：始置之也。樂府之名蓋起於此，哀帝時罷之。使司馬相如等造爲詩賦，以宦者李延年爲協律都尉，協律都尉，先無此官，武帝始置於此。佩二千石印；絃次初詩以合八音之調。詩多爾雅之文，初詩，新造之詩也。八音，金、石、絲、竹、匏、土、革、木也。調，徒釣翻。爾雅三卷二十篇，文帝時列於學官。張晏曰：爾，近也。雅，正也。通一經之士不能獨知其辭，必集會五經家相與共講習讀之，乃能通知其意。漢時，五經之學各專門名家，故通。經者不能盡通歌詩之辭意，必集五經家相與講讀乃得通也。及得神馬，次以爲歌。汲黯曰：「凡王者作樂，上以承祖宗，下以化兆民。今陛下得馬，詩以爲歌，協於宗廟，先帝百姓豈能知其音邪？」詩大序曰：聲成文謂之音。註云：聲，謂宮、商、角、徵、羽也。成文，謂五聲上下相應。鄭康成曰：五聲雜比曰音，單出曰聲。上默然不說。說，讀曰悅。考異曰：史記樂書：「武帝作十九章歌，常以正月上辛祠太乙甘泉，使僮男、僮女七十人俱歌。又嘗得神馬渥洼水中，復次以爲太一之歌。後伐大宛得千里馬，次以爲歌。中尉汲黯進曰：『陛下得馬詩以爲歌云云。』丞相公孫弘曰：『黯誹謗聖制，當族。』」漢書禮樂志：「武帝定郊祀之禮，祠太一於甘泉，祭后土於汾陰，乃立樂府，作十九章之歌，以正月上辛用事甘泉圜丘。」按天馬歌，本志云「元狩三年，馬生渥洼水中作」，武紀云：「元鼎四年秋，馬生渥洼水中。五年十一月，立泰畤於甘泉。太初四年，貳師獲汗血馬，作西極天馬之歌。」公孫弘以元狩二年薨。汲黯以元狩三年免右內史，五年爲淮陽太守，元鼎五年卒。又黯未嘗爲中尉。或者馬生渥洼水作歌在元狩三年，汲黯爲右內史而譏之，言當族者非公孫弘也。雖未立泰畤，或以歌之於郊廟，其十九章之歌當時未能盡備也。

上招延士大夫，常如不足；然性嚴峻，羣臣雖素所愛信者，或小有犯法，或欺罔，輒按誅之，無所寬假。汲黯諫曰：「陛下求賢甚勞，未盡其用，輒已殺之。以有限之士恣無已之誅，臣恐天下賢才將盡，陛下誰與共爲治乎！」黯言之甚怒，上笑而諭之黯言之甚怒，上乃笑而喻之，卽其怒笑之間而觀其君臣相與之意，則帝之於黯，非但能容其直，而從容不迫，方喻之以其所見。使他人處此，固將順之不暇矣，而黯自言其心猶以爲非，此豈面從退有後言者哉！黯之事君，固人所難能；而帝之容黯，亦非後世之君所可及矣。治，直吏翻。曰：「何世無才，患人不能識之耳。苟能識之，何患無人！夫所謂才者，猶有用之器也，有才而不肯盡用，與無才同，不殺何施！」黯曰：「臣雖不能以言屈陛下，而心猶以爲非；願陛下自今改之，無以臣爲愚而不知理也。」上顧羣臣曰：「黯自言爲便辟則不可，朱熹曰：便者，便人之所好。辟者，避人之所惡。便，毗連翻。辟，讀曰僻。自言爲愚，豈不信然乎！」

四年（壬戌，前一一九）

1冬，有司言：「縣官用度太空，而富商大賈冶鑄、煮鹽，財或絫萬金，不佐國家之急；賈，音古。絫，古累字。請更錢造幣以贍用，而摧浮淫并兼之徒。」是時，禁苑有白鹿而少府多銀、錫，乃以白鹿皮方尺，緣以藻繢，緣，以絹翻。師古曰：繢，繡也，繢五采而爲之。繢，黄外翻。爲皮幣，直四十萬。王侯、宗室，朝覲、聘享必以皮幣薦璧，然后得行。后，與後同。又造銀、錫爲白金三品：如淳曰：雜銀、錫爲白金。大者圜之，其文龍，直三千；次方之，其文馬，直五百；小者橢之，其文龜，直三百。時議以爲天用莫如龍，地用莫如馬，人用莫如龜；故以爲白金三品之文。師古曰：橢，圜而長也，音他果翻。令縣官銷半兩錢，更鑄三銖錢，建元五年廢三銖錢，行半兩錢。更，工衡翻。盜鑄諸金錢罪皆死；而吏民之盜鑄白金者不可勝數。勝，音升。

於是以東郭咸陽、孔僅爲大農丞，領鹽鐵事；師古曰：二人也；姓東郭，名咸陽；姓孔，名僅。班表：大農令有兩丞。齊有大夫東郭氏。桑弘羊以計算用事。姓譜：桑，秦大夫子桑之後。咸陽，齊之大煮鹽，僅，南陽大冶，皆致生絫千金；弘羊，洛陽賈人子，以心計，心計者，不必用籌算而知其數也。賈，音古；下同。年十三侍中。三人言利，事析秋毫矣。毫至秋而鋭小，言其剖析微細，雖秋毫之小亦可分而爲二也。

詔禁民敢私鑄鐵器、煮鹽者釱左趾，韋昭曰：釱，以鐵爲之，著左足以代刖也。索隱曰：三蒼云：釱，踏脚鉗也。張斐漢晉律序：狀如跟衣，著足下，重六斤，以代刖，至魏武改以減代釱也。晉律：鉗重二斤，長翹一尺五寸。師古曰：釱，徒計翻。沒入其器物。公卿又請令諸賈人末作各以其物自占，師古曰：占，隱度也。各隱度其財物之多少而爲名簿，送之於官也。占，之贍翻；下同。率緡錢二千而一算；李斐曰：緡，絲也，以貫錢。一貫千錢，出算二十也。瓚曰：此緡錢爲是儲緡錢也，故隨其用所施而出算。余謂率計緡錢二千而出一算，算百二十錢。緡，眉巾翻。及民有軺車若船五丈以上者，皆有算。軺，小車也，弋招翻。匿不自占，占不悉，戍邊一歲，沒入緡錢。匿，藏也。悉，盡也。藏匿而不自占，占而不盡者，罰戍邊一歲，沒其錢入官。有能告者，以其半畀之。其法大抵出張湯。湯每朝奏事，語國家用，日晏，師古曰：論事既多，至於日晚。朝，直遥翻。天子忘食；丞相充位，但充其位，無所建明。天下事皆決於湯。百姓騷動，不安其生，咸指怨湯。

2初，河南人卜式，數請輸財縣官以助邊，數，所角翻。天子使使問式：「欲官乎？」式曰：「臣少田牧，不習仕宦，不願也。」少，詩照翻。使者問曰：「家豈有冤，欲言事乎？」式曰：「臣生與人無分爭，邑人貧者貸之，不善者教之，所居人皆從式，式何故見冤於人！無所欲言也。」使者曰：「苟如此，子何欲而然？」式曰：「天子誅匈奴，愚以爲賢者宜死節於邊，有財者宜輸委，委，於僞翻，蓄也。宜輸其所蓄也。如此而匈奴可滅也。」上由是賢之，欲尊顯以風百姓，師古曰：風，讀曰諷，又如字。乃召拜式爲中郎，爵左庶長，賜田十頃，布告天下，使明知之。未幾，又擢式爲齊太傅。齊王次昌，元朔三年薨，無後，國除；元狩六年始封皇子閎爲齊王；式蓋傅閎也。史因其輸財得官而終書之。幾，居豈翻。

3春，有星孛于東北。孛，蒲內翻。夏，有長星出于西北。

4上與諸將議曰：「翕侯趙信爲單于畫計，爲，于僞翻。常以爲漢兵不能度幕輕留，幕，沙漠也。師古曰：言輕易漢軍，留而不去也。一曰：謂漢軍不能輕入而久留也。余謂後說是。今大發士卒，其勢必得所欲。」乃粟馬十萬，師古曰：以粟秣馬也。令大將軍青、票騎將軍去病各將五萬騎，私負從馬復四萬匹，師古曰：私負衣裝及私將馬自從者，皆非公家所發之限。從，才用翻。步兵轉者踵軍後又數十萬人，師古曰：轉者，謂運輜重也。踵，接也。而敢力戰深入之士皆屬票騎。票騎始爲出定襄，當單于；捕虜言單于東，乃更令票騎出代郡，令大將軍出定襄。郎中令李廣數自請行，數，所角翻。天子以爲老，弗許；良久，乃許之，以爲前將軍。太僕公孫賀爲左將軍，主爵都尉趙食其爲右將軍，食其，音異箕。平陽侯曹襄爲後將軍，皆屬大將軍。趙信爲單于謀曰：「漢兵既度幕，人馬罷，匈奴可坐收虜耳。」師古曰：言收虜漢軍人馬可不費力，故言坐。罷，讀曰疲。乃悉遠北其輜重，師古曰：送輜重遠去，令處北也。以精兵待幕北。

大將軍既出塞，捕虜知單于所居，乃自以精兵走之，走，音奏。而令前將軍廣并於右將軍軍，出東道。師古曰：并，合也；合軍而同道。東道回遠而水草少，師古曰：回，繞也，曲也，戶悔翻。廣自請曰：「臣部爲前將軍，今大將軍乃徙令臣出東道。且臣結髮而與匈奴戰，今乃一得當單于，結髮者，言始勝冠即在戰陣，及今得當單于也。臣願居前，先死單于。」師古曰：致死而取單于。大將軍亦陰受上誡，以爲「李廣老，數奇，孟康曰：奇，隻不偶也。如淳曰：數爲匈奴所敗爲奇不耦。師古曰：言廣命隻不耦合也，孟說是矣。數，所角翻。奇，居宜翻。毋令當單于，恐不得所欲。」師古曰：謂不勝敵也。余謂指欲禽單于，脫有邂逅失之，爲不得所欲。而公孫敖新失侯，大將軍亦欲使敖與俱當單于，敖失侯見上二年。青本與敖友，又脫青於阨，故青欲使當單于而立功。故徙前將軍廣。廣知之，固自辭於大將軍；大將軍不聽，廣不謝而起行，意甚慍怒。慍，於運翻。

大將軍出塞千餘里，度幕，見單于兵陳而待。言結陳以待敵也。陳，與陣同。於是大將軍令武剛車自環爲營，張晏曰：武剛車，兵車也。師古曰：環，繞也。續漢志：諸軍有矛戟，其飾幡斿旗幟，有巾有蓋，謂之武剛車。環，音宦。而縱五千騎往當匈奴；匈奴亦縱可萬騎。會日且入，言日欲沒也。大風起，砂礫擊面，師古曰：礫，小石也；音歷。兩軍不相見，漢益縱左右翼繞單于。師古曰：翼，謂左右舒引其兵，如鳥之張翼。單于視漢兵多而士馬尚強，自度戰不能如漢兵，度，徒洛翻。單于遂乘六騾，壯騎可數百，直冒漢圍，西北馳去。師古曰：騾者，驢種馬子，堅忍。單于自乘善走騾，而壯騎隨之也。冒，犯也。騾，來戈翻。冒，莫克翻。時已昏，漢匈奴相紛拏，師古曰：紛拏，亂相持搏也。拏，女居翻。殺傷大當。殺傷各大相當。漢軍左校捕虜言，單于未昏而去，漢軍發輕騎夜追之，大將軍軍因隨其後，匈奴兵亦散走。遲明，遲，直二翻。行二百餘里，不得單于，捕斬首虜萬九千級，遂至窴顏山趙信城，窴，徒賢翻。如淳曰：趙信降匈奴，築城居之。得匈奴積粟食軍，師古曰：食，讀曰飤。留一日，悉燒其城餘粟而歸。

前將軍廣與右將軍食其軍無導，惑失道，後大將軍，師古曰：惑，迷也；在後不及期也。不及單于戰。大將軍引還，過幕南，乃遇二將軍。大將軍使長史責問廣、食其失道狀，急責廣之幕府對簿。師古曰：簿，謂文狀也。廣曰：「諸校尉無罪，乃我自失道，吾今自上簿至莫府。」上，時掌翻。廣謂其麾下曰：「廣結髮與匈奴大小七十餘戰，今幸從大將軍出接單于兵，而大將軍徙廣部，行回遠而又迷失道，豈非天哉！且廣年六十餘矣，終不能復對刀筆之吏！」復，扶又翻。遂引刀自剄。剄，古頂翻。廣爲人廉，得賞賜輒分其麾下，飲食與士共之，爲二千石四十餘年，家無餘財。猨臂，善射，如淳曰：臂如猨臂通肩也。度不中不發。度，徒洛翻。中，竹仲翻。將兵，乏絕之處孔穎達曰：暫無曰乏，不續曰絕。見水，士卒不盡飲，廣不近水，近，其靳翻。士卒不盡食，廣不嘗食；士以此愛樂爲用。樂，音洛。及死，一軍皆哭；百姓聞之，知與不知，無老壯皆爲垂涕。師古曰：知謂素相識知也。爲，于僞翻。而右將軍獨下吏，下，遐嫁翻。當死，贖爲庶人。

單于之遁走，其兵往往與漢兵相亂而隨單于，單于久不與其大衆相得。其右谷蠡王以爲單于死，乃自立爲單于。谷蠡，音鹿黎。十餘日，眞單于復得其衆，而右谷蠡王乃去其單于號。師古曰：去，除也，丘呂翻。

票騎將軍騎兵車重與大將軍軍等，重，直用翻。而無裨將，悉以李敢等爲大校，當裨將，校，戶教翻。出代、右北平二千餘里，絕大幕，直左方兵，師古曰：直，當也。匈奴分其國爲左右：諸左王將居東方，直上谷以東，接濊貊、朝鮮；右王將居西方，直上郡以西，接氐、羌；故謂之左、右方，亦謂之左、右地。獲屯頭王、韓王等三人，將軍、相國、當戶、都尉八十三人，封狼居胥山，禪於姑衍，登臨翰海，張晏曰：登海邊山以望海也。有大功，故增山而廣地也。如淳曰：翰海，北海名也。崔浩曰：羣鳥之所解羽，故曰翰海。廣志，翰海在沙漠北。師古曰：積土增高曰封，爲墠祭地曰禪。鹵獲七萬四百四十三級。天子以五千八百戶益封票騎將軍；又封其所部右北平太守路博德等四人爲列侯，路博德爲邳離侯，衞山爲義陽侯，復陸支爲杜侯，伊即軒爲衆利侯。從票侯破奴等二人益封，校尉敢爲關內侯，食邑；軍吏卒爲官、賞賜甚多。而大將軍不得益封，軍吏卒皆無封侯者。

兩軍之出塞，塞閲官及私馬凡十四萬匹，而復入塞者不滿三萬匹。

乃益置大司馬位，大將軍、票騎將軍皆爲大司馬，定令，令票騎將軍秩祿與大將軍等。應劭曰：司馬主武事，諸武官亦以爲號。漢官儀曰：時議者以爲軍中有侯司馬，故加「大」爲大司馬以別異之。自此票騎將軍同大將軍品秩，位亞丞相。自是之後，大將軍青日退而票騎日益貴。大將軍故人、門下士多去事票騎，輒得官爵，唯任安不肯。

票騎將軍爲人，少言不泄，孔文祥曰：謂質重少言，膽氣在中也。有氣敢往。天子嘗欲教之孫、吳兵法，孫，孫武；吳，吳起也。對曰：「顧方略何如耳，不至學古兵法。」天子爲治第，令票騎視之，對曰：「匈奴未滅，無以家爲也！」治，直之翻。由此上益重愛之。然少貴，不省士，師古曰：省，視也；言不恤視軍士也。少，詩照翻。其從軍，天子爲遣太官齎數十乘；班表：太官有令、有丞，主膳食。師古曰：齎，與資同。余謂音則兮翻，亦通，裝也。爲，于僞翻。乘，繩證翻。既還，重車餘棄粱肉，師古曰：重，直用翻。粱，粟類也，米之善者。而士有飢者；其在塞外，卒乏糧或不能自振，而票騎尚穿域蹋鞠；服虔曰：穿域，作鞠室也。師古曰：鞠，以皮爲之，實以毛，蹴蹋爲戲也。劉向別錄曰：蹴鞠，相傳以爲黃帝所作，或曰起戰國之時，所以講武知有材也。蹋，徒臘翻。鞠，居六翻。事多此類。大將軍爲人仁，喜士退讓，師古曰：喜，許吏翻。以和柔自媚於上。兩人志操如此。操，七到翻。

是時，漢所殺虜匈奴合八九萬，而漢士卒物故亦數萬。魏臺訪議：高堂隆曰：「聞之先師，物，無也，故，事也，言無復所能於事也。」索隱曰：漢以來謂死爲物故，就朽故也。師古曰：物故，謂死也；言其同於鬼物而故也。蓋漢軍死者亦數萬。是後匈奴遠遁，而幕南無王庭。冒頓之強，盡取蒙恬所奪匈奴地，而王庭列置於幕南。今匈奴爲漢所攻，遠遁幕北，故幕南無王庭也。漢渡河自朔方以西至令居，班志，令居縣屬金城郡。令，音零。往往通渠，置田官，置官以主屯田。吏卒五六萬人，稍蠶食匈奴以北；蠶食，言如蠶之食葉，以漸而侵其地也。然亦以馬少，不復大出擊匈奴矣。少，詩沼翻。復，扶又翻；下同。

匈奴用趙信計，遣使於漢，好辭請和親。天子下其議，下，遐嫁翻；下同。或言和親，或言遂臣之。丞相長史任敞曰：班表：丞相有二長史，秩二千石。任，音壬。「匈奴新破困，宜可使爲外臣，朝請於邊。」漢使任敞於單于，單于大怒，留之不遣。朝，直遙翻。請，才性翻。使，疏吏翻。是時，博士狄山議以爲和親便，姓譜：狄，春秋狄國之後；又曰：周文王封少子於狄城。上以問張湯，湯曰：「此愚儒無知。」狄山曰：「臣固愚，愚忠；若御史大夫湯，乃詐忠。」於是上作色曰：「吾使生居一郡，師古曰：博士，儒官也，故呼爲生。能無使虜入盜乎？」曰：「不能。」曰：「居一縣？」對曰：「不能。」復曰：「居一障間？」師古曰：障，謂塞上要險之處，別築爲城，因置吏士，而爲蔽障以禦寇也。障，之尚翻。又漢制，每塞要處別築爲城，置人鎮守，謂之候城，此卽障也。山自度，辯窮且下吏，師古曰：度，計也；見詰辯而辭窮，當下吏也。下，遐嫁翻。曰：「能。」於是上遣山乘障；師古曰：乘，登也，登而守之。至月餘，匈奴斬山頭而去。自是之後，羣臣震慴，師古曰：震，動也。慴，失氣也。慴，之涉翻。無敢忤湯者。忤，五故翻。

是歲，汲黯坐法免，以定襄太守義縱爲右內史，河內太守王溫舒爲中尉。守，式又翻。先是，甯成爲關都尉，函谷關都尉也。先，悉薦翻。吏民出入關者號曰：「寧見乳虎，無值甯成之怒。」師古曰：猛虎產乳，護養其子，則搏噬過當，故以爲喻。乳，人喻翻。及義縱爲南陽太守，義，姓也。縱，其名。至關，甯成側行送迎；側行不敢正行，言恭甚。至郡，遂按甯氏，破碎其家；南陽吏民重足一迹。言累足也，畏懼之甚。重，直龍翻。後徙定襄太守，初至，掩定襄獄中重罪、輕繫二百餘人，及賓客、昆弟私入視亦二百餘人，一捕，鞫曰「爲死罪解脫」，一切皆捕而鞫問之也。服虔曰：律：諸囚徒私解脫桎梏鉗赭，加罪一等；爲人解脫與同罪。縱鞫相賂餉者二百人以爲解脫死罪，盡殺之。師古曰：鞫，窮也，謂窮治也。是日，皆報殺四百餘人，師古曰：奏請得報而論殺。原父曰：縱掩定襄獄，一切捕鞫，而云是日皆報殺，則非奏請報可之報矣，然則以論決爲報也。其後郡中不寒而栗。是時，趙禹、張湯以深刻爲九卿，然其治尚輔法而行；縱專以鷹擊爲治。師古曰：言如鷹隼之擊也。治，直吏翻。

王溫舒始爲廣平都尉，廣平本屬趙國，景、武之間，分爲廣平郡，征和元年，立爲平干國。擇郡中豪敢往吏十餘人，師古曰：豪桀而性果敢一往無所顧者，以爲吏也。以爲爪牙，皆把其陰重罪，而縱使督盜賊。師古曰：縱，放也。督，察視也。快其意所欲得，此人雖有百罪，弗法；師古曰：言所捕盜賊得其人而快，溫舒意則不問其先所犯罪也。弗法，謂弗行法也。卽有避，因其事夷之，亦滅宗。師古曰：避，謂不盡意捕擊也。以其故，齊、趙之郊盜賊不敢近廣平，近，其靳翻。廣平聲爲道不拾遺。遷河內太守；以九月至，令郡具【章：十四行本「具」下有「私」字；乙十一行本同；孔本同；退齋校同。】馬五十疋爲驛，師古曰：以私馬於道上往往置驛，自河內至長安。捕郡中豪猾，相連坐千餘家。上書請，大者至族，小者乃死，家盡沒入償臧。師古曰：以臧獲罪者既沒入之，又令出倍臧，或收入官，或還其主也。余謂沒入其家以償所受之臧，其義似徑。臧，讀曰贓。奏行不過二三日得可，奏而天子可之，謂之得可。事論報，至流血十餘里，河內皆怪其奏，以爲神速。盡十二月，郡中毋聲，毋敢夜行，古毋、無通。野無犬吠之盜。其頗不得，失之旁郡國，追求。會春，溫舒頓足歎曰：「嗟乎！令冬月益展一月，足吾事矣！」師古曰：立春之後不復行刑，故云然。展，伸也。

天子聞之，皆以爲能，故擢爲中二千石。郡守二千石，正卿及列卿皆中二千石。

6 齊人少翁，以鬼神方見上。上有所幸王夫人卒，王夫人，齊王閎之母。少翁以方夜致鬼，如王夫人之貌，天子自帷中望見焉。考異曰：漢書以此事置李夫人傳中，古今相承皆以爲李夫人事。史記封禪書：「少翁見上，上有所幸王夫人卒，少翁以方夜致王夫人及竈鬼之貌云。」按李夫人卒時，少翁死已久，漢書誤也。今從史記。於是乃拜少翁爲文成將軍，賞賜甚多，以客禮禮之。文成又勸上作甘泉宮，中爲臺室，畫天、地、太一諸鬼神而置祭具，以致天神。居歲餘，其方益衰，神不至。乃爲帛書以飯牛，師古曰：謂雜草以飯牛也。飯，扶晚翻。佯不知，言曰：「此牛腹中有奇。」殺視，得書，書言甚怪，天子識其手書，謂識其親書手跡也。問其人，果是僞書；於是誅文成將軍而隱之。隱，謂祕誅文成之事，不令人知之也。

張政烺標點容肇祖聶崇岐覆校

資治通鑑卷第二十

翰林學士朝散大夫右諫議大夫知制誥兼侍講同提舉萬壽觀公事
兼判集賢院上護軍河内郡開國侯食邑一千三百戶賜紫金魚袋臣　司馬光　奉敕編集
後　學　天　台　胡三省　音　註

漢紀十二起昭陽大淵獻（癸亥），盡重光協洽（辛未），凡九年。

世宗孝武皇帝中之下

元狩五年（癸亥、前一一八）

1 春，三月，甲午，丞相李蔡坐盜孝景園堧地，葬其中，當下吏，自殺。堧，而緣翻。下，遐嫁翻。

2 罷三銖錢，更鑄五銖錢。去年廢半兩錢，行三銖錢。更，工衡翻。考異曰：漢書食貨志：「前以銷半兩錢，鑄三銖錢；明年以三銖錢輕，更鑄五銖錢。」武帝元狩五年，乃云「罷半兩錢，行五銖錢」，誤也。於是民多盜鑄錢，楚地尤甚。

上以爲淮陽，楚地之郊，師古曰：郊，謂交迫衝要之處。乃召拜汲黯爲淮陽太守。黯去年免，故召拜之。守，式又翻。黯伏謝不受印，詔數強予，強，其兩翻。予，讀曰與。然後奉詔。黯爲上泣曰：為，于偽翻；下正為同。「臣自以為填溝壑，不復見陛下，復，扶又翻。填，大賢翻。不意陛下復收用之。臣常有狗馬病，力不能任郡事。任，音壬。臣願為中郎，出入禁闥，補過拾遺，臣之願也。」上曰：「君薄淮陽邪？吾今召君矣。師古曰：言後即召也。顧淮陽吏民不相得，師古曰：顧，思念也。言吏民不相安而失其所也。吾徒得君之重，師古曰：徒，但也。重，威重也。臥而治之。」

黯既辭行，過大行李息曰：「黯棄逐居郡，不得與朝廷議矣。過，古禾翻。與，讀曰預。御史大夫湯，智足以拒諫，詐足以飾非，務巧佞之語，辯數之辭，非肯正為天下言，專阿主意。主意所不欲，因而毀之；主意所欲，因而譽之。譽，音餘。好興事，舞文法，好，呼到翻。內懷詐以御主心，外挾賊吏以為威重。公列九卿，不早言之，公與之俱受其戮矣。」息畏湯，終不敢言；及湯敗，上抵息罪。師古曰：抵，至也，致之於罪也。

使黯以諸侯相秩居淮陽，如淳曰：諸侯王相在郡守上，秩眞二千石，月得百五十斛，歲凡得千八百石。二千石月得百二十斛，歲凡得千四百四十石耳。十歲而卒。

3 詔徙姦猾吏民於邊。

4 夏，四月，乙卯，以太子少傅武強侯莊青翟為丞相。武強侯莊不識，高祖功臣，青翟其孫也。班志，武強縣屬廣川；唐冀州武強縣是也。

5 天子病鼎湖甚，晉灼曰：黃圖：鼎湖，宮名，在京兆。班志，湖本在京兆，後分屬弘農。索隱曰：昔黃帝採首山銅，鑄鼎於湖，曰鼎湖，即今之湖城縣也。巫醫無所不致，不愈。游水發根言上郡有巫，病而鬼神下之。服虔曰：游水，縣名；發根，人名。晉灼曰：地理志，游水，水名，在臨淮。師古曰：二說皆非也。游水，姓也；發根，名也；蓋因水爲姓也。本嘗遇病而神下之，故爲巫也。下，戶嫁翻，降附也。上召置，祠之甘泉，及病，使人問神君，神君言曰：「天子無憂病；病少愈，強與我會甘泉。」少，詩沼翻。強，其兩翻。於是病愈，遂起幸甘泉，病良已，孟康曰：良已，善已；謂瘉也。置酒壽宮。帝置壽宮以奉神君。臣瓚曰：壽宮，奉神之宮也。楚辭曰：蹇將憺兮壽宮。括地志：壽宮在雍州長安縣西北三十里長安故城中。神君非可得見，聞其言，言與人音等，時去時來，來則風肅然，居室帷中。神君所言，上使人受，書其言，命之曰「畫法」。孟康曰：策畫之法也。其所語，世俗之所知也，無絕殊者，而天子心獨喜；其事祕，世莫知也。師古曰：喜，好也，音許吏翻。

時上卒起，幸甘泉，卒，讀曰猝。過右內史界中，道多不治，上怒曰：「義縱以我爲不復行此道乎！」銜之。師古曰：銜，含也；包含在心，以爲過也。復，扶又翻。

六年（甲子、前一一七）

1 冬，十月，雨水，無冰。雨，于具翻。

2 上既下緡錢令而尊卜式，事見上卷四年。百姓終莫分財佐縣官，於是楊可告緡錢縱矣。縱，放也，肆也。義縱以爲此亂民，部吏捕其爲可使者。天子以縱爲廢格沮事，孟康曰：武帝使楊可主告緡，沒入其財物，縱捕其爲可使者，此爲廢格詔書，沮已成之事也。格，音閣。沮，才汝翻，壞也。考異曰：漢書武紀：「元鼎三年十一月，令民告緡。」據義縱傳則在今冬。棄縱市。

3 郎中令李敢，怨大將軍之恨其父，怨大將軍衛青也。恨其父事見上卷四年。師古曰：令其父抱恨而死也。乃擊傷大將軍，大將軍匿諱之。居無何，師古曰：無何，謂未多時也。敢從上雍，師古曰：雍之所在，地形積高，故曰上也。上，時掌翻。雍，於用翻。至甘泉宮獵，票騎將軍去病射殺敢。射，而亦翻。考異曰：史記封禪書云：「明年，天子病鼎湖，甚；病愈，幸甘泉，大赦。」莫知其爲何年。本紀皆無其事，獨義縱傳有之。按漢書百官公卿表，義縱、李敢死皆在今年。敢傳云：「從上雍，至甘泉宮。」「雍」蓋衍字也。平準書云：「自造白金五銖錢後五歲赦。」按武紀，元狩四年造白金，元鼎元年赦，首尾四年。若今年更有赦，則四年再赦，與平準書不合，今從百官表。去病時方貴幸，上爲諱，云鹿觸殺之。爲，于僞翻。

4 夏，四月，乙巳，廟立皇子閎爲齊王，旦爲燕王，胥爲廣陵王，初作誥策。師古曰：於廟中策命之。服虔曰：誥敕王，如尚書諸誥。李奇曰：今敕封拜諸王策文起於此。毛晃曰：漢制，天子之策長二尺。釋名曰：策，書教令於上，所以驅策於下也。

5 自造白金、五銖錢後，吏民之坐盜鑄金錢死者數十萬人，其不發覺者不可勝計，勝，音升。天下大抵無慮皆鑄金錢矣。師古曰：抵，歸也。大歸，猶言大凡也。無慮，亦謂大率無少計慮云耳。犯者衆，吏不能盡誅。

6 六月，詔遣博士褚大、徐偃等六人姓譜：宋恭公子石食采於褚，其德可師，號曰褚師，因以命氏。分循郡國，舉兼幷之徒及守、相、爲吏有罪者。守，郡守；相，諸侯相也。

7 秋，九月，冠軍景桓侯霍去病薨。冠，古玩翻。天子甚悼之，爲冢，像祁連山。初，霍仲孺吏畢歸家，霍仲孺，本河東平陽縣吏，給事平陽侯家，與侍者衞少兒私通而生去病。吏畢，言爲吏畢，免歸家也。娶婦，生子光。去病既壯大，乃自知父爲霍仲孺。會爲票騎將軍，擊匈奴，道出河東，遣吏迎仲孺而見之，大爲買田宅奴婢而去；爲，于僞翻。及還，因將光西至長安，任以爲郎，稍遷至奉車都尉、任，保任也。帝置奉車都尉，掌御乘輿車，秩比二千石。光祿大夫。

8 是歲，大農令顏異誅。景帝後元年，更治粟內史爲大農令。考異曰：徐廣註史記平準書云，異誅在元狩四年壬戌歲。廣見漢書百官公卿表，其年註云：「大農令顏異，二年坐腹非誅。」不思有二年字，致此誤也。

初，異以廉直，稍遷至九卿。上與張湯既造白鹿皮幣，見上卷四年。問異，異曰：「今王侯朝賀以蒼璧，直數千，而以皮薦反四十萬，時王侯朝賀以皮幣薦璧，故曰皮薦。朝，直遙翻。本末不相稱。」天子不說。稱，尺證翻。說，讀曰悅。張湯又與異有郤，郤，讀曰隙。及人有告異以他事，下張湯治異。下，遐嫁翻。異與客語初令下有不便者，李奇曰：異與客語詔令初下有不便處。異不應，微反脣。師古曰：蓋非也。湯奏當：「異九卿，見令不便，不入言而腹誹，論死。」自是之後，有腹誹之法比，師古曰：比，則例也，讀如字，又頻寐翻。而公卿大夫多諂諛取容矣。

元鼎元年（乙丑、前一一六）應劭曰：得寶鼎故，因是改元。考異曰：漢書武紀，此年云「得鼎汾水上」，漢紀云「六月得寶鼎于河東汾水上，吾丘壽王對云云。」按封禪書，欒大封樂通侯之歲，其夏六月，「汾陰巫錦爲民祠魏脽后土營旁得鼎，詔曰：『間者巡祭后土云云』。」武紀：「元鼎四年，十月，幸汾陰。十一月，立后土祠於汾陰脽上。六月，得寶鼎后土祠旁。」禮樂志又云「元鼎五年得寶鼎。」恩澤侯表，「元鼎四年四月乙巳，欒大封侯。」然則得鼎應在四年。蓋武紀因今年改元而誤增此得鼎一事耳，非兩曾得鼎於汾水上也。封禪書：「天子封泰山反，至甘泉。有司言寶鼎出爲元鼎，以今年爲元封元年。」然則元鼎年號亦如建元、元光，皆後來追改之耳。

1 夏，五月，赦天下。

2 濟東王彭離驕悍，彭離，梁孝王子，景帝中六年受封。濟，子禮翻。悍，下罕翻；又侯旰翻。昏暮，與其奴、亡命少年數十人行剽殺人，取財物以爲好，如淳曰：以是爲好喜之事也。剽，匹妙翻，劫也。好，呼到翻。所殺發覺者百餘人，坐廢，徙上庸。班志，上庸縣屬漢中郡。

二年（丙寅、前一一五）

1 冬，十一月，張湯有罪自殺。

初，御史中丞李文，與湯有郤，班表，御史大夫有兩丞，一曰中丞，在殿中、蘭臺，掌圖籍祕書，外督部刺史，內領侍御史員十五人，受公卿奏事，舉劾、按章。成帝綏和元年，更名御史大夫爲大司空，置長史，而中丞官職如故。哀帝建平二年，復爲御史大夫，元壽二年，又爲大司空，而中丞出外爲御史臺主，歷漢東京至魏、晉以下皆然。郤，讀曰隙；下同。湯所厚吏魯謁居陰使人上變告文姦事，事下湯治，論殺之。上，時掌翻。下，遐嫁翻；下同。湯心知謁居爲之，上問：「變事蹤跡安起？」湯佯驚曰：「此殆文故人怨之。」師古曰：殆，近也。謁居病，湯親爲之摩足。爲，于僞翻。趙王素怨湯，上書告：「湯大臣，乃與吏摩足，疑與爲大姦。」事下廷尉。謁居病死，事連其弟。弟繫導官，蘇林曰：漢儀注：獄二十六所，導官無獄也。師古曰：蘇說非也。導，擇也。以主擇米，故曰導官。時或以諸獄皆滿，故權寄此署繫之，非本獄所也。班表，導官屬少府。湯亦治他囚導官，見謁居弟，欲陰爲之，而佯不省。囚，徐尤翻。爲，于僞翻。省，心景翻。謁居弟弗知，怨湯，使人上書，告湯與謁居謀共變告李文。事下減宣，減宣，人姓名。減，古斬翻。宣嘗與湯有郤，及得此事，窮竟其事，未奏也。會人有盜發孝文園瘞錢，如淳曰：瘞，埋也，埋錢於園陵以送死也。瘞，於計翻。丞相青翟朝，與湯約俱謝，師古曰：將入朝之時爲此要約。朝，直遙翻。至前，至帝之前也。湯獨不謝。湯以丞相四時行園陵當謝，御史大夫不豫園陵事，故不謝。上使御史按丞相，湯欲致其文「丞相見知」，欲以見知故縱之罪罪丞相。丞相患之。丞相長史朱買臣、王朝、邊通，皆故九卿、二千石，朱買臣嘗爲主爵都尉，王朝至右內史，邊通至濟南相。陳留風俗傳：邊祖于宋平公子戎字子邊。余按左傳，周有大夫邊伯。仕宦絕在湯前。湯數行丞相事，數，所角翻。知三長史素貴，故陵折，丞史遇之，三長史皆怨恨，欲死之。欲以死發湯之姦也。乃與丞相謀，使吏捕案賈人田信等，曰：「湯且欲奏請，信輒先知之，居物致富，服虔曰：居，謂儲也。賈，音古；下同。與湯分之。」事辭頗聞，師古曰：聞於天子也。上問湯曰：「吾所爲，賈人輒先知之，益居其物，師古曰：益，多也。是類有以吾謀告之者。」師古曰：類，似也。湯不謝，又佯驚曰：「固宜有。」減宣亦奏謁居等事。天子以湯懷詐面欺，師古曰：對面欺誣也。使趙禹切責湯，湯乃爲書謝，因曰：「陷臣者，三長史也。」遂自殺。湯既死，家產直不過五百金。昆弟諸子欲厚葬湯，湯母曰：「湯爲天子大臣，被汙惡言而死，被，皮義翻。汙，烏故翻。何厚葬乎！」載以牛車，有棺無槨。天子聞之，乃盡按誅三長史。十二月，壬辰，丞相青翟下獄，自殺。

2 春，起柏梁臺。服虔曰：用百頭梁作臺，因名焉。師古曰：三輔舊事云，以香柏爲之。今書皆作「柏」，服說非也。作承露盤，高二十丈，高，居號翻。大七圍，以銅爲之；上有仙人掌，以承露，和玉屑飲之，云可以長生。宮室之脩，自此日盛。

3 二月，以太子太傅趙周爲丞相。

4 三月，辛亥，以太子太傅石慶爲御史大夫。衞有大夫石氏。

5 大雨雪。雨，于具翻。

6 夏，大水，關東餓死者以千數。

7 是歲，孔僅爲大農令，而桑弘羊爲大農中丞，班表：大農有兩丞，元狩四年，以東郭咸陽及孔僅爲之。今置中丞，其位當在兩丞上。稍置均輸，以通貨物。時置均輸官於郡、國，令遠方各以其物而灌輸。置平準於京師，都受天下委輸，貴則賣之，賤則買之，使富商大賈無所牟利。杜佑曰：漢武帝置均輸，謂所當輸於官者皆令輸其土地所饒，平其所在時價，官更於他處賣之。輸者既便，而官有利。

8 白金稍賤，民不寶用，竟廢之。鑄白金，見上卷元狩四年。於是悉禁郡、國無鑄錢，專令上林三官鑄錢，令天下非三官錢不得行。裴駰曰：百官表：水衡都尉，掌上林苑，屬官有上林、均輸、鍾官、辨銅令，然則上林三官其是此三令乎！而民之鑄錢益少，計其費不能相當，惟眞工、大姦乃盜爲之。

9 渾邪王既降漢，見上卷元狩元年。漢兵擊逐匈奴於幕北，見上卷元狩元年。自鹽澤以東空無匈奴，西域道可通。於是張騫建言：「烏孫王昆莫本爲匈奴臣，後兵稍強，不肯復朝事匈奴，匈奴攻不勝而遠之。朝，直遙翻。遠，于願翻。今單于新困於漢，而故渾邪地空無人，蠻夷俗戀故地，又貪漢財物，今誠以此時厚幣賂烏孫，招以益東，居故渾邪之地，張騫傳：昆莫父難兜靡本與大月氏同在敦煌、祁連間，小國也。大月氏攻殺難兜靡，奪其地。而大月氏又爲匈奴所破，西擊塞王而奪其國。昆莫報父怨，西攻破大月氏國，因留居爲烏孫國。騫欲誘之復歸故地。與漢結昆弟，其勢宜聽，聽則是斷匈奴右臂也。斷，丁管翻。既連烏孫，自其西大夏之屬皆可招來而爲外臣。」天子以爲然，拜騫爲中郎將，將三百人，馬各二匹，牛羊以萬數，齎金幣帛直數千巨萬；多持節副使，師古曰：爲騫之副，而各令持節也。道可便，遣之他旁國。沿道有便可通使他國者卽遣之。

騫既至烏孫，昆莫見騫，禮節甚倨。騫諭指曰：師古曰：以天子意指曉告之。「烏孫能東居故地，則漢遣公主爲夫人，結爲兄弟，共距匈奴，匈奴不足破也。」烏孫自以遠漢，未知其大小；素服屬匈奴日久，且又近之，近，其靳翻。其大臣皆畏匈奴，不欲移徙。騫留久之，不能得其要領，要，讀曰腰。因分遣副使使大宛、康居、大月氏、大夏、安息、身毒、于闐及諸旁國。烏孫發譯道送騫還，宛，於元翻。氏，音支。身毒，音捐篤。闐，徒賢翻，又徒見翻。師古曰：道，讀曰導。使數十人，馬數十匹，隨騫報謝，因令窺漢大小。是歲，騫還，到，拜爲大行。後歲餘，騫所遣使通大夏之屬者皆頗與其人俱來，晉灼曰：其國人。於是西域始通於漢矣。

西域凡三十六國，南北有大山，中央有河，西域始通於漢凡三十六國，其後分置五十餘國：婼羌、鄯善、且末、小宛、精絕、戎盧、扜彌、渠勒、皮山、烏秅、西夜、蒲犁、子合、依耐、無雷、難兜、罽賓、烏弋山離、犁鞬、條支、安息、大月氏、大夏、康居、奄蔡、大宛、桃槐、休循、捐篤、莎車、疏勒、尉頭、烏孫、姑墨、溫宿、龜茲、烏壘、渠犁、尉犁、危須、焉耆、烏貪訾離、卑陸、卑陸後國、郁立師、單桓、蒲類、蒲類後國、西且彌、東且彌、劫國、山國、狐胡、車師前、後王是也。南北有大山者，南山在于窴之南，東出金城，與漢南山接；北山在車師之北，即唐志所謂西州交河縣北柳谷金沙嶺等山是也。中央有河者，河有兩源，一出葱嶺，一出于窴南山，其河北流與葱嶺河合，注蒲昌海。自于窴以西，水皆西流，逕休循、罽賓、大月氏、安息等國而入于西海。蒲昌之水潛行地下，南出積石，爲中國河。西海之水東南合于交州漲海。東西六千餘里，南北千餘里，東則接漢玉門、陽關，班志：敦煌郡龍勒縣有玉門關、陽關，酒泉郡有玉門縣。闞駰曰：漢罷玉門關屯，置其人於此。括地志：沙州龍勒山，在縣南百六十五里，玉門關，在縣西北百一十八里。西則限以葱嶺。西河舊事：葱嶺，其山高大，上悉生葱，故以名焉。河有兩源，一出葱嶺，一出于窴，【章：十四行本「窴」作「闐」；乙十一行本同；孔本同。】合流東注鹽澤。鹽澤去玉門、陽關三百餘里。自玉門、陽關出西域有兩道：從鄯善傍南山北，循河西行至莎車，爲南道；鄯善，亦曰樓蘭國，治杅尼城，去陽關千六百里。鄯，上扇翻。傍，步浪翻。莎車，治莎車城，去長安九千九百五十里。莎，素河翻。南道西踰葱嶺，則出大月氏、安息。自車師前王廷隨北山循河西行至疏勒，爲北道；車師前王，治交河城，去長安八千一百五十里，唐西州交河縣是也。疏勒，治疏勒城，去長安九千三百五十里，西當大月氏、大宛、康居之道。北道西踰葱嶺，則出大宛、康居、奄蔡焉。杜佑曰：奄蔡，後爲肅〔粟〕特國。故皆役屬匈奴，匈奴西邊日逐王，置僮僕都尉，匈奴蓋以僮僕視西域諸國，故以名官。使領西域，常居焉耆、危須、尉黎間，焉耆，治員渠城，去長安七千三百里。危須，治危須城，在焉耆東百里，去長安七千二百九十里。尉犂，治尉犂城，去長安六千七百五十里，南接鄯善、且末二國。賦稅諸國，取富給焉。

烏孫王既不肯東還，漢乃於渾邪王故地置酒泉郡，應劭曰：其水如酒，故曰酒泉。師古曰：城下有金泉，泉味如酒；唐爲肅州。宋白曰：東南至長安二千九百里。稍發徙民以充實之；後又分置武威郡，本匈奴休屠王所居地，太初四年分置武威郡，唐之涼州卽其地。宋白曰：東南至長安二千八百里。以絕匈奴與羌通之道。

天子得宛汗血馬，愛之，名曰「天馬」。使者相望於道以求之。諸使外國，一輩大者數百，少者百餘人，人所齎操大放博望侯時，齎，資也。操，持也。放，依也。言遣使所將節幣大概依遣博望侯時也。放，讀曰倣。其後益習而衰少焉。師古曰：以其串習，故不多發人。少，詩沼翻。漢率一歲中使多者十餘，少者五六輩；遠者八九歲，近者數歲而反。

三年（丁卯、前一一四）

1 冬，徙函谷關於新安。據班史，以故關爲弘農縣。應劭曰：弘農去新安三百里。述征記：新安縣，今猶謂之新關。

2 春，正月，戊子，陽陵園火。

3 夏，四月，雨雹。雨，于具翻。

4 關東郡、國十餘饑，人相食。

5 常山憲王舜薨，舜，景帝子，中五年受封。謚法：博聞多能曰憲。子勃嗣，坐憲王病不侍疾及居喪無禮廢，徙房陵。班志，房陵縣屬漢中郡。宋白曰：闞駰云，即春秋防渚地，漢獻帝改「防」爲「房」，兼立房陵郡；今爲房州。後月餘，天子更封憲王子平爲眞定王，眞定縣本屬常山。今分眞定、綿曼、藁城、肥纍四縣爲王國。以常山爲郡，於是五嶽皆在天子之邦矣。華山、嵩高，本在天子之郡。南嶽霍山屬廬江，淮南、衡山謀反，國除，入漢爲郡。元狩元年，濟北王獻太山及其旁邑。今又以常山爲郡，然後皆在天子之邦。

6 徙代王義爲清河王。義，文帝子代王參之孫，王登之子。清河王乘，孝景之子，薨，無子，國除，徙代王王焉。

7是歲，匈奴伊穉斜單于死，子烏維單于立。

四年（戊辰、前一一三）

1冬，十月，上行幸雍，祠五畤。雍，於用翻。畤，音止。詔曰：「今上帝，朕親郊，而后土無祀，則禮不答也。師古曰：答，對也。郊天而不祀地，失對偶之義。一曰：闕地祇之祀，不爲神所答應。其令有司議！」立后土祠於澤中圜丘。郊祀志：有司議祠后土宜於澤中圜丘，爲五壇。上遂自夏陽東幸汾陰。班志，夏陽縣屬左馮翊。汾陰縣屬河東郡。是時，天子始巡郡、國；河東守不意行至，不辦，自殺。不意天子行幸至郡，供具不能備也。十一月，甲子，立后土祠於汾陰脽上，如淳曰：脽者，河之東岸特堆堀，長四五里，廣二里餘，高十餘丈。汾陰縣治脽之上；后土祠在縣西。汾在脽之北，西流與河合。師古曰：脽者，以其形高起，如人尻脽，故以名云。一說，此臨汾水之上，地本名鄈，音與葵同，彼鄉人呼葵音如誰，故轉而爲脽字耳。故漢舊儀曰鄈上。脽，音誰。上親望拜，如上帝禮。禮畢，行幸滎陽，還，至洛陽，班志，滎陽、洛陽並屬河南郡。封周後姬嘉爲周子南君。臣瓚曰：汲冢古文謂衞將軍文子爲子南彌牟，其後有子南固、子南勁。紀年，勁朝於魏。後惠成王如衞，命子南爲侯。秦幷六國，衞最後亡。疑嘉是衞後，故氏子南而稱君也。師古曰：子南，其封邑之號，以爲周後，故總言周子南君，瓚說非也。例不先言姓而後稱君，且自嘉以下皆姓姬，著於史傳。余據恩澤侯表，周子南君食邑於潁川長社。

2春，二月，中山靖王勝薨。勝，景帝子，中二年受封。

3樂成侯丁義義，高祖功臣丁禮之曾孫。班志，樂成，侯國，屬南陽郡。考異曰：漢書郊祀志作「樂成侯登」。

按史記、漢書功臣表當爲「丁義」。薦方士欒大，云與文成將軍同師。上方悔誅文成，誅文成見上卷元狩四年。得欒大，大說。說，讀曰悅。大先事膠東康王，康王寄，上弟也。爲人長美言，師古曰：善爲甘美之言。多方略，而敢爲大言，處之不疑。處，昌呂翻。大言曰：「臣常往來海中，見安期、羨門之屬，顧以臣爲賤，不信臣；又以爲康王諸侯耳，不足與方。臣之師曰：『黃金可成而河決可塞，塞，悉則翻。不死之藥可得，仙人可致也。』然臣恐效文成，則方士皆掩口，惡敢言方哉！」惡，音烏。上曰：「文成食馬肝死耳。索隱曰：論衡云：氣勃而毒盛，故食走馬肝，馬肝殺人。儒林傳：食肉無食馬肝，是也。子誠能脩其方，我何愛乎！」大曰：「臣師非有求人，人者求之。陛下必欲致之，則貴其使者，令爲親屬，以客禮待之，乃可使通言於神人。」於是上使驗小方，鬬旗，旗自相觸擊。考異曰：封禪書郊祀志皆作「棊」，獨史記孝武紀作「旗」。按漢武故事云：「大嘗於殿前樹旍數百枚，大令旍自相擊，繙繙竟庭中，去地十餘丈，觀者皆駭。」然則作「旗」字者是也。是時，上方憂河決而黃金不就，乃拜大爲五利將軍，又拜爲天士將軍，地士將軍，大通將軍。夏，四月，乙巳，封大爲樂通侯，恩澤侯表：樂通侯食邑於安定郡高平縣。食邑二千戶，賜甲第，僮千人，乘輿斥車馬、帷帳、器物以充其家，師古曰：斥不用者也。又以衞長公主妻之，乘，繩證翻。長，知兩翻。孟康曰：衞太子妹。如淳曰：衞太子姊也。師古曰：外戚傳云：子夫生三女，元朔三年生男。據是，則衞太子之姊也，孟說非。妻，七細翻。齎金十萬斤，天子親如五利之第，使者存問共給，共，讀曰供。相屬於道。屬，之欲翻。自太主、將、相以下，太主，帝姑竇太主也。皆置酒其家，獻遺之。遺，于季翻。天子又刻玉印曰「天道將軍」，據前史，下文言爲天子道天神，則道讀曰導。使使衣羽衣，夜立白茅上；五利將軍亦衣羽衣，立白茅上，受印，以示不臣。羽衣，緝羽毛爲衣也；今道士服被之。使衣、亦衣，於既翻。大見數月，佩六印，五利、天士、地士、大通、天道五將軍，并樂通侯爲六印。貴震天下。於是海上燕、齊之間，莫不搤腕自言有禁方、能神仙矣。搤，音戹。腕，烏貫翻。

4 六月，汾陰巫錦應劭曰：錦，巫名。得大鼎於魏脽后土營旁，師古曰：汾脽本魏地之墳，故曰魏脽也。營，謂后土祠之兆域。河東太守以聞。天子使驗問，巫得鼎無姦詐，乃以禮祠，迎鼎至甘泉，從上行，如淳曰：以鼎從行上甘泉。薦之宗廟及上帝，藏於甘泉宮；羣臣皆上壽賀。

5 秋，立常山憲王子商爲泗水王。泗水統淩、泗陽、于三縣，本屬東海郡，帝分爲王國。

6 初，條侯周亞夫爲丞相，周亞夫，景帝前七年爲相，中三年罷。趙禹爲丞相史，府中皆稱其廉平，然亞夫弗任，曰：「極知禹無害，漢書音義曰：文無所枉害。蕭何以文無害爲沛主吏掾。章懷太子賢曰：按律有無害都吏，如今言公平吏。蘇林曰：無害，若言無比也。一曰：害，勝也，無能勝害之者。師古曰：傷害也，無人能傷害之者。貢父曰：持法者或以私意陷人，謂之害；故貴於文無害。無害者，取其爲人無害於行，則可以爲吏矣。然文深，不可以居大府。」應劭曰：禹持文法深刻。及禹爲少府，比九卿爲酷急；言以當時九卿同列者比之，禹爲酷急也。至晚節，吏務爲嚴峻，而禹更名寬平。

中尉尹齊素以敢斬伐著名，姓譜：少昊之子封於尹城，子孫因以爲氏。按尹氏，周之世卿。及爲中尉，吏民益彫敝。是歲，齊坐不勝任抵罪。勝，音升。上乃復以王温舒爲中尉，趙禹爲廷尉。後四年，禹以老，貶爲燕相。

是時吏治皆以慘刻相尚，治，直吏翻。獨左内史兒寬，勸農業，緩刑罰，理獄訟，務在得人心；擇用仁厚士，推情與下，不求名聲，吏民大信愛之；收租稅時，裁闊狹，與民相假貸，師古曰：謂有貧弱及農要之時，不卽徵收也。余謂闊，謂征斂稍寬、禁防疏闊之時；狹，謂督促迫急之時。闊時不急征收，假貸與民，使營生業。以故租多不入。後有軍發，左内史以負租課殿，當免；殿，丁練翻。課下下曰殿。民聞當免，皆恐失之，大家牛車、小家擔負輸租，繦屬不絶，師古曰：繦，索也。言輸者接連不絶於道，若繩索之相屬也，猶今言續索矣。屬，之欲翻。課更以最。課上上曰最。上由此愈奇寬。

7 初，南越文王遣其子嬰齊入宿衛，南越王胡薨，諡文王。嬰齊入宿衛，見十七卷建元元年。在長安取邯鄲樛氏女，取，讀曰娶。邯鄲屬趙國。師古曰：樛，居虯翻。生子興。文王薨，嬰齊立，乃藏其先武帝璽，趙佗自號南越武帝。李奇曰：去其僭號。上書請立樛氏女爲后，興爲嗣。漢數使使者風諭嬰齊入朝。數，所角翻。師古曰：風，讀曰諷，諷諭令入朝。嬰齊尚樂擅殺生自恣，懼入見要，用漢法比内諸侯，樂，音洛。見，賢遍翻；下同。要，讀曰邀。恐漢邀之以用朝廷之法，如内諸侯王。固稱病，遂不入見。嬰齊薨，諡曰明王。太子興代立，其母爲太后。

太后自未爲嬰齊姬時，嘗與霸陵人安國少季通。師古曰：姓安國，字少季。少，詩照翻。是歲，上使安國少季往諭王、王太后以入朝，比內諸侯，令辯士諫大夫終軍等宣其辭，百官表：元狩五年，初置諫大夫，秩八百石。勇士魏臣等輔其決，師古曰：助令決策也。衛尉路博德將兵屯桂陽。班志，桂陽縣屬桂陽郡；唐爲連州桂陽、連山二縣地。待使者。南越王年少，太后中國人；安國少季往，復與私通，國人頗知之，多不附太后。太后恐亂起，亦欲倚漢威，數勸王及羣臣求內屬；數，所角翻。卽因使者上書，請比內諸侯，三歲一朝，朝，直遙翻。除邊關。於是天子許之，賜其丞相呂嘉銀印及內史、中尉、太傅印，餘得自置；除其故黥、劓刑，用漢法，比內諸侯。使者皆留，塡撫之。漢制，諸侯王國二千石以上皆漢朝所命，餘得自置。今賜南越丞相、內史、中尉、太傅印，使之比內諸侯也。漢自文帝除肉刑，不用黥、劓之法，故亦令南越除之。劓，魚器翻，又牛例翻。塡，讀曰鎭。爲呂嘉反張本。

⑧上行幸雍，雍，於用翻。且郊，或曰：「五帝，泰一之佐也。宜立泰一，而上親郊。」上疑未定。齊人公孫卿曰：「今年得寶鼎，其冬辛巳朔旦冬至，與黃帝時等。」卿有札書師古曰：等，同也。札，木簡之薄小者也。曰：「黃帝得寶鼎，是歲己酉朔旦冬至，凡三百八十年，黃帝仙登于天。」因嬖人奏之。嬖，卑義翻，又博計翻。上大悅，召問，卿對曰：「受此書申公，申公曰：『漢興復當黃帝之時，漢之聖者在高祖之孫且曾孫也。寶鼎出而與神通，黃帝接萬靈明庭，明庭者甘泉也。黃帝采首山銅，班志，河東蒲坂縣有首山。鑄鼎於荆山下，班志：馮翊懷德縣有荆山。

鼎既成，有龍垂胡頿下迎黃帝，師古曰：胡，謂頷下垂肉也；頿，其毛也。頿，人占翻。黃帝上騎龍，與羣臣後宮七十餘人俱登天。』」於是天子曰：「嗟乎！誠得如黃帝，吾視去妻子如脫屣耳！」師古曰：屣，小履也。脫屣者，言其便易，無所顧也。屣，山爾翻。拜卿爲郎，使東候神於太室。師古曰：太室山在潁川崇高縣，是爲中嶽。

五年（己巳、前一一二）

1冬，十月，上祠五畤於雍，遂踰隴，隴坻也，在天水郡隴縣。三秦記曰：其坂九曲，上隴者七日乃越。西登崆峒。唐地理志，崆峒在岷州溢樂縣西。岷州，漢臨洮之地。史記作「空桐」。正義曰：空桐山，在原州平高縣西百里。隴西守以行往卒，卒，讀曰猝。天子從官不得食，惶恐，自殺。從，才用翻。於是上北出蕭關，從數萬騎獵新秦中，以勒邊兵而歸。新秦中或千里無亭徼，於是誅北地太守以下。唐麟州治新秦。杜佑：漢新秦中地。余謂唐取漢新秦中之名以名郡耳，麟州不能盡有漢新秦中之地也。北地與朔方接境，時朔方新置郡，蓋使北地并力以營築亭徼也。徼，吉弔翻。上又幸甘泉，立泰一祠壇，所用祠具如雍一畤而有加焉。雍有五畤，今祠太一所用，如雍一畤之祠具也。有加者，加醴棗脯之屬。五帝壇環居其下四方地，爲醊食羣神從者及北斗云。說文，醊，祭酹也。師古曰：謂聯屬而祭也。醊，竹芮翻。食，讀曰飤。從，才用翻。十一月，辛巳朔，冬至；昧爽，昧，冥也。爽，明也。謂日尙昧昧而天色漸明也。天子始郊拜泰一，朝朝日，夕夕月則揖。應劭曰：天子春朝日，秋夕月；朝日以朝，夕月以夕。臣瓚曰：漢儀注：郊泰畤，皇帝平旦出竹宮，東向揖日，其夕西南向揖月，便用郊日，不用春、秋也。師古曰：春朝朝日，秋暮夕月，蓋常禮；郊泰畤而揖日月，此又別儀。朝朝，下直遥翻；下同。其祠，列火滿壇，壇旁亨炊具。亨，讀曰烹。有司云：「祠上有光。」又云：「晝有黄氣上屬天。」屬，之欲翻。太史令談、祠官寛舒等班表：太史令屬太常。劉昭志：秩六百石，掌天時星曆，凡國祭祀、喪娶之事。談，卽司馬談也。祠官，掌祠祀之官。寛舒，史逸其姓。請三歲天子一郊見，見，賢遍翻。詔從之。

2 南越王、王太后飭治行裝，重齎治，直之翻。齎，讀曰資。爲入朝具。其相呂嘉，年長矣，相三王，宗族仕宦爲長吏者七十餘人，男盡尚王女，女盡嫁王子弟、宗室，及蒼梧秦王有連，孟康曰：蒼梧，越中王，自名爲秦王。連，親婚也。晉灼曰：秦王，卽後趙光；趙本與秦同姓，故曰秦王。余據南越王姓趙，曷爲不稱南越秦王！晉說未爲通。長，知兩翻。其居國中甚重，得衆心愈於王。師古曰：愈，勝也。王之上書，數諫止王，王弗聽；有畔心，數稱病，不見漢使者。數，所角翻。使者皆注意嘉，勢未能誅。王、王太后亦恐嘉等先事發，先，悉薦翻。欲介漢使者權，謀誅嘉等，韋昭曰：恃使者爲介冑也。索隱曰：志林云：介者，因也；欲因使者權誅呂嘉也。韋昭以介爲恃。介者，間也；以言間恃漢使之權，意卽得矣；然云恃爲介冑則非也。虞喜以介爲因，亦有所由；介者，賓主所因也。乃置酒請使者，大臣皆侍坐飲。坐，徂臥翻。嘉弟爲將，將卒居宮外。將，卽亮翻。酒行，太后謂嘉曰：「南越內屬，國之利也；而相君苦不使者，何也？」以激怒使者。使者狐疑相杖，杖，直亮翻。遂莫敢發。嘉見耳目非是，師古曰：言異於常也。即起而出。太后怒，欲鏦嘉以矛，鏦，楚江翻。王止太后。嘉遂出，介其弟兵就舍，李奇曰：介，被也。師古曰：介，甲也，被甲以自衛也。弟兵，即上所云弟將卒居外者。稱病，不肯見王及使者，陰與大臣謀作亂。王素無意誅嘉，嘉知之，以故數月不發。

天子聞嘉不聽命，王、王太后孤弱不能制，使者怯無決；又以爲王、王太后已附漢，獨呂嘉爲亂，不足以興兵，欲使莊參以二千人往使。往使，疏吏翻。參曰：「以好往，數人足矣；以武往，二千人無足以爲也。」辭不可，天子罷參。郟壯士故濟北相韓千秋班志，郟縣屬潁川郡。史記正義曰：今汝州郟城縣。郟，音夾。千秋，蓋相濟北成王胡也。胡，貞王勃之子。奮曰：「以區區之越，又有王、王太后應，獨相呂嘉爲害，願得勇士三百人，必斬嘉以報。」於是天子遣千秋與王太后弟樛樂將二千人往。入越境。樛，居虯翻。呂嘉等乃遂反，下令國中曰：「王年少。太后，中國人也，又與使者亂，專欲內屬，盡持先王寶器入獻天子以自媚；多從人行，至長安，虜賣以爲僮僕；取自脫一時之利，無顧趙氏社稷、爲萬世慮計之意。」乃與其弟將卒攻殺王、王太后及漢使者，遣人告蒼梧秦王及其諸郡縣，立明王長男越妻子術陽侯建德爲王。建德降漢，始封術陽侯，史蓋追書也。班表，術陽侯食邑於東海之下邳。長，知兩翻。而韓千秋兵入，破數小邑。其後越開直道給食，師古曰：縱之令深入，然後擊滅之。未至番禺四十里，番禺，南越都。番，音潘。越以兵擊千秋等，遂滅之；使人函封漢使者節置塞上，好爲謾辭謝罪，師古曰：謾，誑也，音慢，又莫連翻。發兵守要害處。

春，三月，壬午，天子聞南越反，曰：「韓千秋雖無功，亦軍鋒之冠，冠，古玩翻。封其子延年爲成安侯；班表，成安侯食邑於潁川郡之郟縣。樛樂姊爲王太后，首願屬漢，封其子廣德爲龍亢侯。」班志，龍亢縣屬沛國。亢，音剛。考異曰：漢書功臣表作「龍侯」，南越傳作「龔侯」。晉灼曰：「龔」，古「龍」字。史記建元以來侯者表及南越傳皆作「龍亢侯」，今從之。

3 夏，四月，赦天下。

4 丁丑晦，日有食之。

5 秋，遣伏波將軍路博德環濟要略曰：伏波將軍者，船涉江海，欲使波濤伏息也。出桂陽，下湟水；水經：匯水出桂陽縣盧聚，南出貞女峽，合洭水，東南過含洭縣，南出洭浦關爲桂水。山海經以洭水爲湟水。徐廣曰：湟水，一名洭水，出桂陽，通四會。師古曰：湟，音皇。樓船將軍楊僕出豫章，下湞水；應劭曰：湞水出南海龍川西，入秦水。水經：湞水逕桂陽郡之湞陽縣南，而右注溱水。湞，鄭氏曰：湞，音檉；孟康曰：湞，音貞；師古曰：湞，丈庚翻。歸義越侯嚴爲戈船將軍，出零陵，下離水；張晏曰：嚴故越人，降，爲歸義侯。越人於水中負人船，又有蛟龍之害，故置戈於船下，因以爲名。臣瓚曰：伍子胥書有戈船，以載干戈，因謂之戈船也。師古曰：以樓船之例言之，非謂載干戈也，此蓋船下安戈以禦蛟鼉水蟲之害，張說近之。貢父曰：船下安戈旣難措置，又不可以行；今造舟船甚多，未嘗有置戈者。顏北人，不曉行船，故信張說；蓋瓚說是。余據表無歸義越侯嚴。零陵本屬桂陽，帝分置郡；唐爲永、道二州。灕水，班志：出零陵縣陽海山東南，至廣信入鬱水。甲爲下瀨將軍，下蒼梧；服虔曰：甲故越人歸漢者。臣瓚曰：瀨，湍也；吳、越謂之瀨，中國謂之磧。伍子胥書有下瀨船。瀨，音賴。蒼梧本越地，帝始置郡，有灕水關；唐梧、賀、康、端、封之地。皆將罪人，江、淮以南樓船十萬人。越馳義侯遺別將巴、蜀罪人，發夜郎兵，下牂柯江，咸會番禺。

齊相卜式上書，請父子與齊習船者往死南越。天子下詔褒美式，賜爵關內侯，金六十斤，田十頃，布告天下；天下莫應。是時列侯以百數，皆莫求從軍擊越。會九月嘗酎，祭宗廟，列侯以令獻金助祭。少府省金，金有輕及色惡者，上皆令劾以不敬，奪爵者百六人。如淳曰：漢儀注：王子爲侯，歲以黃金嘗酎於漢廟，皇帝臨受獻金，金少，不如斤兩，色惡，王削縣，侯免國。余據當時失侯者列侯、王子侯共一百六人，蓋不特王子侯有酎金也。酎，直又翻。省，悉景翻。劾，戶概翻。辛巳，丞相趙周坐知列侯酎金輕，下獄，自殺。下，遐嫁翻。

6 丙申，以御史大夫石慶爲丞相，封牧丘侯。恩澤侯表，牧丘侯食邑平原。時國家多事，桑弘羊等致利，王溫舒之屬峻法，而兒寬等推文學，皆爲九卿，更進用事；更，工衡翻。事不關決於丞相，丞相慶醇謹而已。師古曰：醇，專厚也。

7 五利將軍裝治行，東入海求其師。既而不敢入海，之太山祠。上使人隨驗，實無所見。五利妄言見其師，其方盡多不售，師古曰：售，應當也；不售者，無驗也。坐誣罔，腰斬；樂成侯亦棄市。

8 西羌衆十萬人反，與匈奴通使，使，疏吏翻。攻故安，圍枹罕。故安縣屬涿郡，西羌之兵安能至此！當作「安故」。班志，安故、枹罕二縣，皆屬隴西郡。枹罕，故罕羌邑。宋白曰：安故故城，在蘭州南。枹罕，今河州治所。枹，音膚。罕，如字。匈奴入五原，五原，卽秦九原郡，帝更名；唐爲鹽州。宋白曰：五原郡有原五所，故名，謂龍遊原、乞地于原、青嶺原、岢嵐貞原、横槽原也。五原故城，在今榆林縣界。殺太守。守，式又翻；下同。

六年（庚午、前一一一）

1 冬，發卒十萬人，遣將軍李息、郎中令徐自爲征西羌，平之。

2 樓船將軍楊僕入越地，先陷尋陿，陿，作陝音。姚氏曰：尋陿在始興西三百里，近連口也。陿，音狹。破石門，石門在番禺西北二十里。郡國志：呂嘉拒漢，積石江中爲門，因名石門。挫越鋒，以數萬人待伏波將軍路博德至俱進，樓船居前，至番禺。南越王建德、相呂嘉城守。樓船居東南面，伏波居西北面。會暮，樓船攻敗越人，縱火燒城。敗，補賣翻。伏波爲營，師古曰：設營壘以待降者。遣使者招降者，賜印綬，復縱令相招。師古曰：來降者卽賜以侯印，而放令還，更相招諭。復，扶又翻。樓船力攻燒敵，驅而入伏波營中。黎旦，城中皆降。建德、嘉已夜亡入海，伏波遣人追之。校尉司馬蘇弘得建德，越郎都稽得嘉。孟康曰：越中所自置郎也。考異曰：史記漢書表皆作「孫都」，南越傳皆云「都稽」，今從傳。戈船、下瀨將軍兵及馳義侯所發夜郎兵未下，南越已平矣。遂以其地爲南海、蒼梧、鬱林、合浦、交趾、九眞、日南、珠厓、儋耳九郡。南海，唐廣州、循州之地。蒼梧，註見上。鬱林，唐桂州、鬱林、黨、繡州之地。合浦，唐廉、雷、潘州之地。交趾，唐安南之地。杜佑曰：南方夷人，其足大，指開廣；若並足而立，其指交，故名交趾。劉欣期交州記曰：交趾之人出南定縣，足骨無節，身有毛，臥者更扶乃得起。山海經：交脛國爲人交脛。郭璞曰：脚脛曲戾相交，所謂「雕題、交趾」也。九眞，唐愛州之地。日南，唐驩州之地。師古曰：言其在日之南，所謂開北戶以向日者。珠厓、儋耳，唐瓊管之地。應劭曰：二郡在大海厓岸之邊，出眞珠，故曰珠厓。儋耳者，種大耳，其渠率自謂王者，耳尤緩，下肩三寸。張晏曰：異物志，二郡在海中，東西千里，南北五百里。儋耳之人，鏤其頰皮，上連耳匡，分爲數支，狀如羊腸，累耳而下垂。賢曰：儋耳故城，即今儋州義倫縣。儋，丁甘翻。臣瓚曰：珠厓郡治瞫都，去長安七千三百一十四里，儋耳去長安七千三百三十五里，見茂陵書。師還，上益封伏波；封樓船爲將梁侯，蘇弘爲海常侯，都稽爲臨蔡侯，徐廣曰：海常在東萊。余以王子侯表參考，則海常侯當食邑琅邪。功臣表，臨蔡侯食邑河內。及越降將蒼梧王趙光等四人皆爲侯。趙光封隨桃侯，史定封安道侯，畢取封膫侯，居翁封湘城侯。考異曰：凡此等封侯者，年表皆有月日，爲其先後難齊，故盡附於立功之處；後倣此。

3 公孫卿候神河南，言見仙人跡緱氏城上。班志，緱氏縣屬河南郡。宋白曰：漢緱氏縣故城，在今縣東南二十五里。緱，工侯翻。春，天子親幸緱氏城視跡，問卿：「得毋效文成、五利乎？」卿曰：「仙者非有求人主，人主者求之；其道非寬假，神不來。言神事如迂誕，師古曰：迂，回遠也。誕，大言也。積以歲月，乃可致也。」上信之。於是郡、國各除道，繕治宮觀、名山、神祠以望幸焉。觀，古玩翻。

4 賽南越，祠泰一、后土，始用樂舞。據郊祀志，五年秋，爲伐南越告禱太一，故今賽祠。賽，先代翻。

5 馳義侯發南夷兵，欲以擊南越。且蘭君恐遠行且蘭亦南夷種，帝開爲縣，屬牂柯郡。且，音苴；子閒翻。旁國虜其老弱，乃與其衆反，殺使者及犍爲太守。犍，渠延翻。守，式又翻。漢乃發巴、蜀罪人當【嚴：「當」改「嘗」。】擊南越者八校尉，遣中郎將郭昌、衛廣將而擊之，將，卽亮翻。誅且蘭及邛君、莋侯，邛君，邛都之君。莋侯，莋都之君。莋，才各翻；下同。遂平南夷爲牂【章：十四行本「牂」作「牂」，乙十一行本同。】柯郡。夜郎侯始倚南越，南越已滅，夜郎遂入朝，朝，直遙翻。上以爲夜郎王。冉駹皆振恐，請臣置吏，乃以邛都爲越嶲郡，邛，渠容翻。越嶲郡，唐爲嶲州。嶲，音髓。莋都爲沈黎郡，服虔曰：今蜀郡北部都尉所治本莋都。臣瓚曰：茂陵書，沈黎治莋都，去長安三千三百三十五里。唐爲黎州地。冉駹爲汶山郡，駹，莫江翻。應劭曰：今蜀郡㟭山本冉駹地。宣帝地節四年，省㟭山郡幷蜀，今茂州諸羌之地是也。華陽國志：汶山，南接漢嘉，西接涼州酒泉，北接陰平，皆其地也。唐置茂州汶山縣。註云，有岷山。類篇：汶，音岷。又據史記夏紀引禹貢「岷、嶓既藝」及「岷山之陽」及「岷山導江」之「岷」皆作「汶」，蓋漢時古字通用也。康曰汶，音問，非也。廣漢西白馬爲武都郡。高祖置廣漢郡；唐爲梓州。白馬居武都仇池，班志所謂天池大澤。括地志：隴右成州、武州皆白馬氐，其豪族楊氏居成州仇池山上。武都郡，唐階、成、武等州地。

6 初，東越王餘善上書，請以卒八千人從樓船擊呂嘉；兵至揭陽，班志，揭陽縣屬南海郡；唐為潮州。韋昭曰：揭，其逝翻。蘇林音揭，師古音竭。以海風波爲解，不行，持兩端，陰使南越。使，疏吏翻。及漢破番禺，不至。楊僕上書願便引兵擊東越；上以士卒勞倦，不許，令諸校屯豫章、梅嶺以待命。徐廣曰：梅嶺在會稽界。索隱曰：徐說非也。按今豫章三十里有梅嶺，在洪崖山，當古驛道。杜佑曰：梅嶺在虔州虔化縣界。括地志：在虔化縣東北一百二十八里。校，戶教翻。餘善聞樓船請誅之，漢兵臨境，乃遂反，發兵距漢道，號將軍騶力等爲吞漢將軍，入白沙、武林、梅嶺，索隱曰：按今豫章北二百里接番陽界，地名白沙，沙東南八十里有武陽亭，東南三十里地名武林，當閩、越之京道。劉昫曰：武林，在蒼梧猛陵縣界，隋分猛陵置武林縣，屬永平郡；唐置龔州。殺漢三校尉。是時，漢使大農張成、故山州侯齒將屯，齒，城陽共王子，坐酎金失侯，故書曰故侯。將，卽亮翻；下僕將同。弗敢擊，卻就便處，皆坐畏懦誅。餘善自稱武帝。

上欲復使楊僕將，爲其伐前勞，爲，于僞翻。以書敕責之曰：「將軍之功獨有先破石門、尋陿，非有斬將搴旗之實也，師古曰：搴，拔取之也。烏足以驕人哉！前破番禺，捕降者以爲虜，降，戶江翻。掘死人以爲獲，是一過也。使建德、呂嘉得以東越爲援，師古曰：以僕不窮追之，故令得以東越爲援也。是二過也。士卒暴露連歲，將軍不念其勤勞，而請乘傳行塞，傳，張戀翻。行，下孟翻。因用歸家，懷銀、黃，垂三組，夸鄉里，是三過也。師古曰：銀，銀印也；黃，金印也。僕爲主爵都尉，又爲樓船將軍，并將梁侯，故爲三組。組，印綬也。失期內顧，師古曰：言顧思妻妾也。以道惡爲解，是四過也。問君蜀刀價而陽不知，蜀刀，蜀中所作刀。師古曰：蜀刀，有環者也。挾僞干君，師古曰：干，犯也。是五過也。受詔不至蘭池，蘭池宮在渭城。如淳曰：本出軍時欲使之蘭池宮，頓而不至。明日又不對；假令將軍之吏，問之不對，令之不從，其罪何如？推此心在外，江海之間可得信乎？今東越深入，將軍能率衆以掩過不？」不，讀曰否。僕惶恐對曰：「願盡死贖罪！」上乃遣橫海將軍韓說出句章，班志，句章縣屬會稽郡。史記正義曰：句章故城，在越州鄮縣西一百里。浮海從東方往；樓船將軍楊僕出武林，中尉王溫舒出梅嶺，以越侯爲戈船、下瀨將軍，出若邪、白沙，若邪，時屬會稽山陰縣界；今之若邪溪，在越州東南二十五里，曰五雲溪。以擊東越。

7 博望侯既以通西域尊貴，其吏士爭上書言外國奇怪利害求使。天子爲其絕遠，非人所樂往，聽其言，師古曰：凡人皆不樂去，故有自請爲使者卽聽而遣之。爲，于僞翻。樂，音洛。使，疏吏翻；下同。予節，募吏民，毋問所從來，師古曰：不爲限禁遠近，雖家人私隸並許應募。予，讀曰與。爲具備人衆遣之，爲，于僞翻；下同。以廣其道。來還，不能毋侵盜幣物及使失指，師古曰：乖天子指意。天子爲其習之，輒覆按致重罪，以激怒令贖，師古曰：言其串習，不以爲難，必當更求充使，令立功以贖罪。復求使，使端無窮，而輕犯法。復，扶又翻。使，疏吏翻；下同。其吏卒亦輒復盛推外國所有，言大者予節，言小者爲副，予，讀曰與。故妄言無行之徒皆爭效之。行，下孟翻。其使皆貧人子，私縣官齎物，師古曰：言所齎官物，竊自用之，同於私物。欲賤市以私其利。師古曰：所市之物得利多，故不盡入官也。外國亦厭漢使，人人有言輕重，服虔曰：漢使言於外國，人人輕重不實。度漢兵遠不能至，而禁其食物以苦漢使。師古曰：令其困苦也。度，徒洛翻。漢使乏絕，積怨至相攻擊。而樓蘭、車師，小國當空道，漢出西域有兩道，南道從樓蘭，北道從車師，故二國當漢使空道。師古曰：空，即孔也。攻劫漢使王恢等尤甚，而匈奴奇兵又時遮擊之。使者爭言西域皆有城邑，兵弱易擊。易，以豉翻。於是天子遣浮沮將軍公孫賀將萬五千騎出九原二千餘里，至浮沮井而還；浮沮，匈奴中井名。出軍時，期賀至浮沮井，故以爲將軍之號。下匈河將軍，其義類此。沮，子餘翻。匈河將軍趙破奴將萬餘騎出令居數千里，至匈河水而還；臣瓚曰：匈奴河水，去令居千里。以斥逐匈奴，不使遮漢使，皆不見匈奴一人。乃分武威、酒泉地置張掖、敦煌郡，應劭曰：敦，大也。煌，盛也。張掖，張國臂掖也。敦，音屯。張掖，昆邪王所居地，唐爲甘州。敦煌，唐爲沙州。考異曰：漢書武紀：「元狩二年，渾邪王降，以其地爲武威、酒泉郡。元鼎六年，分置張掖、敦煌郡。」而地理志云：「張掖、酒泉郡，太初元年開；武威郡，太初四年開；敦煌郡，後元元年分酒泉置。」今從武紀。徙民以實之。

8 是歲，齊相卜式爲御史大夫。式既在位，乃言「郡、國多不便縣官作鹽鐵器，苦惡，如淳曰：「苦」或作「盬」，盬，不攻嚴也。臣瓚曰：謂作鐵器民患苦其不好也。師古曰：二說非也。鹽既味苦，器又脆惡，故總云苦惡也。余謂鹽器，則官與牢盆是也；鐵器，則官鑄鐵器是也。苦惡，專指鹽鐵器而言，如說未可厚非。價貴，或強令民買之；而船有算，船算及鹽鐵器，並見上卷四年。強，其兩翻。商者少，物貴。」少，詩沼翻。上由是不悅卜式。

9初，司馬相如病且死，有遺書，頌功德，言符瑞，勸上封泰山。上感其言，會得寶鼎，上乃與公卿諸生議封禪。封禪用希曠絕，莫知其儀，而諸方士又言：「封禪者合不死之名也。漢書作「古不死之名」。黄帝以上，封禪皆致怪物，與神通，秦皇帝不得上封。陛下必欲上，稍上卽無風雨，遂上封矣。」上，時掌翻。師古曰：稍，漸也。上於是乃令諸儒采尚書、周官、王制之文，草封禪儀，數年不成。上以問左內史兒寬，寬曰：「封泰山，禪梁父，昭姓考瑞，帝王之盛節也；父，音甫。然享薦之義，不著于經。師古曰：封禪之享薦也，以非常禮，故經無其文。著，竹筯翻。臣以爲封禪告成，合祛於天地神祇，李奇曰：祛，開散；合，閉也；開閉於天地也。祛，丘居翻。唯聖主所由，制定其當，師古曰：當，猶中也。非羣臣之所能列。今將舉大事，優游數年，使羣臣得人人自盡，師古曰：所言不同，各有執見也。終莫能成。唯天子建中和之極，兼總條貫，金聲而玉振之，師古曰：言振揚德音，如金玉之聲也。以順成天慶，垂萬世之基。」上乃自制儀，頗采儒術以文之。上爲封禪祠器，以示羣儒，或曰「不與古同」，於是盡罷諸儒不用。上又以古者先振兵釋旅，然後封禪。

元封元年（辛未、前一一〇）應劭曰：始封泰山，故改元。

1冬，十月，下詔曰：「南越、東甌，咸伏其辜；西蠻、北夷，頗未輯睦；師古曰：輯，與集同。

集，和也。朕將巡邊垂，躬秉武節，置十二部將軍，親帥師焉。」帥，讀曰率。乃行，自雲陽班志，雲陽縣屬左馮翊。北歷上郡、西河、五原，元朔四年置西河郡，其地自汾、石州西北至塞下。出長城，北登單于臺，杜佑曰：單于臺在雲州雲中縣西北百餘里。至朔方，臨北河；【章：十四行本「河」下有「勒兵十八萬騎，旌旗徑千餘里，以見武節，威匈奴」十九字；乙十一行本同；張校同。】遣使者郭吉告單于曰：「南越王頭已縣於漢北闕。縣，古懸通。今單于能戰，天子自將待邊；將，即亮翻。不能，即南面而臣於漢，何徒遠走亡匿於幕北寒苦無水草之地，毋爲也！」語卒而單于大怒，卒，子恤翻。立斬主客見者，師古曰：主客，主接諸客者也。見者，謂引見郭吉於單于者。而留郭吉，遷之北海上。然匈奴亦讋，讋，之涉翻。師古曰：失氣也。終不敢出。上乃還，祭黃帝冢橋山，應劭曰：橋山在上郡陽周縣。釋兵須如。須如，地名。考異曰：漢書作「涼如」，今從史記。上曰：「吾聞黃帝不死，今有冢，何也？」公孫卿曰：「黃帝已仙上天，羣臣思慕，葬其衣冠。」考異曰：史記、漢書皆云「或對」；漢武故事云「公孫卿對」，今取之。上歎曰：「吾後升天，羣臣亦當葬吾衣冠於東陵乎？」東陵，謂茂陵也。在長安東，故曰東陵。乃還甘泉，類祠太一。師古曰：類祠，謂以事類而祭也。

2 上以卜式不習文章，貶秩爲太子太傅，以兒寬代爲御史大夫。

3 漢兵入東越境，東越素發兵距險，使徇北將軍守武林。樓船將軍卒錢塘轅終古斬徇北將軍。班志，錢唐縣屬會稽郡。師古曰：轅，姓；終古，名。故越衍侯吳陽以其邑七百人反攻越軍於漢陽。越建成侯敖與繇王居股殺餘善，以其衆降。據東越傳，吳陽先在漢，漢使歸喻餘善，餘善不聽。及漢軍至，陽以邑人攻越。書「故越衍侯」者，言其舊爲越衍侯也。越衍侯及建成侯皆東越所封。上封終古爲禦兒侯，孟康曰：禦兒，越中地，今吳南亭是也。國語曰：吾用禦兒臨之。宋祁註云：禦兒，越北鄙，今嘉興。史記正義曰：「禦」，今作「語」。語兒鄉在蘇州嘉興縣南七十里，臨官道。陽爲卯石侯，居股爲東成侯，敖爲開陵侯；又封橫海將軍說爲按道侯，橫海校尉福爲繚嫈侯，東越降將多軍爲無錫侯。「卯石侯」，功臣表作「外石」，食邑於濟南。「東成」作「東城」，屬九江郡。開陵，侯國，屬臨淮郡。「按道」，功臣表作「安道」，食邑於南陽。索隱曰：繚嫈，縣名。師古曰：繚，音遼。嫈，於耕翻。橫海校尉福，城陽共王子海常侯福也，坐法失侯，以今功封繚嫈侯。服虔曰：嫈，音瑩。劉伯莊曰：紆營翻。無錫縣，屬會稽郡。上以閩地險阻，數反覆，數，所角翻。終爲後世患，乃詔諸將悉其民徙於江、淮之間，遂虛其地。虛，如字，康讀曰墟。

4 春，正月，上行幸緱氏，考異曰：封禪書、郊祀志作「三月」；漢書武紀及荀紀皆作「正月」，今從之。禮祭中嶽太室，從官在山下聞若有言「萬歲」者三。荀悅曰：萬歲，神稱之也。從，才用翻。詔祠官加增太室祠，禁無伐其草木，以山下戶三百爲之奉邑。奉，扶用翻。

上遂東巡海上，行禮祠八神。齊人之上疏言神怪、奇方者以萬數，乃益發船，令言海中神山者數千人求蓬萊神人。公孫卿持節常先行，候名山，至東萊，東萊，春秋萊子之國；高祖置萊郡；唐爲登、萊二州之地。言：「夜見大人，長數丈，長，直亮翻。就之則不見，其迹甚大，類禽獸云。」羣臣有言：「見一老父牽狗，言『吾欲見鉅公』，鄭氏曰：鉅公，天子也。張晏曰：天子爲天下父，故曰鉅公。師古曰：鉅，大也。已忽不見。」上既見大迹，未信，及羣臣又言老父，則大以爲仙人也，宿留海上；師古曰：宿留，謂有所須待也。宿，先就翻。留，力就翻。與方士傳車及間使求神仙，人以千數。師古曰：間，微也；隨間隙而行也。

夏，四月，還，至奉高，奉高，泰山郡治所。禮祠地主於梁父。地主，八神之一也。梁父縣屬泰山郡。父，音甫。乙卯，令侍中儒者皮弁、搢紳，射牛行事，續漢志：委貌、皮弁同制，長七寸，高四寸，制如覆盆，前高廣，後卑銳，所謂「夏之母追、殷之章甫」者也。委貌，以皁絹爲之；皮弁，以鹿皮爲之。沈約曰：古者貴賤皆執笏，其有事則搢之於腰帶，所謂「搢紳之士」者，搢笏而垂紳。紳，帶也，長三尺。天子有事必自射牛，示親殺也；今採此禮以爲封禪議。封泰山下東方，考異曰：武紀：「癸卯，上還，登封泰山。」蓋癸卯自海上還，乙卯至泰山行事也。如郊祠泰一之禮。封廣丈二尺，高九尺，廣，古曠翻，度廣曰廣。高，居號翻，度高曰高。其下則有玉牒書，書祕。禮畢，天子獨與侍中、奉車都尉霍子侯上泰山，服虔曰：子侯，霍去病子也。上，時掌翻；下同。亦有封，其事皆禁。明日，下陰道。山北爲陰。丙辰，禪泰山下阯師古曰：阯者，山之基足。阯，音止。東北肅然山，如祭后土禮，天子皆親拜見，見，賢遍翻；下同。衣尚黃，而盡用樂焉。江、淮間茅三脊爲神藉，藉，才夜翻；薦也。五色土益雜封。其封禪祠，夜若有光，晝有白雲出封中。師古曰：雲出於所封之中。天子從禪還，坐明堂，班志，明堂在奉高西南四里。臣瓚曰：郊祀志：初，天子封泰山，泰山東北阯，古時有明堂處，則此所坐者也。明年秋，乃作明堂。羣臣更上壽頌功德。更，互也，工衡翻。詔曰：「朕以眇身承至尊，兢兢焉惟德菲薄，不明于禮樂，故用事八神。遭天地況施，應劭曰：況，賜也。施，與也。言天地神靈乃賜我瑞應。施，式智翻。著見景象，屑然如有聞，臣瓚曰：聞呼萬歲者三，是也。震于怪物，欲止不敢，遂登封泰山，至于梁父，然後升禮肅然。禮，與禪同。自新，嘉與士大夫更始，更，工衡翻；下同。其以十月爲元封元年。行所巡至，博、奉高、蛇丘、歷城、梁父，博與蛇丘屬泰山郡。博縣有泰山廟。岱山在西北。師古曰：蛇，音移。歷城縣屬濟南郡。民田租逋賦，皆貸除之，無出今年算。賜天下民爵一級。」又以五載一巡狩，用事泰山，令諸侯各治邸泰山下。載，子亥翻。治，直之翻；下同。

天子既已封泰山，無風雨，而方士更言蓬萊諸神若將可得，於是上欣然庶幾遇之，復東至海上望焉。幾，居衣翻。復，扶又翻。上欲自浮海求蓬萊，羣臣諫，莫能止。東方朔曰：「夫仙者，得之自然，不必躁求。躁，則到翻。若其有道，不憂不得；若其無道，雖至蓬萊見仙人，亦無益也。臣願陛下第還宮靜處以須之，處，昌呂翻。須，待也。仙人將自至。」上乃止。會奉車霍子侯暴病，一日死。子侯，去病子也，上甚悼之；乃遂去，並海上，並，步浪翻。上，時掌翻。北至碣石，巡自遼西，歷北邊，至九原，五月，乃至甘泉。凡周行萬八千里云。

先是，桑弘羊爲治粟都尉，領大農，原父曰：大司農，舊治粟內史耳，弘羊爲搜粟都尉也。先，悉薦翻。盡管天下鹽鐵。弘羊作平準之法，令遠方各以其物如異時商賈所轉販者賈，音古。爲賦而相灌輸。置平準于京師，都受天下委輸。委，於僞翻。輸，音戍。大農諸官，盡籠天下之貨物，貴卽賣之，賤則買之，欲使富商大賈無所牟大利，如淳曰：牟，取也。而萬物不得騰踊。至是，天子巡狩郡縣，所過賞賜，用帛百餘萬匹，錢金以巨萬計，皆取足大農。弘羊又請【章：十四行本「請」下有「令」字；乙十一行本同；孔本同。】吏得入粟補官及罪人贖罪。山東漕粟益歲六百萬石，一歲之中，太倉、甘泉倉滿，邊餘穀，諸物均輸，帛五百萬匹，民不益賦而天下用饒。於是弘羊賜爵左庶長，黃金再百斤焉。

是時小旱，上令官求雨。卜式言曰：「縣官當食租衣稅而已，師古曰：衣，於既翻。今弘羊令吏坐市列肆，販物求利，烹弘羊，天乃雨。」

5 秋，有星孛于東井，晉天文志：東井八星，天之南門，黃道所經。又曰：東井，雍州分。孛，蒲內翻；下同。後十餘日，有星孛于三台。天文志：魁下六星，兩兩而比，曰三台。望氣王朔言：「候獨見塡星出如瓜，食頃，復入。」塡星，土星也。塡，讀曰鎭。有司皆曰：「陛下建漢家封禪，天其報德星云。」師古曰：德星，卽塡星也。言天以德星報於帝。

6 齊懷王閎薨，無子，國除。閎，元狩六年受封。

資治通鑑卷第二十一

翰林學士朝散大夫右諫議大夫知制誥兼侍講同提舉萬壽觀公事兼判集賢院上護軍河内郡開國侯食邑一千三百户賜紫金魚袋臣司馬光　奉敕編集
後學天台胡三省　音註

漢紀十三

起玄默涒灘（壬申），盡玄默敦牂（壬午），凡十一年。

世宗孝武皇帝下之上

元封二年（壬申、前一〇九）

1 冬，十月，上行幸雍，祠五畤；還，祝祠泰一，以拜德星。師古曰：拜而祠之，加祝辭。

2 春，正月，公孫卿言：「見神人東萊山，若云欲見天子。」天子於是幸緱氏城，緱，工侯翻。拜卿爲中大夫，遂至東萊，宿留之，數日，無所見，宿留，音秀溜。見大人迹云。復遣方士求神怪，采芝藥，以千數。復，扶又翻。時歲旱，天子既出無名，乃禱萬里沙。應劭曰：萬里沙神祠也，在東萊曲城。孟康曰：沙徑三百餘里。杜佑通典：萬里沙在萊州掖縣界。夏，四月，還，過祠泰山。

3 初，河決瓠子，河始決見十八卷元光三年。後二十餘歲不復塞，復，扶又翻。塞，悉則翻；下同。

梁、楚之地尤被其害。被，皮義翻。是歲，上使汲仁、郭昌二卿發卒數萬人塞瓠子河決。天子自泰山還，自臨決河，沈白馬、玉璧于河，沈，持林翻。令羣臣、從官自將軍以下皆負薪，卒塡決河。從，才用翻。卒，子恤翻。築宮其上，名曰宣防宮。導河北行二渠，復禹舊迹，溝洫志：禹導河自積石，歷龍門，南到華陰，東下底柱及孟津、洛、汭，至于大伾。於是禹以爲河所從來者高，水湍悍，難以行平地，數爲敗，乃釃二渠以引其河，北載之高地，過洚水，至於大陸，播爲九河，同爲迎河入勃海。孟康曰：二渠，其一出貝丘西南，南折者也；其一則漯川也。河自王莽時遂空，惟用漯耳。釃，山支翻。漯，吐合翻。而梁、楚之地復寧，無水災。

4 上還長安。

5 初令越巫祠上帝、百鬼，而用雞卜。越俗用雞卜。李奇曰：持雞骨卜，如鼠卜。史記正義曰：雞卜法，用雞一、狗一，生祝願訖，卽殺雞狗，煮熟又祭，獨取雞兩眼骨，上自有孔，裂似人物形則吉，不足則凶。今嶺南猶行此法。范成大桂海虞衡志：雞卜，南人占法，以雄雞雛執其兩足，焚香禱所占，撲雞殺之，拔兩股骨，淨洗，線束之，以竹筳插束處，使兩骨相背於筳端，執竹再祝。左骨爲儂，儂，我也。右骨爲人，人，所占事也。視兩骨之側所有細竅，以細竹筳長寸餘徧插之，斜直偏正，各隨竅之自然，以定吉凶。法有十八變，大抵直而正、或近骨者多，吉；曲而斜、或遠骨者多，凶。亦有用雞卵卜者，握卵以卜，書墨於殼，記其四維；煮熟橫截，視當墨處，辨殼中白之厚薄以定儂、人吉凶。

6 公孫卿言仙人好樓居，好，呼到翻。於是上令長安作蜚廉、桂觀，甘泉作益壽、延壽觀，應劭曰：蜚廉，神禽名，能致風氣。晉灼曰：身似鹿，頭如爵，有角，而蛇尾，文如豹文。「桂觀」，漢志作「桂館」。師古曰：蜚廉、桂館、益壽、延壽，四館名。觀，古玩翻。使卿持節設具而候神人。又作通天莖臺，通天臺在甘泉宮。漢舊儀曰：臺高五十丈，去長安二百里，望見長安城。置祠具其下。更置甘泉前殿，益廣諸宮室。

7 初，全燕之世，嘗略屬眞番、朝鮮，徐廣曰：遼東有番汙縣。應劭曰：玄菟本眞番國。番，普安翻。張晏曰：朝鮮有濕水、洌水、汕水三水，合爲洌水。疑樂浪、朝鮮取名於此。括地志：高麗都平壤城，本樂浪郡王險城；又古云朝鮮。索隱曰：按朝，音潮，直驕翻。鮮，音仙，以有汕水故也。汕，一音訕。爲置吏，築障塞。爲，于僞翻；下同。秦滅燕，屬遼東外徼。徼，吉弔翻。漢興，爲其遠難守，復修遼東故塞，至浿水爲界，班志，浿水出遼東塞外，西南至樂浪縣西入海。水經：浿水出樂浪鏤方縣，東南過臨浿縣，東入海。酈道元註曰：滿自浿水而至朝鮮，若浿水東流，無渡浿之理。余訪蕃使，言城在浿水之陽，其水西流，逕樂浪郡朝鮮縣，故志曰浿水西至增地縣入海，經誤。浿，普蓋翻，又滂沛翻，普大翻。杜佑曰：浿，滂拜翻。屬燕。燕王盧綰反，入匈奴。見十二卷高祖十三年。燕人衞滿亡命，聚黨千餘人，椎髻、蠻夷服而東走出塞，渡浿水，居秦故空地上下障，稍役屬眞番、朝鮮蠻夷及燕亡命者王之，王，于況翻。都王險。韋昭曰：王險，故邑名。應劭曰：遼東有險瀆縣，卽滿所都，因水險，故曰險瀆。臣瓚曰：王險在樂浪郡浿水之東。師古曰：瓚說是。賢曰：卽平壤城。會孝惠、高后時，天下初定，遼東太守卽約滿爲外臣，保塞外蠻夷，無使盜邊；諸蠻夷君欲入見天子，勿得禁止。見，賢遍翻；下同。以故滿得以兵威財物侵降其旁小邑，真番臨屯皆來服屬，臨屯，帝後開爲郡。註見下三年。降，戶江翻。方數千里。傳子至孫右渠，所誘漢亡人滋多，又未嘗入見；誘，音酉。見，賢遍翻；下同。辰國欲上書見天子，又雍閼不通。師古曰：辰國，卽辰韓之國。雍，讀曰壅。閼，一曷翻。是歲，漢使涉何誘諭，涉，姓也。左傳晉有大夫涉佗。右渠終不肯奉詔。何去至界上，臨浿水，使御刺殺送何者朝鮮裨王長，刺，七亦翻。卽渡，馳入塞，遂歸報天子曰：「殺朝鮮將。」上爲其名美，將，卽亮翻。爲，于僞翻；下同。卽不詰，拜何爲遼東東部都尉。遼東東部都尉治武次縣。朝鮮怨何，發兵襲攻殺何。

8 六月，甘泉房中產芝九莖，時芝產於甘泉齋房，九莖連葉。論衡：芝生於土，土氣和則芝草生。瑞命記：王者慈仁則芝草生。上爲之赦天下。

9 上以旱爲憂，公孫卿曰：「黃帝時，封則天旱，乾封三年。」上乃下詔曰：「天旱，意乾封乎！」乾，音干。

10 秋，作明堂於汶上。班志，泰山郡萊蕪縣。禹貢：汶水出西南入濟。桑欽所言又曰：琅邪郡朱虛縣東泰山，汶水所出，東至安丘入濰；有五帝祠。師古曰：前言汶水出萊蕪入濟，此又言出朱虛入濰，將桑欽所言有異，或者有二汶水乎？余據班志，明堂在泰山奉高縣西南四里；又禹貢，「浮于汶，達于濟」；此明堂當在濟之汶上。琅邪之汶入于濰，而濰入于海，其地僻遠，非立明堂處。汶，音問。

11 上募天下死罪爲兵，遣樓船將軍楊僕從齊浮渤海，僕從齊浮渤海。蓋自青、萊以北，幽、平以南，皆濱於海，其海通謂之渤海，非指渤海郡而言也。左將軍荀彘出遼東，以討朝鮮。

12 初，上使王然于以越破及誅南夷兵威喻滇王入朝。滇王者，其衆數萬人，其旁東北有勞深、靡莫，皆同姓相杖，未肯聽。杖，直亮翻。勞深、靡莫數侵犯使者吏卒。數，所角翻。於是上遣將軍郭昌、中郎將衛廣發巴、蜀兵擊滅勞深、靡莫，以兵臨滇。滇王舉國降，請置吏入朝，於是以爲益州郡，續漢志：益州郡去雒陽五千六百里。魏、晉爲南中、寧州之地，唐爲昆州、姚州之地，後沒于南詔。師古曰：唐南寧州、昆州、裒州也。降，戶江翻。朝，直遙翻。賜滇王王印，復長其民。復，扶又翻，又如字。長，丁丈翻。

是時，漢滅兩越，平西南夷，置初郡十七，臣瓚曰：元鼎六年，定南越地，以爲南海、鬱林、蒼梧、合浦、九眞、日南、交趾、珠厓、儋耳郡；定西南夷，以爲武都、牂柯、越巂、沈黎、汶山郡；及地里志、西南夷傳所置犍爲、零陵、益州郡，凡十七。且以其故俗治，毋賦稅。南陽、漢中以往郡，各以地比，給初郡吏卒奉食、幣物、傳車、馬被具。師古曰：地比，謂依其次第，自近及遠。比，頻寐翻。奉，扶用翻。傳，張戀翻。被，皮義翻。而初郡時時小反，殺吏，漢發南方吏卒往誅之，間歲萬餘人，費皆仰給大農。大農以均輸、調鹽鐵助賦，故能贍之。然兵所過，縣爲以訾給毋乏而已，訾，讀曰資。不敢言擅賦法矣。帝初擊胡，大司農賦稅專以奉戰士，故有擅賦之法。

13 是歲，以御史中丞南陽杜周爲廷尉。姓譜：杜本陶唐氏劉累之後，在周爲唐杜氏，有杜伯。周外寬，內深次骨，李奇曰：其用法深刻至骨。其治大放張湯。言大抵依放張湯也。放，甫往翻。時詔獄益多，二千石繫者，新故相因，不減百餘人；廷尉一歲至千餘章，章者，諸獄告劾之書，上之廷尉者也。章大者連逮證案數百，小者數十人，遠者數千、近者數百里會獄。師古曰：往赴對也。廷尉及中都官詔獄逮至六七萬人，師古曰：中都官，凡京師諸官府也；獄辭所及進考問者六七萬人也。吏所增加，十萬餘人。師古曰：吏又於此外以文致之更增也。

三年（癸酉、前一〇八）

1 冬，十二月，雷；雨雹，大如馬頭。雨，于具翻。

2 上遣將軍趙破奴擊車師。破奴與輕騎七百餘先至，虜樓蘭王，遂破車師，因舉兵威以困烏孫、大宛之屬。宛，於元翻。春，正月，甲申，封破奴爲浞野侯。王恢佐破奴擊樓蘭，封恢爲浩侯。從票侯趙破奴，元鼎五年坐酎金失侯，今以功復封浞野侯。浞野侯、浩侯，功臣表不書所食邑。浞，士角翻。於是酒泉列亭障至玉門矣。

3 初作角牴戲、魚龍曼延之屬。文穎曰：名此樂爲角牴，兩兩相當，角力、角技藝射御，蓋雜技樂也。師古曰：魚龍者，爲舍利之獸，先戲於庭極。畢，乃入殿前，化成比目魚，跳躍漱水，作霧障日。畢，化成黃龍八丈，散戲於庭，炫耀日光。西京賦云：「海鱗變而成龍」，卽謂此也。曼延，卽西京賦所謂「巨獸百尋，是爲曼延」者也。延，弋戰翻。

4 漢兵入朝鮮境，朝鮮王右渠發兵距險。樓船將軍將齊兵七千人先至王險。右渠城守，窺知樓船軍少，守，式又翻。少，詩沼翻。即出城擊樓船；樓船軍敗散，遁山中十餘日，稍求退【嚴：「退」改「收」。】散卒，復聚。左將軍擊朝鮮浿【章：十四行本「浿」作「浿」；孔本同；張校同；退齋校同。下三見均同。】水西軍，未能破。天子爲兩將未有利，爲，于僞翻。乃使衞山因兵威往諭右渠。右渠見使者，頓首謝：「願降，恐兩將詐殺臣；今見信節，請復降。」復，扶又翻。降，戶江翻；下同。遣太子入謝，獻馬五千匹，及饋軍糧；人衆萬餘，持兵方渡浿水。使者及左將軍疑其爲變，謂太子：「已服降，宜令人毋持兵。」太子亦疑使者、左將軍詐殺之，遂不渡浿水，復引歸。山還報天子，天子誅山。

左將軍破浿水上軍，乃前至城下，圍其西北，樓船亦往會，居城南。右渠遂堅守城，數月未能下。左將軍所將燕、代卒多勁悍，樓船將齊卒已嘗敗亡困辱，卒皆恐，將心慚，將，即亮翻。悍，下罕翻，又侯旰翻。其圍右渠，常持和節。左將軍急擊之，朝鮮大臣乃陰間使人私約降樓船，陰，暗密也。間，空隙也。言暗密遣使投空隙而出，與樓船約降。間，古莧翻。往來言尚未肯決。左將軍數與樓船期戰，數，所角翻；下同。樓船欲就其約，不會。左將軍亦使人求間隙降下朝鮮，朝鮮不肯，心附樓船，以故兩將不相能。左將軍心意樓船前有失軍罪，意，疑也，億度也，料也。今與朝鮮私善，而又不降，疑其有反計，未敢發。

天子以兩將圍城乖異，兵久不決，使濟南太守公孫遂往正之，濟，子禮翻。考異曰：史記作「征之」，蓋字誤；今從漢書。有便宜得以從事。遂至，左將軍曰：「朝鮮當下，久之不下者，樓船數期不會。」具以素所意告，曰：「今如此不取，恐爲大害。」遂亦以爲然，乃以節召樓船將軍入左將軍營計事，卽命左將軍麾下執樓船將軍，并其軍；以報天子，天子誅遂。考異曰：漢書作「許遂」。按左將軍亦以爭功相嫉乖計棄市，則武帝必以遂執樓船爲非，漢書作「許」，蓋字誤，今從史記。

左將軍已并兩軍，卽急擊朝鮮。朝鮮相路人、相韓陰、考異曰：漢書「陰」作「陶」，今從史記。尼谿相參、將軍王唊應劭曰：凡五人；戎狄不知官紀，故皆稱相。師古曰：相路人，一也，相韓陶，二也，尼谿相參，三也，將軍王唊，四也，應氏乃云五人，失之矣，不當尋下文乎！余據「韓陶」今作「韓陰」，蓋從史記。相，息亮翻。唊，音頰。相與謀曰：「始欲降樓船，樓船今執，獨左將軍并將，將，卽亮翻。戰益急，恐不能與戰；王又不肯降。」陰、唊、路人皆亡降漢，路人道死。夏，尼谿參使人殺朝鮮王右渠來降。王險城未下，故右渠之大臣成已又反，復攻吏。復，扶又翻。左將軍使右渠子長、降相路人之子最師古曰：右渠之子名長。路人先已降漢而死於道，故謂之降相，最者其子名。告諭其民，誅成已。以故遂定朝鮮，爲樂浪、臨屯、玄菟、眞番四郡。樂浪郡治朝鮮縣，蓋以右渠所都爲治所也。臣瓚曰：茂陵書：臨屯郡治東暆縣，去長安六千一百三十八里，領十五縣。玄菟郡，本高句驪也，旣平朝鮮，併開爲郡，治沃沮城，後爲夷貊所侵，徙郡句驪西北。眞番郡治霅縣，去長安七千六百四十里，領十五縣。余據後廢臨屯、眞番二郡。班志，東暆縣屬樂浪。霅縣無所考。樂，音洛。浪，音狼。封參爲澅清侯，功臣表：澅清侯食邑於齊。澅，音獲，又戶卦翻。陰爲萩苴侯，班書功臣表作「荻苴侯」，食邑於勃海。此從史記作「萩」，音秋。苴，子餘翻。唊爲平州侯，功臣表：平州侯食邑於泰山梁父縣。長爲幾侯，功臣表作「幾侯張洛」，食邑於河東。最以父死頗有功，爲涅陽侯。涅陽縣屬南陽郡。涅，乃結翻。左將軍徵至，坐爭功相嫉乖計，棄市。樓船將軍亦坐兵至列口，班志，列口縣屬樂浪郡。郭璞曰：山海經，列水在遼東。余謂其地當列水入海之口。當待左將軍，擅先縱，失亡多，當誅，贖爲庶人。

班固曰：玄菟、樂浪，本箕子所封。武王封箕子於朝鮮。昔箕子居朝鮮，教其民以禮義，田蠶織作，爲民設禁八條，爲，于僞翻。相殺，以當時償殺；相傷，以穀償；相盜者，男沒入爲其家奴，女爲婢；欲自贖者人五十萬，雖免爲民，俗猶羞之，嫁娶無所售。是以其民終不相盜，無門戶之閉，婦人貞信不淫辟。辟，讀曰僻。其田野飲食以籩豆，都邑頗放效吏，往往以杯器食。放，甫往翻。郡初取吏於遼東，吏見民無閉臧，臧，讀曰藏。及賈人往者，賈，音古。夜則爲盜，俗稍益薄，今於犯禁寖多，至六十餘條。可貴哉，仁賢之化也！然東夷天性柔順，異於三方之外。故孔子悼道不行，設浮桴於海，欲居九夷，並見論語。桴，編竹木爲之，大者曰筏，小者曰桴。桴，芳無翻。有以也夫！

5秋，七月，膠西于王端薨。端，景帝子，三年受封。諡法：能優其德曰于。考異曰：荀紀「端」皆作「瑞」，今從漢書。

6武都氐反，分徙酒泉。杜佑曰：氐者，西戎別種。

四年（甲戌、前一〇七）

1冬，十月，上行幸雍，祠五畤。雍，於用翻。畤，音止。通回中道，遂北出蕭關，師古曰：回中在安定高平，有險阻；蕭關在其北。此蓋自回中通道以出蕭關。歷獨鹿、鳴澤，服虔曰：獨鹿，山名；鳴澤，澤名；皆在涿郡遒縣北界。水經註：澤渚方十五里。自代而還，幸河東。春，三月，祠后土，赦汾陰、夏陽、中都死罪以下。

2夏，大旱。

3匈奴自衞、霍度幕以來，度幕見十九卷元狩四年。希復爲寇，復，扶又翻；下同。遠徙北方，休養士馬，習射獵，數使使於漢，數，色角翻。使使，下疏吏翻。好辭甘言求請和親。漢使北地人王烏等窺匈奴，烏從其俗，去節入穹廬，去，羌呂翻。師古曰：穹廬，氈帳也。索隱曰：蓋以氈爲廬，崇穹然。而宋均曰：穹，獸名，亦異說也。單于愛之，佯許甘言，爲遣其太子入漢爲質。質，音致。漢使楊信於匈奴，信不肯從其俗，單于曰：「故約漢嘗遣翁主，給繒絮食物有品，以和親，師古曰：品，謂等差也。而匈奴亦不擾邊。今乃欲反古，師古曰：反，違也。令吾太子爲質，無幾矣。」師古曰：

言遣太子爲質，則匈奴國中所餘者無幾，皆當盡也。余謂匈奴蓋自謂本與漢爲鄰敵之國，今乃令以太子爲質，是其國勢削弱，所餘無幾也。幾，居豈翻。信既歸，漢又使王烏往，而單于復讇以甘言，師古曰：讇，古諂字。欲多得漢財物，紿謂王烏曰：「吾欲入漢見天子面，相約爲兄弟。」王烏歸報漢，漢爲單于築邸于長安。漢爲，于僞翻。匈奴曰：「非得漢貴人使，吾不與誠語。」師古曰：誠，實也。匈奴使其貴人至漢，病，漢予藥，欲愈之，予，讀曰與。不幸而死。漢使路充國佩二千石印綬往使，因送其喪，厚葬，直數千金，曰：「此漢貴人也。」單于以爲漢殺吾貴使者，乃留路充國不歸。諸所言者，單于特空紿王烏，師古曰：特，但也。殊無意入漢及遣太子。於是匈奴數使奇【張：「奇」作「騎」。】兵侵犯漢邊。數，所角翻。乃拜郭昌爲拔胡將軍，及浞野侯屯朔方以東，備胡。

五年（乙亥、前一〇六）

1 冬，上南巡狩，至于盛唐，文穎曰：按地理志不得，疑當在廬江左右，縣名。韋昭曰：在南郡。余據唐地理志，壽州有盛唐縣，蓋以古地名名縣。宋白曰：壽州六安縣，楚之灊也，在漢爲盛唐縣，西十五里有盛唐山。望祀虞舜于九疑。地理志：九疑山在零陵營道縣南，亦名蒼梧山；九峯相似，望而疑之，故曰九疑。相傳舜死於蒼梧，因葬焉，故望祀之。登灊天柱山，班志，灊縣屬廬江郡，天柱山在南，帝以爲南嶽。灊，音潛。唐之舒州。自尋陽浮江，班志，尋陽縣屬廬江郡。禹貢九江在南，皆東合爲大江。沈約曰：尋陽，因水名縣，水南注江。余據漢尋陽縣在大江之北，自晉立尋陽郡於江南之柴桑，而江北尋陽之名遂晦。杜佑曰：漢舊尋陽縣在江北，今蘄春郡界；晉溫嶠移於江南。**親射蛟江中，獲之。**師古曰：蛟，龍屬也。郭璞説其狀云：「似蛇而有脚，細頸有白嬰，大者數圍，卵生，子如二石大甕，能吞人。」射，而亦翻。**舳艫千里，薄樅陽而出，**李斐曰：舳，舡後持柂處；艫，船前刺櫂處。言其船多，前後相銜，千里不絕也。舳，音逐。艫，音盧。班志，樅陽縣屬廬江郡。宋白曰：舒州桐城縣，漢爲樅陽縣也；梁置樅陽郡。師古曰：樅，千容翻。**遂北至琅邪，**琅邪郡，秦置；唐爲沂州，其餘地入海、萊、密州界。**並海，**並，步浪翻。**所過禮祠其名山大川。春，三月，還至太山，增封。甲子，始祀上帝於明堂，配以高祖；因朝諸侯王、列侯，受郡、國計。**師古曰：計，若今之諸州計帳也。朝，直遙翻。**夏，四月，赦天下，所幸縣毋出今年租賦。還，幸甘泉，郊泰畤。**

2**長平烈侯衛青薨。**考異曰：漢武故事云：「大將軍四子皆不才，皇后每因太子涕泣請上削其封。上曰：『吾自知之，不令皇后憂也。』少子竟坐奢淫誅。上遣謝后，通削諸子封爵，各留千戶焉。」按青四子無坐奢淫誅者，此説妄也。**起冢，象廬山。**廬山，蓋卽盧山。楊雄所謂「塡盧山之壑」者也。師古曰：盧山，匈奴中山名。衛青冢在茂陵東，次霍去病冢之西，相併者是也。

3**上既攘卻胡、越，開地斥境，乃置交趾、朔方之州，及冀、幽、并、兗、徐、青、揚、荆、豫、益、涼等州，凡十三部，皆置刺史焉。**續漢志：秦有監郡御史，監諸郡；漢興省之，但遣丞相史分刺諸州，無常官。孝武帝初置刺史十三人，秩六百石。古今註曰：常以春分行部，郡、國各遣一吏迎界上。漢舊儀曰：詔書舊典，刺史班宣，周行郡國，省察治政，黜陟能否，斷理冤獄，以六條問事，非條所問，卽不省。一條，強宗豪右田宅踰制，以強陵弱，以衆暴寡。二條，二千石不奉詔書、遵承典制，倍公向私，旁詔牟利，侵漁百姓，聚斂爲姦。三條，二千石不卹疑獄，風厲殺人，怒則任刑，喜則任賞，煩擾苛暴，剝戮黎元，爲百姓所疾；山崩石裂，妖祥訛言。四條，二千石選置不平，苟阿所愛，蔽賢寵頑。五條，二千石子弟怙恃榮勢，請託所監。六條，二千石違公下比，阿附豪強，通行貨賂，割損政令。續漢志又曰：諸州常以八月巡行郡國，錄囚徒，考殿最。初，歲盡詣京都奏事，中興，但因計吏。與古今註異。據晉志，帝改禹貢雍州曰涼州，梁州曰益州，又置徐州，復禹貢舊號，北置朔方，南置交阯，與荆、揚、兗、豫、青、冀、幽、幷爲十三州。春秋元命包及晉書地理志，昴、畢散爲冀州。其地有險有易，帝王所都，亂則冀安，弱則冀強，荒則冀豐。箕星散爲幽州，言北方太陰，故以幽冥爲號。營室流爲幷州，不以衞水爲號，又不以恆山爲稱，而云幷者，蓋以其在兩谷之間也。五星流爲兗州。端也，信也；又云，蓋取沇水以名焉。天氐流爲徐州，蓋取舒緩之義；或云因徐丘以立名。虛、危流爲青州；周禮曰：正東曰青州，蓋取地居少陽，其色青，故名。牽牛流爲揚州，以爲江南之氣躁勁，厥性輕揚；亦云州界多水，水波輕揚也。軫星散爲荆州，強也，言其氣躁強；亦曰警也，言南蠻數爲寇逆，其人有道後服，無道先強，常警備也；又云，取名於荆山。鉤鈐星別爲豫州；豫者，舒也，言稟中和之氣，性理安舒也。參、伐流爲益州；益之言阨，言其所在之地險阨；亦曰疆壤益大，故以名焉。涼州，以地處西方，常寒涼也。

4 上以名臣文武欲盡，乃下詔曰：「蓋有非常之功，必待非常之人。故馬或奔踶而致千里，師古曰：奔，走也。踶，蹈也。奔踶者，乘之則奔，立則踶人也。踶，徒計翻。士或有負俗之累而立功名。晉灼曰：負俗，謂被世譏論也。累，力瑞翻。夫泛駕之馬，師古曰：泛，覆也；與覂同。言馬有逸氣者多能覆車。泛，方勇翻。跅弛之士，如淳曰：士行有卓異不入俗，弛而見斥逐者。師古曰：跅者，跅落無檢局也；弛者，放廢不遵法度也。跅，音拓。弛，式爾翻。亦在御之而已。其令州、郡察吏、民有茂才、異等應劭曰：舊言秀才，避光武諱稱茂才。異等者，超等軼羣，不與凡同也。師古曰：茂，美也。可爲將、相及使絕國者。」使，疏吏翻。

六年（丙子、前一〇五）

1 冬，上行幸回中。

2 春，作首山宮。應劭曰：首山在上郡，於其下立宮廟也。文穎曰：在河東蒲坂界。師古註漢書曰：尋此下詔文及依地理志，文說是。

3 三月，行幸河東，祠后土，赦汾陰殊死以下。

4 漢既通西南夷，開五郡，五郡：犍爲、越巂、沈黎、汶山、益州。欲地接以前通大夏，歲遣使十餘輩出此初郡，皆閉昆明，杜佑曰：昆明在越巂西南，諸爨所居。爲所殺，奪幣物。於是天子赦京師亡命，令從軍，遣拔胡將軍郭昌將以擊之，斬首數十萬。後復遣使，竟不得通。將，卽亮翻。復，扶又翻。

5 秋，大旱，蝗。

6 烏孫使者見漢廣大，歸報其國，元鼎二年，烏孫遣使隨張騫入謝天子。其國乃益重漢。匈奴聞烏孫與漢通，怒，欲擊之；又其旁大宛、月氏之屬皆事漢；烏孫於是恐，使使願得尚漢公主，爲昆弟。天子與羣臣議，許之。烏孫以千匹馬往【章：十四行本無「往」字；乙十一行本同；孔本同。】聘漢女。漢以江都王建女細君爲公主，往妻烏孫，江都王建，易王非之子。妻，七細翻；下同。贈送甚盛；烏孫王昆莫以爲右夫人。匈奴亦遣女妻昆莫，以爲左夫人。公主自治宮室居，治，直之翻。歲時一再與昆莫會，置酒飲食。昆莫年老，言語不通，公主悲愁思歸，天子聞而憐之，間歲遣使者以帷帳錦繡給遺焉。師古曰：間歲者，謂每隔一歲而往也。間，古莧翻。遺，于季翻。昆莫曰：「我老，」欲使其孫岑娶尚公主。史記作「岑娶」，漢書作「岑陬」。師古曰：岑，士林翻。陬，子侯翻。余據漢書，岑陬者，其官名也，本名軍須靡。公主不聽，上書言狀。天子報曰：「從其國俗，欲與烏孫共滅胡。」岑娶遂妻公主。昆莫死，岑娶代立，爲昆彌。烏孫建國之王曰昆莫。班史云：昆莫，王號也，名獵驕靡，後書「昆彌」云。顏註曰：昆莫本是王號，而其人名獵驕靡。故書云昆彌；昆取昆莫，彌取驕靡，彌、靡音有輕重耳，蓋本一也。後遂以昆彌爲王號。滅，綿結翻。

是時，漢使西踰葱嶺，抵安息。安息發使，以大鳥卵及黎軒善眩人獻于漢，應劭曰：大鳥卵如一二石甕。師古曰：如汲水甕，無一二石也。郭義恭廣志曰：大爵，頸及身、膺、蹄都似橐駝，舉頭高七八尺，張翅丈餘，食大麥，其卵如甕，卽今之駝鳥也。黎軒，亦曰黎靬，東漢爲大秦國，唐爲拂菻國，在安息、烏弋之西，隔大海。眩，與幻同，卽今吞刀、吐火、植瓜、種樹、屠人、截馬之術皆是。魚豢魏略曰：大秦國，俗善幻，口中出火，自縛自解，跳十二丸，巧妙非常。靬，音軒，又鉅連翻。及諸小國驩潛、大益、車〔姑〕師、扜罙、蘇韰之屬據史記，驩潛、大益在大宛西。扜罙國治扜罙城，去長安九千二百八十里，西通于窴三百九十里，後漢曰寧罙。蘇韰，康居小王國，治蘇韰城，去陽關凡八千二十五里。扜，音烏。罙，與彌同。韰，下戒翻。皆隨漢使獻見天子，見，賢遍翻。天子大悅。西國使更來更去，師古曰：遞互來去，前後不絕。更，工衡翻。天子每巡狩海上，悉從外國客，大都、多人則過之，散財帛以賞賜，厚具以饒給之，以覽示漢富厚焉。師古曰：言示之，令其觀覽。大角抵，出奇戲、諸怪物，多聚觀者。師古曰：聚都邑人令觀看，以誇示之。觀，工喚翻；下同。行賞賜，酒池肉林，令外國客偏觀名【嚴：「名」改「各」。】倉庫府藏之積，見漢之廣大，傾駭之。師古曰：見，顯示也。藏，徂浪翻。大宛左右多蒲萄，可以爲酒；多苜蓿，苜蓿，草名。苜，音目。蓿，音宿。天馬嗜之；漢使采其實以來，天子種之於離宮別觀旁，極望。然西域以近匈奴，常畏匈奴使，待之過於漢使焉。近，其靳翻。

7 是歲，匈奴烏維單于死，子烏師廬立，年少，號「兒單于」。自此之後，單于益西北徙，左方兵直雲中，右方兵直酒泉、敦【章：十四行本「敦」作「燉」；乙十一行本同；孔本同。】煌郡。匈奴左方兵本直上谷以東，右方兵直上郡以西，單于庭直代、雲中；今徙去而西北，故左右方亦徙。

太初元年（丁丑、前一〇四）應劭曰：初用夏正，以正月爲歲首，故改元爲太初。

1 冬，十月，上行幸泰山。十一月，甲子朔旦，冬至，祠上帝于明堂。東至海上，考入海及方士求神者莫驗；然益遣，冀遇之。

2 乙酉，柏梁臺災。天火曰災，人火曰火。

3 十二月，甲午朔，上親禪高里，伏儼曰：高里，山名，在泰山下。師古曰：此「高」字自作高下之「高」，而死人之里謂之蒿里，字即爲蓬蒿之「蒿」，或呼爲下里者也。或者既見泰山神靈之府，高里山又在其旁，即誤以高里爲蒿里。混同一事，陸士衡尚不免，況餘人乎？今流俗漢書本有作「蒿」字者，妄增耳。**祠后土，臨勃海，將以望祀蓬萊之屬，冀至殊廷焉。**師古曰：蓬萊，仙人之庭也。**春，上還，以柏梁災，故朝諸侯、受計于甘泉。**師古曰：受郡國所上計簿也。朝，直遙翻。**甘泉作諸侯邸。**

越人勇之曰：「越俗，有火災復起屋，必以大，用勝服之。」於是作建章宮，師古曰：建章宮在未央宮西，俗所呼貞女樓即建章之闕。余據戾太子傳，建章宮在長安城西，周回二十里，上林之地也。括地志：建章宮在雍州長安縣西二十里，長安故城西。**度爲千門萬戶。**度，大各翻。**其東則鳳闕，**三輔黃圖曰：鳳闕高二十五丈。關中記曰：一名別風闕，以言別四方之風。西京賦閶闔之內，別風嶕嶢是也。三輔舊事曰：北有圜闕，高二十丈，上有銅鳳凰，故曰鳳闕也。**高二十餘丈。**高，居豪翻。**其西則唐中，數十里虎圈。**西都賦：前唐中而後太液。索隱曰：如淳云：中唐有甓，鄭玄註：唐，堂庭也。爾雅以廟中路謂之唐，西京賦前開唐中，彌望廣潒是也。毛氏詩傳曰：唐，堂塗也。正義曰：唐，是門內之路。釋宮云，廟中路謂之唐，堂塗謂之陳。班史作「商中」。師古曰：商，金也，於序在秋。如淳謂商中爲商庭，蓋以西方之庭也。數十里，言廣。於菟亦西方之獸，故於此置圈。圈，求遠翻。**其北治大池，漸臺高二十餘丈，命曰太液池，**治，直之翻。漸臺，在太液池中。師古曰：爲水所漸漬，故曰漸臺。漸，子廉翻。臣瓚曰：太液池，言承陰陽津液以作池也。師古曰：太液池者，言其津潤所及廣也。**中有蓬萊、方丈、瀛洲、壺梁，象海中神山、龜魚之屬。**三輔故事：池北面有石魚，長三丈，高五尺。南岸有石鼇三枚，長六尺。**其南有玉堂、璧門、大鳥之屬。**漢武故事：玉堂，基與未央前殿等，去地十二丈。黄圖曰：璧門，薄以璧玉，因曰璧門。大鳥，立條支所產大鳥之象。立神明臺、井幹樓，度五十丈，漢宮閣疏：神明臺，高五十丈，上有九室，置九天，道士百人。然則神明、井幹俱高五十丈也。井幹樓，積木而高爲樓，若井幹之形也。井幹者，井上木欄也，其形或四角，或八角。西京賦井幹疊而百層，卽此樓也。輦道相屬焉。屬，之欲翻。

4 大中大夫公孫卿、壺遂、姓譜：晉大夫受邑壺口，其後以爲氏。太史令司馬遷等言：「曆紀壞廢，箕子敍大法九章，而五紀明曆法，故自古以來，創業改制，咸正曆紀。宜改正朔。」上詔兒寬與博士賜等共議，以爲宜用夏正。漢初用秦正，以建亥之月爲歲首。夏正以建寅之月爲歲首。夏，五月，詔卿、遂、遷等共造漢太初曆，以正月爲歲首，色上黄，數用五，時議者謂漢以土德旺，土色黄而數五，故上黄而用五。張晏曰：用五，謂印文也。若丞相曰「丞相之印章」，諸卿及守、相印文不足五字者，以「之」字足之。定官名，協音律，定宗廟百官之儀，以爲典常，垂之後世云。

5 匈奴兒單于好殺伐，國人不安；又有天災，畜多死。好，呼到翻。畜，許救翻。左大都尉使人間告漢曰：間，古莧翻。「我欲殺單于降漢，降，戶江翻。漢遠，卽兵來迎我，我卽發。」上乃遣因杅將軍公孫敖築塞外受降城以應之。服虔曰：因杅，匈奴地名，因所征以爲將軍之名。杅，與俱翻。受降城在居延北。

6 秋，八月，上行幸安定。元鼎二年置安定郡，屬涼州；唐爲原、會、涇州地。

7 漢使入西域者言：「宛有善馬，在貳師城，張晏曰：貳師，大宛城名。宛，於元翻。匿不肯與漢使。」天子使壯士車令等持千金及金馬以請之。姓譜以爲車姓本於田千秋，據此則已自有車姓。宛王與其羣臣謀曰：「漢去我遠，而鹽水中數敗，服虔曰：鹽水，水名，道從水中行。師古曰：沙磧之中不生草木，水又鹹苦，卽今敦煌西北惡磧者也。數有敗，言每自死亡也。孔文祥曰：鹽澤也，言水廣遠或致風波而數敗也。裴矩西域記曰：鹽水在西州高昌縣東，東南去瓜州一千三百里，並砂磧之地，道路不可準，惟以人畜骸骨及駞馬糞爲標驗，由此數有死亡。出其北有胡寇，出其南乏水草，又且往往而絕邑，師古曰：言近道之處無城郭之居也。乏食者多，漢使數百人爲輩來，而常乏食，死者過半，是安能致大軍乎！無柰我何。貳師馬，宛寶馬也。」遂不肯予漢使。予，讀曰與。漢使怒，妄言，椎金馬而去。謂妄發言以詬詈之，且椎破金馬而去也。宛貴人怒曰：「漢使至輕我！」遣漢使去，令其東邊郁成王遮攻，殺漢使，取其財物。

於是天子大怒。諸嘗使宛姚定漢等言：「宛兵弱，姚，舜姓也。左傳有鄭大夫姚句耳。誠以漢兵不過三千人，強弩射之，射，而亦翻。可盡虜矣。」天子嘗使浞野侯以七百騎虜樓蘭王，以定漢等言爲然；而欲侯寵姬李氏，師古曰：欲封其兄弟。乃拜李夫人兄廣利爲貳師將軍，發屬國六千騎及郡國惡少年數萬人，以往伐宛。師古曰：惡少年，謂無行義者。期至貳師城取善馬，故號貳師將軍。趙始成爲軍正，故浩侯王恢使導軍，而李哆爲校尉，制軍事。哆，昌也翻，索隱音尺奢翻。

臣光曰：武帝欲侯寵姬李氏，而使廣利將兵伐宛，其意以爲非有功不侯，不欲負高帝之約也。夫軍旅大事，國之安危、民之死生繫焉。苟爲不擇賢愚而授之，欲徼幸咫尺之功，藉以爲名而私其所愛，不若無功而侯之爲愈也。然則武帝有見於封國，無見於置將；高祖曰：置將不善，一敗塗地。將，卽亮翻。謂之能守先帝之約，臣曰過矣。

8 中尉王溫舒坐爲姦利，罪當族，自殺；時兩弟及兩婚家婦家曰婚。亦各自坐他罪而族。光祿勳徐自爲曰：帝改郎中令爲光祿勳。應劭曰：光，明也；祿，爵也；勳，功也。如淳曰：胡公曰：勳之言閽也；閽者，古主門官也。光祿主宮門。師古曰：應說是也。「悲夫！古有三族，而王溫舒罪至同時而五族乎！」師古曰：溫舒與兄弟同三族，而兩妻各一，故曰五族也。

9 關東蝗大起，飛西至敦煌。敦煌郡屬涼州，唐瓜州、沙州地。敦，音屯。

二年（戊寅、前一〇三）

1 春，正月，戊申，牧丘恬侯石慶薨。沈約曰：恬亦謚法所不載。

2 閏月，丁丑，以太僕公孫賀爲丞相，封葛繹侯。賀始以功封南奅侯，元鼎五年坐酎金免；今以爲相，封葛繹侯，功臣表不書所食邑。時朝廷多事，督責大臣，自公孫弘後，丞相比坐事死。元狩五年，丞相李蔡有罪自殺。元鼎二年，丞相莊青翟自殺。五年，丞相趙周下獄死。師古曰：比，頻也。比，毗寐翻。石慶雖以謹得終，然數被譴。數，所角翻。被，皮義翻。賀引拜爲丞相，不受印綬，頓首涕泣不肯起。上乃起去，賀不得已拜，出曰：「我從是殆矣！」師古曰：殆，危也。

3 三月，上行幸河東，河東郡屬司隸，三河之一也，唐蒲、晉、解、隰州地。祠后土。

4 夏，五月，籍吏民馬補車騎馬。

5 秋，蝗。

6 貳師將軍之西也，既過鹽水，當道小國各城守，不肯給食，攻之不能下；下者得食，不下者數日則去。比至郁成，比，必寐翻；及也。士至者不過數千，皆飢罷。罷，讀曰疲。攻郁成，郁成大破之，所殺傷甚衆。貳師將軍與李哆、趙始成等計：「至郁成尚不能舉，況至其王都乎！」引兵而還。至敦煌，燉，音屯。士不過什一二。師古曰：十人之中一二人得還。使使上書言：「道遠乏食，且士卒不患戰而患飢，人少，不足以拔宛，願且罷兵，益發而復往。」復，扶又翻。天子聞之，大怒，使使遮玉門曰：「軍有敢入者輒斬之！」貳師恐，因留敦煌。

7 上猶以受降城去匈奴遠，遣浚稽將軍趙破奴將二萬餘騎出朔方西北二千餘里，期至浚稽山而還。應劭曰：浚稽山在武威塞北，匈奴常以爲障蔽。浚，音峻。稽，音雞。余據班史，匈奴中有東、西浚稽，東浚稽山在龍勒水上。浞野侯既至期，左大都尉欲發而覺，單于誅之，發左方兵擊浞野侯。浞野侯行捕首虜，得數千人，還，未至受降城四百里，匈奴兵八萬騎圍之。浞野侯夜自出求水，匈奴間捕生得浞野侯，間，古莧翻。因急擊其軍，軍吏畏亡將而誅，莫相勸歸者，軍遂沒於匈奴。兒單于大喜，因遣奇兵攻受降城，不能下，乃寇入邊而去。

8冬，十二月，兒寬卒。兒，五兮翻。

三年（己卯、前一〇二）

1春，正月，膠東太守延廣爲御史大夫。膠東郡屬青州，唐入青、萊州界。延廣，史逸其姓。守，式又翻。2上東巡海上，考神仙之屬皆無驗，令祠官禮東泰山。東泰山在琅邪郡朱虛縣界。夏，四月，還，脩封泰山，禪石閭。應劭曰：石閭，在泰山下阯南方，方士以爲仙人之閭。

3匈奴兒單于死，子年少，匈奴立其季父右賢王呴犁湖爲單于。「呴」，漢書作「句」。師古曰：音鉤。史記作「呴」，音同，又音吁。

4上遣光祿勳徐自爲出五原塞數百里，史記正義曰：即五原郡榆林塞也，在勝州榆林縣西北四十里。遠者千餘里，築城、障、列亭，西北至盧朐，晉灼曰：地理志，從五原稒陽縣北出石門障即得所築城。師古曰：盧朐，山名。杜佑曰：盧朐，在麟州銀城縣北，猶謂之光祿塞。銀城，漢圁陰縣地。而使游擊將軍韓說、長平侯衛伉屯其旁；使強弩都尉路博德築居延澤上。班志，居延澤在張掖居延縣東北，古文以爲流沙。括地志：居延海在甘州張掖縣東北六十四里，甘州在長安西北二千四百六十里。說，讀曰悅。伉，音抗。秋，匈奴大入定襄、雲中，定襄、雲中二郡屬并州。殺略數千人，敗數二千石而去，行破壞光祿所築城、列亭、障；敗，補邁翻。壞，音怪。又使右賢王入酒泉、張掖，酒泉、張掖二郡屬涼州。略數千人。會軍正任文擊救，盡復失所得而去。師古曰：擊救者，擊匈奴以救漢人。任，音壬。

是歲，睢陽侯張昌坐爲太常乏祠，國除。班書功臣表及公卿表皆作「睢陵侯」。高祖功臣張敖封宣平侯，傳國至曾孫壬失侯，元光三年，封其弟廣爲睢陵侯，紹國。昌，廣之子也。睢陵縣，屬臨淮郡。師古曰：乏祠，祠事有闕也。睢，音雖。

初，高祖封功臣爲列侯百四十有三人。時兵革之餘，大城、名都民人散亡，戶口可得而數，裁什二三。師古曰：裁，與纔同，十分之內纔有二三也。大侯不過萬家，小者五六百戶。其封爵之誓曰：「使黃河如帶，泰山若厲，國以永存，爰及苗裔。」應劭曰：封爵之誓，國家欲使功臣傳祚無窮也。帶，衣帶也。厲，砥石也。河當何時如衣帶，山當何時如厲石，言如帶厲，國猶永存，以及後世之子孫也。申以丹書之信，重以白馬之盟。及高后時，盡差第列侯位次，藏諸宗廟，副在有司。師古曰：副，貳也。其列侯功籍已藏於宗廟，副貳之本又在有司。逮文、景，四五世間，流民既歸，戶口亦息，列侯大者至三四萬戶，小國自倍，師古曰：謂舊五百戶，今者至千戶也。曹參初封萬六百戶，至後嗣宗免時，有戶二萬三千，是爲戶口蕃息故也。他皆類此。富厚如之。師古曰：言其資財亦益富厚如戶口之多。子孫驕逸，多抵法禁，隕身失國，至是見侯裁四人，酇侯蕭壽成、繆侯酈世宗、汾陽侯靳石封并睢陵侯張昌爲四人耳。見，賢遍翻。罔亦少密焉。少，詩沼翻。

6 漢既亡浞野之兵，公卿議者皆願罷宛軍，專力攻胡。天子業出兵誅宛，宛小國而不能下，則大夏之屬漸輕漢，而宛善馬絕不來，烏孫、輪臺易苦漢使，晉灼曰：易，輕也。師古曰：輪臺，亦國名。余按輪臺在車師西千餘里，又西即大宛。易，以豉翻。爲外國笑，乃案言伐宛尤不便者鄧光等。師古曰：按其罪而行罰。赦囚徒，發惡少年及邊騎，歲餘而出敦煌者六萬人，師古曰：興發部署，歲餘乃得行。負私從者不與，師古曰：負私糧食及私從者不在六萬人數中也。從，才用翻。與，讀曰預。牛十萬，馬三萬匹，驢、橐駝以萬數，齎糧，兵弩甚設。師古曰：施張甚具也。天下騷動，轉相奉伐宛五十餘校尉。宛城中無井，汲城外流水，於是遣水工徙其城下水，空以穴其城。師古曰：空，孔也。徙其城下水者，令從他道流，不迫其城也。空以穴其城者，圍而攻之，令作孔使穿穴也。下云決其水原移之，又云圍其城攻之，皆再敍其事也。一曰：既徙其水不令於城下流，而因其舊引水入城之孔，攻而穴之。余謂此書遣水工將以徙水穴城也，下書決水原攻城，正行其初計耳，非再敍其事也。益發戍甲卒十八萬酒泉、張掖北，置居延、休屠屯兵以衞酒泉，班志，居延縣屬張掖郡，休屠縣屬武威郡。屠，音儲。而發天下吏有罪者、亡命者及贅壻、賈人、故有市籍、父母大父母有市籍者凡七科，適爲兵；贅，之芮翻。賈，音古。適，讀曰讁。及載糒給貳師，師古曰：糒，乾飯也；音備。轉車人徒相連屬；屬，之欲翻。而拜習馬者二人爲執、驅馬校尉，師古曰：習，猶便也。一人爲執馬校尉，一人爲驅馬校尉。備破宛擇取其善馬云。

於是貳師後復行，復，扶又翻。兵多，所至小國莫不迎，出食給軍。至輪臺，輪臺不下，攻數日，屠之。自此而西，平行至宛城，師古曰：平行，言無寇難。兵到者三萬。宛兵迎擊漢兵，漢兵射敗之，射，而亦翻。敗，補賣翻。宛兵走入，保其城。貳師欲攻郁成城，恐留行而令宛益生詐，師古曰：留行，謂留止軍廢其行。乃先至宛，決其水原移之，則宛固已憂困，圍其城，攻之四十餘日。宛貴人謀曰：「王毋【退：「毋」作「母」。】寡匿善馬，殺漢使，師古曰：毋寡，宛王名。今殺王而出善馬，漢兵宜解；卽不解，乃力戰而死，未晚也。」宛貴人皆以爲然，共殺王。其外城壞，虜宛貴人勇將煎靡。師古曰：宛之貴人爲將而勇者，名煎靡。煎，子延翻。宛大恐，走入城中，持王毋寡頭，遣人使貳師約曰：「漢無攻我，我盡出善馬恣所取，而給漢軍食。卽不聽，我【章：十四行本重「我」字；乙十一行本同；孔本同。】盡殺善馬，康居之救又且至，至，我居內，康居居外，與漢軍戰。孰計之，何從？」師古曰：令貳師孰計之，而欲攻戰乎，欲不攻而取馬乎？孰，與熟同，古字通用。是時，康居候視漢兵尚盛，不敢進。貳師聞宛城中新得漢人，知穿井，而其內食尚多，計以爲「來誅首惡者毋寡，毋寡頭已至，如此不許則堅守，而康居候漢兵罷來救宛，罷，讀曰疲。破漢兵必矣；」乃許宛之約。宛乃出其馬，令漢自擇之，而多出食食漢軍。師古曰：下食，讀曰飤。漢軍取其善馬數十匹，中馬以下牝牡三千餘匹，而立宛貴人之故時遇漢善者名昧蔡爲宛王，服虔曰：蔡，音楚言蔡。師古曰：昧，音本末之末。蔡，音千曷翻。與盟而罷兵。

初，貳師起敦煌西，起，發也。謂發敦煌而西也。分爲數軍，從南、北道。校尉王申生將千餘人別至郁成，郁成王擊滅之，數人脫亡，走貳師。走，音奏；下同。貳師令搜粟都尉上官桀往攻【章：十四行本「攻」下有「破」字；乙十一行本同；孔本同；張校同。】郁成，帝置搜粟都尉，屬大司農。姓譜：楚莊王少子爲上官大夫，其後以爲氏；秦滅楚，徙隴西之上邽。郁成王亡走康居，桀追至康居。康居聞漢已破宛，出郁成王與桀，桀令四騎士縛守詣貳師。上邽騎士趙弟恐失郁成王，班志，上邽縣屬隴西郡，故邽戎邑也。邽，音圭。拔劍擊斬其首，追及貳師。

四年（庚辰、前一〇一）

1 春，貳師將軍來至京師。貳師所過小國聞宛破，皆使其子弟從入貢獻，見天子，見，賢遍翻。因爲質焉。質，音至。軍還，入馬千餘匹。漢書李廣利傳云：軍還，入玉門者萬餘人，馬千餘匹。文爲詳明。後行，既還敦煌而再出師，故曰後行。軍非乏食，戰死不甚多，而將吏貪，不愛卒，侵牟之，師古曰：言如牟賊之食苗也。以此物故者衆。天子爲萬里而伐，不録其過，乃下詔封李廣利爲海西侯，班志，海西縣屬東海郡。封趙弟爲新畤侯，功臣表，新畤侯食邑於齊地。畤，音止。以上官桀爲少府，軍官吏爲九卿者三人，諸侯相、郡守、二千石百餘人，千石以下千餘人，奮行者官過其望，孟康曰：奮，迅也，自樂而行者。以適過行，皆黜其勞，師古曰：言以罪讁而行者，免其所犯，不敍其勞。士卒賜直四萬錢。師古曰：或以他財物充之，故云直。

匈奴聞貳師征大宛，欲遮之，貳師兵盛，不敢當，即遣騎因樓蘭候漢使後過者，欲絕勿通。時漢軍正任文將兵屯玉門關，捕得生口，知狀以聞。上詔文便道引兵捕樓蘭王，將詣闕簿責。王對曰：「小國在大國間，不兩屬無以自安，願徙國入居漢地。」上直其言，師古曰：以其言爲直。遣歸國，亦因使候司匈奴，司，讀曰伺。匈奴自是不甚親信樓蘭。

自大宛破後，西域震懼，漢使入西域者益得職。師古曰：賞其勤勞，皆得拜職也。余謂顏說非也。此言漢使入西域，諸國不敢輕辱，爲得其職耳。得職者，不失其職也。於是自敦煌西至鹽澤往往起亭，而輪臺、渠犂渠犂在輪臺東，東南與且末接，南與精絕接。皆有田卒數百人，置使者、校尉領護，師古曰：統領保護屯田之事也。以給使外國者。師古曰：收其五穀以供之。使，疏吏翻。

後歲餘，宛貴人以爲昧蔡善諛，以其遇漢善而得王也。使我國遇屠，乃相與殺昧蔡，立毋寡昆弟蟬封爲宛王，而遣其子入侍【章：十四行本「侍」作「質」；乙十一行本同；孔本同。】於漢。漢因使使賂賜，以鎮撫之。蟬封與漢約，歲獻天馬二匹。

2 秋，起明光宮。三輔黃圖：明光宮在長樂宮後，南與長樂宮相聯屬，北通桂宮。

3 冬，上行幸回中。

4 匈奴呴犂湖單于死，匈奴立其弟左大都尉且鞮侯爲單于。師古曰：且，子餘翻。鞮，丁奚翻。天子欲因伐宛之威遂困胡，乃下詔曰：「高皇帝遺朕平城之憂，平城事見十一卷高祖七年。遺，于季翻，又如字。高后時，單于書絕悖逆。事見十二卷惠帝三年。悖，蒲内翻。昔齊襄公復九世之讎，春秋大之。」公羊傳：莊四年春，齊襄公滅紀，復讎也。襄公之九世祖爲紀侯所譖而烹殺于周，故襄公滅紀也。九世猶可以復讎乎？曰：雖百世可也。且鞮侯單于初立，恐漢襲之，乃曰：「我兒子，安敢望漢天子，漢天子，我丈人行也。」師古曰：丈人，尊老之稱。行，户浪翻。因盡歸漢使之不降者路充國等，充國被留見上元封四年。使【張：「使」上缺「且」字。】使來獻。

天漢元年（辛巳、前一〇〇）應劭曰：時頻年苦旱，故改元爲天漢，以祈甘雨。師古曰：大雅有雲漢之詩，周大夫仍叔所作，以美宣王遇旱災，修德勤政而能致雨，故依以爲年號也。

1春，正月，上行幸甘泉，郊泰畤。三月，行幸河東，祠后土。

2上嘉匈奴單于之義，遣中郎將蘇武送匈奴使留在漢者，因厚賂單于，答其善意。武與副中郎將張勝及假吏常惠等俱，師古曰：假吏，猶言兼吏也；時權爲使之吏，若今之差人充使典矣。姓譜：常姓，黄帝相常先之後。既至匈奴，置幣遺單于。遺，于季翻。單于益驕，非漢所望也。漢望其回心鄉善，今乃益驕，故曰非漢所望。

會緱王與長水虞常等緱王者，匈奴渾邪王姊子，與渾邪王俱降漢，後隨浞野侯沒匈奴中。漢有長水校尉，掌長水胡騎。師古曰：長水，胡名。其註戾太子傳則又曰：今鄠縣東有長水。余據水經註，長水出杜縣白鹿原，北入霸水。胡騎蓋屯於此，非胡名也。戾傳説是。虞常蓋亦先沒於匈奴。緱，工侯翻。及衞律所將降者，陰相與謀劫單于母閼氏歸漢。降，戶江翻。閼氏，音煙支。衞律者，父故長水胡人，律善協律都尉李延年，延年薦言律使於匈奴，使還，聞延年家收，遂亡降匈奴。考異曰：延年傳云：誅延年兄弟宗族。按是後李廣利尚爲將帥，蓋止誅延年及弟季妻子耳。單于愛之，與謀國事，立爲丁靈王。魏略曰：丁靈，在康居北，去匈奴廷接習水七千里。匈奴蓋以丁靈王封衞律耳。虞常在漢時素與副張勝相知，私候勝曰：「聞漢天子甚怨衞律，常能爲漢伏弩射殺之。爲，于僞翻。射，而亦翻。吾母、弟在漢，言其母與其弟也。幸蒙其賞賜。」張勝許之，以貨物與常。後月餘，單于出獵，獨閼氏、子弟在，虞常等七十餘人欲發，其一人夜亡告之。單于子弟發兵與戰，緱王等皆死，虞常生得。師古曰：被執獲也。

單于使衞律治其事。治，直之翻。張勝聞之，恐前語發，以狀語武。狀語，牛倨翻。武曰：「事如此，此必及我，見犯乃死，重負國。」欲自殺，勝、惠共止之。虞常果引張勝。見犯，言被匈奴侵犯然後乃死，是爲更負漢國，故欲先自殺，而勝、惠止之。引，謂辭及之也。重，直用翻。單于怒，召諸貴人議，欲殺漢使者。左伊秩訾曰：「卽謀單于，何以復加！臣瓚曰：左伊秩訾，胡官之號。余據匈奴傳，呼韓邪之敗，其右伊秩訾王使之降漢，則此乃胡王之號。師古曰：言謀衞律而殺之，其罰太重也。復，扶又翻。宜皆降之。」降，戶江翻；下同。單于使衞律召武受辭。師古曰：致單于之命而取其對也。武謂惠等：謂，猶語也；武語惠等也。「屈節辱命，雖生，何面目以歸漢！」引佩刀自刺。刺，七亦翻。

衞律驚，自抱持武，馳召醫，鑿地爲坎，置熅火，師古曰：熅，謂聚火無焱者也。熅，于云翻。覆武其上，師古曰：覆身於坎上也。覆，音方目翻。蹈其背以出血。武氣絶，半日復息。師古曰：息，謂出氣也。惠等哭，輿歸營。單于壯其節，朝夕遣人候問武，而收繫張勝。

武益愈，單于使使曉武，欲降之，師古曰：喻說令武降也。會論虞常，欲因此時降武；劍斬虞常已，律曰：「漢使張勝謀殺單于近臣，師古曰：近臣，衞律自謂也。當死，單于募降者赦罪。」舉劍欲擊之，勝請降。律謂武曰：「副有罪，當相坐。」武曰：「本無謀，又非親屬，何謂相坐！」復舉劍擬之，復，扶又翻；下同。武不動。律曰：「蘇君！律前負漢歸匈奴，幸蒙大恩，賜號稱王，擁衆數萬，馬畜彌山，師古曰：彌，滿也。畜，許又翻。富貴如此！蘇君今日降，明日復然；空以身膏草野，膏，古號翻。誰復知之！」武不應。律曰：「君因我降，與君爲兄弟；今不聽吾計，後雖欲復見我，尚可得乎！」武罵律曰：「汝爲人臣子，不顧恩義，畔主背親，背，蒲妹翻。爲降虜於蠻夷，何以汝爲見！師古曰：言何用見汝爲也。且單于信汝，使決人死生，不平心持正，反欲鬭兩主，觀禍敗。南越殺漢使者，屠爲九郡；宛王殺漢使者，頭縣北闕；朝鮮殺漢使者，卽時誅滅；南越事見上卷元鼎五年、六年。宛事見上太初三年。朝鮮事見上元封二年。縣，讀曰懸。獨匈奴未耳。若知我不降明，師古曰：若，汝也。言汝知我不降明矣。欲令兩國相攻，匈奴之禍從我始矣。」律知武終不可脅，白單于，單于愈益欲降之。乃幽武置大窖中，師古曰：舊米粟之窖而空者也。窖，工孝翻。絕不飲食；天雨雪，武臥，齧雪與旃毛幷咽之，師古曰：飲，於禁翻。食，讀曰飤。雨，于具翻。齧，魚結翻。咽，音宴，呑也。數日不死。匈奴以爲神，乃徙武北海上無人處，使牧羝，曰「羝乳乃得歸。」師古曰：羝，牡羊也。羝不當產乳，故設此言，示絕其事，若燕太子丹烏白頭、馬生角之比也。羝，音丁奚翻。乳，音人喻翻。別其官屬常惠等，各置他所。

3 天雨白氂。師古曰：氂，毛之強曲者；音力之翻。

4 夏，大旱。

5 五月，赦天下。

6 發讁戍屯五原。五原郡屬幷州。括地志：勝州連谷縣，本秦九原郡，漢武帝更名五原。

7 浞野侯趙破奴自匈奴亡歸。太初元年，破奴爲匈奴所獲。

8 是歲，濟南太守王卿爲御史大夫。濟南郡屬青州，唐淄、青、齊州地。濟，子禮翻。守，式又翻。考異曰：「七月，閉城門大搜。」臣瓚註武帝紀曰：「漢帝年記，六月禁踰侈，七月大搜。」則搜索踰侈者不必閉城門大搜，蓋搜姦人耳。

二年（壬午、前九九）

1 春，上行幸東海。東海郡屬徐州；唐爲海州地。□幸回中。【章：十四行本空格作「還」字；乙十一行本同；孔本同；退齋校同。】

2夏，五月，遣貳師將軍廣利以三萬騎出酒泉，擊右賢王於天山，晉灼曰：天山在西域，近蒲類國，去長安八千里。師古曰：卽祈連山也。匈奴謂天曰「祈連」。西河舊事：白山冬夏有雪，匈奴謂之天山。括地志：天山，一名白山，今名折羅漫山，在伊吾縣北百二十里。伊州在長安西北四千四百一十六里。余據唐志，祁連山在甘州張掖縣，與天山似是兩處。騎，音渠吏翻。得胡首虜萬餘級而還。還，從宣翻，又如字。匈奴大圍貳師將軍，漢軍乏食數日，死傷者多。假司馬隴西趙充國隴西郡屬涼州；唐河、渭、岷州地。與壯士百餘人潰圍陷陳，陳，讀曰陣。貳師引兵隨之，遂得解。漢兵物故什六七，充國身被二十餘創。貳師奏狀，詔徵充國詣行在所，帝親見，視其創，被，皮義翻。創，初良翻。嗟嘆之，拜爲中郎。

漢復使因杅將軍敖出西河，西河郡屬幷州。強【章：十四行本「強」上有「與」字；乙十一行本同；張校同；退齋校同。】弩都尉路博德會涿涂山，徐廣曰：涂，音邪。索隱曰：涿，音卓。邪，以奢翻。漢書作「涿邪山」，在高闕塞北千里。無所得。

初，李廣有孫陵，爲侍中，善騎射，愛人下士。帝以爲有廣之風，拜騎都尉，續漢志：騎都尉比二千石。杜佑曰：奉車都尉、駙馬都尉、騎都尉並漢武帝置；東晉省奉車、騎都尉，惟留駙馬，尙主者爲之。使將丹陽、楚人五千人，丹陽，秦鄣郡地，元封二年更名丹陽，屬揚州；唐宣、歙、池、昇、睦州之地。教射酒泉、張掖以備胡。及貳師擊匈奴，上詔陵，欲使爲貳師將輜重。將，卽亮翻；下同。重，直用翻。

陵叩頭自請曰：「臣所將屯邊者，皆荆楚勇士奇材劍客也，力扼虎，扼，捉持也。射命中，師古曰：所指名處卽中之也。中，竹仲翻。願得自當一隊，到蘭于【章：十四行本「于」作「干」；乙十一行本同；退齋校同。】山南以分單于兵，毋令專鄉貳師軍。」鄉，讀曰嚮。上曰：「將惡相屬邪！將，如字。惡，烏路翻。吾發軍多，無騎予女。」陵對：「無所事騎，師古曰：猶言不須騎也。予，讀曰與。女，讀曰汝。臣願以少擊衆，步兵五千人涉單于庭。」上壯而許之，因詔路博德將兵半道迎陵軍。博德亦羞爲陵後距，奏言：「方秋，匈奴馬肥，未可與戰，願留陵至春俱出。」上怒，疑陵悔不欲出而教博德上書，乃詔博德引兵擊匈奴於西河。詔陵以九月發，出遮虜障，遮虜障在張掖居延縣，路博德所築。括地志：漢居延故城，在甘州張掖縣之東北一千五百三十里，有遮虜障。至東浚稽山南龍勒水上，班志，敦煌龍勒縣有龍勒水，出南羌中，東北入澤，溉民田，蓋其下流北至浚稽山下。徘徊觀虜，卽無所見，還，抵受降城休士。太初元年，公孫敖築受降城。陵於是將其步卒五千人，出居延，北行三十日，至浚稽山止營，舉圖所過山川地形，使麾下騎陳步樂還以聞。步樂召見，道陵將率得士死力，將率，猶言將領也。將，卽亮翻。率，如字。上甚悅，拜步樂爲郎。

陵至浚稽山，與單于相值，騎可三萬圍陵軍，軍居兩山間，以大車爲營。陵引士出營外爲陳，陳，讀曰陣。前行持戟、盾，後行持弓、弩。行，戶剛翻。盾，食尹翻。虜見漢軍少，直前就營。陵搏戰攻之，如淳曰：手對戰也。千弩俱發，應弦而倒，虜還走上山，上，時掌翻。漢軍追擊殺數千人。單于大驚，召左、右地兵八萬餘騎攻陵。陵且戰且引南行，數日，抵山谷中，師古曰：抵，當也，至也。連戰，士卒中矢傷，三創者載輦，兩創者將車，一創者持兵戰，復斬首三千餘級。中，竹仲翻。創，初良翻。將，如字，詩，無將大車，鄭氏曰：將，猶扶進也。復，扶又翻。引兵東南，循故龍城道行，四五日，抵大澤葭葦中，師古曰：葭，卽蘆也。釋名曰：初生爲葭，長大爲蘆，成則名爲葦。虜從上風縱火，陵亦令軍中縱火以自救。師古曰：預燒自陳前葭葦，則虜火不得而延及也。南行至山下，單于在南山上，使其子將騎擊陵。陵軍步鬭樹木間，復殺數千人，因發連弩射單于，服虔曰：三十弩共一弦也。張晏曰：三十絭共一臂也。貢父曰：皆無此理。蓋如今之合蟬，或併兩弩共一弦之類。余據魏氏春秋，諸葛亮損益連弩，以鐵爲矢，矢長八寸，一弩十矢俱發。今之划車弩、梯弩蓋亦損益連弩而爲之，雖不能三十臂共一弦，亦十數臂共一弦。射，而亦翻。單于下走。是日捕得虜，言「單于曰：『此漢精兵，擊之不能下，日夜引吾南近塞，得無有伏兵乎？』近，其靳翻。諸當戶君長皆言：師古曰：當戶，匈奴官名。余據匈奴之官有左右當戶、骨都侯，凡二十四長。『單于自將數萬騎擊漢數千人不能滅，後無以復使邊臣，復，扶又翻；下同。令漢益輕匈奴。復力戰山谷間，尚四五十里，得平地，不能破，乃還。』」

是時陵軍益急，匈奴騎多，戰一日數十合，復傷殺虜二千餘人。虜不利，欲去，會陵軍候管敢爲校尉所辱，續漢志：凡領軍皆有部曲；部有校尉，部下有曲，曲有軍候一人。亡降匈奴，具言：

「陵軍無後救，射矢且盡，獨將軍麾下及校尉成安侯韓延年韓延年以父千秋死南越封，事見上卷元鼎五年。各八百人爲前行，以黃與白爲幟；當使精騎射之行，戶剛翻。射，而亦翻。即破矣。」單于得敢大喜，使騎並攻漢軍，疾呼曰：「李陵、韓延年趣降！」呼，火故翻。趣，讀曰促。遂遮道急攻陵。陵居谷中，虜在山上，四面射，矢如雨下。漢軍南行，未至鞮汗山，一日五十萬矢皆盡，師古曰：鞮，音丁奚翻。漢書作「百五十萬矢皆盡」。即棄車去。士尚三千餘人，徒斬車輻而持之，師古曰：徒，但也。輻，音福。軍吏持尺刀【章：十四行本「刀」下有「抵山」二字；乙十一行本同；孔本同；張校同。】入陿谷，單于遮其後，乘隅下壘石，服虔曰：壘石，山名也。師古曰：此說非也，言放石以投人，因山隅曲而下也。壘，盧對翻。士卒多死，不得行。昏後，陵便衣獨步出營，蘇林曰：褰衣卷袖而行也。師古曰：便衣，謂著短衣小袖也。止左右：「毋隨我，丈夫一取單于耳！」師古曰：言一身獨取也。良久，陵還，太息曰：「兵敗，死矣！」於是盡斬旌旗，及珍寶埋地中，陵歎曰：「復得數十矢，足以脫矣。今無兵復戰，師古曰：兵，即謂矢及矛戟之屬也。天明，坐受縛矣，各鳥獸散，猶有得脫歸報天子者。」令軍士人持二升糒，一片冰，師古曰：時冬寒有冰，持之以備渴也。糒，音備。期至遮虜障者相待。與軍士期，有先至遮虜障者留駐以待後至也。夜半時，擊鼓起士，鼓不鳴。陵與韓延年俱上馬，壯士從者十餘人，虜騎數千追之，韓延年戰死。陵曰：「無面目報陛下！」遂降。軍人分散，脫至塞者四百餘人。

陵敗處去塞百餘里，史記正義曰：遮虜障北百八十里直居延西北，長老相傳，云是李陵戰處。邊塞以聞。上欲陵死戰；後聞陵降，上怒甚，責問陳步樂，步樂自殺。羣臣皆罪陵，上以問太史令司馬遷，遷盛言：「陵事親孝，與士信，常奮不顧身以徇國家之急，師古曰：徇，營也；一曰：從也。其素所畜積也，言其胸中素所畜積者如上所言也。有國士之風。今舉事一不幸，全軀保妻子之臣隨而媒糵其短，服虔曰：媒，音欺，謂詆欺也。孟康曰：媒，酒教；糵，麴也；謂釀成其罪也。師古曰：孟說是也。齊人名麴餅曰媒。賈公彥曰：齊人名麴餅爲媒者，麴麩和合得成酒醴，名之爲媒。誠可痛也！且陵提步卒不滿五千，深蹂戎馬之地，師古曰：蹂，人九翻，踐也。抑數萬之師，虜救死扶傷不暇，悉舉引弓之民共攻圍之，轉鬭千里，矢盡道窮，士張空弮，文穎曰：弮，弓弩弮也。師古曰：音去權翻，又音眷。冒白刃，北首爭死敵，師古曰：冒，犯也。北首，北嚮也。冒，音莫北翻。首，音式救翻。得人之死力，雖古名將不過也。身雖陷敗，然其所摧敗亦足暴於天下。師古曰：所摧敗，敗匈奴之兵也。暴者，猶章也。摧敗，補賣翻。彼之不死，宜欲得當以報漢也。」師古曰：言欲立功以當罪也。上以遷爲誣罔，欲沮貳師，爲陵游說，下遷腐刑。沮，在呂翻。爲，于僞翻。說，式芮翻。下，遐嫁翻。如淳曰：腐，宮刑也。丈夫割勢不復能生子，如腐木不生實。腐，音附。

久之，上悔陵無救，曰：「陵當發出塞，乃詔強弩都尉令迎軍；坐預詔之，得令老將生姦詐。」孟康曰：坐預詔博德迎陵，博德老將，出塞不至，令陵見沒也。余謂此說非也。帝意既悔，追思前事，以爲當陵發出塞之時，方可詔博德繼其後以迎陵軍，乃於陵未行之時預詔之，使博德羞爲陵後距，得生姦詐上奏，而遂令博德別出西河，使陵軍無救也。乃遣使勞賜陵餘軍得脫者。勞，力到翻。

3 上以法制御下，好尊用酷吏，好，呼報翻。而郡、國二千石爲治者大抵多酷暴，治，直之翻。吏民益輕犯法；東方盜賊滋起，大羣至數千人，攻城邑，取庫兵，漢郡、國各有庫兵。釋死罪，縛辱郡太守、都尉，殺二千石，小羣以百數掠鹵鄉里者，不可勝數，勝，音升。道路不通。上始使御史中丞、丞相長史督之，弗能禁；督，察也。禁，居禽翻。乃使光祿大夫范昆及故九卿張德等衣繡衣，持節、虎符，發兵以興擊。師古曰：以軍興之法而討擊也。衣繡，於旣翻。斬首大郡或至萬餘級，及以法誅通行、飲食當連坐者，諸郡甚者數千人。數歲，乃頗得其渠率，師古曰：渠，大也。率，所類翻。散卒失亡復聚黨阻山川者往往而羣居，無可柰何。於是作沈命法，應劭曰：沈，沒也。敢蔽匿盜賊者沒其命也。孟康曰：沈，藏匿也。命，亡逃也。師古曰：應說是。沈，持林翻。曰：「羣盜起，不發覺，發覺而捕弗滿品者，師古曰：品，率也，以人數爲率也。二千石以下至小吏，主者皆死。」其後小吏畏誅，雖有盜不敢發，恐不能得，坐課累府，府亦使其不言。師古曰：縣有盜賊，府亦并坐，故使縣不言之也。累，力瑞翻。故盜賊寖多，上下相爲匿，以文辭避法焉。

是時，暴勝之爲直指使者，所誅殺二千石以下尤多，威震州郡。暴，周卿士暴公之後。至勃海，勃海郡屬幽州，高祖置。師古曰：在勃海之濱，因以爲名；唐爲滄、景州之地。聞郡人雋不疑賢，師古曰：雋，音徂兗翻，又辭兗翻，姓譜有雋姓。請與相見。不疑容貌尊嚴，衣冠甚偉，勝之躧履起迎，文穎曰：躧，音纚。師古曰：履不著跟曰躧。躧，謂納履未正，曳之而行。躧，音山爾翻。登堂坐定，不疑據地曰：「竊伏海瀕，聞暴公子舊矣，師古曰：瀕，厓也。公子，勝之字也。舊，久也。今乃承顏接辭。凡爲吏，太剛則折，折，而設翻。太柔則廢，威行，施之以恩，然後樹功揚名，樹，立也。永終天祿。」勝之深納其戒；及還，表薦不疑，上召拜不疑爲青州刺史。濟南王賀亦爲繡衣御史，濟，子禮翻。逐捕魏郡羣盜，魏郡，高帝置，屬冀州，唐爲相、魏、澶、衞州地。多所縱捨，以奉使不稱免，師古曰：不稱，謂不副所委。稱，尺正翻。歎曰：「吾聞活千人，子孫有封，吾所活者萬餘人，後世其興乎！」爲王氏子孫以外戚篡漢張本。

4 是歲，以匈奴降者介和王成娩爲開陵侯，降，戶江翻。師古曰：娩，音晚，又音免。班志，開陵，侯國，屬臨淮郡。將樓蘭國兵擊車師；匈奴遣右賢王將數萬騎救之，漢兵不利，引去。

資治通鑑卷第二十二

翰林學士朝散大夫右諫議大夫知制誥兼侍講同提舉萬壽觀公事
兼判集賢院上護軍河内郡開國侯食邑一千三百戶賜紫金魚袋臣　司馬光　奉敕編集
後　學　天　台　胡三省　音　註

漢紀十四 起昭陽協洽（癸未），盡閼逢敦牂（甲午），凡十二年。

世宗孝武皇帝下之下

天漢三年（癸未、前九八）

1春，二月，王卿有罪自殺，以執金吾杜周爲御史大夫。班表：中尉掌徼循京師，太初元年更名執金吾。應劭曰：吾，禦也，掌執金革以禦非常。師古曰：金吾，鳥名，主辟不祥。天子出行，主先導以備非常，故執此鳥之象；因以名官。

2初榷酒酤。如淳曰：榷，音較。應劭曰：縣官自酤榷賣酒，小民不復得酤也。韋昭曰：以木渡水曰榷，謂禁民酤釀，獨官開置，如道路設木爲榷，獨取利也。師古曰：榷者，步渡橋，爾雅謂之石杠，今之略彴是也。禁閉其事，總利入官，而下無由以得，有若渡水之榷，因立名焉。酤，工護翻。彴，音酌。

3三月，上行幸泰山，脩封，祀明堂，因受計。還，祠常山，瘞玄玉。鄧展曰：瘞，埋也。爾雅曰：祭地曰瘞薶。薶其物者，示歸於地也。瘞，音於例翻。方士之候祠神人、入海求蓬萊者終無有驗，而公孫卿猶以大人跡爲解，大人跡見二十卷元封元年。天子益怠厭方士之怪迂語矣；然猶羈縻不絕，師古曰：羈縻，牽聯之意。馬絡頭曰羈，牛靷曰縻。冀遇其眞。自此之後，方士言神祠者彌衆，然其效可睹矣。

4 夏，四月，大旱。赦天下。

5 秋，匈奴入鴈門。鴈門郡屬幷州。太守坐畏愞棄市。如淳曰：軍法，行逗留畏愞者要斬。愞，如椽翻；師古曰：又音乃館翻。

四年（甲申、前九七）

1 春，正月，朝諸侯王于甘泉宮。

2 發天下七科讁張晏曰：吏有罪，一；亡命，二；贅壻，三；賈人，四；故有市籍，五；父母有市籍，六；大父母有市籍，七；凡七科也。及勇敢士，遣貳師將軍李廣利將騎六萬、步兵七萬出朔方；朔方郡屬朔方州，唐靈、夏州地。強弩都尉路博德將萬餘人與貳師會；游擊將軍韓說將步兵三萬人出五原；因杅將軍公孫敖將騎萬、步兵三萬人出鴈門。匈奴聞之，悉遠其累重於余吾水北；師古曰：累重，謂妻子、資產也。累，力瑞翻。重，直用翻。余吾水在朔方北。山海經曰：北鮮之山，鮮水出焉，北流注于余吾。而單于以兵十萬待水南，與貳師接戰。貳師解而引歸，與單于連鬬十餘日。考異曰：史記匈奴傳云廣利於此降匈奴，誤。游擊無所得。因杅與左賢王戰，不利，引歸。

時上遣敖深入匈奴迎李陵，敖軍無功還，因曰：「捕得生口，言李陵教單于爲兵以備漢軍，故臣無所得。」上於是族陵家。既而聞之，乃漢將降匈奴者李緒，非陵也。陵使人刺殺緒。降，戶江翻。刺，七亦翻。大閼氏欲殺陵，師古曰：大閼氏，單于之母。閼氏，音煙支。單于匿之北方；大閼氏死，乃還。單于以女妻陵，妻，千細翻。立爲右校王，校，戶教翻。與衞律皆貴用事。衞律常在單于左右，陵居外，有大事乃入議。

3 夏，四月，立皇子髆爲昌邑王。髆，音博。昌邑國屬兗州，卽山陽郡地；其地在唐之宋、亳、單、鄆四州間。考異曰：表云六月乙丑立，今從武紀。

太始元年（乙酉、前九六）應劭曰：言盪滌天下，與民更始，故以冠元。

1 春，正月，公孫敖坐妻爲巫蠱要斬。巫，祝也；蠱，厭也，惑也；謂使巫祠祭、祝詛、厭魅以蠱惑人也。蠱，音古。孔穎達曰：蠱者，損壞之名，故左傳云：皿蟲爲蠱；是蠱食器皿，巫行邪術，損壞於人。要，與腰同。

2 徙郡國豪桀于茂陵。

3 夏，六月，赦天下。

4 是歲，匈奴且鞮侯單于死；且，子余翻。鞮，田黎翻。有兩子，長爲左賢王，次爲左大將。匈奴二十四長，左賢王位第一，左大將位第五。長，知兩翻。左賢王未至，貴人以爲有病，更立左大將爲單于。左賢王聞之，不敢進；左大將使人召左賢王而讓位焉。左賢王辭以病，左大將不聽，謂曰：「卽不幸死，傳之於我。」左賢王許之，遂立，爲狐鹿姑單于；以左大將爲左賢王。數年，病死；其子先賢撣不得代，更以爲日逐王。師古曰：撣，音廛。日逐王居匈奴西邊，以日入於西，故以爲名。至宣帝神爵二年，撣來降。單于自以其子爲左賢王。

二年（丙戌、前九五）

1 春，正月，上行幸回中。

2 杜周卒，光祿大夫暴勝之爲御史大夫。

3 秋，旱。

4 趙中大夫白公奏穿渠引涇水，首起谷口，尾入櫟陽，班志，谷口、櫟陽二縣屬左馮翊。師古曰：谷口，卽今雲陽縣。杜佑曰：今雲陽縣治谷是。又曰：醴泉，漢谷口縣地，隋爲醴泉縣，谷口縣故城在縣西北。櫟，音藥。注渭中，袤二百里，師古曰：袤，音茂，長也。溉田四千五百餘頃，因名曰白渠；民得其饒。

三年（丁亥、前九四）

1 春，正月，上行幸甘泉宮。二月，幸東海，獲赤鴈。幸琅邪，東海、琅邪二郡皆屬徐州。琅邪，唐沂、密州也。禮日成山，孟康曰：禮日，拜日也。如淳曰：拜日於成山。師古曰：成山在東萊不夜縣，斗入海。登之罘，臣瓚曰：地理志，東萊腄縣有之罘山。師古曰：罘，音浮。浮大海而還。還，從宣翻，又如字。

2 是歲，皇子弗陵生。弗陵母曰河間趙倢伃，河間國屬冀州，唐瀛、莫州地。帝置倢伃，位視上卿，爵比列侯。師古曰：倢，言接幸於上也。伃，美貌。倢，音接。伃，音予。居鉤弋宮，師古曰：黃圖，鉤弋宮在城外；漢武故事在直門南。任身十四月而生。任，讀曰姙。上曰：「聞昔堯十四月而生，今鉤弋亦然，」乃命其所生門曰堯母門。

臣光曰：爲人君者，動靜舉措不可不慎，發於中必形於外，天下無不知之。當是時也，皇后、太子皆無恙，恙，余亮翻。而命鉤弋之門曰堯母，非名也。是以姦人【章：十四行本「人」作「臣」；乙十一行本同；孔本同。】逆探上意，知其奇愛少子，欲以爲嗣，少，詩照翻。遂有危皇后、太子之心，卒成巫蠱之禍，卒，子恤翻。悲夫！

3 趙人江充爲水衡都尉。趙國屬冀州；唐爲冀州，其地又分入深州、德州界。元鼎二年，初置水衡都尉，掌上林苑。應劭曰：古山林之官曰衡；掌諸池苑，故稱水衡。張晏曰：主都水及上林，故稱水衡；主諸官，故曰都；有卒徒武事，故曰尉。師古曰：衡，平也，主平其稅入；位列九卿，秩中二千石。初，充爲趙敬肅王客，敬肅王，名彭祖；薨，謚敬肅。得罪於太子丹，亡逃；詣闕告趙太子陰事，太子坐廢。上召充入見。見，賢遍翻。充容貌魁岸，被服輕靡，師古曰：魁，大也。岸者，有廉稜如崖岸之狀。被服，衣服也。輕，輕細也。靡，靡麗也。被，皮義翻。上奇之；與語政事，大悅，由是有寵，拜爲直指繡衣使者，使督察貴戚、近臣踰侈者。充舉劾無所避，劾，戶概翻。上以爲忠直，所言皆中意。師古曰：中，當也。

中，竹仲翻。嘗從上甘泉，上，時掌翻。逢太子家使乘車馬行馳道中，充以屬吏。應劭曰：馳道，天子所行道也，若今之中道也。孔穎達曰：馳道，正道御路也。是天子馳走車馬之處，故曰馳道。如淳曰：令乙：騎乘車馬行馳道中，已論者沒入車馬被具。師古曰：家使，太子遣人之甘泉請問者也。使，疏吏翻。屬，之欲翻。太子聞之，使人謝充曰：「非愛車馬，誠不欲令上聞之，以教敕亡素者；師古曰：言素不教敕左右。古字，亡與無通。唯江君寬之！」充不聽，遂白奏。上曰：「人臣當如是矣！」大見信用，威震京師。

四年（戊子、前九三）

1春，三月，上行幸泰山。壬午，祀高祖于明堂以配上帝，因受計。癸未，祀孝景皇帝于明堂。甲申，修封。丙戌，禪石閭。夏，四月，幸不其。如淳曰：其，音基。不其，山名，因以爲縣。應劭曰：東萊縣也。余據班志，不其縣屬琅邪郡。五月，還，幸建章宮，赦天下。

2冬，十月，甲寅晦，日有食之。

3十二月，上行幸雍，祠五畤；雍，於用翻。畤，音止。西至安定、北地。二郡屬朔方州。安定，唐涇、原之地。北地，唐邠、寧、環、慶、鹽、宥州地。

征和元年（己丑、前九二）應劭曰：言征伐四夷而天下和平。

1春，正月，上還，幸建章宮。

2 三月，趙敬肅王彭祖薨。彭祖取江都易王所幸淖姬，彭祖，景帝子，前二年封廣川，五年徙趙。淖姬事見十九卷元狩二年。淖，奴教翻。生男，號淖子。時淖姬兄爲漢宦者，上召問：「淖子何如？」對曰：「爲人多欲。」上曰：「多欲不宜君國子民。」問武始侯昌，昌亦彭祖之子。班志：武始縣屬魏郡。曰：「無咎無譽。」譽，音余。上曰：「如是可矣。」遣使者立昌爲趙王。

3 夏，大旱。

4 上居建章宮，見一男子帶劍入中龍華門，疑其異人，命收之。男子捐劍走，逐之弗獲。上怒，斬門候。門候，掌宮門出入之禁；續漢志，秩六百石。冬，十一月，發三輔騎士大搜上林，閉長安城門索；臣瓚曰：搜，謂索姦人也。上林苑周回數百里，恐姦人藏匿其中，故大搜索。索，山客翻。十一日乃解。巫蠱始起。

5 丞相公孫賀夫人君孺，衛皇后姊也，賀由是有寵。賀子敬聲代父爲太僕，驕奢不奉法，擅用北軍錢千九百萬；發覺，下獄。下，遐嫁翻；下同。是時詔捕陽陵大俠朱安世甚急，賀自請逐捕安世以贖敬聲罪，上許之。後果得安世。安世笑曰：「丞相禍及宗矣！」遂從獄中上書，告「敬聲與陽石公主私通；陽石公主，帝女也。班志：陽石屬北海郡。上書，時掌翻；下且上同。上且上甘泉，使巫當馳道埋偶人，祝詛上，有惡言。」師古曰：刻木爲人，象人之形，謂之偶人。偶，並也，對也。祝，職救翻。詛，莊助翻。

二年（庚寅、前九一）

1春，正月，下賀獄，案驗；父子死獄中，家族。其家皆族誅也。以涿郡太守劉屈氂爲【章：十四行本「爲」下有「左」字；乙十一行本同。】丞相，封澎侯。涿郡，高帝置，屬幽州；唐瀛、莫、幽、涿、深、祁州地。屈，丘勿翻。氂，力之翻。晉灼曰：澎，東海縣。今考班志無之。服虔曰：澎，音彭。屈氂，中山靖王子也。靖王勝，景帝子。

2夏，四月，大風，發屋折木。折，而設翻。

3閏月，諸邑公主、陽石公主及皇后弟子長平侯伉皆坐巫蠱誅。諸，琅邪縣，以封公主，故謂之諸邑；與陽石公主皆衞皇后之女。長平侯伉，衞青子也。伉，音抗，又音剛。

4上行幸甘泉。

5初，上年二十九乃生戾太子，甚愛之。及長，性仁恕溫謹，長，知兩翻。上嫌其材能少，不類己；而所幸王夫人生子閎，李姬生子旦、胥，李夫人生子髆，少，詩沼翻。髆，音博。皇后、太子寵浸衰，常有不自安之意。上覺之，謂大將軍青曰：「漢家庶事草創，朱熹曰：草，略也。創，造也。加四夷侵陵中國，朕不變更制度，後世無法；不出師征伐，天下不安；爲此者不得不勞民。更，工衡翻。爲，于僞翻。若後世又如朕所爲，是襲亡秦之跡也。太子敦重好靜，好，呼到翻。必能安天下，不使朕憂。欲求守文之主，安有賢於太子者乎！聞皇后與太子有不安之意，豈有之邪？可以意曉之。」大將軍頓首謝。皇后聞之，脫簪請罪。脫簪，去飾也。太子每諫征伐四夷，上笑曰：「吾當其勞，以逸遺汝，遺，于季翻。不亦可乎！」

上每行幸，常以後事付太子，宮內付皇后；有所平決，還，白其最，最，大最也。上亦無異，有時不省也。無所違異也。不省，不視也。省，悉景翻。上用法嚴，多任深刻吏；太子寬厚，多所平反，如淳曰：反，音幡。幡奏使從輕也。雖得百姓心，而用法大臣皆不悅。皇后恐久獲罪，每戒太子，宜留取上意，言留其事，取上意裁決也。不應擅有所縱捨。上聞之，是太子而非皇后。羣臣寬厚長者皆附太子，而深酷用法者皆毀之；邪臣多黨與，故太子譽少而毀多。譽，音余。少，詩沼翻。衞青薨，【章：乙十一行本「薨」下有「後」字；孔本同。】臣下無復外家爲據，競欲構太子。言自衞青既薨之後，姦臣以太子無復外家以爲憑依，競欲構成其罪。

上與諸子疏，疏，讀曰踈。皇后希得見。見，賢遍翻。太子嘗謁皇后，移日乃出。移日，言日景移也。黄門蘇文告上曰：黄門屬少府，以宦者爲之。「太子與宮人戲。」上益太子宮人滿二百人。太子後知之，心銜文。文與小黄門常融、王弼等常微伺太子過，輒增加白之。皇后切齒，切齒者，怨憤之甚，兩齒相摩切也。使太子白誅文等。太子曰：「第勿爲過，何畏文等！上聰明，不信邪佞，不足憂也！」上嘗小不平，小不平者，體中微有不適也。使常融召太子，融言「太子有喜色」，上嘿然。及太子至，上察其貌，有涕泣處，而佯語笑，上怪之；更微問，知其情，乃誅融。皇后亦善自防閑，避嫌疑，雖久無寵，尚被禮遇。被，皮義翻。

是時，方士及諸神巫多聚京師，率皆左道惑衆，盧植曰：左道，謂邪道也。地道尊右，右爲貴。故漢書云：右賢左愚，右貴左賤，故正道爲右；不正道爲左，若巫蠱及俗禁者。變幻無所不爲。女巫往來宮中，教美人度戹，每屋輒埋木人祭祀之；因妬忌恚詈，恚，於避翻。更相告訐，以爲祝詛上，無道。更，工衡翻。訐，居謁翻。鄭玄曰：詛，謂祝之使沮敗也。漢法有大逆無道之科。祝，職救翻。詛，莊助翻。上怒，所殺後宮延及大臣，死者數百人。上心既以爲疑，嘗晝寢，夢木人數千持杖欲擊上，上驚寤，因是體不平，遂苦忽忽善忘。忘，巫放翻，遺忘也。江充自以與太子及衛氏有隙，見上年老，恐晏駕後爲太子所誅，因是爲姦，言上疾祟在巫蠱。師古曰：祟，謂禍咎之徵也，故其字從「出」從「示」，言鬼神所以示人者也。音息遂翻。於是上以充爲使者，治巫蠱獄。充將胡巫掘地求偶人，捕蠱及夜祠，視鬼，染汙令有處，輒收捕驗治，燒鐵鉗灼，強服之。張晏曰：充捕巫蠱及夜祭祀祝詛者，令胡巫視鬼，詐以酒醊地，令有處也。師古曰：捕夜祠及視鬼之人，而充遣巫汙染地上爲祠祭之處以誣其人，又以燒鐵或鉗之，或灼之，強使之服。鉗，鑷也。灼，炙也。汙，烏故翻。鉗，其炎翻。強，其兩翻。民轉相誣以巫蠱，吏輒劾以爲大逆無道；劾，戶概翻。自京師、三輔連及郡、國，坐而死者前後數萬人。

是時，上春秋高，疑左右皆爲蠱祝詛；有與無，莫敢訟其冤者。充既知上意，因胡巫檀何言：「宮中有蠱氣；不除之，上終不差。」差，愈也。上乃使充入宮，至省中，壞御座，掘地求蠱；又使按道侯韓說、御史章贛、師古曰：說，讀曰悅。贛，音貢。姓譜：齊人降鄣，子孫去邑爲章氏。黃門蘇文等助充。充先治後宮希幸夫人，以次及皇后、太子宮，掘地縱橫，縱，子容翻。太子、皇后無復施床處。充云：「於太子宮得木人尤多，師古曰：三輔舊事云：充使胡巫作桐木人而薶之。又有帛書，所言不道；當奏聞。」太子懼，問少傅石德。德懼爲師傅幷誅，因謂太子曰：「前丞相父子、兩公主及衞氏皆坐此，今巫與使者掘地得徵驗，不知巫置之邪，將實有也，無以自明。可矯以節收捕充等繫獄，師古曰：矯，託也，託詔命也。窮治其姦詐。且上疾在甘泉，皇后及家吏請問皆不報；蘇林曰：家吏，皇后吏也。臣瓚曰：太子稱家，家吏是太子吏也。師古曰：既言皇后及家吏，此爲皇后吏及太子吏耳，瓚說是也。上存亡未可知，而姦臣如此，太子將不念秦扶蘇事邪！」事見七卷始皇三十七年。太子曰：「吾人子，安得擅誅！不如歸謝，幸得無罪。」太子將往之甘泉，而江充持太子甚急；太子計不知所出，遂從石德計。秋，七月，壬午，太子使客詐爲使者，收捕充等；按道侯說疑使者有詐，不肯受詔，客格殺說。格，古陌翻，擊也。太子自臨斬充，罵曰：「趙虜！前亂乃國王父子不足邪！江充，趙人，故罵爲趙虜。乃，汝也，謂充前告趙太子陰事，使太子見廢也。乃復亂吾父子也！」復，扶又翻。又炙胡巫上林中。

太子使舍人無且師古曰：且，音子閭翻。持節夜入未央宮殿長秋門，因長御倚華具白皇后，鄭氏曰：長，音長者之長。如淳曰：漢儀注：女長御比侍中，皇后見娙娥以下長御稱謝。倚華，字也。師古曰：倚，音於綺翻。發中廄車載射士，師古曰：中廄，皇后車馬所在也。余謂中廄者，天子之內廄也。秦二世時，公子高曰：「中廄之寶馬，臣得賜之。」非專主皇后車馬也。出武庫兵，發長樂宮衛卒。長安擾亂，言太子反。蘇文迸走，得亡歸甘泉，說太子無狀。迸，北孟翻。上曰：「太子必懼，又忿充等，故有此變。」乃使使召太子。使者不敢進，歸報云：「太子反已成，欲斬臣，臣逃歸。」上大怒。丞相屈氂聞變，挺身逃，師古曰：挺，引也，獨引身而逃也。余謂挺，拔也，拔身而逃也。亡其印綬，使長史乘疾置以聞。師古曰：置，謂所置驛也。疾置，急傳也。上問：「丞相何爲？」對曰：「丞相祕之，未敢發兵。」上怒曰：「事籍籍如此，師古曰：籍籍，猶紛紛也。何謂祕也！丞相無周公之風矣，周公不誅管、蔡乎！」屈氂於太子爲兄弟，故以周公之事責之。乃賜丞相璽書曰：「捕斬反者，自有賞罰。以牛車爲櫓，師古曰：櫓，盾也。遠與敵戰，故以車爲櫓，用自蔽也。一說：櫓，望敵之樓。毋接短兵，多殺傷士衆！堅閉城門，毋令反者得出！」太子宣言告令百官云：「帝在甘泉病困，疑有變；姦臣欲作亂。」上於是從甘泉來，幸城西建章宮，詔發三輔近縣兵，部中二千石以下，丞相兼將之。太子亦遣使者矯制赦長安中都官囚徒，命少傅石德及賓客張光等分將；使長安囚如侯持節發長水及宣曲胡騎，皆以裝會。師古曰：長水、宣曲並胡騎所屯，今鄠縣東長水鄉即舊營校之地。侍郎馬通使長安，「馬通」，漢書作「莽通」，通及弟何羅以反誅。明德馬皇后惡其先有反者，故易其姓爲莽。姓譜：馬本自伯益之裔，趙奢封馬服君，後因氏焉。因追捕如侯，告胡人曰：「節有詐，勿聽也！」遂斬如侯，引騎入長安；又發楫棹士以予大鴻臚商丘成。師古曰：楫棹士，主用楫及棹行船者也。短曰楫，長曰棹。余據班表，水衡都尉有楫棹令、丞，蓋掌楫棹士之官也。太初元年，改典客爲大鴻臚。鴻臚者，凡朝會，使之鴻聲臚傳以贊導九賓。予，讀曰與。臚，音閭。初，漢節純赤，以太子持赤節，故更爲黃旄加上以相別。更，工衡翻。別，彼列翻。

太子立車北軍南門外，召護北軍使者任安，與節，令發兵。安拜受節；入，閉門不出。任，音壬。太子引兵去，敺四市人二都及二京賦皆謂長安城中有九市。廟記曰：長安市有九，各方二百六十五步，六市在道西，三市在道東，凡四里爲一市。此言四市，蓋以東、西、南、北分爲市也。一說：四市者，東市、西市、直市、柳市。師古曰：敺，與驅同。凡數萬衆，至長樂西闕下，逢丞相軍，合戰五日，死者數萬人，血流入溝中。街衢之側有溝以通水。民間皆云「太子反」，以故衆不附太子，丞相附兵寖多。

庚寅，太子兵敗，南奔覆盎城門。師古曰：長安城南出東頭第一門曰覆盎城門，一曰杜門。三輔黃圖曰：長樂宮在東，直杜門，故戾太子戰敗於長樂闕下，南奔覆盎城門而出亡也。司直田仁部閉城門班表，元狩五年初置司直，掌佐丞相舉不法，秩比二千石。以爲太子父子之親，不欲急之；太子由是得出亡。丞相欲斬仁，御史大夫暴勝之謂丞相曰：「司直，吏二千石，當先請，柰何擅斬之！」丞相釋仁。上聞而大怒，下吏責問御史大夫曰：下，遐稼翻。「司直縱反者，丞相斬之，法也；大夫何以擅止之？」勝之惶恐，自殺。詔遣宗正劉長、執金吾劉敢奉策收皇后璽綬，后自殺。璽，斯氏翻。上以爲任安老吏，見兵事起，欲坐觀成敗，見勝者合從之，言與之合而從之也。有兩心，與田仁皆要斬。要，與腰同。上以馬通獲如侯，長安男子景建從通獲石德，商丘成力戰獲張光，姓譜：商丘，衛大夫，以邑爲氏。封通爲重合侯，班志：重合，侯國，屬勃海郡。建爲德侯，班表：德侯食邑於濟南界。成爲秺侯。班志：秺，侯國，屬濟陰郡。孟康曰：今濟陰成武有秺亭。秺，音妬。諸太子賓客嘗出入宮門，皆坐誅；其隨太子發兵，以反法族；吏士劫略者皆徙敦煌郡。師古曰：非其本心，然被太子劫略，故徙之也。敦，音屯。以太子在外，始置屯兵長安諸城門。

上怒甚，羣下憂懼，不知所出。壺關三老茂上書曰：班志，壺關縣屬上黨郡。荀悅漢紀，茂，姓令狐。「臣聞父者猶天，母者猶地，子猶萬物也，故天平，地安，物乃茂成；父慈，母愛，子乃孝順。今皇太子爲漢適嗣，承萬世之業，體祖宗之重，親則皇帝之宗子也。適子承大宗，故謂之宗子。適，讀曰嫡。江充，布衣之人，閭閻之隸臣耳；隸，賤也。陛下顯而用之，銜至尊之命以迫蹴皇太子，蹴，子六翻。造飾姦詐，羣邪錯繆，是以親戚之路鬲塞而不通。鬲，與隔同。塞，悉則翻。太子進則不得見上，退則困於亂臣，獨冤結而無告，不忍忿忿之心，起而殺充，恐懼逋逃，子盜父兵，以救難自免耳；難，乃旦翻。臣竊以爲無邪心。詩曰：『營營青蠅，止于藩。愷悌君子，無信讒言。讒言罔極，交亂四國。』師古曰：小雅青蠅之詩也。營營，往來之貌也。藩，籬也。

愷悌，樂易也。言青蠅往來止於藩籬，變白作黑；讒人構毀，間親令疏，樂易之君子不當信用；若讒言無極，則四國亦以交亂，宜深察也。往者江充讒殺趙太子，天下莫不聞。陛下不省察，深過太子，師古曰：以太子爲罪過而深責之。省，悉景翻。發盛怒，舉大兵而求之，三公自將；漢丞相位三公。將，卽亮翻。智者不敢言，辯士不敢說，說，式芮翻。臣竊痛之！唯陛下寬心慰意，少察所親，少，詩沼翻。毋患太子之非，亟罷甲兵，無令太子久亡！臣不勝惓惓，勝，音升。師古曰：惓惓，忠切之意。惓，讀曰拳。出一旦之命，待罪建章宮下。」書奏，天子感寤，然尚未敢顯言赦之也。以文理觀之，不必有「敢」字。【章：十四行本正無「敢」字；乙十一行本同；孔本同；張校同；退齋校同。】

太子亡，東至湖，湖縣屬京兆。師古曰：今虢州湖城、閿鄉二縣皆其地。藏匿泉鳩里；師古曰：泉鳩水今在閿鄉縣東南十五里；見有戾太子冢，冢在澗東。主人家貧，常賣屨以給太子。太子有故人在湖，聞其富贍，使人呼之而發覺。八月，辛亥，吏圍捕太子。太子自度不得脫，度，徒洛翻。卽入室距戶自經。孫愐曰：頸在前，項在後，故引繩經其頸，謂之自經；以刀割其頸，謂之自剄。山陽男子張富昌爲卒，山陽時爲昌邑國。足蹋開戶，新安令史李壽趨抱解太子，班志，新安縣屬弘農郡。續漢志：縣有斗食令史。主人公遂格鬬死，皇孫二人幷皆遇害。考異曰：漢武故事云：「治隨太子反者，外連郡國數十萬人。壺關三老鄭茂上書，上感寤，赦反者，拜鄭茂爲宣慈校尉，持節徇三輔赦太子。太子欲出，疑弗實。吏捕太子急，太子自殺。」按上若赦太子，當詔吏弗捕，此說恐妄也。上旣傷太子，乃封李壽爲邘侯，班志，河內野王縣有邘亭。邘，音于。張富昌爲題侯。班表：題侯食邑於鉅鹿。

初，上爲太子立博望苑，三輔黃圖曰：博望苑在長安杜門外五里。師古曰：取其廣博觀望也。爲，于僞翻；下同。使通賓客，從其所好，好，呼到翻。故賓客多以異端進者。

臣光曰：古之明王教養太子，爲之擇方正敦良之士爲，于僞翻。以爲保傅、師友，使朝夕與之遊處。處，昌呂翻。左右前後無非正人，出入起居無非正道，然猶有淫放邪僻而陷於禍敗者焉。今乃使太子自通賓客，從其所好。夫正直難親，諂諛易合，易，以豉翻。此固中人之常情，宜太子之不終也！

6 癸亥，地震。

7 九月，商丘成爲御史大夫。

8 立趙敬肅王小子偃爲平干王。平干國屬冀州，本廣平也；宣帝五鳳二年復舊名。

9 匈奴入上谷、五原，殺掠吏民。上谷郡屬幽州，唐嬀州地也。

三年（辛卯、前九〇）

1 春，正月，上行幸雍，至安定、北地。雍，於用翻。

2 匈奴入五原、酒泉，殺兩都尉。三月，遣李廣利將七萬人出五原，商丘成將二萬人出西河，馬通將四萬騎出酒泉，擊匈奴。

3 夏，五月，赦天下。

4 匈奴單于聞漢兵大出，悉徙其輜重北邸郅居水；重，直用翻。師古曰：邸，至也，音丁禮翻。郅，之日翻。左賢王驅其人民度余吾水六七百里，居兜銜山；單于自將精兵渡姑且水。將，卽亮翻。師古曰：且，子余翻。商丘成軍至，追邪徑，無所見，還。師古曰：從疾道而追之，不見虜而還也。邪，音士嗟翻。匈奴使大將與李陵將三萬餘騎追漢軍，轉戰九日，至蒲奴水；蒲奴水又在龍勒水南。虜不利，還去。馬通軍至天山，匈奴使大將偃渠將二萬餘騎要漢兵，要，一遙翻；下同。見漢兵強，引去；通無所得失。是時，漢恐車師【章：十四行本「師」下有「兵」字；乙十一行本同；孔本同。】遮馬通軍，遣開陵侯成娩將樓蘭、尉犂、危須等六國兵危須國治危須城，去長安七千二百九十里，西至焉耆百里。娩，音晚，又音免。共圍車師，盡得其王民衆而還。貳師將軍出塞，匈奴使右大都尉與衞律將五千騎要擊漢軍於夫羊句山陿，要，讀曰邀。服虔曰：夫羊，地名也。師古曰：句山，西山也。句，音鉤。貳師擊破之，乘勝追北至范夫人城；應劭曰：本漢將，築此城；將亡，其妻率餘衆完保之，因以爲名也。張晏曰：范氏，能胡詛者。匈奴奔走，莫敢距敵。

初，貳師之出也，丞相劉屈氂爲祖道，祖，軷祭也。崔氏云：宮內之軷，祭古之行神；城外之軷，祭山川與道路之神。記曾子問：諸侯適天子，道而出。註云：祖道也。聘禮曰：出祖釋軷，祭酒脯也。註云：祖，始也。行出國門，正陳車騎，釋酒脯之奠爲行始也。師古曰：祖者，送行之祭，因設宴飲。昔黃帝之子纍祖好遠遊而死於道，故祀以爲行神。爲，于僞翻。送至渭橋。廣利曰：「願君侯早請昌邑王爲太子；如立爲帝，君侯長何憂乎！」當時列侯通呼爲君侯，尊稱之也。屈氂許諾。昌邑王者，貳師將軍女弟李夫人子也；貳師女爲屈氂子妻，故共欲立焉。會內者令郭穰班表，內者令屬少府。又據昭紀，內謁者令郭穰。內者、謁者各有令、丞，皆屬少府。豈其時穰兼兩令乎！告「丞相夫人祝詛上及與貳師共禱祠，欲令昌邑王爲帝」，按驗，罪至大逆不道。六月，詔載屈氂廚車以徇，師古曰：廚車，載食之車。徇，行示也。要斬東市，要，與腰同。妻子梟首華陽街；梟，堅堯翻。長安城中八街，華陽其一也。華，戶化翻。貳師妻子亦收。貳師聞之，憂懼，其掾胡亞夫亦避罪從軍，說貳師曰：「夫人、室家皆在吏，若還，不稱意適與獄會，掾，于絹翻。說，式芮翻。稱，尺證翻。郅居以北，可復得見乎！」如淳曰：以就誅後雖欲復降匈奴不可得。復，扶又翻。貳師由是狐疑，深入要功，要，一遙翻。遂北至郅居水上。虜已去，貳師遣護軍將二萬騎度郅居之水，逢左賢王、左大將將二萬騎，與漢兵合戰一日，漢軍殺左大將，虜死傷甚衆。軍長史與決眭都尉煇渠侯謀曰：晉灼曰：決眭都尉，匈奴官也。功臣表，歸義侯僕朋子雷電以擊匈奴功，封煇渠侯。煇渠，魯陽縣也。余據班表，僕朋侯煇渠食邑於魯陽，雷電嗣爵。雷電不自匈奴來降，則決眭都尉非匈奴官也。師古曰：眭，息隨翻。煇，音輝。「將軍懷異心，欲危衆求功，恐必敗。」謀共執貳師。貳師聞之，斬長史，引兵還至燕然山。據匈奴傳，燕然山在匈奴中速邪烏地。師古曰：燕，一千翻。單于知漢軍勞倦，自將五萬騎遮擊貳師，相殺傷甚衆；夜，塹漢軍前，深數尺，塹，七豔翻。深，式禁翻，度深曰深。從後急擊之，軍大亂；【章：十四行本「亂」下有「敗」字；乙十一行本同；孔本同；張校同。】貳師遂降。單于素知其漢大將，以女妻之，降，戶江翻。妻，千細翻。尊寵在衞律上。宗族遂滅。

5 秋，蝗。

6 九月，故城父令公孫勇班志：城父縣屬沛郡。父，音甫。與客胡倩等謀反，師古曰：倩，音千見翻。倩詐稱光祿大夫，言使督盜賊；淮陽太守田廣明覺知，使，疏吏翻。守，式又翻。高祖十一年，置淮陽國；時爲郡，屬兗州；唐陳州地。賢曰：淮陽故城，在今陳州宛丘縣東南。發兵捕斬焉。公孫勇衣繡衣、乘駟馬車至圉；師古曰：陳留圉縣。余據班志，圉縣屬淮陽。勇衣，於旣翻。圉守尉魏不害等誅之。封不害等四人爲侯。不害，當塗侯。江德，轑陽侯。蘇昌，蒲侯。圉縣小史，關內侯，食邑圉之遺鄉。

7 吏民以巫蠱相告言者，案驗多不實。上頗知太子惶恐無他意，言爲江充所迫，惶恐無以自明，而起兵殺江充，非有他意也。會高寢郎田千秋上急變，訟太子冤師古曰：高廟衞寢之郎。所告非常，故云急變。上，時掌翻。曰：「子弄父兵，罪當笞。天子之子過誤殺人，當何罪哉！臣嘗夢一白頭翁教臣言。」上乃大感寤，召見千秋，謂曰：「父子之間，人所難言也，公獨明其不然。此高廟神靈使公教我，公當遂爲吾輔佐。」立拜千秋爲大鴻臚，師古曰：當其立見而卽拜之，言不移時也。臚，陵如翻。而族滅江充家，焚蘇文於橫橋上；卽橫門外渭橋也。橫，音光。及泉鳩里加兵刃於太子者，初爲北地太守，後族。上憐太子無辜，乃作思子宮，爲歸來望思之臺於湖，師古曰：言己望而思之，庶太子之魂歸來也。其臺在今湖城縣之西，閿鄉縣之東，基址猶存。天下聞而悲之。

四年（壬辰、前八九）

1 春，正月，上行幸東萊，臨大海，欲浮海求神山。羣臣諫，上弗聽；而大風晦冥，海水沸湧。上留十餘日，不得御樓船，乃還。

2 二月，丁酉，雍縣無雲如雷者三，雍，於用翻。經典，如、而字通。隕石二，黑如黳。師古曰：黳，烏兮翻，小黑也。江南人以油煎漆滓以飾物曰黳。

3 三月，上耕于鉅定。地理志，鉅定縣屬齊國。水經註作「巨淀縣」，故城在淄水北。縣東南有巨澱湖，蓋以水受名也。還，幸泰山，脩封。庚寅，祀于明堂。癸巳，禪石閭，見羣臣，上乃言曰：「朕卽位以來，所爲狂悖，悖，蒲妹翻。使天下愁苦，不可追悔。自今事有傷害百姓，糜費天下者，悉罷之！」田千秋曰：「方士言神仙者甚衆，而無顯功，臣請皆罷斥遣之！」上曰：「大鴻臚言是也。」於是悉罷諸方士候神人者。是後上每對羣臣自歎：「曏時愚惑，爲方士所欺。天下豈有仙人，盡妖妄耳！妖，於遙翻。節食服藥，差可少病而已。」少，詩沼翻。夏，六月，還，幸甘泉。

4 丁巳，以大鴻臚田千秋爲丞相，封富民侯。恩澤侯表，富民侯食邑於沛郡蘄縣。師古曰：欲百姓之殷實，故取其嘉名也。千秋無他材能，【章：十四行本「能」下有「術學」二字；乙十一行本同；孔本同；張校同；退齋校同。】又無伐閱功勞，太史公曰：古者人臣功有五品：以德立宗廟、定社稷曰勳；以言曰勞；角力曰功；明其等曰伐；積日曰閱。師古曰：伐，積功也。閱，經歷也。特以一言寤意，數月取宰相，封侯，世未嘗有也。然爲人敦厚有智，居位自稱，師古曰：言稱其職也。稱，尺證翻。踰於前後數公。

先是搜粟都尉桑弘羊與丞相、御史奏先，悉薦翻。言：「輪臺東有溉田五千頃以上，杜佑曰：輪臺，渠犂地，今在交河、北庭界中，其地相連。可遣屯田卒，置校尉三人分護，益種五穀；張掖、酒泉遣騎假司馬爲斥候；斥，拓也。候，望也。言開拓道路候望也。募民壯健敢徙者詣田所，益墾溉田，稍築列亭，連城而西，以威西國，輔烏孫。」時烏孫王尚公主，故欲屯田列亭連城以輔之。上乃下詔，深陳既往之悔曰：「前有司奏欲益民賦三十，助邊用，師古曰：三十者，每口轉增三十錢也。是重困老弱孤獨也。重，直用翻。而今又請遣卒田輪臺。輪臺西於車師千餘里，前開陵侯擊車師時，雖勝，降其王，降，戶江翻。以遼遠乏食，道死者尚數千人，況益西乎！曩者朕之不明，以軍候弘上書，言『匈奴縛馬前後足置城下，馳言「秦人，我匄若馬。」』據漢時匈奴謂中國人爲秦人，至唐及國朝則謂中國爲漢，如漢人、漢兒之類，皆習故而言。師古曰：匄，乞與也。若，汝也。乞，音氣。又，漢使者久留不還，故興遣貳師將軍，久留不還，謂蘇武等也。師古曰：興遣，興軍而遣之。欲以爲使者威重也。古者卿、大夫與謀，參以蓍、龜，不吉不行。師古曰：謂共卿大夫謀事尚不專決，猶雜問蓍龜也。蓍，筮也。龜，卜也。孔穎達曰：卜筮必用龜蓍者，按劉向云：蓍之言耆，龜之言久。龜千歲而靈，蓍百年而神，以其長久，故能辯吉凶也。說文：蓍，蒿屬也，生千歲三百莖，易以爲數。天子九尺，諸侯七尺，大夫五尺，士三尺。陸璣草木疏云：似藾蕭，青色，科生。洪範五行傳曰：蓍生百年，一本生百莖。論衡云：七十年生一莖，七百年十莖，神靈之物，故生遲也。史記曰：滿百莖者，其下必有神龜守之，其上常有雲氣覆之。淮南子云：上有藂蓍，下有伏龜。卜筮實問於神，龜筮能傳神命以告人，故金縢告太王、王季、文王，乃卜三龜，一襲吉，是能傳神命也。又鄭註天府云：卜筮實問於鬼神，龜筮能出其卦兆之占耳。按白虎通稱禮三正記：天子龜一尺二寸，諸侯一尺，大夫八寸，士六寸。龜，陰也，故其數偶；蓍，陽也，故其數奇。所以謂之卜筮者，師說云：卜，覆也，以覆審吉凶；筮，決也，以決定其惑。劉向以爲卜，赴也，赴來者之心；筮，問也，問筮者之事。赴、問，互言之。易繫辭云：定天下之吉凶，成天下之亹亹者，莫大乎蓍龜。又曰：蓍之德圓而神。又說卦云：幽贊於神明而生蓍。據此諸文，蓍龜知靈相似；傳云蓍短龜長，不如從長者，史蘇欲止獻公之意，託云爾，實無優劣也。杜預、鄭玄因是言以爲實有長短。杜預註傳云：物生而後有象，象而後有滋，滋而後有數。龜象、筮數，故象長、數短是也。象所以長者，以物初生則有象，去初既近，且包羅萬形，故爲長。數短者，數是終，去初既遠，推尋事數始能求象，故爲短也。鄭註占人云：占人亦占筮掌占龜者，筮短龜長，主於長者，是也。凡卜筮，天子、諸侯，若大事則卜、筮並用，皆先筮後卜。大事則卜立君、卜大封、大祭祀、出軍旅、喪事，及龜之八命：一曰征，二曰象，三曰與，四曰謀，五曰果，六曰至，七曰雨，八曰瘳。此等皆爲大事。鄭註占人云：將卜八事，皆先以筮筮之，是也。若次事則惟卜不筮，故表記云：天子無筮，小事無卜惟筮。筮人掌九筮之言：一曰筮更，謂遷都邑也；二曰筮咸，咸，猶僉也，謂筮衆心歡不也；三曰筮式，謂筮作法式也；四曰筮目，謂事衆，筮其所要當也；五曰筮易，謂民衆不說，筮所改易也；六曰筮比，謂與民和比也；七曰筮祠，謂筮牲與曰也；八曰筮參，謂筮御與右也；九曰筮環，謂筮可致師不。鄭註：古人不卜而徒筮者，則用九筮，是也。僖十五年，晉卜納襄王，得黃帝戰阪泉之兆，又筮之，得大有之睽；哀九年，卜伐宋，亦卜而後筮：是大事卜、筮並用也。與，讀曰預。蓍，音升脂翻。乃者以縛馬書徧視丞相、御史、二千石、諸大夫、郎、爲文學者，師古曰：視，讀曰示。爲文學，謂學經書之人。乃至郡、屬國都尉等，皆以『虜自縛其馬，不祥甚哉！』或以爲『欲以見強，師古曰：見，顯示。見，賢遍翻。夫不足者視人有餘。』師古曰：言其夸張也。視，亦讀曰示。公車方士、太史、治星、望氣及太卜龜蓍皆以爲『吉，公車方士，方士之待詔公車者。太史，屬太常。治星，習爲天文之家；望氣，如周官之眡祲者，皆屬太史。太卜，屬太常，有令、丞。治，直之翻。匈奴必破，時不可再得也。』師古曰：今便利之時，後不可再得也。又曰：『北伐行將，於鬴山必克。師古曰：行將，謂遣將率行也。鬴山，山名也。將，卽亮翻；下同。鬴，古釜字。卦，諸將貳師最吉。』卜遣諸將，而於卦中貳師最爲吉也。故朕親發貳師下鬴山，詔之必毋深入。今計謀、卦兆皆反繆。師古曰：言不效也。繆，妄也。重合侯得虜候者，乃言『縛馬者匈奴詛軍事也。』據班史，匈奴聞漢軍當來，使巫埋羊、牛所出諸道及水上以詛軍。詛，莊助翻。匈奴常言『漢極大，然不耐飢渴，失一狼，走千羊。』乃者貳師敗，軍士死略離散，師古曰：言死及被虜略，併自離散也。悲痛常在朕心。今又請遠田輪臺，欲起亭隧，師古曰：隧者，依深險之處，開通行道也。是擾勞天下，非所以優民也，朕不忍聞！大鴻臚等又議欲募囚徒送匈奴使者，明封侯之賞以報忿，此五伯所弗爲也。蓋欲使刺單于以報忿也。師古曰：言五伯尚恥不爲，況今大漢也。伯，讀曰霸。且匈奴得漢降者常提掖搜索，降，戶江翻。索，山客翻。提，謂提挈之也。掖，謂兩人夾持其兩掖。掖，羊益翻。師古曰：搜索者，恐其或私齎文書也。余謂恐其挾兵刃。問以所聞，豈得行其計乎！當今務在禁苛暴，止擅賦，力本農，脩馬復令，漢有擅賦法，今止不行。孟康曰：先是令長吏各以秩養馬，亭有牝馬，名養馬者皆復不事；後馬多絕乏，至此復脩之也。師古曰：此說非也。馬復，因養馬以免傜賦也。復，方目翻。以補缺、毋乏武備而已。郡國二千石各上進畜馬方略補邊狀，與計對。」師古曰：與上計者同來赴對也。上，時掌翻。畜，許六翻。

由是不復出軍，復，扶又翻。而封田千秋爲富民侯，以明休息，思富養民也。又以趙過爲搜粟都尉。過能爲代田，班志：一畝三甽，歲代處，故曰代田，古法也。后稷始甽田，以二耜爲耦，廣尺、深尺曰甽，長終畝；一畝三甽，一夫三百甽，而播種於三甽中。師古曰：代，易也。余謂此卽周禮一易、再易之田之類。其耕耘田器皆有便巧，以教民，用力少而得穀多，民皆便之。

臣光曰：天下信未嘗無士也！武帝好四夷之功，而勇銳輕死之士充滿朝廷，闢土廣地，無不如意。及後息民重農，而趙過之儔教民耕耘，民亦被其利。好，呼到翻。被，皮義翻。此一君之身趣好殊別，而士輒應之，誠使武帝兼三王之量以興商、周之治，治，直吏翻。其無三代之臣乎！

5 秋，八月，辛酉晦，日有食之。考異曰：荀紀作「七月」，漢書作「八月」。按長曆是年九月壬戌朔，言八月是也。

6 衛律害貳師之寵，會匈奴單于母閼氏病，閼氏，音煙支。律飭胡巫言：「先單于怒曰：『胡故時祠兵，常言得貳師以社，師古曰：飭，與敕同。社，祠社也。何故不用？』」於是收貳師。貳師罵曰：「我死必滅匈奴！」遂屠貳師以祠。

後元元年（癸巳、前八八）

1 春，正月，上行幸甘泉，郊泰畤；遂幸安定。

2 昌邑哀王髆薨。髆，音博。

3 二月，赦天下。

4 夏，六月，商丘成坐祝詛自殺。考異曰：功臣表云：「坐爲詹事，祠孝文廟，醉歌堂下曰：『出居安能鬱鬱！』大不敬，自殺。」公卿表云：「坐祝詛。」按成不爲詹事，功臣表誤也。

5 初，侍中僕射馬何羅與江充相善。班表，侍中僕射，秦官。自侍中、尚書郎、軍屯騶宰、永巷宦者皆有僕射。古者重武，官有主射以課督之，取其領事之號。沈約曰：侍中本秦丞相史也，使五人往來殿內東廂奏事，故謂之侍中。漢西京無員，多至數十人，入侍禁中，分掌乘輿御物，下至褻器虎子之屬。武帝世，孔安國爲侍中，以其儒者，特令掌御唾壺，朝廷榮之。久次者爲僕射。東京又屬少府，猶無員，掌侍左右贊導衆事、顧問應答；法駕出，則多識者一人負傳國璽，操斬白蛇劍參乘，餘皆騎，在乘輿車後。光武改僕射爲祭酒。漢世與中官俱止禁中。武帝時，侍中馬何羅爲逆，由是侍中出禁外，有事乃得入，事畢卽出。王莽秉政，侍中復入，與中官俱止。章帝元和中，侍中郭舉與後宮通，拔佩刀驚御。舉伏誅，侍中由是復出外。及衛太子起兵，何羅弟通以力戰封重合侯。後上夷滅充宗族、黨與，何羅兄弟懼及，及，謂及於禍也。遂謀爲逆。侍中駙馬都尉金日磾視其志意有非常，心疑之，陰獨察其動靜，與俱上下。師古曰：上下於殿也。磾，丁奚翻。上，時掌翻；下廂上同。何羅亦覺日磾意，以故久不得發。是時上行幸林光宮，服虔曰：甘泉，一名林光。師古曰：秦之林光宮，胡亥所造；漢又於其旁起甘泉宮。日磾小疾臥廬，師古曰：殿中所止曰廬。何羅與通及小弟安成矯制夜出，共殺使者，發兵。明旦，上未起，何羅無何從外入。無何，猶言無幾時也。日磾奏廁，心動，師古曰：奏，向也。日磾方向廁而心動。立入，坐內戶下。須臾，何羅袖白刃從東廂上，見日磾，色變；走趨臥內，欲入，師古曰：趨，讀曰趣，向也。臥內，天子臥處。行觸寶瑟，僵。日磾得抱何羅，因傳曰：「馬何羅反！」傳，謂傳聲而唱之。上驚起。左右拔刃欲格之，上恐幷中日磾，中，竹仲翻。止勿格。日磾投何羅殿下，得禽縛之。窮治，皆伏辜。

6 秋，七月，地震。

7 燕王旦自以次第當爲太子，燕王旦，元狩六年受封。上書求入宿衛。上怒，斬其使於北闕；又坐藏匿亡命，削良鄉、安次、文安三縣。班志，良鄉縣屬涿郡，安次、文安屬勃海郡。良鄉、安次二縣，唐皆屬幽州。文安縣，唐爲莫州。上由是惡旦。惡，烏路翻。旦辯慧博學，其弟廣陵王胥，有勇力，胥亦以元狩六年受封。而皆動作無法度，多過失，故上皆不立。

時鉤弋夫人之子弗陵，年數歲，形體壯大，多知，師古曰：壯大者，言其形體偉大。上奇愛之，心欲立焉；以其年穉，母少，少，詩沼翻；下同。猶與久之。與，讀曰豫。欲以大臣輔之，察羣臣，唯奉車都尉、光祿大夫霍光，忠厚可任大事，上乃使黄門畫周公負成王朝諸侯以賜光。師古曰：黄門之署，職任親近，以供天子，百物在焉，故亦有畫工。畫，讀曰畫。後數日，帝譴責鉤弋夫人；夫人脱簪珥，珥，仍吏翻，耳飾也。叩頭。句斷。帝曰：「引持去，送掖庭獄！」掖庭屬少府，有祕獄，凡宫人有罪者下之。夫人還顧，帝曰：「趣行，趣，讀曰促。汝不得活！」卒賜死。卒，子恤翻。頃之，帝閒居，問左右曰：「外人言云何？」左右對曰：「人言『且立其子，何去其母乎？』」去，羌呂翻；下同。帝曰：「然，是非兒曹愚人之所知也。往古國家所以亂，由主少、母壯也。女主獨居驕蹇，淫亂自恣，莫能禁也。汝不聞呂后邪！故不得不先去之也。」

二年（甲午、前八七）

1 春，正月，上朝諸侯王于甘泉宫。二月，行幸盩厔五柞宫。班志，盩厔縣屬扶風。山曲曰盩，水曲曰厔。師古曰：盩，張流翻。厔，竹乙翻。張晏曰：五柞宫有五柞樹，因名。水經註：五柞宫在長楊宫東北八里。柞，卽各翻。

2 上病篤，霍光涕泣問曰：「如有不諱，賢曰：不諱，謂死也。死者人之常，故言不諱也。師古曰：不諱，言不可諱也。誰當嗣者？」上曰：「君未諭前畫意邪？立少子，君行周公之事！」光頓首讓曰：「臣不如金日磾！」日磾亦曰：「臣，外國人，日磾，休屠王子，故云然。不如光；且使匈奴輕漢矣！」乙丑，詔立弗陵爲皇太子，時年八歲。丙寅，以光爲大司馬、大將軍，日磾爲車騎將軍，太僕上官桀爲左將軍，受遺詔輔少主，又以搜粟都尉桑弘羊爲御史大夫，皆拜臥內牀下。光出入禁闥二十餘年，出則奉車，入侍左右，小心謹慎，未嘗有過。爲人沈靜詳審，沈，持林翻。每出入、下殿門，止進有常處，郎、僕射竊識視之，師古曰：識，記也，音式志翻，又職吏翻。不失尺寸。日磾在上左右，目不忤視者數十年；忤，逆也，五故翻。賜出宮女，不敢近；上欲內其女後宮，內，讀曰納。不肯；其篤慎如此，上尤奇異之。日磾長子爲帝弄兒，帝甚愛之。其後弄兒壯大，不謹，自殿下與宮人戲；日磾適見之，惡其淫亂，惡，烏路翻。遂殺弄兒。上聞之，大怒。日磾頓首謝，具言所以殺弄兒狀。上甚哀，爲之泣；爲，于僞翻。已而心敬日磾。上官桀始以材力得幸，桀少時爲羽林期門郎，從帝上甘泉，天大風，車不得行，解蓋授桀；桀奉蓋，雖風，常屬車，雨下，蓋輒御，上奇其材力。爲未央廐令；未央廐令屬太僕。上嘗體不安，及愈，見馬，師古曰：見，謂呈見之，音胡電翻。馬多瘦，上大怒曰：「令以我不復見馬邪！」欲下吏。復，扶又翻。下，遐嫁翻。桀頓首曰：「臣聞聖體不安，日夜憂懼，意誠不在馬。」師古曰：誠，實也。言未卒，泣數行下。卒，子恤翻。行，戶剛翻。上以爲愛己，由是親近，近，其靳翻。爲侍中，稍遷至太僕。

三人皆上素所愛信者，故特舉之，授以後事。丁卯，帝崩于五柞宮；臣瓚曰：壽七十一。入殯未央宮前殿。

帝聰明能斷，斷，丁亂翻。善用人，行法無所假貸。隆慮公主子昭平君隆慮公主，景帝女。班志，隆慮縣屬河內郡。慮，音閭。尙帝女夷安公主。班志，夷安縣屬膠西國。隆慮主病困，以金千斤、錢千萬爲昭平君豫贖死罪，上許之。爲，于僞翻；下同。隆慮主卒，昭平君日驕，醉殺主傅，服虔曰：主傅，主之官也。如淳曰：禮有傅姆。說者又曰：傅，老大夫也，漢使中行說傅翁主是也。師古曰：傅姆是。繫獄；廷尉以公主子上請。上，時掌翻。左右人人爲言：「前又入贖，陛下許之。」上曰：「吾弟老有是一子，死，以屬我。」弟，謂女弟。師古曰：老乃有子，言其晚孕育也。屬，音之欲翻。於是爲之垂涕，歎息良久，曰：「法令者，先帝所造也，用弟故而誣先帝之法，吾何面目入高廟乎！又下負萬民。」乃可其奏，哀不能自止，左右盡悲。待詔東方朔前上壽，時有待詔公車者，有待詔金馬門者。朔時待詔宦者署。曰：「臣聞聖王爲政，賞不避仇讎，誅不擇骨肉。書曰：『不偏不黨，王道蕩蕩。』師古曰：周書洪範之辭。蕩蕩，平坦貌。此二者，五帝所重，三王所難也，陛下行之，天下幸甚！臣朔奉觴昧死再拜上萬【章：十四行本「萬」下有「歲」字；乙十一行本同；孔本同；退齋校同。】壽！」上初怒朔，既而善之，以朔爲中郎。

班固贊曰：漢承百王之弊，高祖撥亂反正，文、景務在養民，至于稽古禮文之事，猶多闕焉。孝武初立，卓然罷黜百家，表章六經，師古曰：百家，謂諸子雜說，違背六經。六經，謂易、詩、書、春秋、禮、樂也。遂疇咨海內，舉其俊茂，師古曰：疇，誰也。咨，謀也。言謀於衆人，誰可爲事者也。與之立功；興太學，修郊祀，改正朔，師古曰：正，音之成翻。定曆數，協音律，作詩樂，建封禪，禮百神，紹周後，號令文章，煥然可述，後嗣得遵洪業而有三代之風。如武帝之雄材大略，不改文、景之恭儉以濟斯民，雖詩、書所稱何有加焉！師古曰：美其雄材大略而非其不恭儉也。

臣光曰：孝武窮奢極欲，繁刑重斂，斂，力贍翻。內侈宮室，外事四夷，信惑神怪，巡遊無度，使百姓疲敝，起爲盜賊，其所以異於秦始皇者無幾矣。幾，居豈翻。然秦以之亡，漢以之興者，孝武能尊先王之道，知所統守，受忠直之言，惡人欺蔽，好賢不倦，惡，烏路翻。好，呼到翻。誅賞嚴明，晚而改過，顧託得人，此其所以有亡秦之失而免亡秦之禍乎！

3 戊辰，太子卽皇帝位。帝姊鄂邑公主共養省中，班志，鄂縣屬江夏郡，公主所食之邑。伏儼曰：蔡邕云：本爲禁中。門閣有禁，非侍御之臣不得妄入；行道豹尾中亦爲禁中。孝元皇后父名禁，避之，故曰省中。師古曰：省，察也，言入此中者皆當察視，不可妄也。余據鄂邑公主卽蓋長公主。鄂，五各翻。共，居用翻。養，弋亮翻。霍光、金日磾、上官桀共領尚書事。光輔幼主，政自己出，天下想聞其風采。殿中嘗有怪，一夜，羣臣相驚，光召尚符璽郎，續漢志本註：符璽郎中二人，在中主璽及虎符、竹符之半者。璽，斯氏翻。欲收取璽。師古曰：恐有變難，欲收取璽。郎不肯授，光欲奪之。郎按劍曰：「臣頭可得，璽不可得也！」光甚誼之。明日，詔增此郎秩二等。衆庶莫不多光。多，猶重也，以此事爲多足重也。

4 三月，甲辰，葬孝武皇帝于茂陵。

5 夏，六月，赦天下。

6 秋，七月，有星孛于東方。孛，蒲内翻。

7 濟北王寬坐禽獸行自殺。淮南厲王子勃徙封濟北王，寬其孫也。漢法，内亂者爲禽獸行。濟，子禮翻。行，下孟翻。

8 冬，匈奴入朔方，殺略吏民；發軍屯西河，左將軍桀行北邊。行，下孟翻。

資治通鑑卷第二十三

翰林學士朝散大夫右諫議大夫知制誥兼侍講同提舉萬壽觀公事兼判集賢院上護軍河内郡開國侯食邑一千三百戶賜紫金魚袋臣 司馬光 奉敕編集
後學天台 胡三省 音註

漢紀十五

起旃蒙協洽（乙未），盡柔兆敦牂（丙午），凡十二年。

孝昭皇帝上

諱弗陵，武帝少子也。張晏曰：後以二名難諱，但名弗。荀悅曰：諱「弗」之字曰「不」。應劭曰：禮謚法：聖聞周達曰昭。

始元元年（乙未、前八六）

1 夏，益州夷二十四邑、三萬餘人皆反。遣水衡都尉呂破【張：「破」作「辟」。】胡募吏民及發犍爲、蜀郡奔命往擊，大破之。犍爲、蜀郡，皆屬益州。犍爲郡，唐瀘、戎、嘉、眉、榮、資、簡州地。蜀郡，唐成都府、彭、蜀、邛、雅、翼、茂州之地。應劭曰：舊時郡國皆有材官、騎士以赴急難；今夷反，常兵不足以討之，故權發精勇，聞命奔走，故謂之奔命。李奇曰：平居發二十以上至五十爲甲卒；今者五十以上、六十以下爲奔命。奔命，言急也。師古曰：應說是。余據左傳：子重、子反一歲七奔命。奔命者，救急之師，固不拘五十以上、六十以下也。犍，居言翻。

2 秋，七月，赦天下。

3 大雨，至于十月，渭橋絕。

4 武帝初崩，【章：甲十五行本作「初，武帝崩」；乙十一行本同；孔本同；退齋校同。】賜諸侯王璽書。左傳：襄公在楚，季武子使公冶問璽書，追而與之，蓋君臣通用也；秦、漢以來，惟至尊以爲信。燕王旦得書不肯哭，曰：「璽書封小，張晏曰：文小則封小。京師疑有變。」遣幸臣壽西長、孫縱之、王孺等之長安，蘇林曰：壽西，姓；長，名。師古曰：之，往也。以問禮儀爲名，陰刺候朝廷事。刺，七亦翻，探也。及有詔褒賜旦錢三十萬，益封萬三千戶，旦怒曰：「我當爲帝，何賜也！」遂與宗室中山哀王子長、齊孝王孫澤等結謀，中山哀王昌，靖王勝子。齊孝王將閭，悼惠王肥子。詐言以武帝時受詔，得職吏事，脩武備，備非常。如淳曰：諸侯不得治民、與職事，是以詐言受詔，得知職事，發兵爲備也。郎中成軫謂旦曰：「大王失職，獨可起而索，姓譜：成姓本自周文王，成伯之後，周有成肅公；又楚有令尹成得臣。師古曰：失職，謂當爲漢嗣而不被用也。索，求也，音山客翻。不可坐而得也。大王壹起，國中雖女子皆奮臂隨大王。」旦卽與澤謀，爲姦書，言：「少帝非武帝子，大臣所共立；天下宜共伐之！」使人傳行郡國以搖動百姓。澤謀歸發兵臨菑，臨菑，齊郡太守、青州刺史治所。殺青州刺史雋不疑。雋，辭兗翻。旦招來郡國姦人，賦斂銅鐵作甲兵，數閱其車騎、材官卒，發民大獵以講士馬，須期日。師古曰：講，習也。須，待也。余謂澤歸臨菑謀舉兵，故旦閱兵以待期。數，所角翻；下同。郎中韓義等數諫旦，旦殺義等凡十五人。會缾侯成知澤等謀，成，菑川靖王之子。班志，缾，侯國，屬瑯琊郡。缾，步丁翻。以告雋不疑。八月，不疑收捕澤等以聞。天子遣大鴻臚丞治，續漢志：大鴻臚丞，秩千石。臚，陵如翻。連引燕王。有詔，以燕王至親，勿治；而澤等皆伏誅。遷雋不疑爲京兆尹。百官表：武帝太初元年，改右内史爲京兆尹。張晏曰：地絕高曰京。左傳曰：莫之與京。十億曰兆。尹，正也。師古曰：京，大也；兆者，衆數；言大衆所在，故云京兆也。酈道元曰：尹，正也，所以董正京畿，率先百郡也。孔穎達曰：釋詁文曰：萬億曰兆。如依算法，億之數有大小二法：其小數以十爲等，十萬爲億，十億爲兆也；其大數以萬億爲等，萬至萬，是萬之爲億；又從億而數至萬億曰兆，億億曰秭。兆，在億、秭之間。不疑爲京兆尹，吏民敬其威信。每行縣、錄囚徒還，師古曰：省錄之，知其情狀有冤滯與否也。今云慮囚，本「錄」聲之去者耳，音力具翻。而近俗不曉其意，訛其文遂爲思慮之慮，失其源也甚矣。行，下孟翻。其母輒問不疑：「有所平反？活幾何人？」即不疑多有所平反，毛晃曰：平反，理正幽枉也。反，音幡。母喜笑異於他時；或無所出，母怒，爲不食。爲，于僞翻。故不疑爲吏，嚴而不殘。

5 九月，丙子，秺敬侯金日磾薨。秺，音妒。磾，丁奚翻。初，武帝病，有遺詔，封金日磾爲秺侯，上官桀爲安陽侯，恩澤侯表，安陽侯食邑於河内之蕩陰。水經註：陝縣有安陽城，武帝封上官桀爲侯國。霍光爲博陸侯；文穎曰：博，大；陸，平；取其嘉名，無此縣也；食邑於北海、河間、東郡。師古曰：蓋亦取鄉聚之名以爲國號，非必縣也。博陸初封，食北海、河間；後益封，食東郡。皆以前捕反者馬何羅等功封。捕馬何羅事見上卷武帝後元元年。日磾以帝少，不受封，少，詩沼翻。光等亦不敢受。及日磾病困，光白封，日磾臥受印綬；一日薨。日磾兩子賞、建俱侍中，與帝略同年，共臥起。賞爲奉車，建駙馬都尉。及賞嗣侯，佩兩綬，上謂霍將軍曰：「金氏兄弟兩人，不可使俱兩綬邪？」對曰：「賞自嗣父爲侯耳。」上笑曰：「侯不在我與將軍乎？」對曰：「先帝之約，有功乃得封侯。」遂止。

6 閏月，遣故廷尉王平等五人持節行郡國，舉賢良，問民疾苦、冤、失職者。行，下孟翻。

7 冬，無冰。

二年（丙申、前八五）

1 春，正月，封大將軍光爲博陸侯，按師古註，光初封，食邑北海、河間。左將軍桀爲安陽侯。桀食邑蕩陰。

2 或說霍光曰：「將軍不見諸呂之事乎？處伊尹、周公之位，說，式芮翻。處，昌呂翻。攝政擅權，而背宗室，不與共職，是以天下不信，卒至於滅亡。背，蒲妹翻。卒，子恤翻。今將軍當盛位，帝春秋富，宜納宗室，又多與大臣共事，服虔曰：共議事也。師古曰：每事皆與參共知之。反諸呂道。如是，則可以免患。」師古曰：言諸呂專權而滅亡，今納宗室，是反其道，乃可免患也。光然之，乃擇宗室可用者，遂拜楚元王孫辟彊及宗室劉長樂皆爲光祿大夫，辟彊守長樂衛尉。漢長樂、建章、甘泉各有衛尉以掌其宮衛，然不常置。樂，音洛。

3 三月，遣使者振貸貧民無種、食者。師古曰：種者，五穀之種也。食者，所以爲糧食也。種，之勇翻。

4 秋，八月，詔曰：「往年災害多，今年蠶、麥傷，所振貸種、食勿收責，毋令民出今年田租！」

5 初，武帝征伐匈奴，深入窮追，二十餘年，匈奴馬畜孕重墮殰，罷極，苦之，師古曰：孕重，懷任者也。墮，落也。殰，敗也。罷極，困也。苦之，心厭苦也。罷，讀曰疲。殰，音讀。鄭玄曰：內敗曰殰。陸云：謂懷任不成也。常有欲和親意，未能得。狐鹿孤單于有異母弟爲左大都尉，賢，國人鄉之。鄉，讀曰嚮，謂悉皆附之。母閼氏恐單于不立子而立左大都尉也，閼氏，音煙支。乃私使殺之。左大都尉同母兄怨，遂不肯復會單于庭。復，扶又翻。是歲，單于病且死，謂諸貴人：「我子少，不能治國，立弟右谷蠡王。」少，詩沼翻。治，直之翻。谷蠡，音鹿黎。及單于死，衛律等與顓渠閼氏謀，顓渠閼氏，單于之正室也，位大閼氏上。匿其喪，矯單于令，更立子左谷蠡王爲壺衍鞮單于。更，工衡翻。左賢王、右谷蠡王怨望，率其衆欲南歸漢，恐不能自致，卽脅盧屠王，欲與西降烏孫。降，戶江翻。盧屠王告之單于，使人驗問，右谷蠡王不服，反以其罪罪盧屠王，國人皆冤之。於是二王去居其所，不復肯會龍城，匈奴諸王長少，歲正月會單于庭；五月，大會龍城，祭其先天地鬼神。今二王自居其本處，不復會祭龍城也。復，扶又翻。匈奴始衰。

三年（丁酉、前八四）

1 春，二月，有星孛于西北。孛，蒲內翻。

2 冬，十一月，壬辰朔，日有食之。

3 初，霍光與上官桀相親善。光每休沐出，漢制，中朝官五日一下里舍休沐，三署諸郎亦然。桀常代光入決事。光女爲桀子安妻，生女，年甫五歲，甫，始也。安欲因光內之宮中；光以爲尚幼，不聽。蓋長公主私近子客河間丁外人，地理志，蓋縣屬泰山郡。師古曰：食邑於鄂，爲蓋侯所尚，故曰蓋長公主。長公主儀比諸王，帝姊妹乃稱之。蓋侯王充，武帝舅王信之子，襲爵。蓋，如字，又古盍翻。子客，子賓客也。丁，姓；外人，其名。長，知兩翻；下同。近，其靳翻。安素與外人善，說外人曰：說，式芮翻。「安子容貌端正，誠因長主時得入爲后，以臣父子在朝而有椒房之重，師古曰：椒房殿在未央宮中，皇后所居；以椒和泥塗壁，取其溫而芳。朝，直遙翻。成之在於足下。漢家故事，常以列侯尚主，足下何憂不封侯乎！」外人喜，言於長主。長主以爲然，詔召安女爲倢伃，倢伃，音接予。安爲騎都尉。爲安父子與霍光爭權謀亂張本。

四年（戊戌、前八三）

1 春，三月，甲寅，立皇后上官氏，赦天下。

2 西南夷姑繒、葉榆復反，姑繒、葉榆，皆西南夷別種，其所居地在益州郡界。葉榆，澤名，武帝開爲縣。

繒，慈陵翻。葉，式涉翻。遣水衡都尉呂辟胡將益州兵擊之。此益州刺史所部兵也。宋白曰：漢武帝元鼎中，分雍州之南置益州。釋名曰：益，阨也，所在之地險阨也。應劭地理風俗記曰：疆理益廣，故曰益州。班志，漢中、廣漢、蜀郡、越巂、益州、牂柯、巴郡皆屬益州。師古曰：辟，音壁。辟胡不進，蠻夷遂殺益州太守，武帝元封二年，開滇王國，置益州郡，治滇池縣。守，式又翻。乘勝與辟胡戰，士戰及溺死者四千餘人。

冬，遣大鴻臚田廣明擊之。臚，陵如翻。

3 廷尉李种坐故縱死罪种，音沖。棄市。

4 是歲，上官安為車騎將軍。考異曰：昭紀作「驃騎」，今從百官表、外戚傳。

五年（己亥、前八二）

1 春，正月，追尊帝外祖趙父為順成侯。順成侯趙父，鉤弋夫人之父也。父時已死，追封為順成侯，置園邑二百戶於扶風。順成侯有姊君姁，師古曰：姁，音況羽翻。賜錢二百萬、奴婢、第宅以充實焉。諸昆弟各以親疏受賞賜，孔穎達曰：五服之內，大功已上服粗者為親，小功已下服精者為疏。疏，與踈同。無在位者。

2 有男子乘黃犢車詣北闕，未央宮北闕，蕭何築也。師古曰：未央宮雖南向，而上書、奏事、謁見者皆詣北闕，公車司馬在焉。自謂衛太子；公車以聞。班表：公車屬衛尉，天下上事皆總領之。師古曰：公車主受章奏。詔使公、卿、將軍、中二千石雜識視。師古曰：雜，共也。有素識之者，令視知其是非也。長安中吏民聚觀者數萬人。右將軍勒兵闕下以備非常。丞相、御史、中二千石至者並莫敢發言。京兆尹不疑後到，叱從吏收縛。從，才用翻。或曰：「是非未可知，且安之！」安，猶徐也。不疑曰：「諸君何患於衞太子！昔蒯聵違命出奔，輒距而不納，春秋是之。師古曰：蒯聵，衞靈公太子；輒，蒯聵子也。蒯聵得罪於靈公而出奔晉。及靈公卒，使輒嗣位。晉趙鞅納蒯聵於戚，欲求入衞。齊國夏、衞石曼姑帥師圍戚。公羊傳曰：曼姑受命於靈公而立輒，曼姑之義固可以距蒯聵也。輒之義可以立乎？曰：可。柰何？不以父命辭王父命也。蒯，苦怪翻。聵，五怪翻。衞太子得罪先帝，亡不卽死，卽，就也。今來自詣，此罪人也！」遂送詔獄。天子與大將軍霍光聞而嘉之曰：「公卿大臣當用有經術、明於大誼者。」繇是不疑名聲重於朝廷，在位者皆自以不及也。廷尉驗治何人，凡不知姓名及所從來，皆曰何人。竟得姦詐，本夏陽人，姓成，名方遂，居湖，以卜筮爲事。有故太子舍人嘗從方遂卜，謂曰：「子狀貌甚似衞太子。」方遂心利其言，冀得以富貴。坐誣罔不道，要斬。要，與腰同。考異曰：昭紀云「張延年」，雋不疑傳云「成方遂」，又云「一姓張，名延年」。今從不疑傳。

3 夏，六月，封上官安爲桑樂侯。恩澤侯表：桑樂侯食邑於千乘。樂，來各翻。安日以驕淫，受賜殿中，對賓客言：「與我壻飲，大樂！」樂，音洛。見其服飾，使人歸，欲自燒物。子病死，仰而罵天。其頑悖如此。悖，蒲內翻。

4 罷儋耳、眞番郡。武帝元鼎六年置儋耳郡，元封三年置眞番郡；今皆罷之。儋，都甘翻。

5 秋，大鴻臚廣明、軍正王平擊益州，斬首、捕虜三萬餘人，獲畜產五萬餘頭。

6 諫大夫杜延年見國家承武帝奢侈、師旅之後，數爲大將軍光言：「年歲比不登，數，所角翻。爲，于僞翻。比，毗至翻。流民未盡還，宜脩孝文時政，示以儉約、寬和，順天心，說民意，說，讀曰悅。年歲宜應。」光納其言。延年，故御史大夫周之子也。

六年（庚子、前八一）

1 春，二月，詔有司問郡國所舉賢良、文學，民所疾苦、教化之要，皆對：「願罷鹽、鐵、酒榷、均輸官，鹽鐵事始見十九卷武帝元狩四年，均輸事始見二十卷元鼎三年，酒榷事始見上卷天漢三年。榷，古岳翻。毋與天下爭利，示以儉節，然後教化可興。」桑弘羊難，以爲：「此國家大業，所以制四夷，安邊足用之本，不可廢也。」難，乃旦翻。於是鹽鐵之議起焉。師古曰：議罷鹽鐵之官，百姓皆得鬻鹽、鑄錢，因總論政治得失也。據班史藝文志，有鹽鐵論十篇，今行於世。

2 初，蘇武既徙北海上，事見二十一卷天漢元年。稟食不至，稟，給也。掘野鼠、去草實而食之。蘇林曰：掘野鼠所去草實而食之。張晏曰：取鼠及草實，幷而食之。師古曰：蘇說是，去，謂藏之也。貢父曰：今北方野鼠甚多，皆可食也。武掘野鼠，得卽食之，其草實乃頗去藏耳。去，丘呂翻。杖漢節牧羊，臥起操持，節旄盡落。操，千高翻。武在漢，與李陵俱爲侍中；陵降匈奴，不敢求武。久之，降匈奴事見二十一卷天漢二年。降，戶江翻；下同。單于使陵至海上，爲武置酒設樂，爲，于僞翻；下同。因謂武曰：「單于聞陵與子卿素厚，子卿，蘇武字。故使來說足下，虛心欲相待。終不得歸漢，空自苦；亡人之地，說，式芮翻。亡，古無字通。信義安所見乎！見，賢遍翻。足下兄弟二人，前皆坐事自殺；來時，太夫人已不幸；不幸，謂死也。子卿婦年少，少，詩照翻。聞已更嫁矣；獨有女弟二人、兩女、一男，今復十餘年，更，工衡翻。復，扶又翻；下同。存亡不可知。人生如朝露，師古曰：朝露見日則晞乾，人命短促亦如之。何久自苦如此！陵始降時，忽忽如狂，自痛負漢，加以老母繫保宮。班表，少府屬官有居室，武帝太初元年，更名保宮。子卿不欲降，何以過陵！且陛下春秋高，法令無常，大臣無罪夷滅者數十家。安危不可知，子卿尚復誰爲乎！」武曰：「武父子無功德，皆爲陛下所成就，位列將，爵通侯，兄弟親近，皆爲，如字。將，卽亮翻。近，其靳翻。常願肝腦塗地。今得殺身自效，雖斧鉞、湯鑊，誠甘樂之！師古曰：鼎大而無足曰鑊。樂，音洛。臣事君，猶子事父也；子爲父死，無所恨。願勿復再言！」陵與武飲數日，復曰：「子卿壹聽陵言！」武曰：「自分已死久矣，分，扶問翻。王必欲降武，匈奴封李陵爲右校王，故稱之。請畢今日之驩，効死於前！」陵見其至誠，喟然歎曰：「嗟乎，義士！陵與衞律之罪上通於天！」因泣下霑衿，與武決去。師古曰：決，別也。賜武牛羊數十頭。

後陵復至北海上，語武以武帝崩。武南鄉號哭歐血，旦夕臨，數月。語，牛倨翻。鄉，讀曰嚮。號，戶高翻。臨，哭也，力禁翻。及壺衍鞮單于立，母閼氏不正，閼氏，音煙支。國內乖離，常恐漢兵襲之，於是衞律爲單于謀，與漢和親。漢使至，求蘇武等，匈奴詭言武死。後漢使復至匈奴，常惠私見漢使，教使者謂單于，謂告語也。言：「天子射上林中，得鴈，足有係帛書，言武等在某澤中。」使者大喜，如惠語以讓單于。單于視左右而驚，謝漢使曰：「武等實在。」乃歸武及馬宏等。馬宏者，前副光祿大夫王忠使西國，西國，謂西域諸國。使，疏吏翻。爲匈奴所遮；忠戰死，馬宏生得，亦不肯降。故匈奴歸此二人，欲以通善意。於是李陵置酒賀武曰：「今足下還歸，還，音旋，又如字。揚名於匈奴，功顯於漢室，雖古竹帛所載，丹青所畫，何以過子卿！陵雖駑怯，令漢貰陵罪，駑，音奴。貰，寬也。貰，時夜翻。全其老母，使得奮大辱之積志，庶幾乎曹柯之盟，李奇曰：言欲劫單于如曹劌劫齊桓公柯盟之時。幾，居衣翻。此陵宿昔之所不忘也。收族陵家，爲世大戮，事見上卷天漢三年。陵尚復何顧乎！已矣，令子卿知吾心耳！」陵泣下數行，行，戶剛翻。因與武決。

單于召會武官屬，前已降及物故，凡隨武還者九人。既至京師，詔武奉一太牢謁武帝園廟，程大昌演繁露曰：牛、羊、豕具爲太牢；有羊、豕而無牛則爲少牢。今人獨以太牢名牛，失之矣。拜爲典屬國，秩中二千石，班表：典屬國本秦官，掌歸義蠻夷；漢因之。今以命武，以武久在匈奴中，習外夷事，故使爲是官。其後省併大鴻臚。賜錢二百萬，公田二頃，宅一區。武留匈奴凡十九歲，始以強壯出，及還，須髮盡白。須，與鬚同。霍光、上官桀與李陵素善，遣陵故人隴西任立政等三人俱至匈奴招之。陵曰：「歸易耳，易，以豉翻。丈夫不能再辱！」遂死於匈奴。陵意謂降匈奴已辱矣，今若歸漢，漢將使刀筆吏簿責其喪師降匈奴之罪，是爲再辱也，故遂不歸。

3夏，旱。

4秋，七月，罷榷酤官，從賢良、文學之議也。酤，古護翻。武帝之末，海內虛耗，戶口減半。霍光知時務之要，輕傜薄賦，與民休息。至是匈奴和親，百姓充實，稍復文、景之業焉。

5詔以鉤町侯毋波鉤町，西南夷種，武帝開爲縣，屬牂柯郡。雖置官吏，而仍以其君長爲鉤町侯，使主其種類。鉤，音劬。町，音梃。「毋波」，漢書作「亡波」。亡，古無字也。率其邑君長、人民擊反者有功，長，知兩翻。立以爲鉤町王。賜田廣明爵關內侯。

元鳳元年（辛丑、前八〇）應劭曰：三年中，鳳凰比下東海、海西、樂鄉，故以冠元。

1春，武都氐人反，武都郡屬涼州。氐人，卽白馬氐也。魚豢魏略曰：其人分竄山谷，或號青氐，或號白氐。氏，丁奚翻。遣執金吾馬適建、龍頟侯韓增、大鴻臚田廣明將三輔、太常徒，皆免刑，擊之。師古曰：姓馬適，名建也。據班書功臣表，弓高侯韓頹當之孫說以擊匈奴功封龍頟侯，坐酎金失侯；復以破東越功封按道侯；後爲衛太子所殺。子興嗣侯，坐巫蠱誅。後元元年，復以增嗣龍頟侯。增，興弟也。班志，龍頟，侯國，屬平原郡。頟，音洛；作額者非。崔浩曰：今有龍頟村。蘇林曰：是時太常，主諸陵縣治民也。余謂此刑徒，輸作三輔及太常者也。

2夏，六月，赦天下。

3 秋，七月，乙亥晦，日有食之，既。

4 八月，改元。

5 上官桀父子既尊，盛德長公主，欲爲丁外人求封侯，霍光不許。又爲外人求光祿大夫，欲令得召見，又不許。長主大以是怨光，而桀、安數爲外人求官爵弗能得，亦慚。長，知兩翻。爲，于僞翻。數，所角翻。又桀妻父所幸充國爲太醫監，充國，史失其姓。太醫監屬少府。闌入殿中，闌，妄也。漢制：諸入宮殿門皆著籍；無籍而妄入，謂之闌入。下獄當死；冬月且盡，漢論死囚不過冬月。下，遐嫁翻。蓋主爲充國入馬二十匹贖罪，乃得減死論。於是桀、安父子深怨光而重德蓋主。自先帝時，桀已爲九卿，位在光右，武帝時，桀爲太僕，位九卿，秩中二千石；光爲奉車都尉、光祿大夫，秩比二千石；是桀之位在光右也。右，上也。及父子並爲將軍，桀爲左將軍，安爲車騎將軍。皇后親安女，光乃其外祖，而顧專制朝事，師古曰：顧，猶反也。朝，直遥翻。由是與光爭權。燕王旦自以帝兄不得立，常懷怨望。及御史大夫桑弘羊建造酒榷、鹽、鐵，爲國興利，伐其功，伐，矜也。榷，古岳翻。爲，于僞翻；下同。欲爲子弟得官，亦怨恨光。於是蓋主、桀、安、弘羊皆與旦通謀。

旦遣孫縱之等前後十餘輩，多齎金寶、走馬賂遺蓋主、桀、弘羊等。師古曰：走馬，馬之善走者也。遺，于季翻。桀等又詐令人爲燕王上書，言：「光出都肄郎、羽林，孟康曰：都，試也。肄，習也。張晏曰：都肄郎及羽林也。師古曰：都，大也，大會試之。漢光祿勳令，諸當試者不會都所，免之。都肄，謂總閱試習武備也。肄，羊至翻。道上稱蹕，天子出稱蹕，以清道止行人。蹕，與蹕同。太官先置。」師古曰：供飲食之具。太官屬少府，主膳食。凡車駕所幸，太官先往其處供置。又引「蘇武使匈奴二十年不降，乃爲典屬國；實十九年而言二十者，欲久其事以見冤屈，故言多也。使，疏吏翻。降，戶江翻。大將軍長史敞無功，爲搜粟都尉；又擅調益莫府校尉。師古曰：調，選也。莫府，大將軍府也。調，音徒釣翻。光專權自恣，疑有非常。臣旦願歸符璽，入宿衞，察姦臣變。」璽，斯氏翻。候司光出沐日奏之。桀欲從中下其事，伺光出沐不在禁中，桀欲自從禁中下其事也。司，讀曰伺。師古曰：下，謂下有司也。下，音胡稼翻；下同。弘羊當與諸大臣共執退光。當者，以之自任也。書奏，帝不肯下。明旦，光聞之，止畫室中不入。如淳曰：近臣所計畫之室。或曰：雕畫之室。師古曰：雕畫是也。上問：「大將軍安在？」左將軍桀對曰：「以燕王告其罪，故不敢入。」有詔：「召大將軍。」光入，免冠、頓首謝。上曰：「將軍冠！師古曰：令復著冠也。朕知是書詐也，將軍無罪。」光曰：「陛下何以知之？」上曰：「將軍之廣明都郎，近耳；師古曰：之，往也。廣明，亭名。余據廣明亭在長安城東東都門外。水經註：京兆奉明縣廣成鄉有廣明苑，史皇孫及王夫人葬於郭北，宣帝移於苑北以爲悼園，在東都門外。調校尉以來，未能十日，燕王何以得知之！且將軍爲非，不須校尉。」文穎曰：帝云「將軍欲反，不由一校尉」。是時帝年十四，尚書、左右皆驚。班表：少府屬官有尚書等十二官令、丞，又有中書謁者等七官令、丞。續漢志：尚書令千石。本註曰：承秦所置；武帝用宦者，更爲中書謁者令。成帝用士人，復故，掌凡選署及奏下尚書曹文書衆事。余據表，則尚書、中書爲兩官；據續志，則合爲一官。此時既有尚書，則與中書謁者爲兩官明矣。沈約曰：秦世少府遣吏四人，在殿中主發書，故謂之尚書；尚，猶主也。漢初有尚冠、尚衣、尚席、尚浴、尚食、尚書，故謂之六尚。秦時尚書有令，有僕射，有丞；至漢，並隸少府。武帝使左右曹、諸吏分平尚書事。昭帝卽位，霍光領尚書。約又曰：漢武遊後庭，始使宦者典尚書事，謂之中書謁者，置令、僕射。成帝改中書謁者令爲中謁者令，罷謁者。東京省中謁者令；而有中宮謁者令，非其職也。沈約亦以尚書、中書爲兩官明矣。而上書者果亡，捕之甚急。桀等懼，白上：「小事不足遂。」師古曰：遂，猶竟也，言不須窮竟也。上不聽。後桀黨與有譖光者，上輒怒曰：「大將軍忠臣，先帝所屬以輔朕身，敢有毀者坐之！」自是桀等不敢復言。屬，之欲翻。復，扶又翻。

李德裕論曰：人君之德，莫大於至明，明以照姦，則百邪不能蔽矣，漢昭帝是也。周成王有慚德矣；高祖、文、景俱不如也。成王聞管、蔡流言，遂使周公狼跋而東。漢高聞陳平去魏背楚，欲捨腹心臣。背，蒲妹翻。漢文惑季布使酒難近，罷歸股肱郡；疑賈生擅權紛亂，復疏賢士。景帝信誅晁錯兵解，遂戮三公。武王崩，周公相成王，管叔、蔡叔流言於國曰：「公將不利於孺子。」周公於是東征。成王未知周公之志，公乃爲鴟鴞之詩；周大夫亦爲賦狼跋之詩曰：「狼跋其胡，載疐其尾。」毛氏註云：跋，躐也。疐，跲也。老狼有胡，進則躐其胡，退則跲其尾，進退有難，然而不失其猛。疏曰：李巡曰：跋前行曰躐，跲却頓曰疐也。說文云：跋，蹎，丁千翻。跲，躓，竹二翻。躓，卽疐也。然則跋與疐皆是顚倒之類。以跋爲躐者，謂跋其胡而倒耳。老狼有胡，謂頷垂胡。進則躐其胡，謂躐胡而前倒也；退則跆其尾，謂卻頓而倒於尾上也。高祖疑陳平事見九卷二年，文帝罷季布事見十四卷前四年，疏賈生事同上，景帝誅鼂錯事見十六卷前三年。所謂「執狐疑之心，來讒賊之口」。劉向之言。使昭帝得伊、呂之佐，則成、康不足侔矣。

6 桀等謀令長公主置酒請光，伏兵格殺之，因廢帝，迎立燕王爲天子。旦置驛書往來相報，許立桀爲王，外連郡國豪桀以千數。旦以語相平，平爲燕相，史失其姓。語，牛倨翻。平曰：「大王前與劉澤結謀，事未成而發覺者，以劉澤素夸，好侵陵也。好，呼到翻。平聞左將軍素輕易，車騎將軍少而驕，易，以豉翻。少，詩照翻。臣恐其如劉澤時不能成，又恐既成反大王也。」旦曰：「前日一男子詣闕，自謂故太子，長安中民趣鄉之，趣，七喻翻。鄉，讀曰嚮。正讙不可止。師古曰：人衆既多故讙譁。讙，況爰翻。大將軍恐，出兵陳之，以自備耳。我，帝長子，帝，謂武帝。長，知兩翻。天下所信，何憂見反！」後謂羣臣：「蓋主報言，獨患大將軍與右將軍王莽。張晏曰：王莽，天水人也，字稚叔。今右將軍物故，丞相病，幸事必成，徵不久。」令羣臣皆裝。令皆治行裝也。

安又謀誘燕王至而誅之，誘，音酉。因廢帝而立桀。或曰：「當如皇后何？」安曰：「逐麋之狗，當顧菟邪！師古曰：言所求者大，不顧小也。麋，鹿之大者。菟，讀曰兔，吐故翻。且用皇后爲尊，一旦人主意有所移，雖欲爲家人亦不可得。家人，謂凡庶匹夫也。此百世之一時也！」會蓋主舍人父稻田使者燕倉知其謀，如淳曰：特爲諸稻田置使者，假與民收其稅入也。燕，音煙。姓譜：召公封於燕，其後爲秦所滅，子孫以爲氏。以告大司農楊敞。敞素謹，畏事，不敢言，乃移病臥，師古曰：移病，謂移書言病。一曰：以病而移居。余謂前說是。以告諫大夫杜延年；延年以聞。九月，詔丞相部中二千石逐捕孫縱之及桀、安、弘羊、外人等，并宗族悉誅之；蓋主自殺。燕王旦聞之，召相平曰：「事敗，遂發兵乎？」相，息亮翻。平曰：「左將軍已死，百姓皆知之，不可發也！」王憂懣，師古曰：懣，音滿，又音悶，煩也。置酒與羣臣、妃妾別。會天子以璽書讓旦，璽，斯氏翻。旦以綬自絞死，后、夫人隨旦自殺者二十餘人。天子加恩，赦王太子建爲庶人，賜旦謚曰剌王。剌，來達翻。謚法：暴戾無親曰剌。皇后以年少，不與謀，與，讀曰豫。亦霍光外孫，故得不廢。

7 庚午，右扶風王訢爲御史大夫。訢，與欣同。

8 冬，十月，封杜延年爲建平侯，班表：建平侯食邑於濟陽。燕倉爲宜城侯，宜城侯食邑於濟陰。故丞相徵事任宮捕得桀，爲弋陽侯，文穎曰：徵事，丞相官屬，位差尊掾屬也。如淳曰：時宮以徵事待詔丞相府，故曰丞相徵事。張晏曰：漢儀注：徵事比六百石，皆故吏二千石不以贓罪免者爲徵事，絳衣奉朝賀正月。師古曰：張說是。班志，弋陽，侯國，屬汝南郡。任，音壬。丞相少史王山壽誘安入府，爲商利侯。如淳曰：漢儀注：武帝置丞相少史，秩四百石。班表：商利侯食邑於臨淮之徐。少，詩照翻。久之，文學濟陰魏相對策，濟陰郡屬兗州，唐爲曹州。濟，子禮翻。以爲：「日者燕王爲無道，韓義出身強諫，爲王所殺。義無比干之親而蹈比干之節，比干，紂之賢臣，諫紂而死。宜顯賞其子以示天下，明爲人臣之義。」乃擢義子延壽爲諫大夫。

9 大將軍光以朝無舊臣，朝無，直遙翻。光祿勳張安世自先帝時爲尚書令，班表，少府屬官有尚書令。續漢志：尚書令，承秦所置，掌凡選署及奏下尚書曹文書衆事，秩千石。志行純篤，行，下孟翻。乃白用安世爲右將軍兼光祿勳以自副焉。安世，故御史大夫湯之子也。光又以杜延年有忠節，以其發燕、蓋、上官之謀也。擢爲太僕、右曹、給事中。太僕，正卿；右曹、給事中，加官也。晉灼曰：漢儀注：諸吏、給事中日上朝謁，平尚書奏事，分爲左、右曹。班表：給事中掌顧問應對，位中常侍下。蓋得出入禁中。光持刑罰嚴，延年常輔之以寬。吏民上書言便宜，輒下延年平處復奏。下，遐嫁翻。先平處其可否，復奏言之。處，昌呂翻。可【章：甲十五行本「可」上有「言」字，乙十行本同；孔本同。】官試者，至爲縣令；或丞相、御史除用，滿歲，以狀聞；或抵其罪法。師古曰：抵，至也。言事之人有姦妄者，則致之於罪法。

10 是歲匈奴發左、右部二萬騎爲四隊，並入邊爲寇。漢兵追之，斬首、獲虜九千人，生得甌脫王；漢無所失亡。匈奴見甌脫王在漢，恐，以爲道擊之，道，讀曰導。即西北遠去，不敢南逐水草；發人民屯甌脫。

二年（壬寅、前七九）

1 夏，四月，上自建章宮徙未央宮。

2 六月，赦天下。

3 是歲，匈奴復遣九千騎屯受降城以備漢，復，扶又翻。北橋余吾水，令可度，以備奔走；師古曰：於余吾水上作橋，擬有迫急，奔走避漢，從此橋度也。欲求和親，而恐漢不聽，故不肯先言，常使左右風漢使者。風，讀曰諷。然其侵盜益希，遇漢使愈厚，欲以漸致和親。漢亦羈縻之。

三年（癸卯、前七八）

1 春，正月，泰山有大石自起立；上林有柳樹枯僵自起生，僵，居良翻，仆也。有蟲食其葉成文，曰「公孫病已立」。此爲宣帝興於民間之符。符節令魯國眭弘上書，班表：符節令屬少府，秩六百石。續漢志曰：爲符節臺率，主符節事。漢改秦薛郡爲魯國，屬豫州；唐兗州地。師古曰：眭，息隨翻。今河、朔猶有此姓。言：「大石自立，僵柳復起，復，扶又翻；下同。當有匹庶爲天子者。枯樹復生，故廢之家公孫氏當復興乎？漢家承堯之後，班贊曰：春秋晉史蔡墨有言：「陶唐既衰，其後有劉累，學擾龍，事孔甲，范氏其後也。」而范宣子亦曰：「祖自虞以上爲陶唐氏，在夏爲御龍氏，在商爲豕韋氏，在周爲唐杜氏，晉主夏盟爲范氏。」范氏爲晉士師，魯文公世奔秦，後歸于晉；其處者爲劉氏。劉向云：戰國時劉氏自秦獲于魏；秦滅魏，遷大梁，都于豐。故周市說雍齒曰：「豐，故梁徙也。」是以頌高祖云：「漢帝本系，出自唐帝；降及于周，在秦作劉；涉魏而東，遂爲豐公。」豐公蓋太上皇父。及高祖即位，置祠祀官，則有秦、晉、梁、荊之巫，世祠天地，綴之以祀，豈不信哉！由是言之，漢承堯運，協于火德，得天統矣。有傳國之運，當求賢人禪帝位，退自封百里，以順天命。」弘坐設妖言惑衆伏誅。

2 匈奴單于使犂汙王窺邊，據王莽時使譯出塞誘呼右犂汙王咸，則犂汙王所居地蓋近塞下也。言酒泉、張掖兵益弱，出兵試擊，冀可復得其地。時漢先得降者，聞其計，天子詔邊警備。後無幾，幾，居豈翻。右賢王、犂汙王四千騎分三隊，入日勒、屋蘭、番和。班志，三縣皆屬張掖郡。賢曰：日勒故城在今甘州删丹縣東南。師古曰：番，音盤。張掖太守、屬國都尉續漢志，張掖屬國都尉治居延縣。守，式又翻。發兵擊，大破之，得脫者數百人。屬國義渠王射殺犂汙王，義渠王，屬國義渠胡之君長。射，而亦翻。賜黃金二百斤，馬二百匹，因封爲犂汙王。自是後，匈奴不敢入張掖。

3 燕、蓋之亂，燕王、蓋主也。燕，於賢翻。蓋，古盍翻。桑弘羊子遷亡，過父故吏侯史吳；侯史，姓也。吳，其名也。晉武帝時有侯史光。過，古禾翻。後遷捕得，伏法。會赦，侯史吳自出繫獄。廷尉王平、【章：甲十五行本「平」下有「與」字；乙十一行本同；孔本同。】少府徐仁雜治反事，皆以爲「桑遷坐父謀反而侯史吳臧之，治，直之翻；下同。臧，讀曰藏。非匿反者，乃匿爲隨者也」，言桑遷但隨坐耳，非自反也。卽以赦令除吳罪。後侍御史治實，師古曰：重覈治其事也。以「桑遷通經術，知父謀反而不諫爭，爭，與諍同。與反者身無異。侯史吳故三百石吏，首匿遷，師古曰：首匿者，言身爲謀首而藏匿人也。不與庶人匿隨從者等，吳不得赦。」奏請覆治，此深文傅致吳之罪。從，才用翻。劾廷尉、少府縱反者。劾，戶概翻。師古曰：縱，放也。少府徐仁，卽丞相車千秋女壻也，車千秋，卽田千秋。漢以其年老，得乘小車入殿中，因呼爲車丞相。故千秋數爲侯史吳言；數，所角翻。恐大將軍光不聽，千秋卽召中二千石、博士會公車門，公車門，卽未央宮北闕門也。議問吳法。師古曰：於法律之中，吳當得何罪。議者知大將軍指，皆執吳爲不道。明日，千秋封上衆議。上，時掌翻。光於是以千秋擅召中二千石以下，外内異言，張晏曰：外則去疾欲盡，内則爲其壻也。師古曰：非也；外内，謂内朝及外朝也。遂下廷尉平、少府仁獄。下，遐嫁翻。朝廷皆恐丞相坐之。太僕杜延年奏記光曰：「吏縱罪人，有常法。今更詆吳爲不道，師古曰：詆，誣也。恐於法深。又，丞相素無所守持而爲好言於下，盡其素行也。師古曰：言非故有所執持，但其素行好與在下人言議耳。至擅召中二千石，甚無狀。師古曰：無善狀也。延年愚以爲丞相久故及先帝用事，言在位已久，是爲故舊，又嘗及相先帝而任事也。非有大故，不可棄也。間者民頗言獄深，吏爲峻詆；今丞相所議，又獄事也，如是以及丞相；恐不合衆心，羣下讙譁，讙，許爰翻。庶人私議，流言四布。延年竊重將軍失此名於天下也。」師古曰：重，猶難也，以此爲重事也。光以廷尉、少府弄法輕重，卒下之獄。卒，子恤翻。夏，四月，仁自殺，平與左馮翊賈勝胡皆要斬。内史，周官；秦因之；景帝二年，分置左内史；武帝更名左馮翊。要，與腰同。而不以及丞相，終與相竟。師古曰：謂終丞相之身無貶黜也。余謂言與千秋共事終其身。延年論議持平，合和朝廷，皆此類也。

4 冬，遼東烏桓反。初，冒頓破東胡，東胡餘衆散保烏桓及鮮卑山爲二族，遼東郡屬幽州，唐嘗置安東都護府於其地。東胡破見十一卷高祖六年。後漢書：烏桓之地在丁零西南、烏孫東北。武帝遣霍去病擊破匈奴左地，因徙烏桓於上谷、漁陽、右北平、遼東、遼西五郡塞外，爲漢偵察匈奴動靜。其大人歲一朝見。於是始置護烏桓校尉，秩比二千石。鮮卑先遠竄於遼東塞外，與烏桓相接，未嘗通中國；至後漢稍徙遼西塞外，始爲中國患。世役屬匈奴。武帝擊破匈奴左地，因徙烏桓於上谷、漁陽、右北平、遼東塞外，上谷、漁陽、北平皆屬幽州。上谷，唐嬀州。漁陽，唐檀、薊州。北平，唐平州之地。爲漢偵察匈奴動靜。爲，于僞翻。偵，丑鄭翻，又丑貞翻：候也。置護烏桓校尉監領之，監，古銜翻。使不得與匈奴交通。至是，部衆漸強，遂反。

先是，匈奴三千餘騎入五原，五原郡屬并州。先，悉薦翻。殺略數千人；後數萬騎南旁塞獵，旁，步浪翻。行攻塞外亭障，略取吏民去。是時漢邊郡烽火候望精明，匈奴爲邊寇者少利，希復犯塞。少，詩照翻。復，扶又翻；下同。漢復得匈奴降者，言烏桓嘗發先單于冢，匈奴怨之，方發二萬騎擊烏桓。霍光欲發兵邀擊之，師古曰：邀迎而擊之。以問護軍都尉趙充國，護軍都尉，秦官；武帝以屬大司馬，此時蓋屬大將軍也。充國以爲：「烏桓間數犯塞，師古曰：間，即中間也，猶言比日也。數，所角翻。今匈奴擊之，於漢便。又匈奴希寇盜，北邊幸無事，蠻夷自相攻擊而發兵要之，要，與邀同。招寇生事，非計也！」光更問中郎將范明友，明友言可擊，於是拜明友爲度遼將軍，度遼將軍，蓋使之度遼水以伐烏桓。至後漢，遂以爲將軍之號以護匈奴。將二萬騎出遼東。匈奴聞漢兵至，引去。初，光誡明友：「兵不空出；即後匈奴，遂擊烏桓。」師古曰：後匈奴者，言兵遲後，邀匈奴不及。後，戶遘翻。烏桓時新中匈奴兵，師古曰：爲匈奴所中傷。中，竹仲翻。明友既後匈奴，因乘烏桓敝，擊之，斬首六千餘級，獲三王首。匈奴由是恐，不能復出兵。

四年（甲辰、前七七）

1 春，正月，丁亥，帝加元服。如淳曰：元服，謂初冠加上服也。師古曰：如氏以爲衣服之服，非也。元，首也。冠者，首之所著，故曰元服。汲黯序傳云：上正元服。是知謂冠爲元服。余按續漢志有加元服之禮。

2 甲戌，富民定侯田千秋薨。謚法：安民大慮曰定。時政事壹決大將軍光；千秋居丞相位，謹厚自守而已。

3 夏，五月，丁丑，孝文廟正殿火。人火曰火。上及羣臣皆素服，發中二千石將五校作治，將作大匠屬官有左、右、前、後、中五校令，掌五校士。校，戶教翻。六日，成。太常及廟令丞、郎、吏，皆劾大不敬；劾，戶概翻。會赦，太常轑陽侯德免爲庶人。班表，轑陽侯食邑清河。文穎曰：轑陽在魏郡清淵。轑，音料，又音聊。

4 六月，赦天下。

5 初，杅冞遣太子賴丹爲質於龜茲；龜茲國治延城，去長安七千四百八十里。杅，音烏。冞，與彌同。質，音致；下同。龜，音丘。茲，音慈。賢曰：今龜音丘勾翻，茲音沮惟翻，蓋急言之也。貳師擊大宛還，事見二十一卷武帝太初元年。宛，於元翻。將賴丹入至京師。霍光用桑弘羊前議，以賴丹爲校尉，將軍田輪臺。弘羊議田輪臺，見二十二卷征和四年。龜茲貴人姑翼謂其王曰：「賴丹本臣屬吾國，今佩漢印綬來，迫吾國而田，必爲害。」王卽殺賴丹而上書謝漢。

樓蘭王死，匈奴先聞之，遣其質子安歸歸，得立爲王。考異曰：西域傳作「常歸」，今從昭紀及傅介子傳。漢遣使詔新王令入朝，王辭不至。樓蘭國最在東垂，西域之東垂也。近漢，當白龍堆，孟康曰：龍堆，形如土龍身，無頭有尾，高大者三四丈，埤者長丈餘，皆東北向而相似也。近，其靳翻；下同。乏水草，常主發導，負水擔糧，送迎漢使；擔，都甘翻。又數爲吏卒所寇，懲艾，不便與漢通。師古曰：艾，讀曰乂。數，所角翻；下同。後復爲匈奴反間，間，古莧翻。數遮殺漢使。其弟尉屠耆降漢，具言狀。駿馬監北地傅介子使大宛，班表，太僕屬官有駿馬監。北地郡屬涼州刺史。姓譜：傅說出傅巖，因以爲氏。詔因令責樓蘭、龜茲。介子至樓蘭、龜茲，責其王，皆謝服。介子從大宛還，到龜茲，會匈奴使從烏孫還，在龜茲，介子因率其吏士共誅斬匈奴使者。還，奏事，詔拜介子爲中郎，遷平樂監。平樂監，監平樂觀。樂，音洛。

介子謂大將軍霍光曰：「樓蘭、龜茲數反覆，而不誅，無所懲艾。介子過龜茲時，其王近就人，易得也；願往刺之以威示諸國！」易，以豉翻。刺，七亦翻；下同。大將軍曰：「龜茲道遠，且驗之於樓蘭。」於是白遣之。介子與士卒俱齎金幣，揚言以賜外國爲名，至樓蘭。樓蘭王意不親介子，介子陽引去，至其西界，使譯謂曰：班表，大鴻臚有譯官令，典屬國有九譯令，皆掌譯。此譯，則樓蘭國之譯人。「漢使者持黃金、錦繡行賜諸國。王不來受，我去之西國矣。」卽出金、幣以示譯。譯還報王，王貪漢物，來見使者。介子與坐飲，陳物示之，飲酒皆醉。介子謂王曰：「天子使我私報王。」師古曰：謂密有所論。王起，隨介子入帳中屏語，屏人而獨共語也。屏，必郢翻。壯士二人從後刺之，刺，七亦翻。刃交匈，立死；匈，與胸同。其貴臣、【章：甲十五行本「臣」作「人」；乙十一行本同；孔本同。】左右皆散走。介子告諭以王負漢罪，「天子遣我誅王，當更立王弟尉屠耆在漢者。更，工衡翻。漢兵方至，毋敢動，自令滅國矣！」介子遂斬王安歸首，馳傳詣闕，縣首北闕下。傳，張戀翻。縣，古懸字通。

乃立尉屠耆爲王，更名其國爲鄯善，爲刻印章；賜以宮女爲夫人，備車騎、輜重。更，工衡翻。鄯，上扇翻。爲刻，于僞翻。重，直用翻。丞相率百官送至橫門外，祖而遣之。三輔黃圖：橫門，長安城北出西頭第一門。孟康曰：橫，音光。祖，祖道也。王自請天子曰：「身在漢久，今歸單弱，而前王有子在，恐爲所殺。國中有伊循城，其地肥美，願漢遣一將屯田積穀，令臣得依其威重。」於是漢遣司馬一人、吏士四十人田伊循以填撫之。填，讀曰鎮。

秋，七月，乙巳，封范明友爲平陵侯，賞破烏桓之功也。班表，平陵侯食邑於南陽之武當。傅介子爲義陽侯。班表，義陽侯食邑於南陽之平氏。

臣光曰：王者之於戎狄，叛則討之，服則舍之。舍，讀曰捨。今樓蘭王既服其罪，又從而誅之，後有叛者，不可得而懷矣。必以爲有罪而討之，則宜陳師鞠旅，毛詩註曰：鞠，告也。將戰之日，陳其師旅，誓告之也。明致其罰。今乃遣使者誘以金幣而殺之，後有奉使諸國者，復可信乎！復，扶又翻。且以大漢之強而爲盜賊之謀於蠻夷，不亦可羞哉！論者或美介子以爲奇功，過矣！

五年（乙巳、前七六）

1 夏，大旱。

2 秋，罷象郡，分屬鬱林、牂柯。班志：鬱林，故秦桂林郡。

3 冬，十一月，大雷。

4 十二月，庚戌，宜春敬侯王訢薨。恩澤侯表，宜春侯食邑於汝南。訢，音欣。

六年（丙午、前七五）

1 春，正月，募郡國徒築遼東、玄菟城。菟，音塗。

2 夏，赦天下。

3 烏桓復犯塞，復，扶又翻。遣度遼將軍范明友擊之。

4 冬，十一月，乙丑，以楊敞爲丞相，少府河内蔡義爲御史大夫。河内郡時屬司隸；唐懷、孟、衞州地。

顧頡剛標點聶崇岐覆校

資治通鑑卷第二十四

翰林學士朝散大夫右諫議大夫知制誥兼侍講同提舉萬壽觀公事
兼判集賢院上護軍河內郡開國侯食邑一千三百戶賜紫金魚袋臣　司馬光　奉敕編集
後　學　天　台　胡三省　音　註

漢紀十六起強圉協洽（丁未），盡昭陽赤奮若（癸丑），凡七年。

孝昭皇帝下

元平元年（丁未、前七四）

1春，二月，詔減口賦錢什三。如淳曰：漢儀注：民年七歲至十四，出口賦錢人二十三：二十錢以食天子，其三錢者武帝加口錢以補車騎馬。

2夏，四月，癸未，帝崩于未央宮；臣瓚曰：壽二十三。無嗣。時武帝子獨有廣陵王胥，大將軍光與羣臣議所立，咸持廣陵王。王本以行失道，先帝所不用；光內不自安。郎有上書言：「周太王廢太伯立王季，文王舍伯邑考立武王，師古曰：太伯者，王季之兄；伯邑考，文王長子也。舍，讀曰捨。唯在所宜，雖廢長立少可也。長，知兩翻。少，詩照翻。廣陵王不可以承宗廟。」

言合光意。光以其書示丞相敞等，擢郎爲九江太守。九江郡屬揚州，唐濠、壽、廬、滁、和州地。守，式又翻。卽日承皇后詔，遣行大鴻臚事少府樂成、宗正德、光祿大夫吉、中郎將利漢樂成，史樂成。德，劉德。吉，丙吉。利漢，不知其姓。迎昌邑王賀，乘七乘傳文帝之入立也，乘六乘傳；今乘七乘傳。傳，張戀翻。詣長安邸。諸王國皆置邸長安，此謂長安之昌邑邸也。光又白皇后，徙右將軍安世爲車騎將軍。

賀，昌邑哀王之子也，哀王，名髆，武帝子也。在國素狂縱，動作無節。武帝之喪，賀游獵不止。嘗游方與，方與縣本屬山陽郡，武帝以山陽爲昌邑王國，方與縣屬焉。方，音房。與，音豫。不半日馳二百里。中尉琅邪王吉上疏諫曰：「大王不好書術而樂逸游，好，呼到翻。樂，五孝翻，又音洛。馮式撙銜，馮，讀曰憑。臣瓚曰：撙，促也。師古曰：撙，挫也，音子本翻。馳騁不止，口倦虖叱咤，師古曰：咤，亦吒字也，音竹駕翻。手苦於箠轡，師古曰：箠，馬策。身勞虖車輿，朝則冒霧露，師古曰：冒，莫北翻，犯也。晝則被塵埃，被，皮義翻。夏則爲大暑之所暴炙，暴，步木翻。冬則爲風寒之所匽薄，師古曰：匽，與偃同，言遇疾風則偃靡也。薄，言迫也。數以耎脆之玉體師古曰：耎，柔也，音而兗翻。脆，音此芮翻。犯勤勞之煩毒，非所以全壽命之宗也，又非所以進仁義之隆也。師古曰：宗，尊也。隆，高也。夫廣廈之下，細旃之上，師古曰：廣廈，大屋也。旃，與氈同。明師居前，勸誦在後，上論唐、虞之際，下及殷、周之盛，考仁聖之風，習治國之道，治，直之翻。訢訢焉發憤忘食，訢，與欣同。日新厥德，其樂豈銜橛之間哉！樂，音洛；下同。休則俛仰屈伸以利形，師古曰：形，形體也俛，音免。進退步趨以實下，如淳曰：今人不行，則膝以下虛弱不實。吸新吐故以練臧，師古曰：臧，五藏也。練，練其氣也。臧，古藏字通，音徂浪翻。專意積精以適神，師古曰：適，和也。於以養生，豈不長哉！大王誠留意如此，則心有堯、舜之志，體有喬、松之壽，師古曰：仙人伯喬及赤松子也。美聲廣譽，登而上聞，則福祿其臻師古曰：臻，至也。而社稷安矣。皇帝仁聖，至今思慕未怠，師古曰：皇帝，謂昭帝也。言武帝晏駕未久，故尚思慕。於宮館、囿池、弋獵之樂未有所幸，大王宜夙夜念此以承聖意。諸侯骨肉，莫親大王，大王於屬則子也，於位則臣也，一身而二任之責加焉。恩愛行義，孅介有不具者，行，下孟翻；下同。孅，與纖同，息廉翻。於以上聞，非饗國之福也。」王乃下令曰：「寡人造行不能無惰，中尉甚忠，數輔吾過。」數，所角翻。使謁者千秋賜中尉牛肉五百斤，酒五石，脯五束。孔穎達曰：脯訓始，始作即成也；脩訓治，治之乃成。鄭註腊人云：薄析曰脯；捶而施薑桂曰鍛脩。其後復放縱自若。

郎中令山陽龔遂，忠厚剛毅，有大節，龔，姓也。左傳，晉有大夫龔堅。內諫爭於王，外責傅相，引經義，陳禍福，至於涕泣，蹇蹇亡已，爭，讀曰諍。相，息亮翻。亡，古無字通。師古曰：蹇蹇，不阿順之意。易曰：王臣蹇蹇。面刺王過。王至掩耳起走，曰：「郎中令善媿人！」師古曰：媿，古愧字也。媿，辱也。王嘗久與騶奴、宰人游戲飲食，騶，導車而搊訶者也。宰人，掌膳食者也。騶，側鳩翻。賞賜無度，遂入見王，涕泣膝行，左右侍御皆出涕。王曰：「郎中令何爲哭？」遂曰：「臣痛社稷危也！願賜清閒，竭愚！」王辟左右。師古曰：閒，讀曰閑。辟，音闢。遂曰：「大王知膠西王所以爲無道亡乎？」膠西王，謂于王端也。王曰：「不知也。」曰：「臣聞膠西王有諛臣侯得，王所爲儗於桀、紂也，儗，與擬同。師古曰：儗，比也。得以爲堯、舜也。王說其諂諛，常與寢處，說，讀曰悅。處，昌呂翻。唯得所言，以至於是。師古曰：唯用得之邪言，故至亡。今大王親近羣小，近，其靳翻。漸漬邪惡，漸，子廉翻。漬，疾智翻。所習，存亡之機，不可不愼也！臣請選郎通經有行義者與王起居，坐則誦詩、書，立則習禮容，宜有益。」王許之。遂乃選郎中張安等十人侍王。居數日，王皆逐去安等。去，羌呂翻；下同。

王嘗見大白犬，頸以下似人，冠方山冠而無尾，方山冠，以五采縠爲之，前高七寸，後高三寸，長八寸，樂舞人服之。冠方之冠，古玩翻。考異曰：昌邑王傳云「無頭」，五行志云「無尾」，且云「不得置後之象」。若頸以下似人而無頭，何以辨其爲犬，且安所施冠！蓋傳誤也。以問龔遂；遂曰：「此天戒，言在側者盡冠狗也，言王左右之人皆狗而冠也。去之則存，不去則亡矣。」後又聞人聲曰「熊」！視而見大熊，左右莫見，以問遂；遂曰：「熊，山野之獸，而來入宮室，王獨見之，此天戒大王，恐宮室將空，危亡象也。」王仰天而嘆曰：「不祥何爲數來！」遂叩頭曰：「臣不敢隱忠，數言危亡之戒；大王不說。夫國之存亡，豈在臣言哉！願王內自揆度。數，所角翻；下同。說，讀曰悅。度，徒洛翻。大王誦詩三百五篇，人事浹，浹，即協翻，洽也，徹也。王道備。王之所行，中詩一篇何等也？中，竹仲翻。師古曰：言王所行皆不合法度，王自謂當於何詩之文也。大王位爲諸侯王，行汙於庶人，行，下孟翻。師古曰：汙，濁穢。以存難，以亡易，易，以豉翻。宜深察之！」後又血汙王坐席，王問遂，遂叫然號汙，烏故翻。號，戶高翻。曰：「宮空不久，妖祥數至。血者，陰憂象也，宜畏慎自省！」省，悉景翻。王終不改節。

及徵書至，夜漏未盡一刻，以火發書。其日中，王發；晡時，至定陶，定陶縣爲濟陰郡治所。行百三十五里，侍從者馬死相望於道。從，才用翻。王吉奏書戒王曰：「臣聞高宗諒闇，三年不言。闇，讀與陰同。今大王以喪事徵，宜日夜哭泣悲哀而已，慎毋有所發！師古曰：發，謂興舉衆事。大將軍仁愛、勇智、忠信之德，天下莫不聞；事孝武皇帝二十餘年，未嘗有過。先帝棄羣臣，屬以天下，屬，之欲翻。寄幼孤焉。大將軍抱持幼君襁緥之中，襁，負兒衣。論語曰：襁負其子。博物志曰：織縷爲之，廣八寸，長二尺，以約小兒於背上。李奇曰：絡也，以繒布爲之，絡負小兒。孟康曰：小兒綳。師古曰：孟說是。緥，小兒衣。李奇曰：緥，小兒大籍。又齊人名小兒被爲緥。繈，舉兩翻。緥，博抱翻。布政施教，海內晏然，雖周公、伊尹無以加也。今帝崩無嗣，大將軍惟思可以奉宗廟者，攀援而立大王，師古曰：援，引也，音爰。其仁厚豈有量哉！臣願大王事之，敬之，政事壹聽之，大王垂拱南面而已。願留意，常以爲念！」

王至濟陽，班志，濟陽縣屬陳留郡。杜佑曰：濟陽縣故城，在曹州冤句縣西南。濟，子禮翻。求長鳴雞，師古曰：雞之鳴聲長者也。范成大曰：長鳴雞自南詔諸蠻來，形矮而大，鳴聲圓長，一鳴半刻，終日啼號不絕。蠻甚貴之，一雞直銀一兩。邕州谿洞亦有之。道買積竹杖。文穎曰：合竹作杖也。過弘農，使大奴善以衣車載女子。師古曰：凡言大奴者，謂奴之尤長大者也。善，其名也。至湖，使者以讓相安樂。師古曰：使者，長安使人也。讓，責也。安樂，史逸其姓。相，息亮翻。樂，音洛。安樂告龔遂，遂入問王，王曰：「無有。」遂曰：「卽無有，何愛一善以毀行義！請收屬吏，以湔洒大王。」師古曰：以善付吏也。湔，濺也。洒，濯也。行，下孟翻。屬，之欲翻；下同。湔，子顛翻。洒，先禮翻。卽捽善屬衛士長行法。師古曰：衛士長，主衛之官。捽，持頭也，音才兀翻。長，知兩翻。

王到霸上，大鴻臚郊迎，臚，陵如翻。騶奉乘輿車。王使壽成御，壽成，人名，昌邑太僕也。乘，繩證翻；下同。郎中令遂參乘。且至廣明、東都門，遂曰：「禮，奔喪望見國都哭。此長安東郭門也。」廣明註見上卷元鳳元年。三輔黃圖：宣平門，長安城東出北頭第一門；其外郭名東都門。王曰：「我嗌痛，不能哭。」師古曰：嗌，喉咽也，音益。至城門，遂復言；復，扶又翻。王曰：「城門與郭門等耳。」且至未央宮東闕，遂曰：「昌邑帳在是闕外馳道北，文穎曰：弔哭帳也。未至帳所，有南北行道，馬足未至數步；大王宜下車，鄉闕西面伏哭，盡哀止。」鄉，讀曰嚮。王曰：「諾。」到，哭如儀。六月，丙寅，王受皇帝璽綬，襲尊號；璽，斯氏翻。綬，音受。尊皇后曰皇太后。

3 壬申，葬孝昭皇帝于平陵。平陵，屬右扶風，在長安西北七十里。自崩至葬十日。

4 昌邑王既立，淫戲無度。昌邑官屬皆徵至長安，往往超擢拜官。相安樂遷長樂衞尉。龔遂見安樂，流涕謂曰：「王立爲天子，日益驕溢，諫之不復聽。今哀痛未盡，師古曰：謂新居喪服。日與近臣飲酒【章：甲十五行本「酒」作「食」；乙十一行本同；孔本同。】作樂，鬬虎豹，召皮軒車九旒，漢大駕、法駕，前驅有雲罕九斿，皮軒，鸞旗。薛綜曰：雲罕，旌旗名。胡廣曰：皮軒，以虎皮爲軒。郭璞曰：皮軒，革車，卽曲禮「前有士師則載虎皮」。師古曰：皮軒之上，以赤皮爲重蓋，今此制尚存，非用虎皮飾車。驅馳東西，所爲誖道。孔穎達曰：走馬謂之馳；策馬謂之驅。誖，蒲內翻。師古曰：乖也。古制寬，大臣有隱退；今去不得，陽狂恐知，身死爲世戮，柰何？君，陛下故相，宜極諫爭！」王夢青蠅之矢積西階東，可五六石，以屋版瓦覆之，師古曰：版瓦，大瓦也。覆，敷又翻。以問遂，遂曰：「陛下之詩不云乎：以昌邑王習詩，故云然。蘇林曰：猶言陛下所讀之詩也。『營營青蠅，止于藩。愷悌君子，毋信讒言。』陛下左側讒人衆多，如是青蠅惡矣。師古曰：惡，卽矢也。吳越春秋云：越王勾踐爲吳王嘗惡，卽其義也。宜進先帝大臣子孫，親近以爲左右。近，其靳翻。如不忍昌邑故人，師古曰：如，若也。信用讒諛，必有凶咎。願詭禍爲福，師古曰：詭，反也。皆放逐之！臣當先逐矣。」王不聽。

太僕丞河東張敞上書諫，班表，太僕有兩丞。續漢志：丞一人，秩千石。河東郡屬并州；按此時河東郡當屬司隸。曰：「孝昭皇帝蚤崩無嗣，師古曰：蚤，古早字。大臣憂懼，選賢聖承宗廟，東迎之日，唯恐屬車之行遲。師古曰：不欲斥乘輿，故但言屬車耳。屬，之欲翻。今天子以盛年初即位，天下莫不拭目傾耳，觀化聽風。師古曰：言改易視聽，欲急聞見善政化也。拭，音式。國輔大臣未褒，而昌邑小輩先遷，李奇曰：挽輦小臣也。此過之大者也。」王不聽。

大將軍光憂懣，懣，母本翻，又音滿，又音悶，煩懣也。獨以問所親故吏大司農田延年；延年曰：「將軍爲國柱石，師古曰：柱者，梁下之柱。石，承柱之礎。言大臣負國重任，如屋之柱及其石也。審此人不可，何不建白太后，建議而白之也。更選賢而立之？」光曰：「今欲如是，於古嘗有此不？」師古曰：光不涉學，故有此問也。不，讀曰否。延年曰：「伊尹相殷，廢太甲以安宗廟，後世稱其忠。師古曰：商書太甲篇：太甲既立，不明，伊尹放諸桐也。將軍若能行此，亦漢之伊尹也。」光乃引延年給事中，給事中，給事禁中也；西漢以爲加官。陰與車騎將軍張安世圖計。師古曰：圖，謀也。

王出遊，光祿大夫魯國夏侯勝當乘輿前諫曰：「天久陰而不雨，臣下有謀上者。陛下出，欲何之？」之，往也。王怒，謂勝爲祅言，祅，與妖同，音於驕翻。縛以屬吏。屬，之欲翻。吏白霍光，光不舉法。光讓安世，以爲泄語。安世實不言；乃召問勝。勝對言：「在鴻範傳曰：『皇之不極，厥罰常陰，漢儒作洪範傳，以五事應五行。「皇之不極，是謂不建，厥罰常陰，時則有下人伐上之痾。」皇，君也。極，中也。建，立也。人君貌、言、視、聽、思五事皆失，不得其中，則不能立萬事，失在眊悖，故其咎眊也。王者承天理物，雲起於山而彌於天，天氣亂，故其罰常陰也。君亂且弱，人之所叛，故有下人伐上之痾也。時則有下人伐上者。』惡察察言，惡，忌諱也。惡察察言，不敢明言之也。惡，烏路翻。故云『臣下有謀』。」光、安世大驚，以此益重經術士。侍中傅嘉數進諫，數，所角翻。王亦縛嘉繫獄。

光、安世既定議，乃使田延年報丞相楊敞。敞驚懼，不知所言，汗出洽背，徒唯唯而已。師古曰：唯唯者，恭應之辭也。唯，于癸翻。延年起，至更衣。師古曰：古者延賓必有更衣之處也。更，工衡翻。敞夫人遽從東廂謂敞曰：「此國大事，今大將軍議已定，使九卿來報君侯，君侯不疾應，與大將軍同心，猶與無決，先事誅矣！」與，讀曰豫。先，悉薦翻。延年從更衣還，敞夫人與延年參語許諾，「請奉大將軍教令！」師古曰：三人共言，故曰參語。

癸巳，光召丞相、御史、將軍、列侯、中二千石、大夫、博士會議未央宮。光曰：「昌邑王行昏亂，恐危社稷，如何？」羣臣皆驚鄂失色，師古曰：凡鄂者，皆謂阻礙不依順也。後字作「愕」，其義亦同。莫敢發言，但唯唯而已。田延年前，離席按劍離，力智翻。曰：「先帝屬將軍以幼孤，寄將軍以天下，以將軍忠賢，能安劉氏也。今羣下鼎沸，社稷將傾；且漢之傳謚常爲『孝』者，以長有天下，令宗廟血食也。如漢家絕祀，將軍雖死，何面目見先帝於地下乎？今日之議，不得旋踵，師古曰：宜速決。羣臣後應者，臣請劍斬之！」光謝曰：「九卿責光是也！天下匈匈不安，光當受難。」師古曰：受其憂責也。難，乃旦翻。於是議者皆叩頭曰：「萬姓之命，在於將軍，唯大將軍令！」師古曰：言一聽之也。

光卽與羣臣俱見，見，賢遍翻。白太后，具陳昌邑王不可以承宗廟狀。皇太后乃車駕幸未央承明殿，未央宮有承明殿，天子於是延儒生、學士。武帝責莊助曰：「君厭承明之廬」；西都賦曰：「承明、金馬，著作之庭」，是也。詔諸禁門毋內昌邑羣臣。王入朝太后還，乘輦欲歸溫室，晉灼曰：長樂宮有溫室殿。三輔黃圖：溫室殿在未央殿北，武帝建。余謂長樂固亦有溫室，但漢諸帝皆居未央，則此當爲未央之溫室也。中黃門宦者各持門扇，中黃門屬少府黃門令。師古曰：中黃門，謂奄人居禁中，在黃門之內給事者也，比百石。王入，門閉，昌邑羣臣不得入。王曰：「何爲？」大將軍跪曰：「有皇太后詔，毋內昌邑羣臣！」內，讀曰納。王曰：「徐之，何乃驚人如是！」光使盡驅出昌邑羣臣，置金馬門外。車騎將軍安世將羽林騎將，卽亮翻。騎，奇寄翻。收縛二百餘人，皆送廷尉詔獄。令故昭帝侍中中臣侍守王。光敕左右：「謹宿衞！卒有物故自裁，師古曰：卒，讀曰猝。物故，死也。自裁，謂自殺也。令我負天下，有殺主名。」王尚未自知當廢，謂左右：「我故羣臣從官安得罪，而大將軍盡繫之乎？」從，才用翻。師古曰：安，焉也。余謂安得罪，猶言何所得罪也。

頃之，有太后詔召王。王聞召，意恐，乃曰：「我安得罪而召我哉？」太后被珠襦，被，皮義翻。如淳曰：以珠飾襦也。晉灼曰：貫珠以爲襦，形若今革襦矣。師古曰：晉說是也。襦，汝朱翻。盛服坐武帳中，侍御數百人皆持兵，期門武士陛戟陳列殿下，期門屬光祿勳，掌執兵送從。武帝爲微行，與勇力之士期諸殿門，故曰期門。羣臣以次上殿，召昌邑王伏前聽詔。光與羣臣連名奏王，尚書令讀奏曰：「丞相臣敞等臣敞下卽連名，史以等字約言之。昧死言皇太后陛下：孝昭皇帝早棄天下，遣使徵昌邑王典喪，服斬衰，師古曰：典喪，言爲喪主也。斬衰，謂縗裳下不緶，直斬割之而已。緶，步千翻。無悲哀之心，廢禮誼，居道上不素食，師古曰：素食，菜食無肉也。言王在道常肉食，非居喪之制也。而鄭康成解素食云平常之食，失之遠矣。使從官略女子載衣車，內所居傳舍。始至謁見，傳，張戀翻。見，賢遍翻。立爲皇太子，常私買雞豚以食。受皇帝信璽、行璽大行前，孟康曰：漢初有三璽，天子之璽自佩，信璽、行璽在符節臺。大行前，昭帝柩前也。韋昭曰：大行，不反之辭也。就次，發璽不封。師古曰：璽既國器，常當緘封，而王於大行前受之，退還所次，遂爾發漏，更不封之，令凡人皆見，言不重愼。從官更持節引內昌邑從官、騶宰、官奴二百餘人，常與居禁闥內敖戲。更，工衡翻。敖，讀曰傲。爲書曰：『皇帝問侍中君卿：使中御府令高昌奉黃金千斤，賜君卿取十妻。』師古曰：昌邑之侍中名君卿也。大行在前殿，發樂府樂器，引內昌邑樂人擊鼓，歌吹，作俳倡；師古曰：俳，優諧戲也。倡，樂人也。倡，音昌。召內泰壹、宗廟樂人，悉奏衆樂。鄭氏曰：祭泰一樂人也。余據武帝祠泰一用樂舞，召歌兒作二十五弦及空侯瑟，又采詩夜誦，有趙、代、秦、楚之謳，宗廟樂有文德、昭德、文始、五行之舞，嘉至、永至、登歌、休成之樂，房中祠樂，安世樂、昭容樂、禮容樂，其員八百二十九人。駕法駕驅馳北宮、桂宮，師古曰：北宮、桂宮並在未央宮北。三輔黃圖：桂宮，武帝造，周回十餘里，有紫房複道通未央宮。三秦記：未央宮漸臺西有桂宮。弄彘，鬭虎。召皇太后御小馬車，張晏曰：皇太后所駕遊宮中輦車也。漢廐有果下馬，高三尺，以駕輦。師古曰：小馬可於果樹下乘之，故曰果下馬。使官奴騎乘，遊戲掖庭中。與孝昭皇帝宮人蒙等淫亂，詔掖庭令：『敢泄言，要斬！』——」掖庭令屬少府，武帝太初元年更名，本永巷令也。要，與腰同。太后曰：「止！師古曰：令且止讀奏也。爲人臣子，當悖亂如是邪！」王離席伏。悖，蒲內翻。離，力智翻。尚書令復讀曰：復，扶又翻。「——取諸侯王、列侯、二千石綬及墨綬、黄綬以幷佩昌邑郎官者免奴。續漢志：諸侯王赤綬四采，青、黄、縹、紺。列侯紫綬二采，紫、白。二千石青綬三采，青、白、紅。千石、六百石墨綬三采，青、赤、紺。四百石、三百石、二百石黄綬。師古曰：免奴，謂奴免放爲良人者。發御府金錢、刀劍、玉器、采繒，賞賜所與遊戲者。與從官、官奴夜飲，湛沔於酒。師古曰：湛，讀曰沈；又讀曰耽。湛沔者，乃荒迷之義也。沔，與湎同。獨夜設九賓溫室，師古曰：於溫室中設九賓之禮也。延見姊夫昌邑關內侯。祖宗廟祠未舉，爲璽書，使使者持節以三太牢祠昌邑哀王園廟，稱『嗣子皇帝』。師古曰：時在喪服，故未祠宗廟而私祭昌邑哀王也。余謂賀入繼大宗，不當於昌邑哀王稱嗣子皇帝，既於禮悖「三年不祭」之義，又悖「爲人後者爲之子」之義。受璽以來二十七日，使者旁午，如淳曰：旁午，分布也。師古曰：一縱一横爲旁午，猶言交横也。持節詔諸官署徵發凡一千一百二十七事。荒淫迷惑，失帝王禮誼，亂漢制度。臣敞等數進諫，不變更，數，所角翻。更，工衡翻。日以益甚；恐危社稷，天下不安。臣敞等謹與博士議，皆曰：『今陛下嗣孝昭皇帝後，行淫辟不軌。辟，讀曰僻。「五辟之屬，莫大不孝。」孝經：孔子曰：五刑之屬三千，其罪莫大於不孝。辟，五刑之辟也。辟，頻亦翻。周襄王不能事母，春秋曰：『天王出居于鄭，』由不孝出之，絕之於天下也。僖二十四年經書天王出居于鄭。公羊傳曰：王者無外，此其言出何？不能于母也。宗廟重於君，陛下不可以承天序，奉祖宗廟，子萬姓，當廢！』臣請有司以一太牢具告祠高廟。」皇太后詔曰：「可。」光令王起，拜受詔，王曰：「聞『天子有爭臣七人，雖亡道不失天下。』」引孝經孔子之言。爭，讀曰諍。亡，古無字通。光曰：「皇太后詔廢，安得稱天子！」乃即持其手，解脫其璽組，師古曰：即，就也。組，則古翻。說文曰：組，綬屬。續漢志：乘輿，黃赤綬四采，黃、赤、紺、縹，長丈有九尺九寸，五百首。奉上太后；上，時掌翻。扶王下殿，出金馬門，羣臣隨送。王西面拜曰：「愚戇，不任漢事！」戇，陟降翻。任，音壬。起，就乘輿副車；乘，繩證翻。大將軍光送至昌邑邸。光謝曰：「王行自絕於天，臣寧負王，不敢負社稷！願王自愛，臣長不復左右。」師古曰：言不復得侍見於左右。光涕泣而去。

羣臣奏言：「古者廢放之人，屏於遠方，屏，必郢翻，又卑正翻。不及以政。師古曰：言不豫政令。請徙王賀漢中房陵縣。」漢中郡屬益州。房陵縣，唐爲房州。太后詔歸賀昌邑，賜湯沐邑二千戶，故王家財物皆與賀；及哀王女四人，各賜湯沐邑千戶；國除，爲山陽郡。昌邑國本山陽郡也；今國除，復爲郡。

昌邑羣臣坐在國時不舉奏王罪過，令漢朝不聞知，朝，直遥翻。又不能輔道，道，讀曰導。陷王大惡，皆下獄，誅殺二百餘人；下，遐嫁翻。唯中尉吉、郎中令遂以忠直數諫正，數，所角翻。得減死，髡爲城旦。師王式繫獄當死，治事使者責問曰：「師何以無諫書？」王式時爲昌邑王師，以授王詩。治事使者，卽治獄使者也。治，直之翻。式對曰：「臣以詩三百五篇朝夕授王，至於忠臣、孝子之篇，未嘗不爲王反復誦之也；爲，于僞翻；下同。師古曰：復，音方目翻。至於危亡失道之君，未嘗不流涕爲王深陳之也。臣以三百五篇諫，是以無諫書。」使者以聞，亦得減死論。

霍光以羣臣奏事東宮，太后省政，省，悉景翻。宜知經術，白令夏侯勝用尚書授太后，遷勝長信少府，長信，宮名；少府掌其宮事。班表：長信詹事掌皇太后宮；景帝中六年更名長信少府；平帝元始四年更名長樂少府。張晏曰：以太后所居名也，居長信宮則曰長信少府，居長樂宮則曰長樂少府也。三輔黃圖：長信殿在長樂宮，太后常居之。余據表，長信少府後改爲長樂少府，則長信、長樂，非兩宮也，張說誤。賜爵關內侯。

初，衞太子納魯國史良娣，姓譜：史，周史佚之後。師古曰：太子有妃，有良娣，有孺子，凡三等。生子進，師古曰：進，皇孫之名也。號史皇孫。皇孫納涿郡王夫人，涿郡屬幽州。王夫人，名翁須。生子病已，師古曰：蓋以夙遭屯難而多病苦，故名病已，欲其速差也；後以爲鄙，更改諱詢。號皇曾孫。皇曾孫生數月，遭巫蠱事，見二十二卷武帝征和二年。太子三男、一女及諸妻、妾皆遇害，獨皇曾孫在，亦坐收繫郡邸獄。師古曰：漢舊儀：郡邸獄，治天下郡國上計者，屬大鴻臚。此蓋巫蠱獄收繫者衆，故皇曾孫寄在郡邸獄。故廷尉監魯國丙吉班表：廷尉有左、右監，秩千石。丙，姓也。左傳齊有丙歜。功臣表有高苑侯丙倩。受詔治巫蠱獄，治，直之翻。吉心知太子無事實，重哀皇曾孫無辜，師古曰：重，音直用翻。擇謹厚女徒渭城胡組、淮陽郭徵卿，令乳養曾孫，置閒燥處。李奇曰：輕罪，男子守邊一歲；女子輭弱不任守，復令作於官，亦一歲；故班史謂之女徒復作。復作者，復爲官作，滿其本罪月日。班志，渭城縣屬扶風。師古曰：閒，寬淨之處也。燥，高敞也。閒，讀曰閑。燥，蘇老翻。吉日再省視。省，悉景翻。

巫蠱事連歲不決，武帝疾，來往長楊、五柞宮，師古曰：二宮並在盩厔，皆以水名之。水經註：漏水出南山赤谷，東北流逕長楊宮。漏水又東北，耿谷水注之，水發南山耿谷，北流與柳泉合；東北逕五柞宮。望氣者言長安獄中有天子氣，於是武帝遣使者分條中都官，詔獄繫者師古曰：條，謂疏錄之。無輕重，一切皆殺之。內謁者令郭穰夜到郡邸獄，班表：謁者令屬少府。續漢志：主宮中布張諸褻物。漢官云：秩千石。蓋當時權爲此使。吉閉門拒使者不納，曰：「皇曾孫在。他人無辜死者猶不可，況親曾孫乎！」相守至天明，不得入。穰還，以聞，因劾奏吉。劾，戶概翻。武帝亦寤，曰：「天使之也。」因赦天下。郡邸獄繫者，獨賴吉得生。

既而吉謂守丞誰如：「皇孫不當在官，」孟康曰：郡守丞也，來詣京師邸治獄，姓誰，名如。文穎曰：不當在官，不當在郡邸獄也。師古曰：守丞，守獄官之丞耳，非郡丞也。誰如者，其人名，本作「譙」字；言姓，又非也。仲馮曰：守丞，蓋郡邸守邸之丞也，與朱買臣傳守丞同。使誰如移書京兆尹，遣與胡組俱送；京兆尹不受，復還。及組日滿當去，皇孫思慕，吉以私錢雇組令留，與郭徵卿並養，數月，乃遣組去。後少內嗇夫白吉曰：「食皇孫無詔令。」師古曰：少內，掖庭主府藏之官也。食，讀曰飤。詔令無文，無從得其廩具而食之。時吉得食米、肉，月月以給皇曾孫。曾孫病，幾不全者數焉，吉數敕保養乳母加致醫藥，幾，居衣翻。數，所角翻。視遇甚有恩惠。吉聞史良娣有母貞君及兄恭，乃載皇曾孫以付之。貞君年老，見孫孤，甚哀之，自養視焉。

後有詔掖庭養視，上屬籍宗正。應劭曰：掖庭，宮人之官，有令、丞，宦者爲之。詔敕掖庭養視之，始令宗正著其屬籍。時掖庭令張賀，嘗事戾太子，思顧舊恩，張賀，安世兄也，幸於衛太子。太子敗，賓客皆誅，安世上書爲賀請，得下蠶室，後爲掖庭令。師古曰：顧，念也。哀曾孫，奉養甚謹，以私錢供給，教書。既壯，賀欲以女孫妻之。妻，千細翻；下同。是時昭帝始冠，冠，古玩翻。長八尺二寸。長，直亮翻。賀弟安世爲右將軍，輔政，聞賀稱譽皇曾孫，欲妻以女，譽，音余。怒曰：「曾孫乃衛太子後也，幸得以庶人衣食縣官足矣，勿復言予女事！」復，扶又翻。予，讀曰與。於是賀止。時暴室嗇夫許廣漢有女，暴室屬掖庭令。師古曰：取暴曬爲名，蓋主織作染練之署。應劭曰：暴室，宮人獄也；今曰薄室。許廣漢坐法，腐爲宦者，作嗇夫也。師古又曰：暴室職務既多，因爲置獄，主治罪人，故往往云暴室獄耳；然非獄名。嗇夫者，暴室屬官，亦猶縣鄉嗇夫。姓譜：許姓出高陽，本自姜姓，炎帝之後，太嶽之裔；其後因封國爲氏。**賀乃置酒請廣漢，酒酣，爲言「曾孫體近，下乃關內侯，**師古曰：言曾孫於帝爲近親，縱其人得下劣，猶爲關內侯也。爲，于僞翻。**可妻也。」廣漢許諾。明日，嫗聞之，怒。**嫗，謂廣漢妻也。說文曰：嫗，母也，音威遇翻。**廣漢重令人爲介，**師古曰：更令人作媒，結婚姻。重，音直用翻。**遂與曾孫；賀以家財聘之。曾孫因依倚廣漢兄弟及祖母家史氏，受詩於東海澓中翁，**服虔曰：澓，音福。師古曰：姓澓，字中翁也。澓，房福翻。中，讀曰仲。**高材好學；**好，呼到翻。**然亦喜游俠，**師古曰：喜，許吏翻。**鬬雞走狗，**【章：甲十五行本「狗」作「馬」；乙十一行本同。】**以是具知閭里姦邪，吏治得失。**治，直吏翻。**數上下諸陵，**師古曰：諸陵皆據高敞地爲之，縣邑在其側。帝每周游往來，去則上，來則下，故言上下諸陵。數，所角翻。上，時掌翻。**周徧三輔，嘗困於蓮勺鹵中。**班志，蓮勺縣屬左馮翊。賢曰：故城在同州下邽縣東北。如淳曰：爲人所困辱也。蓮勺縣有鹽池，縱廣十餘里，其鄉人名爲鹵中。師古曰：鹵者，鹹地，今在櫟陽縣東。今其鄉人謂此中爲鹵鹽池。程大昌曰：蓮勺，唐下邽縣。蓮，音輦。勺，音酌。**尤樂杜、鄠之間，**班志，杜縣屬京兆；鄠縣屬扶風。樂，音洛。鄠，音戶。**率常在下杜。**孟康曰：下杜在長安南。師古曰：即今之杜城。括地志：下杜城在雍州長安縣東南九里，古杜伯國。**時會朝請，舍長安尚冠里。**文穎曰：以屬弟尚親，故歲時從宗室朝會也。如淳曰：春曰朝，秋曰請。師古曰：尚冠者，長安中里名。帝會朝請之時，即於此里中止息。三輔黃圖曰：京兆尹治尚冠里。朝，直遙翻。舍，如字。請，才性翻。

及昌邑王廢，霍光與張安世諸大臣議所立，未定。丙吉奏記光曰：「將軍事孝武皇帝，受襁褓之屬，任天下之寄。屬，之欲翻。孝昭皇帝早崩亡嗣，亡，古無字通。海內憂懼，欲亟聞嗣主。發喪之日，以大誼立後；所立非其人，復以大誼廢之；師古曰：雖無嫡嗣，旁立支屬，令宗廟有奉，既而恐危社稷，故廢黜之，皆以大誼而行也。天下莫不服焉。方今社稷、宗廟、羣生之命在將軍之壹舉，竊伏聽於衆庶，察其所言諸侯、宗室在列位者，未有所聞於民間也。而遺詔所養武帝曾孫名病已在掖庭、外家者，蘇林曰：外家，猶言在外人民家，不在宮中。晉灼曰：出郡邸獄，歸在外家史氏，後入掖庭耳。師古曰：晉說是也。吉前使居郡邸時，使，疏吏翻。見其幼少；至今十八九矣，通經術，有美材，行安而節和。行，下孟翻。願將軍詳大義，參以蓍龜豈宜，句斷，言參以蓍龜，卜其宜與不宜也。褒顯先使入侍，師古曰：侍太后。令天下昭然知之，然後決定大策，天下幸甚！」杜延年亦知曾孫德美，勸光、安世立焉。

秋，七月，光坐庭中，會丞相以下議【章：甲十五行本「議」下有「定」字；乙十一行本同；孔本同。】所立，遂復與丞相敞等上奏曰：復，扶又翻。上，時掌翻。「孝武皇帝曾孫病已，年十八，師受詩、論語、孝經，躬行節儉，慈仁愛人，可以嗣孝昭皇帝後，奉承祖宗廟，子萬姓。師古曰：天子以萬姓爲子，故云子萬姓。臣昧死以聞！」昧死，冒死也。皇太后詔曰：「可。」光遣宗正德至曾孫家尚冠里，洗沐，賜御衣；太僕以軨獵車迎曾孫，文穎曰：軨獵，小車，前有曲輿，不衣，近世謂之軨獵車。孟康曰：今之載獵車也。前有曲軨，特高大，獵時立其中，格射禽獸。李奇曰：蘭輿，輕車也。師古曰：文、李二說是。時未備天子車駕，故且取其輕便耳，非取其高大也。孟說失之。軨，音零。就齋宗正府。庚申，入未央宮，見皇太后，封爲陽武侯。班志，陽武縣屬河南郡。師古曰：先封侯者，不欲立庶人爲天子也。見，賢遍翻。已而羣臣奏上璽綬，卽皇帝位，癸巳，廢昌邑王。庚申，立宣帝。漢朝無君二十七日，天下不搖，霍光處此，誠難能也。上，時掌翻。謁高廟；尊皇太后爲太皇太后。

侍御史嚴延年班表：侍御史屬御史大夫，員十五人，受公卿奏事，舉劾按章。此嚴非莊助之嚴，自是一姓；戰國時有濮陽嚴仲子。劾奏「大將軍光擅廢立主，無人臣禮，不道。」奏雖寢，然朝廷肅然敬憚之。

6 八月，己巳，安平敬侯楊敞薨。班表，安平侯食邑於汝南。

7 九月，大赦天下。

8 戊寅，蔡義爲丞相。

9 初，許廣漢女適皇曾孫，一歲，生子奭。數月，曾孫立爲帝，許氏爲倢伃。是時霍將軍有小女與皇太后親，公卿議更立皇后，皆心擬霍將軍女，亦未有言。上乃詔求微時故劍。大臣知指，白立許倢伃爲皇后。十一月，壬子，立皇后許氏。霍光以后父廣漢刑人，不宜君國；歲餘，乃封爲昌成君。

10太皇太后歸長樂宮。長樂宮初置屯衛。漢太后常居長樂宮。太皇太后自昌邑之廢，居未央宮。今宣帝既立，復歸長樂宮。樂，音洛。

中宗孝宣皇帝上之上

荀悅曰：諱詢，字次卿。諱「詢」之字曰「謀」。應劭曰：謚法：聖善周聞曰宣。余據帝本名病已，元康二年乃更名詢。

本始元年（戊申、前七三）

1春，詔有司論定策安宗廟功。大將軍光益封萬七千戶，與故所食凡二萬戶。車騎將軍富平侯安世以下益封者十人，封侯者五人，賜爵關內侯者八人。昭帝始元二年，霍光以捕馬何羅功封博陸侯，二千三百五十戶，今益封萬七千二百戶。元鳳六年，張安世封富平侯，三千四十戶，今益封萬六百戶。楊敞始封安平侯，七百戶，今益封其子忠四千八百四十七戶。蔡義始封陽平侯，今益封，通前凡七百戶。范明友始封平陵侯，今益封，通前凡二千九百二十戶。韓增始紹封龍頟侯，今益封千戶。建平侯杜延年始封二千戶，今益封二千三百六十戶。蒲侯蘇昌始封千二十六戶，今益封。王譚始紹封宜春侯，今益封，通前凡一千一百八戶。魏聖始紹封當塗侯，今益封，通前凡二千二百戶。屠耆堂始紹封杜侯，千三百戶，今益封。夏侯勝始賜爵關內侯，今益封千戶。凡十人。封田廣明爲昌水侯，趙充國爲營平侯，田延年爲陽城侯，樂成爲爰氏侯，王遷爲平丘侯，凡五人。周德、蘇武、李光、劉德、韋賢、宋畸、丙吉、趙廣漢八人皆賜爵關內侯。

2大將軍光稽首歸政，稽，音啓。上謙讓不受；諸事皆先關白光，然後奏御。自昭帝時，光子禹及兄孫雲皆爲中郎將，雲弟山奉車都尉、侍中，領胡、越兵，光兩女壻爲東、西宮衞尉，昆弟、諸壻、外孫皆奉朝請，爲諸曹、大夫、騎都尉、給事中，黨親連體，根據於朝廷。及昌邑王廢，光權益重，每朝見，上虚己斂容，禮下之已甚。胡、越兵，胡騎及越騎也。東、西宮衞尉，長樂衞尉及未央衞尉也。侍中得入禁中，諸曹受尚書奏事，給事中給事禁中，皆加官也。下，胡稼翻。已甚，言過當也。

3 夏，四月，庚午，地震。

4 五月，鳳皇集膠東、千乘。赦天下，勿收田租賦。

5 六月，詔曰：「故皇太子在湖，未有號謚，戾太子死事見二十二卷武帝征和二年。歲時祠；其議謚，置園邑。」有司奏請：「禮，爲人後者，爲之子也；故降其父母，不得祭，師古曰：謂本生之父母也。尊祖之義也。陛下爲孝昭帝後，承祖宗之祀，愚以爲親謚宜曰悼，如淳曰：親，謂父也。母曰悼后；故皇太子謚曰戾，史良娣曰戾夫人。」謚法：不悔前過曰戾；又不思念曰戾。皆改葬焉。

6 秋，七月，詔立燕剌王太子建爲廣陽王；燕王旦死，建爲庶人，事見二十三卷昭帝元鳳元年。廣陽國屬幽州，旦死，燕國除，爲廣陽郡，今因以爲國名。剌，音來曷翻。立廣陵王胥少子弘爲高密王。封胥子弘爲王，加親親之恩也。

7 初，上官桀與霍光爭權，光既誅桀，遂遵武帝法度，以刑罰痛繩羣下，由是俗吏皆尚嚴酷以爲能；而河南太守丞淮陽黃霸獨用寬和爲名。上在民間時，知百姓苦吏急也，聞霸持法平，乃召爲廷尉正；數決疑獄，庭中稱平。廷尉正，秩千石。「庭中」，漢書作「廷中」。師古曰：此廷中，謂廷尉之中也。余謂通鑑作「庭中」，言漢庭之中也。數，所角翻。

二年（己酉、前七二）

1春，大司農田延年有罪自殺。昭帝之喪，大司農僦民車，延年詐增僦直，師古曰：僦，謂賃之，與雇直也。僦，子就翻。盜取錢三千萬，爲怨家所告。怨，於元翻。霍將軍召問延年，欲爲道地。師古曰：爲之開通道路，使有安全之地也。延年抵曰：師古曰：抵，拒諱也。抵，丁禮翻。「無有是事！」光曰：「卽無事，當窮竟！」師古曰：旣無實事，當令有司窮治，盡其理。御史大夫田廣明謂太僕杜延年曰：「春秋之義，以功覆過。公羊傳：僖十七年夏，滅項。孰滅之？齊滅之。曷爲不言齊滅之？爲桓公諱也。桓公嘗有存亡繼絕之功，故君子爲之諱。當廢昌邑王時，非田子賓之言，大事不成。延年，字子賓，事見上昭帝元平元年。今縣官出三千萬自乞之，何哉？師古曰：謂自乞與之也。柳宗元曰：哉，疑辭也。何哉，猶曰何如也。乞，音氣。願以愚言白大將軍！」延年言之大將軍，大將軍曰：「誠然，實勇士也！當發大議時，震動朝廷。」光因舉手自憮【章：甲十五行本「憮」作「撫」；乙十一行本同；孔本同。】心曰：「使我至今病悸。師古曰：悸，心動也，音揆。韻略：其季翻。謝田大夫曉大司農，通往就獄，得公議之。」師古曰：曉者，告白意指也。通者，從公家通理也。光忿其拒諱，故不佑之。田大夫使人語延年。語，牛倨翻。延年曰：「幸縣官寬我耳，何面目入牢獄，使衆人指笑我，卒徒唾吾背乎！」卽閉閤獨居齋舍，偏袒，持刀東西步。數日，使者召延年詣廷尉。聞鼓聲，自刎死。晉灼曰：使者至司農，司農發詔書，故鳴鼓也。師古曰：刎，謂斷頸也。刎，武粉翻。

2 夏，五月，詔曰：「孝武皇帝躬仁誼，厲威武，功德茂盛，而廟樂未稱，師古曰：稱，副也。稱，尺證翻。朕甚悼焉。其與列侯、二千石、博士議。」於是羣臣大議庭中，師古曰：大議，總會議也。此庭中，謂朝廷之中。皆曰：「宜如詔書。」長信少府夏侯勝獨曰：「武帝雖有攘四夷、廣土境之功，然多殺士衆，竭民財力，奢泰無度，天下虛耗，百姓流離，物故者半，蝗蟲大起，赤地數千里，師古曰：言無五穀之苗。或人民相食，畜積至今未復；畜，讀曰蓄。無德澤於民，不宜爲立廟樂。」公卿共難勝曰：爲，于僞翻。難，乃旦翻。「此詔書也。」勝曰：「詔書不可用也。人臣之誼，宜直言正論，非苟阿意順指。議已出口，雖死不悔！」於是丞相、御史劾奏勝非議詔書，毀先帝，不道；及丞相長史黃霸阿縱勝，不舉劾；俱下獄。劾，戶概翻。下，遐嫁翻。有司遂請尊孝武帝廟爲世宗廟，奏盛德、文始五行之舞。應劭曰：宣帝復采昭德之舞爲盛德舞，以尊世宗廟也。諸帝廟皆常奏文始四時五行舞也。武帝巡狩所幸郡國皆立廟，如高祖、太宗焉。夏侯勝、黃霸既久繫，霸欲從勝受尚書，勝辭以罪死。霸曰：「朝聞道，夕死可矣。」論語載孔子之言。勝賢其言，遂授之。繫再更冬，師古曰：更，歷也。更，音工衡翻。講論不怠。

3 初，烏孫公主死，漢復以楚王戊之孫解憂爲公主，妻岑娶。岑娶胡婦子泥靡尙小，岑娶且死，復，扶又翻。妻，七細翻。漢書作岑陬。師古曰：岑，音仕林翻。陬，音子侯翻。以國與季父大祿子翁歸靡，曰：「泥靡大，以國歸之。」翁歸靡既立，號肥王，復尙楚主，生三男、兩女。長男曰元貴靡，次曰萬年，次曰大樂。昭帝時，公主上書言：「匈奴與車師共侵烏孫，唯天子幸救之！」漢養士馬，議擊匈奴。會昭帝崩，上遣光祿大夫常惠使烏孫。烏孫公主及昆彌皆遣使上書，言：「匈奴復連發大兵，侵擊烏孫。使使謂烏孫，『趣持公主來！』趣，讀曰促。欲隔絶漢。昆彌願發國精兵五萬騎，盡力擊匈奴。唯天子出兵以救公主、昆彌！」先是匈奴數侵漢邊，先，悉薦翻。漢亦欲討之。秋，大發兵，遣御史大夫田廣明爲祁連將軍，四萬餘騎，出西河；度遼將軍范明友三萬餘騎，出張掖；前將軍韓增三萬餘騎，出雲中；後將軍趙充國爲蒲類將軍，三萬餘騎，出酒泉；雲中太守田順爲虎牙將軍，三萬餘騎，出五原；期以出塞各二千餘里。以常惠爲校尉，持節護烏孫兵共擊匈奴。

三年（庚戌、前七一）

1 春，正月，癸亥，恭哀許皇后崩。張晏曰：禮，婦人從夫謚。閔其見殺，故兼二謚。師古曰：共，讀曰恭。余據班史，自高后以下皆從夫稱之，未嘗有謚也。至帝謚孝武衞皇后曰思，亦以其不令終也。至於東都，如光烈、明德，始從夫而加二謚。時霍光夫人顯欲貴其小女成君，道無從。師古曰：從，因也，由也。無由得納其女。會許后當娠，病，女醫淳于衍者，姓譜：淳于出於姜姓，州公之後。霍氏所愛，嘗入宮侍皇后疾。衍夫賞爲掖庭戶衞，掖庭戶衞，掌衞掖庭門戶，戶郎主之也。謂衍：「可過辭霍夫人，行爲我求安池監。」安池，池名。監，掌池之官。爲，于僞翻。衍如言報顯，顯因心生，【章：甲十五行本二字互乙；乙十一行本同；孔本同；張校同；退齋校同。】辟左右，師古曰：辟，謂屏去之；音闢。字謂衍曰：「少夫幸報我以事，如淳曰：稱衍字曰少夫，親之也。晉灼曰：報我以事，謂求池監也。少，詩照翻。我亦欲報少夫，可乎？」晉灼曰：報少夫謀弒許后事。衍曰：「夫人所言，何等不可者！」師古曰：無事而不可。顯曰：「將軍素愛小女成君，欲奇貴之，願以累少夫！」師古曰：累，託也，音力瑞翻。衍曰：「何謂邪？」顯曰：「婦人免乳，大故，十死一生。師古曰：免乳，謂產子也。大故，大事也。乳，音人喻翻。今皇后當免身，可因投毒藥去也，師古曰：去，謂除去皇后也；音丘呂翻。成君卽爲皇后矣。如蒙力，事成，富貴與少夫共之。」衍曰：「藥雜治，常先嘗，安可？」師古曰：與衆醫共雜治之，又有先嘗者，何可行毒？治，直之翻。顯曰：「在少夫爲之耳。將軍領天下，誰敢言者！緩急相護，但恐少夫無意耳。」衍良久曰：「願盡力！」卽擣附子，附子與天雄、烏喙同出一種，有大毒。齎入長定宮。皇后免身後，衍取附子幷合大醫大丸以飲皇后，師古曰：大丸，今澤蘭丸之屬。合，音閤。飲，於禁翻。有頃，曰：「我頭岑岑也，藥中得無有毒？」師古曰：岑岑，庳悶之意。對曰：「無有。」遂加煩懣，崩。師古曰：懣，音滿，又音悶。衍出，過見顯，相勞問，勞，力到翻。亦未敢重謝衍。師古曰：恐人知覺之。後人有上書告諸醫侍疾無狀者，皆收繫詔獄，劾不道。劾，戶概翻。顯恐急，即以狀具語光，語，牛據翻。因曰：「既失計爲之，無令吏急衍！」光大驚，欲自發舉，不忍，猶與。師古曰：猶與，不決也。與，讀曰豫。會奏上，光署衍勿論。李奇曰：光題其奏也。師古曰：言之於帝，故解釋耳，光不自署也。余據霍光傳，光薨後，帝始聞毒許后事，光於是時安敢言之於帝邪！李說爲是。上，時掌翻。顯因勸光内其女入宮。

2 戊辰，五將軍發長安。匈奴聞漢兵大出，老弱奔走，敺畜產遠遁逃，師古曰：敺，與驅同。是以五將少所得。少，詩沼翻。夏，五月，軍罷。度遼將軍出塞千二百餘里，至蒲離候水，自張掖出塞。斬首、捕虜七百餘級。前將軍出塞千二百餘里，至烏員，自雲中出塞。師古曰：烏員，地名也；音云。斬首、捕虜百餘級。蒲類將軍出塞千八百餘里，西至候山，自酒泉出塞。斬首、捕虜，得單于使者蒲陰王以下三百餘級。聞虜已引去，皆不至期還。天子薄其過，寬而不罪。祈【章：甲十五行本「祈」作「祁」；乙十一行本同；孔本同。下三見均同。】連將軍出塞千六百里，至雞秩山，自西河出塞。斬首、捕虜十九級。逢漢使匈奴還者冉弘等，姓譜：楚大夫叔山冉之後。案夫子弟子有冉伯牛、冉有。使，疏吏翻。還，從宣翻，又如字。言雞秩山西有虜衆，祈連即戒弘，使言無虜，欲還兵。御史屬公孫益壽諫，以爲不可。祈連不聽，遂引兵還。虎牙將軍出塞八百餘里，至丹餘吾水上，自五原出塞。即止兵不進，斬首、捕虜千九百餘級，引兵還。上以虎牙將軍不至期，詐增鹵獲，而祈連知虜在前，逗遛不進，孟康曰：逗遛，律語也；謂軍行頓止，稽留不進也。師古曰：逗，讀與住同；又音豆。皆下吏，自殺。擢公孫益壽爲侍御史。百官表：侍御史員十五人，受公卿奏事、舉劾案章。下，遐嫁翻。

烏孫昆彌自將五萬騎與校尉常惠從西方入，至右谷蠡王庭，谷蠡，音鹿黎。獲單于父行行，胡浪翻。及嫂、居次、晉灼曰：匈奴女號，若言公主也。名王、犁汙都尉、千長、騎將以下四萬級，犁汙都尉，犁汙王之都尉也。師古曰：千長，千人之長。長，知兩翻。馬、牛、羊、驢、橐佗七十餘萬頭。師古曰：橐佗，言能負橐囊而馱物也。佗，音徒河翻。考異曰：常惠傳，「四萬級」爲「三萬九千人」，「七十餘萬頭」爲「六十餘萬頭」；今從烏孫傳。烏孫皆自取所虜獲。上以五將皆無功，獨惠奉使克獲，封惠爲長羅侯。長羅，侯國，屬陳留郡。賢曰：故城在今滑州匡城縣東北。然匈奴民衆傷而去者及畜産遠移死亡，不可勝數，勝，音升。於是匈奴遂衰耗，怨烏孫。

上復遣常惠持金幣還賜烏孫貴人有功者。復，扶又翻。惠因奏請龜茲國嘗殺校尉賴丹，未伏誅，請便道擊之。帝不許。大將軍霍光風惠以便宜從事。師古曰：言至前所，專命而行也。風，讀曰諷。惠與吏士五百人俱至烏孫，還，還，從宣翻，又如字；下同。過，發西國兵二萬人，自烏孫還，所過西國皆發其兵。令副使發龜茲東國二萬人，烏孫兵七千人，從三面攻龜茲。兵未合，先遣人責其王以前殺漢使狀。王謝曰：「乃我先王時爲貴人姑翼所誤耳，我無罪。」惠曰：

「卽如此，縛姑翼來，吾置王。」師古曰：置，猶放。王執姑翼詣惠，惠斬之而還。龜茲殺賴丹事，見上卷昭帝元鳳四年。

3大旱。

4六月，己丑，陽平節侯蔡義薨。陽平屬東郡。考異曰：荀紀作「乙丑」，誤。

5甲辰，長信少府韋賢爲丞相。

6大司農魏相爲御史大夫。

7冬，匈奴單于自將數萬騎擊烏孫，頗得老弱。欲還，會天大雨雪，雨，于具翻。一日深丈餘，深，式鴆翻。人民、畜產凍死，還者不能什一。於是丁令乘弱攻其北，令，音零。烏桓入其東，烏孫擊其西，凡三國所殺數萬級，馬數萬匹，牛羊甚衆；又重以餓死，重，直用翻。人民死者什三，畜產什五。匈奴大虛弱，諸國羈屬者皆瓦解，攻盜不能理。其後漢出三千餘騎爲三道，並入匈奴，捕虜得數千人還；匈奴終不敢取當，師古曰：當者，報其直。滋欲鄉和親，師古曰：滋，益也。鄉，讀曰嚮。而邊境少事矣。

8是歲，潁川太守趙廣漢爲京兆尹。潁川俗，豪桀相朋黨。廣漢爲缿筩，蘇林曰：缿，音項，如瓶，可受投書。孟康曰：筩，竹筩也，如今官受密事筩也。師古曰：缿，若今盛錢臧瓶，爲小孔，可入而不可出。或缿或筩，皆爲此制，而用受書，令投於中也。筩，音同。受吏民投書，使相告訐，師古曰：面相斥曰訐，音居乂翻，又音居謁翻。於是更相怨咎，更，工衡翻。姦黨散落，盜賊不敢發。匈奴降者言匈奴中皆聞廣漢名，降，戶江翻。由是入爲京兆尹。廣漢遇吏，殷勤甚備，事推功善，歸之於下，行之發於至誠，吏咸願爲用，僵仆無所避。師古曰：僵，偃也。仆，頓也。僵，音薑。仆，音赴。廣漢聰明，皆知其能之所宜，盡力與否；其或負者，輒收捕之，無所逃；案之，罪立具，即時伏辜。尤善爲鉤距以得事情，蘇林曰：鉤得其情，使不得去也。晉灼曰：鉤，致也。距，閉也。使對者無疑，若不問而自知，衆莫覺所由以閉，其術爲距也。師古曰：晉說是也。閭里銖兩之姦皆知之。長安少年數人會窮里空舍，師古曰：窮里，里中之極隱處。謀共劫人；坐語未訖，廣漢使吏捕治，具服。其發姦擿伏如神。師古曰：擿，謂動發之也；音他狄翻。京兆政清，吏民稱之不容口。長老傳以爲自漢興，治京兆者莫能及。長，知兩翻。治，直之翻。

四年（辛亥、前七〇）

1春，三月，乙卯，立霍光女爲皇后；赦天下。初，許后起微賤，登至尊日淺，從官車服甚節儉。及霍后立，輦駕、侍從益盛，從，才用翻。賞賜官屬以千萬計，與許后時縣絕矣。縣，讀曰懸。

2夏，四月，壬寅，郡國四十九同日地震，或山崩，壞城郭、室屋，殺六千餘人。北海、琅邪壞祖宗廟。景帝元年，令郡國各立太祖高皇帝廟、太宗文皇帝廟。壞，音怪。詔丞相、御史與列侯、中二千石博問經學之士，有以應變，師古曰：謂禦塞災異也。毋有所諱。令三輔、太常、內郡國舉賢良方正各一人。大赦天下。上素服，避正殿五日。釋夏侯勝、黃霸；以勝爲諫大夫、給事中，霸爲揚州刺史。揚州統廬江、九江、會稽、丹陽、豫章等郡。

勝爲人，質樸守正，簡易無威儀，易，以豉翻。或時謂上爲君，誤相字於前；師古曰：前，天子之前也。君前臣名，不當相呼字也。上亦以是親信之。嘗見，出道上語，師古曰：入見天子而以其言爲外人道之。見，賢遍翻。上聞而讓勝，勝曰：「陛下所言善，臣故揚之。堯言布於天下，至今見誦。臣以爲可傳，故傳耳。」朝廷每有大議，上知勝素直，謂曰：「先生建正言，無懲前事！」師古曰：懲，創也。前事，謂坐議廟樂事。勝復爲長信少府，後遷太子太傅。年九十卒，太后賜錢二百萬，爲勝素服五日，以報師傅之恩。爲，于僞翻。儒者以爲榮。

3 五月，鳳皇集北海安丘、淳于。安丘、淳于二縣皆屬北海郡。安丘，春秋時之渠丘。淳于，春秋之州國。

4 廣川王去坐殺其師及姬妾十餘人，或銷鉛錫灌口中，或支解，并毒藥煑之，令糜盡，廢徙上庸；自殺。廣川王去，景帝子廣川惠王越之孫。師古曰：糜，碎也。

地節元年（壬子、前六九）應劭曰：以先者地震，山崩、水出，於是改元曰地節，欲令地得其節。

1 春，正月，有星孛于西方。孛，蒲內翻。

2楚王延壽景帝立平陸侯禮爲楚王，奉元王後，傳子道，孫注，曾孫純；延壽，純之子也。以廣陵王胥，武帝子，天下有變，必得立，陰附助之，爲其後【嚴：「後」改「后」。】母弟趙何齊取廣陵王女爲妻，因使何齊奉書遺廣陵王曰：「願長耳目，師古曰：言常伺聽，勿失幾也。取，讀曰娶。遺，于季翻。長，如字。毋後人有天下！」師古曰：方爭天下，勿使在人後。後，戶覲翻。何齊父長年上書告之，事下有司考驗，辭服。下，遐嫁翻。冬，十一月，延壽自殺。胥勿治。

3十二月，癸亥晦，日有食之。

4是歲，于定國爲廷尉。姓譜：周武王子封於邘，子孫以國爲氏；其後去「邑」，單爲「于」。定國決疑平法，務在哀鰥寡，罪疑從輕，加審慎之心。朝廷稱之曰：「張釋之爲廷尉，天下無冤民。師古曰：言決罪皆當。于定國爲廷尉，民自以不冤。」師古曰：言知其寬平，皆無冤枉之慮也。

二年（癸丑、前六八）

1春，霍光病篤。車駕自臨問，上爲之涕泣。爲，于僞翻。光上書謝恩，願分國邑三千戶以封兄孫奉車都尉山爲列侯，奉兄去病祀。霍去病封冠軍侯，子嬗嗣封，薨，無後，國除，故光乞分國邑以封其孫。即日，拜光子禹爲右將軍。三月，庚午，光薨。上及皇太后親臨光喪，中二千石治冢，賜梓宮、葬具皆如乘輿制度，謚曰宣成侯。發三河卒穿復土，乘，繩證翻。復，如字。置園邑三百家，長、丞奉守；下詔復其後世，復，方目翻。疇其爵邑，應劭曰：疇，等也。世世無有所與。

與，讀曰豫。

御史大夫魏相上封事言事而不欲宣泄，重封上之，故曰封事。漢官曰：凡章表皆啓封；其言密事，得用皁囊。曰：「國家新失大將軍，宜顯明功臣以填藩國，填，古鎮字通。毋空大位，以塞爭權。師古曰：大臣位空，則起爭奪之權也。塞，悉則翻。宜以車騎將軍安世爲大將軍，毋令領光祿勳事；以其子延壽爲光祿勳。」上亦欲用之。夏，四月，戊申，以安世爲大司馬、車騎將軍，領尚書事。考異曰：百官表：「地節三年，四月，戊申，張安世爲大司馬。七月，戊戌，更爲衞將軍；霍禹爲大司馬。七月，壬辰，禹要斬。」荀紀：「三年，四月，戊辰，安世爲大司馬。」按明年四月無戊辰，七月無戊戌，又不當再言七月。以宣紀、張安世、霍光傳考之，安世爲司馬當在今年，爲衞將軍當在明年十月，禹死在四年七月，蓋年表旁行通連書之，致此誤也。

2 鳳皇集魯，羣鳥從之。大赦天下。

3 上思報大將軍德，乃封光兄孫山爲樂平侯，使以奉車都尉領尚書事。魏相因昌成君許廣漢奏封事，言「春秋譏世卿，公羊傳：隱三年，夏，四月，辛卯，尹氏卒。尹氏者何？天子之大夫也。其稱尹氏何？貶。曷爲貶？譏世卿。世卿，非禮也。惡宋三世爲大夫公羊傳曰：宋三世無大夫，三世內取也。師古曰：三世，謂襄公、成公、昭公也，內取於國之大夫也。「爲」，恐當作「無」。惡，烏路翻。及魯季孫之專權，魯自季友立僖公，行父逐東門氏，意如逐昭公，世專魯國。至哀公，惡季氏之偪而不能去，遂孫于邾。皆危亂國家。自後元以來，祿去王室，政由冢宰。今光死，子復爲右將軍，兄子秉樞機，謂領尚書事也。

賢曰：樞機，近要之官也。春秋運斗樞曰：北斗，第一天樞，第二璇，第三機也。昆弟、諸壻據權勢，在兵官，光夫人顯及諸女皆通籍長信宮，師古曰：通籍，謂禁門之中皆有名籍，恣出入也。應劭曰：籍者，爲二尺竹牒，設其年紀、名字、物色，懸之宮門，按省相應，乃得入也。或夜詔門出入，驕奢放縱，恐寖不制，師古曰：寖，漸也。不制，不可制御也。宜有以損奪其權，破散陰謀，以固萬世之基，全功臣之世。」又故事：諸上書者皆爲二封，署其一曰「副」，領尚書者先發副封，所言不善，屏去不奏。相復因許伯白去副封以防壅蔽。屏，必郢翻。去，丘呂翻。帝善之，詔相給事中，皆從其議。漢三公、九卿皆外朝，今魏相給事中，則得入禁中，預中朝之議。

4 帝興于閭閻，師古曰：閭，里門也。閻，里中門也。言從里巷而即天位也。知民事之蘱難。蘱，古艱字。霍光既薨，始親政事，厲精爲治，治，直吏翻；下同。五日一聽事。自丞相以下各奉職奏事，敷奏其言，考試功能。應劭曰：敷，陳也。各自奏陳其言，然後試之以官，考其功德也。侍中、尚書功勞當遷及有異善，厚加賞賜，至于子孫，終不改易。師古曰：言各久其職事也。貢父曰：至于子孫，謂賞賜逮及子孫也，非謂侍中、尚書官至子孫不改易也。樞機周密，品式備具，上下相安，莫有苟且之意。及拜刺史、守、相，輒親見問，觀其所由，退而考察所行以質其言，師古曰：質，正也。有名實不相應，必知其所以然。常稱曰：「庶民所以安其田里而亡歎息愁恨之心者，政平訟理也。師古曰：訟理，言所訟見理而無冤滯也。亡，古無字通。與我共此者，其唯良二千石乎！」師古曰：謂郡守、諸侯相。以爲太守，吏民之本，數變易則下不安；數，所角翻。民知其將久，不可欺罔，乃服從其教化。故二千石有治理效，輒以璽書勉厲，增秩、賜金，或爵至關內侯；公卿缺，則選諸所表，以次用之。師古曰：所表，謂增秩、賜金、爵也。是以漢世良吏，於是爲盛，稱中興焉。

匈奴壺衍鞮單于死，弟左賢王立爲虛閭權渠單于，以右大將女爲大閼氏，而黜前單于所幸顓渠閼氏。顓渠閼氏，單于之元妃也；其次爲大閼氏。將，即亮翻。閼氏，音煙支。顓渠閼氏父左大且渠怨望。且，子閭翻。是時漢以匈奴不能爲邊寇，罷塞外諸城以休百姓。師古曰：外城，塞外諸城也，如光祿塞、受降城、遮虜障等城是也。單于聞之，喜，召貴人謀，欲與漢和親。左大且渠心害其事，曰：「前漢使來，兵隨其後。今亦效漢發兵，先使使者入。」乃自請與呼盧訾王各將萬騎，南旁塞獵，相逢俱入。訾，子移翻。旁，步浪翻。行未到，會三騎亡降漢，言匈奴欲爲寇。降，戶江翻。於是天子詔發邊騎屯要害處，使大將軍軍監治衆等四人師古曰：治衆者，軍監之名。余據軍監位次軍正。將五千騎，分三隊，出塞各數百里，捕得虜各數十人而還。時匈奴亡其三騎，不敢入，卽引去。是歲，匈奴饑，人民、畜產死什六七，又發兩屯各萬騎以備漢。其秋，匈奴前所得西嗕居左地者，孟康曰：嗕，音辱，匈奴種。師古曰：嗕，音奴獨翻。余謂西嗕自是一種，爲匈奴所得，使居左地耳，非匈奴種也。其君長以下數千人皆驅畜產行，與甌脫戰，所殺傷甚衆，遂南降漢。

資治通鑑卷第二十五

翰林學士朝散大夫右諫議大夫知制誥兼侍講同提舉萬壽觀公事兼判集賢院上護軍河內郡開國侯食邑一千三百户賜紫金魚袋臣　司馬光　奉敕編集
後學　天台　胡三省　音註

漢紀十七起閼逢攝提格（甲寅），盡屠維協洽（己未），凡六年。

中宗孝宣皇帝上之下

地節三年（甲寅、前六七）

1 春，三月，詔曰：「蓋聞有功不賞，有罪不誅，雖唐、虞不能【章：甲十五行本「能」下有「以」字；乙十一行本同；孔本同。】化天下。今膠東相王成，勞來不怠，師古曰：謂勸勉招懷百姓。勞，郎到翻。來，郎代翻。流民自占八萬餘口，師古曰：隱度名數而來附業也。占，音之贍翻。治有異等之效。師古曰：異於常等。治，直吏翻。其賜成爵關內侯，秩中二千石。」未及徵用，會病卒官。卒，子恤翻。後詔使丞相、御史問郡、國上計長史、守丞以政令得失。貢父曰：郡使守丞，國使長史，皆一物也，故總言郡、國上計長史、守丞。後漢百官志：諸侯王相如太守，長史如郡丞。又邊郡有丞，元有長史；長史上計無疑矣。上，時掌翻。或對言：「前膠東相成僞自增加以蒙顯賞。是後俗吏多爲虛名」云。

2 夏，四月，戊申，立子奭爲皇太子，以丙吉爲太傅，太中大夫疏廣爲少傅。疏，姓也。考異曰：荀紀立皇太子在去年四月戊申，漢書舊本亦然。顏師古據疏廣及丙吉傳，並云「地節三年立皇太子」，知在此年者是也。封太子外祖父許廣漢爲平恩侯。平恩，侯國，屬魏郡。宋白曰：魏爲縣，屬廣平郡；唐屬洺州；有平恩川。又封霍光兄孫中郎將雲爲冠陽侯。恩澤侯表，冠陽侯食邑於南陽郡。

霍顯聞立太子，怒恚不食，歐血，曰：恚，於避翻。歐，烏口翻。「此乃民間時子，安得立！即后有子，反爲王邪？」復教皇后令毒太子。皇后數召太子賜食，保、阿輒先嘗之；保母、阿母也。復，扶又翻。數，所角翻。后挾毒不得行。

3 五月，甲申，丞相賢以老病乞骸骨；賜黃金百斤、安車、駟馬，罷就第。丞相致仕自賢始。

4 六月，壬辰，以魏相爲丞相。辛丑，丙吉爲御史大夫，疏廣爲太子太傅，廣兄子受爲少傅。

太子外祖父平恩侯許伯，以爲太子少，白使其弟中郎將舜監護太子家。許伯，即許廣漢，稱伯者，蓋尊之也。少，詩照翻。監，古銜翻。上以問廣，廣對曰：「太子，國儲副君，師友必於天下英俊，不宜獨親外家許氏。且太子自有太傅、少傅，官屬已備，今復使舜護太子家，示陋，師古曰：言獨親外家，示天下以淺陋。復，扶又翻。非所以廣太子德於天下也。」上善其言，以語魏相，語，牛倨翻。相免冠謝曰：「此非臣等所能及。」廣由是見器重。

5 京師大雨雹，大行丞東海蕭望之上疏，言大臣任政，一姓專權之所致。據望之傳，爲大行治禮丞。上素聞望之名，拜爲謁者。時上博延賢俊，民多上書言便宜，輒下望之問狀；下，遐稼翻。高者請丞相、御史，師古曰：望之以其人所言之狀請於丞相、御史，或以奏聞，卽見超擢。次者中二千石試事，滿歲以狀聞；師古曰：試令行其所言之事，或以諸他職事試之。劉仲馮曰：觀其意共是一條，不當中分，卻煩解說也，顏說非也。高者則令丞相、御史試事，歲滿各以狀聞，誤斷其文爾。余謂高者則請丞相、御史試事，次者中二千石試事，文意固是一貫，而分高、次，則非誤斷也。下者報聞，罷。其言不可用，故報聞而罷歸田里也。所白處奏皆可。師古曰：當主上之意也。處，昌呂翻。

6 冬，十月，詔曰：「乃者九月壬申地震，朕甚懼焉。有能箴朕過失，及賢良方正直言極諫之士，以匡朕之不逮，毋諱有司！師古曰：箴，戒也。匡，正也。李奇曰：諱，避也。雖有司在顯職，皆言其過，勿避之。朕既不德，不能附遠，是以邊境屯戍未息。今復飭兵重屯，久勞百姓，師古曰：飭，整也。復，扶又翻；下同。非所以綏天下也。其罷車騎將軍、右將軍屯兵！」又詔：「池籞未御幸者，假與貧民。蘇林曰：折竹，以繩綿連禁籞，使人不得往來，律名爲籞。服虔曰：籞在池水中作室，可用棲鳥，鳥入中則捕之。應劭曰：池者，陂池也。籞者，禁苑也。臣瓚曰：籞者，所以養鳥也。設爲藩落，周覆其上，令鳥不得出，猶苑之畜獸、池之畜魚也。師古曰：蘇、應二說是。郡國宮館勿復修治。治，直之翻；下同。流民還歸者，假公田，貸種食，師古曰：貸，音吐戴翻。種，五穀種也，音之勇翻。且勿算事。」師古曰：不出算賦及給徭役。

7 霍氏驕侈縱橫。橫，戶孟翻。太夫人顯，廣治第室，作乘輿輦，加畫，繡絪馮，黃金塗；韋絮薦輪，如淳曰：絪，亦茵。馮，謂所馮者也；以黃金塗飾之。師古曰：茵，蓐也。以繡爲茵馮，而黃金塗于輦也。晉灼曰：御輦以韋緣輪，著之以絮。師古曰：取其行安，不搖動也。馮，與憑同。著，音張呂翻。侍婢以五采絲輓顯游戲第中；師古曰：輓，謂牽引車輦也，音晚。與監奴馮子都亂。師古曰：監奴，謂奴之監知家務者。而禹、山亦並繕治第宅，走馬馳逐平樂館。雲當朝請，數稱病私出，樂，音洛。朝，直遙翻。請，才性翻。數，所角翻；下同。多從賓客，張圍獵黃山苑中，使倉頭奴上朝謁，文穎曰：朝當用謁，不自行而令奴上謁者也。師古曰：上謁，若今參見尊貴而通人也。孔穎達曰：漢家僕隸謂之蒼頭，以蒼巾爲飾，異於民也。上，時掌翻。莫敢譴者。顯及諸女晝夜出入長信宮殿中，亡期度。師古曰：長信宮，上官太后所居。亡，古無字通。

帝自在民間，聞知霍氏尊盛日久，內不能善。既躬親朝政，御史大夫魏相給事中。顯謂禹、雲、山：「女曹不務奉大將軍餘業，師古曰：女，音汝。曹，輩也。今大夫給事中，他人壹間女，能復自救邪！」間，古莧翻。復，扶又翻；下同。後兩家奴爭道，師古曰：謂霍氏及御史家。霍氏奴入御史府，欲躝大夫門；御史爲叩頭謝，乃去。躝，與蹋同。爲，于僞翻。人以謂霍氏，師古曰：告語也。顯等始知憂。

會魏大夫爲丞相，數燕見言事；見，賢遍翻；下同。平恩侯與侍中金安上等徑出入省中。時霍山領尚書，上令吏民得奏封事，不關尚書，羣臣進見獨往來，師古曰：謂各各得盡言於上也。於是霍氏甚惡之。惡，烏路翻。上頗聞霍氏毒殺許后而未察，乃徙光女壻度遼將軍、未央衛尉、平陵侯范明友爲光祿勳，功臣侯表，平陵侯食邑於南陽郡之武當縣。出次壻諸吏、中郎將、羽林監任勝爲安定太守。任，音壬。守，式又翻；下同。數月，復出光姊壻給事中、光祿大夫張朔爲蜀郡太守，羣孫壻中郎將王漢爲武威太守。頃之，復徙光長女壻長樂衛尉鄧廣漢爲少府。戊戌，更以張安世爲衛將軍，兩宮衛尉、城門、北軍兵屬焉。兩宮，未央、長樂也。城門，京城十二門屯兵也。北軍，北軍八校兵也。更，工衡翻。以霍禹爲大司馬，冠小冠，大司馬大將軍，冠武弁大冠。今貶禹，故使冠小冠。冠小之冠，古玩翻。亡印綬；亡，古無字通。罷其屯兵官屬，特使禹官名與光俱大司馬者。蘇林曰：特，但也。又收范明友度遼將軍印綬，但爲光祿勳；及光中女壻趙平爲散騎、騎【章：甲十五行本「騎」字不重；乙十一行本同；孔本同。】都尉、光祿大夫，將屯兵，又收平騎都尉印綬。散騎、騎都尉，以騎都尉而加散騎官也。百官表云：散騎、中常侍，皆加官；中常侍得入禁中，散騎騎並乘輿車。如淳曰：自列侯下至郎中，皆得有散騎及中常侍加官，是時散騎及中常侍各自一官，無員也。中，讀曰仲。

諸領胡、越騎、羽林及兩宮衛將屯兵，悉易以所親信許、史子弟代之。

初，孝武之世，徵發煩數，百姓貧耗，窮民犯法，姦軌不勝，數，所角翻。勝，音升，又如字。於是使張湯、趙禹之屬，條定法令，作見知故縱、監臨部主之法，師古曰：見知人犯法不舉告，爲故縱；而所監臨部主有罪，併連坐之也。監，古銜翻。緩深、故之罪，孟康曰：孝武欲急刑，吏深害及故入人罪者，皆寬緩之也。急縱、出之誅。師古曰：吏釋罪人，疑以爲縱，出則急誅之，亦言尚酷。其後姦猾巧法轉相比況，禁罔寖密，律令煩苛，文書盈於几閣，典者不能偏睹。是以郡國承用者駁，師古曰：不曉其指，用意不同也。或罪同而論異，姦吏因緣爲市，師古曰：弄法而受財，若市賈之交易。所欲活則傅生議，傅，讀曰附。所欲陷則予死比，師古曰：比，以例相比況也。議者咸冤傷之。

廷尉史鉅鹿路溫舒上書曰：「臣聞齊有無知之禍而桓公以興，齊襄公爲公子無知所殺，雍廩復殺無知，齊國大亂，桓公自莒入立。晉有驪姬之難而文公用伯；晉獻公信驪姬之讒，殺世子申生，逐公子重耳、夷吾，而立驪姬之子奚齊、卓子，皆爲里克所殺。夷吾入立，復爲秦所執，既而歸之，卒，而子圉嗣。秦納重耳，子圉死，而文公遂霸諸侯。難，乃旦翻。伯，讀曰霸。近世趙王不終，諸呂作亂，而孝文爲太宗。事見十三卷。繇是觀之，禍亂之作，將以開聖人也。夫繼變亂之後，必有異舊之恩，此賢聖所以昭天命也。往者昭帝卽世無嗣，昌邑淫亂，乃皇天所以開至聖也。臣聞春秋正卽位，大一統而慎始也。春秋之法，繼弑君不言卽位，繼正卽位，正也。陛下初登至尊，與天合符，宜改前世之失，正始受命之統，滌煩文，除民疾，以應天意。臣聞秦有十失，其一尚存，治獄之吏是也。治，直之翻。夫獄者，天下之大命也，死者不可復生，絕者不可復屬。復，扶又翻。師古曰：屬，連也，音之欲翻。書曰：『與其殺不辜，寧失不經。』師古曰：虞書大禹謨載咎繇之言。辜，罪也。經，常也。言人命至重，治獄宜慎，寧失不常之過，不濫殺無罪之人，所以崇寬恕也。今治獄吏則不然，上下相敺，敺，與驅同。以刻爲明，深者獲公名，平者多後患。故治獄之吏皆欲人死，非憎人也，自安之道在人之死。是以死人之血，流離於市，被刑之徒，比肩而立，被，皮義翻。大辟之計，歲以萬數。辟，毗亦翻。此仁聖之所以傷也，太平之未洽，凡以此也。夫人情，安則樂生，樂，音洛。痛則思死，棰楚之下，何求而不得！故囚人不勝痛，則飾辭以示之；勝，音升。吏治者利其然，則指導以明之；治，直吏翻。上奏畏卻，則鍛練而周內之。上，時掌翻。晉灼曰：精熟周悉，致之法中也。師古曰：卻，退也。畏爲上所卻退。卻，丘略翻。蓋奏當之成，師古曰：當，謂處其罪也。雖皋陶聽之，猶以爲死有餘辜。師古曰：皋陶作士，善聽獄訟，故以爲喻也。陶，音遙。何則？成練者衆，文致之罪明也。故俗語曰：『畫地爲獄，議不入；刻木爲吏，期不對。』師古曰：畫獄、木吏，尚不入對，況眞實乎！期，猶必也。議必不入對。此皆疾吏之風，悲痛之辭也。唯陛下省法制，寬刑罰，則太平之風可興於世。」上善其言。

9 十二月，詔曰：「間者吏用法巧文寖深，是朕之不德也。夫決獄不當，使有罪興邪，不辜蒙戮，晉灼曰：當重而輕，使有罪者起邪惡之心也。師古曰：有罪者更興邪惡，無辜者反陷重刑，是決獄不平故也。當，丁浪翻。父子悲恨，朕甚傷之！今遣廷史與郡鞠獄，任輕祿薄，如淳曰：廷史，廷尉史也。以囚辭決獄事爲鞠，謂疑獄也。李奇曰：鞠，窮也。獄事窮竟也。師古曰：李說是也。其爲置廷尉平，秩六百石，員四人。其務平之，以稱朕意！」於是每季秋後請讞時，爲，于僞翻。稱，尺證翻。讞，語蹇翻，又魚戰翻，又魚列翻，議獄也。上常幸宣室，齋居而決事，如淳曰：宣室，布政教之室也。重用刑，故齋戒以決事。晉灼曰：未央宮中有宣室殿。師古曰：晉說是也。賈誼傳亦云「受釐坐宣室」，蓋其殿在前殿之側也，齋則居之。獄刑號爲平矣。

涿郡太守鄭昌上疏言：「今明主躬垂明聽，雖不置廷平，獄將自正；若開後嗣，不若刪定律令。師古曰：刪，刊也；有不便者則刊而除之。律令一定，愚民知所避，姦吏無所弄矣。今不正其本，而置廷平以理其末，政衰聽怠，則廷平將召權而爲亂首矣。」孟康曰：召，求也。招致權著己也，猶賣弄也。師古曰：孟說是也。

10 昭帝時，匈奴使四千騎田車師。及五將軍擊匈奴，事見上卷本始三年。車師田者驚去，車師復通於漢；匈奴怒，召其太子軍宿，欲以爲質。軍宿，焉耆外孫，不欲質匈奴，亡走焉耆，車師王更立子烏貴爲太子。復，扶又翻；下同。質，音致。走，音奏。更，工衡翻。及烏貴立爲王，與匈奴結婚姻，教匈奴遮漢道通烏孫者。

是歲，侍郎會稽鄭吉與校尉司馬憙，會，古外翻。憙，許吏翻。將免刑罪人田渠犂，積穀，罪人免其刑，使屯田。發城郭諸國兵萬餘人西域諸國，有逐水草與匈奴同俗者，謂之行國；其城居者，謂之城郭諸國也。與所將田士千五百人共擊車師，破之；車師王請降。降，戶江翻。匈奴發兵攻車師；吉、憙引兵北逢之，匈奴不敢前。吉、憙卽留一候與卒二十人留守王，吉等引兵歸渠犂。考異曰：西域傳云「地節二年」；以匈奴傳校之，知在三年。車師王恐匈奴兵復至而見殺也，乃輕騎奔烏孫。吉卽迎其妻子，傳送長安。傳，知戀翻。匈奴更以車師王昆弟兜莫爲車師王，收其餘民東徙，不敢居故地；而鄭吉始使吏卒三百人往田車師地以實之。爲下元康二年匈奴爭車師張本。

11 上自初卽位，數遣使者求外家；數，所角翻。久遠，多似類而非是。是歲，求得外祖母王媼文穎曰：幽州及漢中皆謂老嫗曰媼。師古曰：媼，女老稱也；音烏老翻。及媼男無故、武。無故及武，皆媼子也。上賜無故、武爵關內侯。旬日【章：甲十五行本「日」作「月」；乙十一行本同；孔本同。】閒，賞賜以鉅萬計。

四年（乙卯、前六六）

1 春，二月，賜外祖母號爲博平君；據外戚傳，「以博平、蠡吾二縣爲湯沐邑」；而地理志，博平縣屬東郡。封舅無故爲平昌侯，平昌，侯國屬平原郡。武爲樂昌侯。樂昌，侯國屬東郡。恩澤侯表，武封樂昌侯，食邑於汝南。

2 夏，五月，山陽、濟陰雹如雞子，深二尺五寸，深，式浸翻。殺二十餘人，飛鳥皆死。

3 詔：「自今子有匿父母、妻匿夫、孫匿大父母，皆勿治。」

4 立廣川惠王孫文爲廣川王。本始四年，廣川王去以罪自殺；今復立文，嗣封王。

5 霍顯及禹、山、雲自見日侵削，數相對啼泣自怨。數，所角翻。山曰：「今丞相用事，縣官信之，盡變易大將軍時法令，發揚大將軍過失。又，諸儒生多窶人子，師古曰：窶，貧而無禮。孔穎達曰：貧無可爲禮謂之窶，音其羽翻。遠客飢寒，喜妄說狂言，喜，許吏翻。不避忌諱，大將軍常讎之。師古曰：言嫉之如仇讎也。今陛下好與諸儒生語，好，呼到翻。人人自書對事，多言我家者。嘗有上書言我家昆弟驕恣，其言絕痛；山屏不奏。後上書者益黠，盡屏，必郢翻。黠，下八翻。奏封事，輒使中書令出取之，不關尚書，益不信人。又聞民間讙言『霍氏毒殺許皇后』，師古曰：讙，衆聲也；音許爰翻。毒許后事見上卷本始三年。寧有是邪？」顯恐急，卽具以實告禹、山、雲。禹、山、雲驚曰：「如是，何不早告禹等！縣官離散、斥逐諸壻，用是故也。此大事，誅罰不小，柰何？」於是始有邪謀矣。

雲舅李竟所善張赦，見雲家卒卒，師古曰：卒，讀曰猝，忽遽之貌也。謂竟曰：「今丞相與平恩侯用事，可令太夫人言太后，太夫人，謂霍顯。上官太后，霍氏外孫也。先誅此兩人；移徙陛下，在太后耳。」長安男子張章告之，事下廷尉、下，遐稼翻。執金吾，捕張赦等。後有詔，止勿捕。山等愈恐，相謂曰：「此縣官重太后，故不竟也。師古曰：重，難也。竟，窮竟其事也。然惡端已見，見，賢遍翻。久之猶發，發即族矣，不如先也。」師古曰：言先反。遂令諸女各歸報其夫，皆曰：「安所相避！」師古曰：言無處相避，當受禍也。

會李竟坐與諸侯王交通，辭語及霍氏，有詔：「雲、山不宜宿衛，免就第。」山陽太守張敞上封事曰：「臣聞公子季友有功於魯，趙衰有功於晉，田完有功於齊，皆疇其庸，延及子孫。終後田氏篡齊，趙氏分晉，季氏顓魯。魯公子季友，殺慶父，立僖公，以安魯國，遂世爲上卿，專魯國之政。晉公子重耳出亡，趙衰從，及其反國，伯諸侯，衰皆有功，遂世爲晉卿，有軍行；至趙鞅，遂與智、韓、魏分晉國。田完自陳奔齊，桓公禮而用之，桓公之伯，完與有功；其後陳成子得齊國之政，至田和，遂篡齊而有之。故仲尼作春秋，迹盛衰，譏世卿最甚。乃者大將軍決大計，安宗廟，定天下，功亦不細矣。夫周公七年耳，周公輔成王七年而反政於成王。而大將軍二十歲，自武帝後元二年至地節二年，適二十歲。海內之命斷於掌握。斷，丁亂翻。方其隆盛時，感動天地，侵迫陰陽。朝臣宜有明言曰：『陛下褒寵故大將軍以報功德足矣。間者輔臣顓政，貴戚太盛，君臣之分不明，分，扶問翻。請罷霍氏三侯皆就第；及衛將軍張安世，宜賜几杖歸休，時存問召見，見，賢遍翻。以列侯爲天子師。』明詔以恩不聽，羣臣以義固爭而後許之，天下必以陛下爲不忘功德而朝臣爲知禮，朝，直遙翻；下同。霍氏世世無所患苦。今朝廷不聞直聲，師古曰：言朝臣不進直言以陳其事。而令明詔自親其文，非策之得者也。師古曰：言失計也。今兩侯已出，人情不相遠，以臣心度之，度，徒洛翻。大司馬及其枝屬必有畏懼之心。夫近臣自危，非完計也。臣敞願於廣朝白發其端，直守遠郡，師古曰：直，讀曰值。朝，直遙翻。其路無由。唯陛下省察！」省，悉井翻。上甚善其計，然不召也。

禹、山等家數有妖怪，數，所角翻。妖，於驕翻。舉家憂愁。山曰：「丞相擅減宗廟羔、菟、鼃，可以此罪也！」如淳曰：高后時定令，輒有擅議宗廟者棄市。師古曰：羔、菟、鼃，所以供祭也。菟，吐故翻。鼃，古蛙字。謀令太后爲博平君置酒，爲，于僞翻。召丞相、平恩侯以下，使范明友、鄧廣漢承太后制引斬之，因廢天子而立禹。約定，未發，雲拜爲玄菟太守，菟，同都翻。太中大夫任宣爲代郡太守。會事發覺，秋，七月，雲、山、明友自殺。顯、禹、廣漢等捕得；禹要斬，要，古腰字通。顯及諸女昆弟皆棄市；與霍氏相連坐誅滅者數十家。太僕杜延年以霍氏舊人，亦坐免官。八月，己酉，皇后霍氏廢，處昭臺宮。師古曰：在上林苑中。處，昌呂翻。乙丑，詔封告霍氏反謀者男子張章、期門董忠、左曹楊惲、百官表：侍中、左、右曹皆加官。晉灼曰：漢儀注：諸吏、給事中日上朝謁，平尚書奏事，分爲左、右曹。惲，於粉翻。侍中金安上、史高皆爲列侯。章爲博成侯。忠，高昌侯。惲，平通侯。安上，都成侯。高爲樂陵侯。惲，丞相敞子；安上，車騎將軍日磾弟子；高，史良娣兄子也。

初，霍氏奢侈，茂陵徐生曰：「霍氏必亡。夫奢則不遜，不遜則【章：甲十五行本「則」作「必」；乙十一行本同；張校同。】侮上。侮上者，逆道也，在人之右，師古曰：右，上也。衆必害之。霍氏秉權日久，害之者多矣；天下害之，而又行以逆道，不亡何待！」乃上疏言：「霍氏泰盛，陛下卽愛厚之，宜以時抑制，無使至亡！」書三上，輒報聞。漢制：上書不行者，輒報聞，罷。其後霍氏誅滅，而告霍氏者皆封，人爲徐生上書曰：「臣聞客有過主人者，爲，于僞翻。過，古禾翻。見其竈直突，傍有積薪，客謂主人：『更爲曲突，突，竈突囪也。更，工衡翻。遠徙其薪，不者且有火患！』主人嘿然不應。俄而家果失火，鄰里共救之，幸而得息。於是殺牛置酒，謝其鄰人，灼爛者在於上行，師古曰：灼，謂被燒炙者也。行，戶郎翻。餘各以功次坐，而不錄言曲突者。人謂主人曰：『鄉使聽客之言，不費牛酒，終亡火患。鄉，讀曰嚮。亡，古無字通。今論功而請賓，曲突徙薪無恩澤，焦頭爛額爲上客邪？』主人乃寤而請之。今茂陵徐福，數上書言霍氏且有變，宜防絕之。鄉使福說得行，數，所角翻。鄉，讀曰嚮。則國無裂土出爵之費，臣無逆亂誅滅之敗。往事既已，而福獨不蒙其功，唯陛下察之，貴徙薪曲突之策，使居焦髮灼爛之右！」上乃賜福帛十匹，後以爲郎。

帝初立，謁見高廟，見，賢遍翻。大將軍光驂乘，漢制，大駕，大將軍驂乘。乘，繩證翻；下同。上內嚴憚之，若有芒刺在背。後車騎將軍張安世代光驂乘，天子從容肆體，甚安近焉。從，千容翻。師古曰：肆，放也，展也。近，其靳翻。及光身死而宗族竟誅，故俗傳霍氏之禍萌於驂乘。師古曰：萌，謂始生也。後十二歲，霍后復徙雲林館，復，扶又翻；下同。乃自殺。

班固贊曰：霍光受襁褓之託，任漢室之寄，匡國家，安社稷，擁昭，立宣，雖周公、阿衡何以加此！師古曰：阿衡，伊尹官號也。阿，倚也。衡，平也。言天子所倚，羣下取平也。然光不學亡術，亡，古無字通。闇於大理；陰妻邪謀，晉灼曰：不揚其過也。立女爲后，湛溺盈溢之欲，湛，讀曰沈。以增顛覆之禍，死財三年，宗族誅夷，哀哉！

臣光曰：霍光之輔漢室，可謂忠矣；然卒不能庇其宗，何也？卒，子恤翻。夫威福者，人君之器也；人臣執之，久而不歸，鮮不及矣。鮮，息淺翻。以孝昭之明，十四而知上官桀之詐，固可以親政矣。況孝宣十九卽位，聰明剛毅，知民疾苦，而光久專大柄，不知避去，多置私【章：甲十五行本「私」作「親」；乙十一行本同；孔本同。】黨，充塞朝廷，塞，悉則翻。使人主蓄憤於上，吏民積怨於下，切齒側目，待時而發，其得免於身幸矣，況子孫以驕侈趣之哉！趣，讀曰促。雖然，鄉使孝宣專以祿秩賞賜富其子孫，使之食大縣，奉朝請，亦足以報盛德矣；乃復任之以政，授之以兵，及事叢釁積，更加裁奪，遂至怨懼以生邪謀，豈徒霍氏之自禍哉？亦孝宣醞釀以成之也。昔鬬椒作亂於楚，楚若敖之支庶爲鬬氏。莊王滅其族而赦箴尹克黄，以爲子文無後，何以勸善。事見左傳宣四年。子文，鬬穀於菟也。箴尹，楚官名。克黄，子文之孫。箴，之金翻。夫以顯、禹、雲、山之罪，雖應夷滅，而光之忠勳不可不祀；遂使家無噍類，噍，才肖翻。孝宣亦少恩哉！

6 九月，詔減天下鹽賈。賈，讀曰價。又令郡國歲上繫囚以掠笞若瘐死者，上，時掌翻。蘇林曰：瘐，病也。囚徒病，律名爲瘐。如淳曰：律，囚以飢寒而死曰瘐。師古曰：瘐，病，是也；此言囚或以掠笞及飢寒及疾病而死，如說非也。瘐，音庾，或作「瘉」，其音亦同。或讀作「瘦」，誤。據本紀，「瘐死」上有「飢寒」二字。掠，音亮。所坐縣、名、爵、里，漢書本紀作「名縣爵里」。師古曰：名者，其人名也；縣，所屬縣也；爵，其身之官爵也；里，所居邑里也。丞相、御史課殿最以聞。師古曰：凡言殿最者，殿，後也，課居後也；最，凡要之首也，課居先也。殿，音丁見翻。

7 十二月，清河王年坐内亂廢，遷房陵。武帝元光二年，立清河王義以嗣代孝王後。年，義之孫也。

8 是歲，北海太守廬江朱邑以治行第一入爲大司農，行，下孟翻。勃海太守龔遂入爲水衡都尉。先是，勃海左右郡歲饑，師古曰：左右，謂側近相次者。先，悉薦翻。盜賊並起，二千石不能禽制。上選能治者，治，直之翻；下同。丞相、御史舉故昌邑郎中令龔遂，上拜爲勃海太守。召見，見，賢遍翻。問：「何以治勃海，息其盜賊？」對曰：「海瀕遐遠，師古曰：瀕，涯也，音頻，又音賓。不霑聖化，其民困於飢寒而吏不恤，故使陛下赤子盜弄陛下之兵於潢池中耳。師古曰：赤子，猶言初生，幼小之意也。嬰孩初生體赤，故曰赤子。積水曰潢，音黃。今欲使臣勝之邪，將安之也？」師古曰：勝，謂以威力克而殺之。安，謂以德化撫而安之。上曰：「選用賢良，固欲安之也。」遂曰：「臣聞治亂民猶治亂繩，不可急也；唯緩之，然後可治。治，直之翻。臣願丞相、御史且無拘臣以文法，得一切便宜從事。」上許焉，加賜黃金贈遣。乘傳至勃海界，傳，知戀翻。郡聞新太守至，發兵以迎。遂皆遣還。移書敕屬縣：「悉罷逐捕盜賊吏，諸持鉏、鉤、田器者師古曰：鉤，鎌也。皆爲良民，吏毋得問；持兵者乃爲賊。」遂單車獨行至府。盜賊聞遂教令，卽時解散，棄其兵弩而持鉤、鉏，於是悉平，民安土樂業。樂，音洛。遂乃開倉廩假貧民，師古曰：假，謂給與。選用良吏尉安牧養焉。遂見齊俗奢侈，好末技，好，呼到翻。技，渠綺翻。不田作，乃躬率以儉約，勸民務農桑，各以口率種樹畜養。遂令民口種一樹榆，百本薤，五十本葱，一畦韭；家三母彘，五雞。畜，許六翻。民有帶持刀劍者，使賣劍買牛，賣刀買犢，曰：「何爲帶牛佩犢！」勞來循行，勞，力到翻。來，力代翻。行，下孟翻。郡中皆有畜積，獄訟止息。通鑑書龔遂自勃海入爲列卿，因敍其政績。

9烏孫公主女爲龜茲王絳賓夫人。絳賓上書言：「得尙漢外孫，願與公主女俱入朝。」朝，直遙翻。

元康元年（丙辰、前六五）

1 春，正月，龜茲王及其夫人來朝；皆賜印綬，夫人號稱公主，賞賜甚厚。

2 初作杜陵。徙丞相、將軍、列侯、吏二千石、訾百萬者杜陵。時以京兆杜縣東原上爲初陵，更名杜縣曰杜陵。訾，讀曰貲。

3 三月，詔以鳳皇集泰山、陳留，甘露降未央宮，赦天下。

4 有司復言悼園宜稱尊號曰皇考；本始元年，謚親曰悼，置園邑。復，扶又翻。夏，五月，立皇考廟。

5 冬，置建章衛尉。未央、長樂、建章、甘泉皆有衛尉，各掌其宮門衛屯兵。

6 趙廣漢好用世吏子孫新進年少者，師古曰：言舊吏家子孫，而其人後出求進，又年少也。好，呼到翻。 少，詩照翻。 專厲強壯蠭氣，師古曰：蠭與鋒同，言鋒銳之氣。見事風生，無所回避，師古曰：風生，言其速疾不可當也。回，曲也。率多果敢之計，莫爲持難，終以此敗。廣漢以私怨論殺男子榮畜，初，廣漢客私酤酒長安市，丞相吏逐去。客疑男子蘇賢言之，以語廣漢，案賢。賢父上書訟罪，廣漢坐貶秩；疑其邑子榮畜教令，以他法論殺畜。榮，姓也；周有榮公，子孫以爲氏。人上書言之，事下丞相、御史按驗。下，遐稼翻；下同。廣漢疑丞相夫人殺侍婢，欲以此脅丞相，丞相按之愈急。廣漢乃將吏卒入丞相府，召其夫人跪庭下受辭，師古曰：受其對辭也。收奴婢十餘人去。丞相上書自陳，事下廷尉治，實丞相自以過譴笞傅婢，出至外第乃死，不如廣漢言。帝惡之，惡，烏路翻。下廣漢廷尉獄。吏民守闕號泣者數萬人：號，戶刀翻。「臣生無益縣官，願代趙京兆死，使牧養小民！」漢書本傳，「臣生」之上有「或言」二字。【章：甲十五行本「臣」上正有「或言」二字；乙十一行本同；孔本同；退齋校同。】廣漢竟坐要斬。要，與腰同。考異曰：本紀：「元康二年，冬，廣漢有罪要斬。」百官表：「本始三年，廣漢爲京兆尹；六年，要斬。元康元年，守京兆尹、彭城太守遺。」按廣漢傳，司直蕭望之劾奏廣漢摧辱大臣，望之自司直爲平原太守。元康元年，自平原太守爲少府。然則廣漢死當在元康元年，本紀誤也。廣漢傳又云：「地節三年七月，丞相婢自絞死。」蓋婢死已數年，而廣漢追發其事也。廣漢爲京兆尹，廉明，威制豪強，小民得職，師古曰：得職，各得其常所也。百姓追思歌之。

7 是歲，少府宋疇坐議「鳳皇下彭城，未至京師，不足美」，貶爲泗水太傅。傅泗水王綜。

8 上選博士、諫大夫通政事者補郡國守相，以蕭望之爲平原太守。望之上疏曰：「陛下哀愍百姓，恐德之不究，師古曰：究，竟也。謂周徧於天下。悉出諫官以補郡吏。朝無爭臣，則不知過，朝，直遙翻。爭，讀曰諍。所謂憂其末而忘其本者也。」上迺徵望之入守少府。

9 東海太守河東尹翁歸，以治郡高第入爲右扶風。翁歸爲人，公廉明察，郡中吏民賢、不肖及姦邪罪名盡知之。縣縣各有記籍，自聽其政；師古曰：言決斷諸縣姦邪之事不委令、長也。有急名則少緩之。吏民小解，輒披籍。服虔曰：披有罪者籍也。師古曰：解，讀曰懈。取人必於秋冬課吏大會中及出行縣，師古曰：於大會之中及行縣時，則取罪人以警衆。行，下孟翻。下改行、以行，同。不以無事時。其有所取也，以一警百。吏民皆服，恐懼，改行自新。其爲扶風，選用廉平疾姦吏以爲右職，職居諸吏之上，爲右職。接待有【章：甲十五行本「有」作「以」；乙十一行本同；孔本同。】禮，好惡與同之；好，呼到翻。惡，烏路翻。其負翁歸，罰亦必行。然溫良謙退，不以行能驕人，故尤得名譽於朝廷。

10 初，烏孫公主少子萬年有寵於莎車王。班書，莎車國王治莎車城，去長安九千九百五十里。莎，蘇禾翻。莎車王死而無子，時萬年在漢，莎車國人計，欲自託於漢，又欲得烏孫心，上書請萬年爲莎車王。漢許之，遣使者奚充國送萬年。姓譜：奚姓，夏車正奚仲之後。萬年初立，暴惡，國人不說。說，讀曰悅；下同。

上令羣臣舉可使西域者，前將軍韓增舉上黨馮奉世以衛候使持節送大宛諸國客至伊循城。衛候，衛士候也。伊循城在鄯善國，漢於其中置屯田吏士。使，疏吏翻。會故莎車王弟呼屠徵與旁國共殺其王萬年及漢使者奚充國，自立爲王。時匈奴又發兵攻車師城，不能下而去。莎車遣使揚言「北道諸國已屬匈奴矣」，揚言，謂宣揚其言於外也。於是攻劫南道，與歃盟畔漢，從鄯善以西皆絕不通。歃，色甲翻。鄯，上扇翻。都護鄭吉、校尉司馬憙皆在北道諸國間，奉世與其副嚴昌計，以爲不亟擊之，則莎車日強，其勢難制，必危西域，遂以節諭告諸國王，因發其兵，南北道合萬五千人，進擊莎車，攻拔其城。莎車王自殺，傳其首詣長安，更立他昆弟子爲莎車王。更，工衡翻。諸國悉平，威振西域，奉世乃罷兵以聞。帝召見韓增曰：「賀將軍所舉得其人。」

奉世遂西至大宛；大宛聞其斬莎車王，敬之異於他使，得其名馬象龍而還。師古曰：言馬形似龍者。仲馮曰：此馬名曰象龍也。宛，於元翻。還，從宣翻，又如字。上甚說，說，讀曰悅。議封奉世。丞相、將軍皆以爲可，獨少府蕭望之以爲「奉世奉使有指，師古曰：本爲送諸國客。而擅【章：甲十五行本「擅」下有「矯」字；乙十一行本同；孔本同。】制違命，發諸國兵，雖有功效，不可以爲後法。卽封奉世，開後奉使者利以奉世爲比，師古曰：比，必寐翻。余謂當音毗寐翻。爭逐發兵，要功萬里之外，師古曰：逐，競也。要，一遙翻。爲國家生事於夷狄，漸不可長。爲，于僞翻。長，知兩翻。奉世不宜受封。」上善望之議，以奉世爲光祿大夫。

二年（丁巳、前六四）

1春，正月，赦天下。

2上欲立皇后，時館陶主母華倢伃館陶縣屬魏郡。華，戶化翻。倢伃，音接予；下同。及淮陽憲王母張倢伃、楚孝王母衞倢伃皆愛幸。淮陽憲王，欽。楚孝王，囂。上欲立張倢伃爲后；久之，懲艾霍氏欲害皇太子，艾，音乂。乃更選後宮無子而謹愼者，二月，乙丑，立長陵王倢伃爲皇后，令母養太子；封其父奉光爲邛成侯。恩澤侯表，邛成侯食邑於濟陰。邛，渠容翻。后無寵，希得進見。見，賢遍翻。

3 五月，詔曰：「獄者，萬民之命。能使生者不怨，死者不恨，則可謂文吏矣。今則不然。用法或持巧心，析律貳端，深淺不平，師古曰：析，分也。謂分破律條，妄生端緒，以出入人罪。奏不如實，上亦亡由知，師古曰：上者，天子自謂也。亡，古無字通。四方黎民將何仰哉！二千石各察官屬，勿用此人。吏或擅興傜役，飾廚傳，稱過使客，韋昭曰：廚，謂飲食。傳，謂傳舍。言修飾意氣，以稱過使而已。師古曰：使人及賓客來者，稱其意而遣之，令過去也。傳，知戀翻。稱，音尺孕翻。過者，過度之過也。越職踰法以取名譽，譬如踐薄冰以待白日，豈不殆哉！師古曰：殆，危也。今天下頗被疾疫之災，朕甚愍之，其令郡國被災甚者被，皮義翻。毋出今年租賦。」

4 又曰：「聞古天子之名，難知而易諱也；其更諱詢。」易，以豉翻。更，工衡翻。

5 匈奴大臣皆以爲「車師地肥美，近匈奴，近，其靳翻。使漢得之，多田積穀，必害人國，不可不爭」，由是數遣兵擊車師田者。數，所角翻。鄭吉將渠犂田卒七千餘人救之，爲匈奴所圍。吉上言：「車師去渠犂千餘里，漢兵在渠犂者少，勢不能相救，願益田卒。」上與後將軍趙充國等議，欲因匈奴衰弱，出兵擊其右地，使不得【章：甲十五行本「得」作「敢」；乙十一行本同；孔本同。】復擾西域。復，扶又翻。

魏相上書諫曰：「臣聞之：救亂誅暴，謂之義兵，兵義者王。敵加於己，不得已而起者，謂之應兵，兵應者勝；爭恨小故，不忍憤怒者，謂之忿兵，兵忿者敗；利人土地、貨寶者，謂之貪兵，兵貪者破；恃國家之大，務【章：甲十五行本「務」作「矜」；乙十一行本同；孔本同；熊校同。】民人之衆，欲見威於敵者，見，賢遍翻。謂之驕兵，兵驕者滅。此五者，非但人事，乃天道也。間者匈奴嘗有善意，所得漢民，輒奉歸之，未有犯於邊境；雖爭屯田車師，不足致意中。謂不足介意也。今聞諸將軍欲興兵入其地，丞相不預中朝之議，故言聞諸將軍。大將軍、車騎將軍、前、後、左、右將軍，皆中朝官。臣愚不知此兵何名者也！今邊郡困乏，父子共犬羊之裘，食草萊之實，常恐不能自存，難以動兵。師古曰：不可以兵事動之也。『軍旅之後，必有凶年，』師古曰：此引老子道經之語。言民以其愁苦之氣傷陰陽之和也。出兵雖勝，猶有後憂，恐災害之變因此以生。今郡國守相多不實選，師古曰：言不得其人。風俗尤薄，水旱不時。按今年【章：甲十五行本「年」下有「計」字；乙十一行本同；孔本同。】子弟殺父兄、妻殺夫者凡二百二十二人，臣愚以爲此非小變也。今左右不憂此，師古曰：左右，謂近臣在天子左右者。乃欲發兵報纖介之忿於遠夷，殆孔子所謂『吾恐季孫之憂不在顓臾而在蕭牆之內也』。」師古曰：論語，季氏將伐顓臾，孔子謂冉有、季路曰云云，故相引之。顓臾，魯附庸國。蕭牆者，屏牆也。上從相言，止遣長羅侯常惠將張掖、酒泉騎往車師，迎鄭吉及其吏士還渠犂。召故車師太子軍宿在焉耆者，立以爲王；盡徙車師國民令居渠犂，遂以車師故地與匈奴。以鄭吉爲衛司馬，使護鄯善以西南道。

6魏相好觀漢故事及便宜章奏，師古曰：既觀國家故事，又觀前人所奏便宜之章也。好，呼到翻。數條漢興已來國家便宜行事及賢臣賈誼、鼂錯、董仲舒等所言，奏請施行之。數，所角翻。相敕掾史按事郡國，及休告，從家還至府，輒白四方異聞。或有逆賊、風雨災變，郡不上，相輒奏言之。上，時掌翻。與御史大夫丙吉同心輔政，上皆重之。

丙吉爲人深厚，不伐善。自曾孫遭遇，師古曰：遭遇，謂升大位也。言【章：甲十五行本「言」作「吉」；乙十一行本同；孔本同；熊校同。】絕口不道前恩，故朝廷莫能明其功也。會掖庭宮婢則令民夫上書，自陳嘗有阿保之功，師古曰：謂未爲宮婢時有舊夫，見在俗間者。章下掖庭令考問，下，遐稼翻。則辭引使者丙吉知狀。掖庭令將則詣御史府以視吉，師古曰：視，讀曰示。吉識，謂則曰：「汝嘗坐養皇曾孫不謹，督笞汝，師古曰：督，謂視察之。汝安得有功！獨渭城胡組、淮陽郭徵卿有恩耳。」分別奏組等共養勞苦狀。別，彼列翻。共，居用翻。養，弋亮翻。詔吉求組、徵卿；已死，有子孫，皆受厚賞。詔免則爲庶人，賜錢十萬。上親見問，然後知吉有舊恩而終不言，上大賢之。

7帝以蕭望之經明持重，議論有餘，材任宰相，師古曰：任，堪也。欲詳試其政事，復以爲左馮翊。宋白曰：馮，輔也。翊，佐也。義取輔佐京師。復，扶又翻；下同。望之從少府出爲左遷，少府，正九卿；三輔祿秩視九卿，故爲左遷。恐有不合意，卽移病。師古曰：移病，謂移書言病。一曰：以病而移居。

余謂前說是。上聞之，使侍中成都侯金安上諭意曰：「所用皆更治民以考功。功臣表及霍光傳皆作「都成侯」，此承望之本傳之誤。師古曰：更，猶經歷也。更，工衡翻。治，直之翻。君前爲平原太守日淺，故復試之於三輔，非有所聞也。」望之卽起視事。師古曰：所聞，謂聞其短失。

8 初，掖庭令張賀數爲弟車騎將軍安世稱皇曾孫之材美及徵怪；師古曰：徵，證也。數，所角翻。爲，于僞翻。安世輒絕止，以爲少主在上，少，詩照翻。不宜稱述曾孫。及帝卽位而賀已死，上謂安世曰：「掖庭令平生稱我，將軍止之，是也。」上追思賀恩，欲封其冢爲恩德侯，師古曰：身死追封，故曰封冢也。置守冢二百家。賀有子蚤死，子安世小男彭祖。師古曰：子者，言養以爲子也。彭祖又小與上同席研書指，欲封之，先賜爵關內侯。安世深辭賀封；又求損守冢戶數，稍減至三十戶。上曰：「吾自爲掖庭令，非爲將軍也！」爲，于僞翻。安世乃止，不敢復言。

9 上心忌故昌邑王賀，賜山陽太守張敞璽書，令謹備盜賊，察往來過客；昌邑王廢歸昌邑，國除，爲山陽郡，故令太守謹察之。毋下所賜書。師古曰：密令警察，不欲宣露也。下，遐稼翻。敞於是條奏賀居處，處，昌呂翻。著其廢亡之效師古曰：著，明也。曰：「故昌邑王爲人，青黑色，小目，鼻末銳卑，少須眉，身體長大，疾痿，行步不便。少，詩沼翻。師古曰：痿，風痹疾也，音人隹翻。臣敞嘗與之言，欲動觀其意，卽以惡鳥感之曰：『昌邑多梟。』故王應曰：『然。前賀西至長安，殊無梟；復來，東至濟陽，乃復聞梟聲。』梟，不孝鳥，一名流離。詩註：少好而長醜。爾雅作「鶹鷅」；草木疏曰：梟也，大則食其母。劉子曰：炎州有鳥曰梟，傴伏其子，百日而長；羽翼既成，食母而飛。蓋稍長從母索食，母無以應，從是而死。漢使東郡送梟，五月五日作梟羹以賜百官。音堅堯翻，又于驕翻。乃復，扶又翻。察故王衣服、言語、跪起，清狂不惠。蘇林曰：凡狂者陰陽脈盡濁；今此人不狂似狂者，故言清狂也。或曰：色理清徐而心不慧曰清狂；清狂，如今白癡者也。韓子曰：心不能審得失之地，則謂之狂。臣敞前言：『哀王歌舞者張脩等十人無子，留守哀王園，賀父髆，謚哀王。請罷歸。』故王聞之曰：『中人守園，疾者當勿治，治，直之翻。相殺傷者當勿法，欲令亟死。太守奈何而欲罷之？』其天資喜由亂亡，終不見仁義如此。』師古曰：喜，好也。由，從也。喜，許吏翻。上乃知賀不足忌也。

三年（戊午、前六三）

1春，三月，詔封故昌邑王賀爲海昏侯。海昏縣屬豫章郡，後漢分立建昌縣。宋白曰：今建昌縣，舊海昏縣也；宋元嘉二年，廢海昏縣，移建昌居焉。考異曰：王子侯表，賀以四月壬子封。宣紀，賀封在丙吉之前。按是歲四月癸亥朔，無壬子，表誤。

2乙未，詔曰：「朕微眇時，御史大夫丙吉、中郎將史曾、史玄、長樂衞尉許舜、侍中、光祿大夫許延壽皆與朕有舊恩，及故掖庭令張賀，輔導朕躬，修文學經術，恩惠卓異，厥功茂焉。詩不云乎：『無德不報』，師古曰：大雅抑之詩。封賀所子弟子侍中、中郎將彭祖爲陽都侯，追賜賀謚曰陽都哀侯，吉爲博陽侯，曾爲將陵侯，玄爲平臺侯，舜爲博望侯，延壽爲樂成侯。」地理志，城陽國有陽都縣。恩澤侯表，博陽侯食邑於汝南郡之南頓縣。平臺屬常山郡。博望屬南陽郡。樂成侯食邑於南陽之平氏。賀有孤孫霸，年七歲，拜爲散騎、中郎將，賜爵關內侯。散，悉亶翻。騎，奇寄翻。故人下至郡邸獄復作師古曰：復，扶目翻。嘗有阿保之功者，皆受官祿、田宅、財物，各以恩深淺報之。

吉臨當封，病；上憂其不起，將使人就加印紱而封之，及其生存也。應劭曰：吉時疾不能起，欲如君視疾，加朝服拖紳，就封之也。師古曰：紱，繫印之組也；音弗。太子太傅夏侯勝曰：「此未死也！臣聞有陰德者必饗其樂，以及子孫。樂，音洛。今吉未獲報而疾甚，非其死疾也。」後病果愈。

張安世自以父子封侯，在位太盛，乃辭祿，詔都內別藏張氏無名錢以百萬數。文穎曰：都內，主藏官也。張晏曰：安世以還官，官不簿也。百官表：大司農屬官有都內令、丞。安世謹慎周密，每定大政，已決，輒移病出。聞有詔令，乃驚，使吏之丞相府問焉。自朝廷大臣，莫知其與議也。與，讀曰豫。嘗有所薦，其人來謝，安世大恨，以爲「舉賢達能，豈有私謝邪！」絕弗復爲通。師古曰：有欲謝者皆不通也。一曰：告此人而絕之，更不與相見也。復，扶又翻；下同。爲，于僞翻。余謂絕弗爲通者，安世敕其閽人之辭也。有郎功高不調，師古曰：調，選也，音徒釣翻。自言安世，安世應曰：「君之功高，明主所知，人臣執事何長短，而自言乎！」絶不許。已而郎果遷。師古曰：安世外陽距之而實令其遷。安世自見父子尊顯，懷不自安，爲子延壽求出補吏，爲，于僞翻；下同。上以爲北地太守；歲餘，上閔安世年老，復徵延壽爲左曹、太僕。以太僕而加左曹官也。

3 夏，四月，丙子，立皇子欽爲淮陽王。皇太子年十二，通論語、孝經。太傅疏廣謂少傅受曰：「吾聞『知足不辱，知止不殆。』師古曰：此老子之言而廣引之。今仕宦至二千石，官成名立，如此不去，懼有後悔。」即日，父子俱移病，上疏乞骸骨。上皆許之，加賜黃金二十斤，皇太子贈以五十斤。公卿故人設祖道供張東都門外，供，居共翻。張，竹亮翻。送者車數百兩。兩，音亮。道路觀者皆曰：「賢哉二大夫！」或歎息爲之下泣。

廣、受歸鄉里，廣、受，東海蘭陵人。日令其家賣金共具，師古曰：日日設之也。共，讀曰供；下同。請族人、故舊、賓客，與相娛樂。樂，音洛；下同。或勸廣以其金爲子孫頗立産業者，爲，于僞翻。廣曰：「吾豈老誖不念子孫哉！師古曰：誖，惑也，音布內翻。顧自有舊田廬，師古曰：顧，思念也。令子孫勤力其中，足以共衣食，與凡人齊。今復增益之以爲贏餘，但教子孫怠墮耳。賢而多財，則損其志；愚而多財，則益其過。且夫富者衆之怨也，吾既無以教化子孫，不欲益其過而生怨。又此金者，聖主所以惠養老臣也，故樂與鄉黨、宗族共饗其賜，以盡吾餘日，不亦可乎！」於是族人悅服。

4 潁川太守黃霸使郵亭、鄉官皆畜雞、豚，師古曰：郵亭，書舍，謂傳送文書所止處，亦如今之驛館矣。鄉官者，鄉所治處也。沈約曰：漢制：五家爲伍，伍長主之；二五爲什，什長主之；十什爲里，里魁主之；十里爲亭，亭長主之；十亭爲鄉，有鄉佐、三老、有秩、嗇夫、游徼各一人：鄉佐、有秩主賦稅；三老主教化；嗇夫主爭訟；游徼主姦非。畜，吁玉翻；下同。以贍鰥、寡、窮者；然後爲條教，置父老、師帥、伍長，帥，所類翻。長，知兩翻；下同。班行之於民間，勸以爲善防姦之意，及務耕桑、節用、殖財、種樹、畜養，去浮淫之費。去，羌呂翻；下同。其治，米鹽靡密，師古曰：米鹽，言雜而且細。初若煩碎，然霸精力能推行之。吏民見者，語次尋繹，師古曰：繹，謂抽引而出也。問他陰伏以相參考，聰明識事，吏民不知所出，師古曰：不知其用何術也。咸稱神明，豪釐不敢有所欺。姦人去入他郡，盜賊日少。霸力行教化而後誅罰，師古曰：力，猶勤也。言先以德教化於下，若有弗從，然後用刑罰也。後，戶遘翻。務在成就全安長吏。師古曰：不欲易代及損傷之也。許丞老，病聾，督郵白欲逐之。如淳曰：許縣丞。據地理志，許縣屬潁川郡。郡有郡督郵，分部屬縣。霸曰：「許丞廉吏，雖老，尚能拜起送迎，正頗重聽何傷！且善助之，毋失賢者意！」或問其故，霸曰：「數易長吏，數，所角翻。送故迎新之費，及姦吏因緣，絕簿書，盜財物，師古曰：緣，因也。因交代之際而弃匿簿書，以盜官物也。公私費耗甚多，皆當出於民。所易新吏又未必賢，或不如其故，徒相益爲亂。凡治道，去其泰甚者耳。」霸以外寬內明，得吏民心，戶口歲增，治爲天下第一，治，直之翻。徵守京兆尹。頃之，坐法，連貶秩；有詔復歸潁川爲太守，以八百石居。太守秩二千石；連貶，故以八百石居。

四年（己未、前六二）

1春，正月，詔：「年八十以上，非誣告、殺傷人，他皆勿坐。」師古曰：誣告人及殺傷人，皆如舊法；其餘則不論。

2右扶風尹翁歸卒，家無餘財。秋，八月，詔曰：「翁歸廉平鄉正，鄉，讀曰嚮。治民異等。其賜翁歸子黃金百斤，以奉祭祀。」治，直之翻。

3上令有司求高祖功臣子孫失侯者，得槐里公乘周廣漢等百三十六人，皆賜黃金二十斤，復其家，令奉祭祀，世世勿絕。公乘，爵第八。復，方目翻。考異曰：宣紀：「元康元年，五月，復高皇帝功臣絳侯周勃等百三十六人家子孫。四年，又賜功臣適後黃金人二十斤。」按功臣表，詔復家者皆云「元康四年」，其數非一，不容盡誤；蓋紀誤耳。

4丙寅，富平敬侯張安世薨。

5初，扶陽節侯韋賢薨，恩澤侯表，扶陽侯食邑於沛郡蕭縣。謚法：好廉自克曰節。長子弘有罪繫獄，弘爲太常，坐宗廟事繫獄。家人矯賢令，以次子大河都尉玄成爲後。服虔曰：今東平郡也。本爲濟東國，國除，爲大河郡。師古曰：矯，託也。玄成深知其非賢雅意，卽陽爲病狂，臥便利，妄笑語，昏亂。師古曰：便利，大、小便，音毗連翻。既葬，當襲爵，以狂不應召。大鴻臚奏狀，章下丞相、御史按驗。下，遐稼翻。按事丞相史迺與玄成書師古曰：卽按驗玄成事者。曰：「古之辭讓，必有文義可觀，故能垂榮於後。今子獨壞容貌，蒙恥辱爲狂癡，光曜晻而不宣，壞，音怪。晻，讀與暗同。微哉子之所託名也！李奇曰：名，聲名也。僕素愚陋，過爲丞相執事，師古曰：過，猶謬也。願少聞風聲；不然，恐子傷高而僕爲小人也。」玄成友人侍郎章侍郎名章，史逸其姓。亦上疏言：「聖王貴以禮讓爲國，宜優養玄成，勿枉其志，師古曰：枉，屈也。使得自安衡門之下。」師古曰：衡門，謂橫一木於門上，貧者之所居也。而丞相、御史遂以玄成實不病，劾奏之，劾，戶概翻；下同。有詔勿劾，引拜；玄成不得已，受爵。帝高其節，以玄成爲河南太守。

6 車師王烏貴之走烏孫也，烏孫留不遣。漢遣使責烏孫，烏孫送烏貴詣闕。

7 初，武帝開河西四郡，隔絕羌與匈奴相通之路，斥逐諸羌，不使居湟中地。河西武威、張掖、酒泉、敦煌四郡，本匈奴昆邪、休屠王地，武帝開之，置郡縣，羌與匈奴隔遠，不復得通。湟中，湟水左右地也，其地肥美，故斥逐諸羌，不使居之。水經註：金城郡臨羌縣西北至塞外，有西王母石室、仙海鹽池；北則湟水所出，東流逕湟中城北，故小月氏之地也；又東逕臨羌、破羌、允街、枝陽、金城而合于大河。及帝卽位，光祿大夫義渠安國使行諸羌；戰國時，西戎有義渠君，爲秦所滅；子孫以國爲姓。先零豪言：「願時渡湟水北，逐民所不田處畜牧。」師古曰：湟水出金城臨羌塞外，東入河。湟水之北是漢地。仲馮曰：湟北非謂漢地也。羌意欲稍北遷，與匈奴合而爲寇。安國不知其情，故受其詞，詳下文可見。余謂羌依南山，渡湟水而北，固欲與匈奴合，而湟北則漢地，所以隔絕羌與匈奴通之路正在此。零，音憐。安國以聞。後將軍趙充國劾安國奉使不敬。劾，戶概翻。是後羌人旁緣前言，抵冒渡湟水，師古曰：旁，依也。抵冒，犯突而前也。旁，音步浪翻。冒，音莫北翻。郡縣不能禁。

既而先零與諸羌種豪二百餘人解仇、交質、盟詛，師古曰：羌人無大君長，而諸種豪遞相殺伐，故每有仇讎，往來相報。今解仇交質者，自相親結，欲入漢爲寇也。零，音憐。種，章勇翻。詛，莊助翻。上聞之，以問趙充國，對曰：「羌人所以易制者，易，以豉翻。以其種自有豪，數相攻擊，勢不壹也。數，所角翻；下同。往三十餘歲西羌反時，亦先解仇合約攻令居，與漢相距，五六年乃定。武帝元鼎五年，西羌反，攻故安枹罕，次年卽平，至是五十一年。師古曰：合約，共爲要契也。令，音鈴。匈奴數誘羌人，欲與之共擊張掖、酒泉地，使羌居之。數，所角翻。誘，音酉。間者匈奴困於西方，謂本始三年爲烏孫所破。疑其更遣使至羌中與相結。臣恐羌變未止此，且復結聯他種，復，扶又翻。宜及未然爲之備。」師古曰：未然者，其計未成。後月餘，羌侯狼何果遣使至匈奴藉兵，師古曰：藉，借也。據充國傳，狼何，小月氏種。欲擊鄯善、燉煌以絕漢道。鄯，上扇翻。燉，音屯。充國以爲「狼何勢不能獨造此計，疑匈奴使已至羌中，先零、罕、开乃解仇作約。蘇林曰：罕、开在金城南。師古曰：罕、开，羌之別種也。此下言「遣开豪雕庫宣天子至德，罕、开之屬皆聞知明詔」，其下又云：「河南大开、小开」，則罕羌、开羌姓族殊矣。开，音口堅翻。而地理志，天水有罕开縣，蓋以此二種羌來降，處之此地，因以名縣也。而今之羌姓有罕幵者，總是罕、幵之類，合而言之，因爲姓耳。變「幵」爲「井」，字之訛也。零，音憐。罕，卽罕字。到秋馬肥，變必起矣。宜遣使者行邊兵，行，下孟翻；下同。豫爲備敕，視諸羌毋令解仇，師古曰：視，讀曰示；示，語之也。以發覺其謀。」於是兩府復白遣義渠安國行視諸羌，兩府，丞相、御史府也。此視，觀也。分別善惡。別，彼列翻。

8是時，比年豐稔，穀石五錢。比，毗至翻。

資治通鑑卷第二十六

翰林學士朝散大夫右諫議大夫知制誥兼侍講同提舉萬壽觀公事
兼判集賢院上護軍河内郡開國侯食邑一千三百戶賜紫金魚袋臣 **司馬光** 奉敕編集

後學天台 **胡三省** 音註

漢紀十八 起上章涒灘（庚申），盡玄黓閹茂（壬戌），凡三年。

中宗孝宣皇帝中

神爵元年（庚申、前六一）以神爵降集紀元。

1 **春，正月，上始行幸甘泉，郊泰畤；三月，行幸河東，祠后土。上頗脩武帝故事，謹齋祀之禮，以方士言增置神祠；** 時以方士言，爲隨侯劍、寶玉、寶璧、周康寶鼎立四祠於未央宮中。又祠大室山於卽墨，三戶山於下密；祠天封苑火井於鴻門；又立歲星、辰星、太白、熒惑、南斗祠於長安城旁；又祠參山八神於曲城，蓬山石社、石鼓於臨朐，之罘山於腄，成山於不夜，萊山於黃；成山祠日，萊山祠月；又祠四時於琅邪，蚩尤於壽良。京師近縣，鄠則有勞谷、五牀山、日、月、五帝、仙人、玉女祠；雲陽有徑路神祠；又立五龍山仙人祠及黃帝、天神帝、原水凡四祠於膚施。**聞益州有金馬、碧雞之神，可醮祭而致，** 後漢志：越巂郡青蛉縣禺同山，俗謂有金馬、碧雞。如淳曰：金形似馬，碧形似雞。水經註曰：禺同山神有金馬、碧雞，光景倐忽。醮，卽召翻。**於是**

遣諫大夫蜀郡王褒使持節而求之。使，疏吏翻。

初，上聞褒有俊才，召見，見，賢遍翻。使爲聖主得賢臣頌。其辭曰：「夫賢者，國家之器用也。所任賢，則趨舍省而功施普；師古曰：趨，讀曰趣。普，博也。趨，七喻翻。舍，讀曰捨。施，式智翻。器用利，則用力少而就效衆。故工人之用鈍器也，勞筋苦骨，終日矻矻；應劭曰：矻矻，勞極皃；如淳曰：健作皃。師古曰：如說是也。矻，口骨翻。及至巧冶鑄干將，干將，吳寶劍名，闔廬所鑄。使離婁督繩，公輸削墨，張晏曰：離婁，黃帝時明目者也。應劭曰：公輸，魯般，性巧者也。師古曰：督，察視也。雖崇臺五層、延袤百丈而不溷者，工用相得也。師古曰：溷，亂也，音胡頓翻。庸人之御駑馬，亦傷吻、敝策而不進於行；師古曰：吻，口角也。策，所以擊馬。及至駕齧膝、驂乘旦，孟康曰：良馬低頭，口至膝，故曰齧膝。張晏曰：駕則旦至，故曰乘旦。乘，食證翻。王良執靶，張晏曰：王良，郵無恤，字伯樂。晉灼曰：靶，音霸；謂轡也。師古曰：參驗左氏傳及國語、孟子，郵無恤、郵良、劉無止、王良，總一人也。楚辭云：驥躊躇於敝輦，遇孫陽而得代。王逸云：孫陽，伯樂姓名也。列子云：伯樂，秦穆公時人。考其年代，不相當。張說云良字伯樂，斯失之矣。韓哀附輿，應劭曰：世本：韓哀作御。師古曰：宋衷云：韓哀，韓哀侯也。時已有御，此復言作者，加其精巧也。然則善御者耳，非始作也。周流八極，萬里一息，何其遼哉？人馬相得也。故服絺綌之涼者，不苦盛暑之鬱燠；襲貂狐之煖者，不憂至寒之悽愴。師古曰：鬱，熱氣也。燠，溫也。悽愴，寒冷也。燠，於六翻。煖，乃短翻。何則？有其具者易其備。賢人、君子，亦聖王之所以易海内也。易，以豉翻。昔周公躬吐捉之勞，故有圉空之隆；師古曰：一飯三吐食，一沐三捉髮，以賓賢士，故能成太平之化，而刑措不用，故囹圄空虛也。圉，音圄，同。齊桓設庭燎之禮，故有匡合之功。應劭曰：有以九九求見桓公，桓公不内。其人曰：「九九小術，而君不内之，況大於九九者乎！」於是桓公設庭燎之禮而見之。居無幾，隰朋自遠而至，齊遂以霸。師古曰：九九，計數之書，若今算經也。匡，謂一匡天下。合，謂九合諸侯。由此觀之，君人者勤於求賢而逸於得人。人臣亦然。昔賢者之未遭遇也，圖事揆策，則君不用其謀；陳見悃誠，王逸曰：悃愊，志純一也，亦猶實也。則上不然其信；進仕不得施效，斥逐又非其愆。是故伊尹勤於鼎俎，太公困於鼓刀，師古曰：勤於鼎俎，謂負鼎俎以干湯也。鼓刀者，謂太公屠牛於朝歌也。百里自鬻，甯子飯牛，師古曰：鬻，賣也。呂氏春秋曰：百里奚之未遇時也，虞亡而虜縛，鬻以五羊之皮，公孫枝得而悅之，獻諸穆公。應劭曰：齊桓公夜出迎客，甯戚疾擊其牛角，高歌曰：「南山矸，白石爛，生不逢堯與舜禪！短布單衣適至骭，從昏飯牛薄夜半，長夜曼曼何時旦！」桓公遂召與語，悅之，以爲大夫。飯，扶晚翻。離此患也。師古曰：離，遭也。及其遇明君、遭聖主也，運籌合上意，諫諍卽見聽，進退得關其忠，任職得行其術，剖符錫壤而光祖考。故世必有聖知之君知，讀曰智。而後有賢明之臣。故虎嘯而風冽，師古曰：冽冽，風皃也；音列。龍興而致雲，蟋蟀竢秋唫，蜉蝤出以陰。孟康曰：蜉蝤，渠略也。師古曰：蟋蟀，今之促織也。蜉蝤，甲蟲也，好叢衆而生也，朝生而夕死。舍人曰：南陽以東曰蜉蝤，梁、宋之間曰渠略。郭璞曰：似蛣蜣，身狹而長，有角，黃黑色，聚生糞土中，朝生暮死，猪好噉之。陸璣疏云：蜉蝣有角，大如指，長三四寸，甲下有翅，能飛，夏月陰雨時地中出。竢，卽俟字。

蝤，音由。易曰：『飛龍在天，利見大人。』師古曰：乾卦九五爻辭也。言王者居正陽之位，賢才見之，則利用也。詩曰：『思皇多士，生此王國。』師古曰：大雅文王之詩也。思，語辭也。皇，美也。言美哉衆多賢士，生此周王之國也。故世平主聖，俊艾將自至；師古曰：艾，讀曰乂。明明在朝，穆穆布列，聚精會神，相得益章，師古曰：章，明也。雖伯牙操遞鍾，晉灼曰：遞，音遞送之遞。二十四鍾各有節奏，擊之不常，故曰遞。臣瓚曰：楚辭云：「奏伯牙之號鍾。」號鍾，琴名也。馬融笛賦曰：號鍾，高調。伯牙以善鼓琴，不聞其能擊鍾也。師古曰：琴名，是也。字既作遞，則與楚辭不同，不得即讀爲號，當依晉音耳。逢門子彎烏號，師古曰：逢門，善射者，即逢蒙也。應劭曰：楚有柘桑，烏栖其上，枝下著地，不得飛，欲墮，號呼，故曰烏號。張揖曰：黄帝乘龍上天，小臣不得上，挽持龍髯；髯拔，墮黄帝弓；臣下抱弓而號，故名弓烏號。師古曰：應、張二說皆有據。逢，皮江翻。猶未足以喻其意也。故聖主必待賢臣而弘功業，俊士亦俟明主以顯其德。上下俱欲，驩然交欣，千載壹合，論說無疑，翼乎如鴻毛遇順風，沛乎如巨魚縱大壑；其得意若此，則胡禁不止，曷令不行，師古曰：胡、曷，皆何也。化溢四表，横被無窮。被，皮義翻。是以聖主不偏窺望而視已明，不殫傾耳而聽已聰，師古曰：殫，盡也。太平之責塞，師古曰：塞，滿也。塞，悉則翻。優游之望得，休徵自至，壽考無疆，何必偃仰屈伸若彭祖，呴噓呼吸如僑、松，如淳曰：五帝紀：彭祖，堯、舜時人。列仙傳：彭祖，殷大夫也；歷夏至商末，號年七百。師古曰：呴、噓，皆開口出氣也。僑，王僑；松，赤松子；皆仙人也。呴，吁于翻。噓，音虚。眇然絕俗離世哉！」師古曰：眇然，高遠之意。離，力智翻。是時上頗好神仙，故褒對及之。好，呼到翻；下同。

京兆尹張敞亦上疏諫曰：「願明主時忘車馬之好，斥遠方士之虛語，游心帝王之術，太平庶幾可興也。」遠，于願翻。幾，居希翻。上由是悉罷尚方待詔。此尚方，非作器物之尚方。尚，主也，主方藥也。司馬相如大人賦：詔岐伯使尚方，是也。初，趙廣漢死後，爲京兆尹者皆不稱職，稱，尺證翻。唯敞能繼其迹；其方略、耳目不及廣漢，然頗以經術儒雅文之。

2 上頗脩飾，宮室、車服盛於昭帝時；外戚許、史、王氏貴寵。諫大夫王吉上疏曰：「陛下躬聖質，總萬方，惟思世務，將興太平，詔書每下，民欣然若更生。臣伏而思之，可謂至恩，未可謂本務也。師古曰：言天子如此，雖於百姓爲至恩，然未盡政務之本也。欲治之主不世出，師古曰：言有時遇之不常值。治，直吏翻。公卿幸得遭遇其時，言聽諫從，然未有建萬世之長策，舉明主於三代之隆也。其務在於期會、簿書、斷獄、聽訟而已，斷，丁亂翻。此非太平之基也。臣聞民者，弱而不可勝，愚而不可欺也。聖主獨行於深宮，得則天下稱誦之，失則天下咸言之，故宜謹選左右，審擇所使。左右所以正身，所使所以宣德，此其本也。孔子曰：『安上治民，莫善於禮，』非空言也。師古曰：孝經載孔子之言。治，直之翻。王者未制禮之時，引先王禮宜於今者而用之。臣願陛下承天心，發大業，與公卿大臣延及儒生，述舊禮，明王制，敺一世之民躋之仁壽之域，師古曰：以仁撫下，則羣生安逸而壽考。余謂此以仁、壽二字並言，仁者不鄙詐，壽者不夭折也。毆，與驅同。則俗何以不若成、康，壽何以不若高宗！師古曰：高宗，殷王武丁也，享國百年。竊見當世趨務不合於道者，謹條奏，師古曰：趨，讀曰趣。趣，嚮也。唯陛下財擇焉。」吉意以爲：「世俗聘妻、送女無節，則貧人不及，故不舉子。又，漢家列侯尚公主，諸侯則國人承翁主，晉灼曰：娶天子女，則曰尚公主。國人娶諸侯女，則曰承翁主。尚、承，皆卑下之名也。使男事女，夫屈於婦，逆陰陽之位，故多女亂。古者衣服、車馬，貴賤有章；今上下僭差，人人自制，師古曰：言無節度。是以貪財誅利，不畏死亡。誅，責也，求也。周之所以能致治刑措而不用者，以其禁邪於冥冥，絕惡於未萌也。」師古曰：冥冥，言未有端緒也。治，直吏翻。又言：「舜、湯不用三公、九卿之世而舉皋陶、伊尹，李奇曰：不繼世而爵也。言皋陶、伊尹非三公、九卿之世。陶，音遙。不仁者遠。師古曰：任用賢人，放黜讒佞。今使俗吏得任子弟，張晏曰：子弟以父兄任爲郎。率多驕驁，不通古今，無益於民，宜明選求賢，除任子之令；外家及故人，可厚以財，不宜居位。去角抵，減樂府，省尚方，明示天下以儉。古者工不造琱瑑，師古曰：瑑者，刻鏤爲文。瑑，音篆。商不通侈靡，非工、商之獨賢，政教使之然也。」上以其言爲迂闊，師古曰：迂，遠也，音于。不甚寵異也。吉遂謝病歸。

3 義渠安國至羌中，召先零諸豪三十餘人，以尤桀黠者皆斬之；師古曰：桀，堅也，言不順從也。黠，惡也，爲惡堅也。零，音憐。黠，戶八翻。縱兵擊其種人，種，章勇翻；下同。斬首千餘級。於是諸降羌及歸義羌侯楊玉等怨怒，無所信鄉，師古曰：恐中國汎怒，不信其心而納嚮之。仲馮曰：恐怒，且恐且怒也。羌未有變，而漢吏無故誅殺其人，故楊玉等謂漢無所信鄉，於是與他族皆叛也。余謂恐怒，仲馮說是。無所信嚮，不信漢、不嚮漢也。作「怨怒」者，通鑑略改班書之文，成一家言。降，戶江翻。遂劫略小種，背畔犯塞，攻城邑，殺長吏。背，蒲妹翻。安國以騎都尉將騎二【章：乙十一行本「二」作「三」；孔本同；張校同。】千屯備羌；至浩亹，浩亹縣，屬金城郡；有浩亹水，出西塞外，東至允吾，入湟水。孟康曰：浩亹，音合門。師古曰：浩，音誥。浩，水名也。亹者，水流峽山，岸深若門也。詩大雅曰：鳧鷖在亹，亦其義也。今俗呼此水爲閤門河，蓋疾言之，浩爲閤耳。杜佑曰：浩亹縣即今金城郡廣武縣地。又曰：廣武縣西南有漢浩亹縣故城。爲虜所擊，失亡車重、兵器甚衆。師古曰：重，音直用翻。安國引還，至令居，以聞。令，音零。

時趙充國年七十餘，上老之，使丙吉問誰可將者。將，卽亮翻；下同。充國對曰：「無踰於老臣者矣！」上遣問焉，曰：「將軍度羌虜何如？師古曰：度，計也，音大各翻；下同。當用幾人？」充國曰：「百聞不如一見。兵難遥度，臣願馳至金城，昭帝元始六年，置金城郡；唐蘭、鄯、廓州地。圖上方略。師古曰：圖其地形，并爲攻討方略，俱奏上也。上，時掌翻；下兵上同。羌戎小夷，逆天背畔，滅亡不久，背，蒲妹翻。願陛下以屬老臣，師古曰：屬，委也。屬，音之欲翻。勿以爲憂！」上笑曰：「諾。」乃大發兵詣金城。夏，四月，遣充國將之，以擊西羌。將，卽亮翻。

4 六月，有星孛于東方。孛，蒲內翻。

趙充國至金城，須兵滿萬騎，欲渡河，恐爲虜所遮，卽夜遣三校銜枚先渡，師古曰：銜枚者，欲其無聲，使虜不覺。校，戶教翻；下同。渡，輒營陳；立營陳，則虜不得而犯，諸軍可以相繼而渡河。陳，讀曰陣。會明畢，遂以次盡渡。虜數十百騎來，出入軍傍，充國曰：「吾士馬新倦，不可馳逐，此皆驍騎難制，又恐其爲誘兵也。驍，堅堯翻。誘，音酉。擊虜以殄滅爲期，小利不足貪！」令軍勿擊。遣騎候四望陿中無虜，文穎曰：金城有三陿，在南六百里。師古曰：山峭而夾水曰陿。四望者，陿名也。陿，音狹。夜，引兵上至落都，服虔曰。落都，山名也。據水經註，破羌縣之西有樂都城。後漢志，浩亹縣有雒都谷。劉昫曰：唐鄯州，治故樂都城。召諸校司馬謂曰：「吾知羌虜不能爲兵矣！使虜發數千人守杜四望陿中，師古曰：杜，塞也。兵豈得入哉！」

充國常以遠斥候爲務，行必爲戰備，止必堅營壁，尤能持重，愛士卒，先計而後戰。遂西至西部都尉府，孟康曰：在金城。日饗軍士，師古曰：饗，飤之。士皆欲爲用。虜數挑戰，數，所角翻。挑，徒了翻。充國堅守。捕得生口，言羌豪相數責曰：「語汝無反，數，所具翻。語，牛倨翻。今天子遣趙將軍來，年八九十矣，善爲兵；今請欲壹鬭而死，可得邪！」言充國持重不戰，羌欲一鬭而死，不可得也。初，罕、幵豪靡當兒使弟雕庫來告都尉曰：「先零欲反。」後數日，果反。雕庫種人頗在先零中，都尉卽留雕庫爲質。金城西部都尉也。種，章勇翻。質，音致。充國以爲無罪，乃遣歸告種豪：「大兵誅有罪者，明白自別，毋取幷滅。師古曰：言勿相和同，幷取滅亡。別，彼列翻。天子告諸羌人：犯法者能相捕斬，除罪，仍以功大小賜錢有差；時募能斬大豪有罪者一人，賜錢四十萬；中豪十五萬；下豪二萬；女子及老、弱千錢。又以其所捕妻子、財物盡與之。」充國計欲以威信招降罕、开及劫略者，解散虜謀，徼其疲劇，乃擊之。師古曰：徼，要也，音工堯翻。

時上已發內郡兵屯邊者合六萬人矣。酒泉太守辛武賢姓譜：夏啓封支子於莘；莘、辛相近，遂爲辛氏。漢初申蒲爲趙、魏名將，及徙家隴西，遂爲隴西人。余按此敍辛武賢之世，然既以莘爲辛，而又以申牽合之，以其聲相近也。然周自有太史辛甲。奏言：「郡兵皆屯備南山，北邊空虛，勢不可久。若至秋冬乃進兵，此虜在境外之册。今虜朝夕爲寇，土地寒苦，漢馬不耐冬，不如以七月上旬齎三十日糧，分兵出張掖、酒泉，合擊罕、开在鮮水上者。劉昫曰：漢金城郡之金城縣，罕羌所處也；後漢置西海郡；晉乞伏乾歸都於此；唐爲蘭州五泉縣。余據漢書，羌豪獻鮮水海地於王莽，置西海郡，即此。山海經云：北鮮之山，鮮水出焉，北流注于徐吾。非此鮮水也。雖不能盡誅，但奪其畜產，虜其妻子，復引兵還，冬復擊之，復，扶又翻。大兵仍出，虜必震壞。」師古曰：仍，頻也。天子下其書充國，下，遐稼翻；下同。令議之。充國以爲：「一馬自負三十日食，爲米二斛四斗，麥八斛，又有衣裝、兵器，難以追逐。虜必商軍進退，師古曰：商，計度也。稍引去，逐水草，入山林。隨而深入，虜卽據前險，守後阸，以絕糧道，必有傷危之憂，爲夷狄笑，千載不可復。復，報也。載，子亥翻。而武賢以爲可奪其畜產，虜其妻子，此殆空言，非至計也。師古曰：殆，僅也。韻略云：近也。先零首爲畔逆，他種劫略，師古曰：言被劫略而反畔，非其本心。故臣愚册，册，謀也，籌也。欲捐罕、幵闇昧之過，隱而勿章，先行先零之誅以震動之，宜悔過反善，因赦其罪，選擇良吏知其俗者，拊循和輯。師古曰：拊，古撫字。輯，與集同。此全師保勝安邊之册。」

天子下其書，公卿議者咸以爲「先零兵盛而負罕、幵之助，師古曰：負，恃也。不先破罕、幵，則先零未可圖也。」上乃拜侍中許延壽爲強弩將軍，卽拜酒泉太守武賢爲破羌將軍，師古曰：卽，就也。就其郡而拜之。賜璽書嘉納其册。以書敕讓充國曰：「今轉輸並起，百姓煩擾，將軍將萬餘之衆，不早及秋共水草之利，爭其畜食，師古曰：此畜，謂畜產牛羊之屬；食，謂穀麥之屬也。或曰：畜食，畜之所食，卽謂草也。欲至冬，虜皆當畜食，師古曰：此畜讀曰蓄。蓄，聚積也。多臧匿山中，依險阻，臧，古藏字。將軍士寒，手足皸瘃，師古曰：皸，坼裂也。瘃，寒創也。皸，音軍。瘃，竹足翻。寧有利哉！將軍不念中國之費，欲以歲數而勝敵，師古曰：久歷年歲，乃勝小敵也。數，音所具翻。將軍誰不樂此者！師古曰：言爲將軍者皆樂此。樂，音洛。今詔破羌將軍武賢等將兵，以七月擊罕羌；將軍其引兵並進，勿復有疑！」復，扶又翻。

充國上書曰：「陛下前幸賜書，欲使人諭罕，以大軍當至，漢不誅罕，以解其謀。臣故遣幵豪雕庫宣天子至德；罕、幵之屬皆聞知明詔。今先零羌楊玉阻石山木，候便爲寇，師古曰：謂阻依山之木石以自保固。罕羌未有所犯，乃置先零，先擊罕，釋有罪，誅無辜，師古曰：釋，置也，放也。起壹難，就兩害，誠非陛下本計也！臣聞兵法：『攻不足者守有餘。』又曰：『善戰者致人，不致於人。』師古曰：致人者，引致而取之。致於人，爲人所引也。今罕羌欲爲敦煌、酒泉寇，敦，徒門翻。宜飭兵馬，練戰士，以須其至。師古曰：須，待也。坐得致敵之術，以逸擊勞，取勝之道也。今恐二郡兵少，不足以守，而發之行攻，釋致虜之術而從爲虜所致之道，師古曰：釋，廢也。臣愚以爲不便。先零羌虜欲爲背畔，故與罕、幵解仇結約，然其私心不能無恐漢兵至而罕、幵背之也。背，蒲妹翻。臣愚以爲其計常欲先赴罕、幵之急以堅其約。先擊罕羌，先零必助之。今虜馬肥、糧食方饒，擊之恐不能傷害，適使先零得施德於罕羌，師古曰：施德，自樹恩德也。堅其約，合其黨。虜交堅黨，合精兵二萬餘人，迫脅諸小種，附著者稍衆，著，直略翻。莫須之屬不輕得離也。服虔曰：莫須，小種羌名也。如是，虜兵寖多，誅之用力數倍。臣恐國家憂累，累，力瑞翻；下累重同。由十年數，不二三歲而已。於臣之計，先誅先零已，則罕、幵之屬不煩兵而服矣。先零已誅而罕、幵不服，涉正月擊之，得計之理，又其時也。以今進兵，誠不見其利！」戊申，充國上奏。上，時掌翻。秋，七月，甲寅，璽書報，從充國計焉。

充國乃引兵至先零在所。虜久屯聚，懈弛，師古曰：弛，放也。望見大軍，棄車重，欲渡湟水，重，直用翻。道阨陿；充國徐行驅之。或曰：「逐利行遲。」師古曰：逐利宜速，今行太遲。充國曰：「此窮寇，不可迫也。緩之則走不顧，急之則還致死。」師古曰：謂更迴還盡力而死戰。諸校皆曰：「善。」虜赴水溺死者數百，降及斬首五百餘人。降，戶江翻。虜馬、牛、羊十萬餘頭，車四千餘兩。兩，音亮。兵至罕地，令軍毋燔聚落、芻牧田中。師古曰：不得燔燒人居，及於田畝之中刈芻放牧也。罕羌聞之，喜曰：「漢果不擊我矣！」豪靡忘使人來言：「願得還復故地。」服虔曰：靡忘，羌帥名也。充國以聞，未報。靡忘來自歸，充國賜飲食，遣還諭種人。護軍以下皆爭之曰：「此反虜，不可擅遣！」充國曰：「諸君但欲便文自營，師古曰：苟取文墨之便，以自營衞。非爲公家忠計也！」語未卒，爲，于僞翻。卒，子恤翻。璽書報，令靡忘以贖論。後罕竟不煩兵而下。

上詔破羌、強弩將軍詣屯所，以十二月與充國合，進擊先零。時羌降者萬餘人矣，充國度其必壞，度，徒洛翻。欲罷騎兵，屯田以待其敝。作奏未上，上，時掌翻。會得進兵璽書，充國子中郎將卬懼，使客諫充國曰：「誠令兵出，破軍殺將，以傾國家，將，卽亮翻。將軍守之可也。卽利與病，又何足爭！一旦不合上意，遣繡衣來責將軍，師古曰：繡衣，謂御史。將軍之身不能自保，何國家之安！」充國歎曰：「是何言之不忠也！本用吾言，羌虜得至是邪！師古曰：言豫防之，可無今日之寇也。往者舉可先行羌者，行，下孟翻。吾舉辛武賢；丞相御史復白遣義渠安國，竟沮敗羌。復，扶又翻。敗，補邁翻。金城、湟中穀斛八錢，吾謂耿中丞：服虔曰：耿壽昌也，爲司農中丞。姓譜：耿，古國名，爲晉所滅，子孫以爲氏。謂，告語也。『糴三百萬斛穀，羌人不敢動矣！』師古曰：言豫儲糧食可以制敵。耿中丞請糴百萬斛，乃得四十萬斛耳；義渠再使，使，疏吏翻。且費其半。失此二册，羌人致敢爲逆。失之豪氂，差以千里，是既然矣。今兵久不決，四夷卒有動搖，卒，讀曰猝；下可卒同，又卒死同。相因而起，雖有知者不能善其後，知，讀曰智。羌獨足憂邪！師古曰：言儻如此，則所憂不獨在羌。吾固以死守之，明主可爲忠言。」

遂上屯田奏曰：「臣所將吏士、馬牛食所用糧穀、茭槀，調度甚廣，難久不解，調，徒弔翻。難，乃旦翻。傜役不息，恐生他變，爲明主憂，誠非素定廟勝之册。師古曰：廟勝，謂謀於廟堂而勝敵也。且羌易以計破，難用兵碎也，易，以豉翻。故臣愚心以爲擊之不便！計度臨羌東至浩亹，羌虜故田及公田，民所未墾，可二千頃以上，度，徒洛翻。其間郵亭多壞敗者。臣前部士入山，伐林木六萬餘枚，在水次。臣願罷騎兵，留步兵萬二百八十一人，分屯要害處，冰解漕下，繕鄉亭，浚溝渠，師古曰：漕下，以水運木而下也。繕，補也。浚，深治也。治湟陿以西道橋七十所，令可至鮮水左右。田事出，賦人三【章：甲十五行本「三」作「二」；乙十一行本同；孔本同；張校同。】十畮；師古曰：田事出，謂至春，人出營田也。賦，謂班與之也。畮，古畝字。至四月草生，發郡騎及屬國胡騎各千，就草爲田者遊兵，以充入金城郡，益積畜，省大費。今大司農所轉穀至者，足支萬人一歲食，謹上田處及器用簿。」上，時掌翻。

上報曰：「卽如將軍之計，虜當何時伏誅？兵當何時得決？孰計其便，復奏！」孰，與熟同。復，扶又翻。

充國上狀曰：「臣聞帝王之兵，以全取勝，是以貴謀而賤戰。『百戰而百勝，非善之善者也，故先爲不可勝以待敵之可勝。』師古曰：此兵法之辭，言先自完堅，令敵不能勝我，乃可以勝敵也。余據此言本之孫子。蠻夷習俗雖殊於禮義之國，然其欲避害就利，愛親戚，畏死亡，一也。今虜亡其美地薦草，師古曰：薦，稠草。愁於寄託，遠遯，骨肉心離，人有畔志。而明主班師罷兵，鄧展曰：班，還也。萬人留田，順天時，因地利，以待可勝之虜，雖未卽伏辜，兵決可期月而望。羌虜瓦解，前後降者萬七百餘人，及受言去者凡七十輩，如淳曰：羌胡言欲降，受其言遣去者。師古曰：如說非也。謂羌受充國之言，歸相告喻者也。羌虜，卽羌賊耳，無預於胡。此坐支解羌虜之具也。臣謹條不出兵留田便宜十二事：步兵九校，師古曰：一部爲一校。校，戶教翻。吏士萬人留屯，以爲武備，因田致穀，威德並行，一也。又因排折羌虜，令不得歸肥饒之地，貧破其衆，以成羌虜相畔之漸，二也。居民得並田作，師古曰：並且，讀如本字，又音步浪翻。仲馮曰：並，亦俱也。不失農業，三也。軍馬一月之食，度支田士一歲，罷騎兵以省大費，四也。度，徒洛翻。至春，省甲士卒，循河、湟漕穀至臨羌，臨羌縣，屬金城郡，其西北卽塞外。以示羌虜，揚威武，傳世折衝之具，五也。以閒暇時，下先所伐材，繕治郵亭，充入金城，六也。閒，與閑同。治，直之翻。兵出，乘危徼幸；師古曰：言不可必勝。徼，堅堯翻，又一遙翻。不出，令反畔之虜竄於風寒之地，離霜露、疾疫、瘃墮之患，師古曰：墮，謂困寒瘃而墮指者。坐得必勝之道，七也。無經阻、遠追、死傷之害，八也。內不損威武之重，外不令虜得乘間之勢，九也。師古曰：間，謂軍之間隙者也。間，古莧翻。又亡驚動河南大幵服虔曰：皆羌種，在河西之河南也。亡，古無字通。使生他變之憂，十也。治隍陿中道橋，令可至鮮水以制西域，伸威千里，從枕席上過師，十一也。鄭氏曰：橋成，軍行安易，若於枕席上過也。大費既省，繇役豫息，以戒不虞，十二也。繇，古傜字通。留屯田得十二便，出兵失十二利，唯明詔采擇！」

上復賜報曰：「兵決可期月而望者，復，扶又翻；下同。期，讀曰朞。謂今冬邪，謂何時也？將軍獨不計虜聞兵頗罷，且丁壯相聚，攻擾田者及道上屯兵，復殺略人民，將何以止之？將軍孰計復奏！」

充國復奏曰：「臣聞兵以計爲本，故多算勝少算。孫子曰：多算勝，少算不勝。先零羌精兵，今餘不過七八千人，失地遠客分散，飢凍畔還者不絕。臣愚以爲虜破壞可日月冀，遠在來春，故曰兵決可期月而望。竊見北邊自敦煌至遼東萬一千五百餘里，乘塞列地有吏卒數千人，虜數以大衆攻之而不能害。敦，徒門翻。數，所角翻。今騎兵雖罷，虜見屯田之士精兵萬人，從今盡三月，虜馬羸瘦，羸，倫爲翻。必不敢捐其妻子於他種中，種，章勇翻。遠涉河山而來爲寇；亦不敢將其累重，還歸故地。師古曰：累重，謂妻子也。累，力瑞翻。重，直用翻。是臣之愚計所以度虜且必瓦解其處，師古曰：各於其處自瓦解。度，徒洛翻。不戰而自破之册也。册，與策同。至於虜小寇盜，時殺人民，其原未可卒禁。卒，讀曰猝。臣聞戰不必勝，不苟接刃；攻不必取，不苟勞衆。誠令兵出，雖不能滅先零，但能令虜絕不爲小寇，則出兵可也。即今同是，師古曰：言俱不能止小寇盜。而釋坐勝之道，從乘危之勢，往終不見利，空內自罷敝，罷，讀曰疲。貶重以自損，貶重，謂貶中國之威重也。非所以示蠻夷也。又大兵一出，還不可復留，言大兵出塞而還，人有歸志，不可使復留屯以備羌。湟中亦未可空，如是，繇役復更發也。復，扶又翻；下同。臣愚以爲不便。臣竊自惟念：奉詔出塞，引軍遠擊，窮天子之精兵，散車甲於山野，雖亡尺寸之功，亡，古無字通；下同。媮得避嫌之便，師古曰：媮，苟且也。而亡後咎餘責，此人臣不忠之利，非明主社稷之福也！」

充國奏每上，輒下公卿議臣。上，時掌翻。下，遐稼翻。初是充國計者什三；中什五；最後什八。有詔詰前言不便者，皆頓首服。詰，去吉翻。魏相曰：「臣愚不習兵事利害。後將軍數畫軍册，數，所角翻；下同。其言常是，臣任其計必可用也。」師古曰：任，保也。上於是報充國，嘉納之；亦以破羌、強弩將軍數言當擊，以是兩從其計，詔兩將軍與中郎將印出擊。強弩出，降四千餘人；破羌斬首二千級；中郎將印斬首降者亦二千餘級；而充國所降復得五千餘人。詔罷兵，獨充國留屯田。

6 大司農朱邑卒。上以其循吏，閔惜之，詔賜其子黃金百斤，以奉其祭祀。

7 是歲，【張：「歲」下脫「以」字。】前將軍、龍頟侯韓增爲大司馬、車騎將軍。龍頟侯國，屬平原郡。師古曰：今書本「頟」字或作「額」，而崔浩云有龍頟村，作「額」者非。頟，音洛。

8 丁令比三歲鈔盜匈奴，令，音零。比，毗至翻。鈔，楚交翻。殺略數千人。匈奴遣萬餘騎往擊之，無所得。史言匈奴漸衰。

二年（辛酉、前六〇）

1 春，正月，以鳳皇、甘露降集京師，赦天下。

2 夏，五月，趙充國奏言：「羌本可五萬人軍，凡斬首七千六百級，降者三萬一千二百人，溺河湟、餓死者五六千人，定計遺脫與煎鞏、黃羝俱亡者不過四千人。定計，以定數計算也。羌靡忘等自詭必得，師古曰：詭，責也。自以爲憂，責言必能得之。請罷屯兵！」奏可。充國振旅而還。書：班師振旅。孔安國註曰：兵入曰振旅。振，整也。杜預曰：振，整也；旅，衆也；言整衆而還也。

所善浩星賜迎說充國曰：鄧展曰：浩星，姓；賜，名也。孫愐曰：漢又有浩星公，治穀梁。說，輸芮翻。「衆人皆以破羌、強弩出擊，多斬首、生降，虜以破壞。然有識者以爲虜勢窮困，兵雖不出，卽【章：甲十五行本「卽」作「必」；乙十一行本同；孔本同；張校同。】自服矣。將軍卽見，見，賢遍翻。宜歸功於二將軍出擊，非愚臣所及。如此，將軍計未失也。」充國曰：「吾年老矣，爵位已極，豈嫌伐一時事以欺明主哉！言一時用兵之事，當以實數奏，豈可以自矜伐爲嫌。兵勢，國之大事，當爲後法。老臣不以餘命壹爲陛下明言兵之利害，卒死，誰當復言之者！」卒以其意對。爲，于僞翻。卒，子恤翻。復，扶又翻。上然其計，罷遣辛武賢歸酒泉太守，官充國復爲後將軍。

秋，羌若零、離留、且種、兒庫師古曰：且，音子閭翻。共斬先零大豪猶非、楊玉首，文穎曰：猶非，人名也。師古曰：猶非及楊玉二人也。及諸豪弟澤、陽雕、良兒、靡忘皆帥煎鞏、黃羝之屬四千餘人降。帥，讀曰率；下同。考異曰：宣紀：「五月，羌斬猶非、楊玉降。」充國傳：「五月，奏罷屯兵。秋，羌斬猶非、楊玉降。」今從傳。漢封若零、弟澤二人爲帥衆王，餘皆爲侯、爲君。離留、且種二人爲侯；兒庫爲君；陽雕爲言兵侯；良兒爲君；靡忘爲獻牛君。初置金城屬國以處降羌。處，昌呂翻。

詔舉可護羌校尉者。護羌校尉之官，始見於此。范曄曰：漢武帝時，諸羌與匈奴通，攻令居、安故，圍枹罕，遣李息、徐自爲擊定之，始置護羌校尉。時充國病，四府舉辛武賢小弟湯。四府，丞相、御史、車騎將軍、前將軍府也；併後將軍府，爲五府。充國遽起，奏：「湯使酒，不可典蠻夷。師古曰：使酒，因酒而使氣，若今言惡酒者。使，如字。不如湯兄臨衆。」時湯已拜受節，拜者，拜官護羌校尉，持節護諸羌。有詔更用臨衆。更，改也，音工衡翻。後臨衆病免，五府復舉湯。湯數醉酗羌人，復，扶又翻。數，所角翻；下同。師古曰：酗，況務翻，卽酗字也。醉怒曰酗。羌人反畔，卒如充國之言。史終言其事。卒，子恤翻。辛武賢深恨充國，以破羌希賞，而格不行也。上書告中郎【章：甲十五行本「郎」下有「將」字；乙十一行本同；孔本同。】卬泄省中語，辛武賢在軍中時，與卬宴語。卬言，張安世始不快上，上欲誅之；卬家將軍以爲安世宜全度之，由此安世得免。武賢恨充國，告卬以此罪。下吏，自殺。下，遐稼翻。

3 司隸校尉魏郡蓋寬饒，百官表：司隸校尉，周官；武帝征和四年初置，持節，從中都官徒千二百人，捕巫蠱，督大姦猾；後罷其兵，察三輔、三河、弘農。師古曰：以掌徒隸而巡察，故云司隸。蓋，音古盍翻。齊大夫陳戴食采於蓋，其後以爲氏。至漢初，齊有蓋公。剛直公清，數干犯上意。時上方用刑法，任中書官，武帝游宴後庭，用宦者爲中書官。宣帝因之，遂基恭、顯之禍。賢曰：中書，內中之書也。寬饒奏封事曰：「方今聖道浸微，儒術不行，以刑餘爲周、召，師古曰：言使奄人當權軸也。召，讀曰邵。以法律爲詩、書。」師古曰：言以刑法成教化也。又引易傳傳，直戀翻。言：「五帝官天下，三王家天下。家以傳子孫，官以傳賢聖。」書奏，上以爲寬饒怨謗，下其書中二千石。下，遐稼翻；下同。時執金吾議，據公卿表，是歲也，南陽太守賢爲執金吾。以爲「寬饒旨意欲求禪，大逆不道！」師古曰：言欲使天子傳位於己。諫大夫鄭昌愍傷寬饒忠直憂國，以言事不當意而爲文吏所詆挫，師古曰：詆，毀也。挫，折也。上書訟寬饒曰：訟者，訟其冤也。「臣聞山有猛獸，藜藿爲之不采；國有忠臣，姦邪爲之不起。爲，于僞翻。司隸校尉寬饒，居不求安，食不求飽；師古曰：論語稱孔子曰：「君子食無求飽，居無求安。」故引之。進有憂國之心，退有死節之義；上無許、史之屬，下無金、張之託；應劭曰：許伯，宣帝皇后父。史高，宣帝外家也。金，金日磾也。張，張安世也。此四家屬託無不聽。師古曰：此說非也。許氏、史氏，有外屬之恩；金氏、張氏，自託於近侍也。屬，讀如本字。職在司察，直道而行，多仇少與。師古曰：仇，怨讎也。與，黨與也。上書陳國事，有司劾以大辟。劾，戶概翻。辟，毗亦翻。臣幸得從大夫之後，官以諫爲名，不敢不言！」上不聽。九月，下寬饒吏；寬饒引佩刀自剄北闕下，剄，古鼎翻。衆莫不憐之。

4 匈奴虛閭權渠單于將十餘萬騎旁塞獵，旁，步浪翻。欲入邊爲寇。未至，會其民題除渠堂亡降漢言狀，漢以爲言兵鹿奚鹿盧【章：甲十五行本無「鹿盧」「鹿」字；乙十一行本同；退齋校同。】侯，此侯不見於表，蓋無食邑，猶前羌陽雕爲言兵侯之類也。而遣後將軍趙充國將兵四萬餘騎屯緣邊九郡文穎曰：五原、朔方之屬也。師古曰：九郡者，五原、朔方、雲中、代郡、鴈門、定襄、北平、上谷、漁陽也。四萬餘騎分屯之，而充國總統領之。據充國傳，書此事於征羌之前；通鑑因匈奴內亂，書於此以先事。備虜。月餘，單于病歐血，因不敢入，還去，卽罷兵。乃使題王都犂胡次等入漢請和親，未報。會單于死。虛閭權渠單于始立，而黜顓渠閼氏。事見二十四卷地節二年。閼氏，音煙支。顓渠閼氏卽與右賢王屠耆堂私通，右賢王會龍城而去。顓渠閼氏語以單于病甚，且勿遠。語，牛倨翻。後數日，單于死，用事貴人郝宿王刑未央使人召諸王，未至，師古曰：郝，音呼各翻。顓渠閼氏與其弟左大將【章：甲十五行本無「將」字；乙十一行本同。】且渠都隆奇謀，立右賢王爲握衍朐鞮單于。且，子余翻。朐，音劬。鞮，丁奚翻。握衍朐鞮單于者，烏維單于耳孫也。應劭曰：耳孫，玄孫之子也；言去其高、曾益遠，但耳聞之也。李斐曰：耳孫，曾孫也。晉灼曰：耳孫，玄孫之曾孫也。諸侯王表，在八世。師古曰：耳孫，諸說不同。據平紀及諸侯王表說，梁孝王玄孫之子耳孫，音仍；又匈奴傳說握衍朐鞮單于，云烏維單于耳孫；以此參之，李云曾孫是也。然漢書諸處又皆云曾孫非一，不應雜兩稱而言。據爾雅，「曾孫之子爲玄孫，玄孫之子爲來孫，來孫之子爲昆孫，昆孫之子爲仍孫。」從己之數，是爲八葉，則與晉說相同。仍、耳聲相近，蓋一號也。但班氏唯存古名，而計其葉數則錯也。

握衍朐鞮單于立，凶惡，殺刑未央等而任用都隆奇，又盡免虛閭權渠子弟近親而自以其子弟代之。虛閭權渠單于子稽侯狦既不得立，師古曰：狦，音先安翻，又音所姦翻；杜佑山諫翻。亡歸妻父烏禪幕。師古曰：禪，音蟬。烏禪幕者，本康居、烏孫間小國，數見侵暴，數，所角翻。率其衆數千人降匈奴，狐鹿姑單于以其弟子日逐王姊妻之，使長其衆，居右地。師古曰：長其衆，爲之長帥。妻，七細翻。長，知兩翻。日逐王先賢撣，鄭氏曰：撣，音纏束之纏。晉灼曰：音田。師古曰：晉音是也。其父左賢王當爲單于，讓狐鹿姑單于，狐鹿姑單于許立之。事見二十二卷武帝太初元年。國人以故頗言日逐王當爲單于。日逐王素與握衍朐鞮單于有隙，卽帥其衆欲降漢，帥，讀曰率。降，戶江翻；下同。使人至渠犂，與騎都尉鄭吉相聞。吉發渠犂、龜茲諸國五萬人迎日逐王口萬二千人、小王將十二人，小王將者，以裨小王將兵者也。一曰匈奴左・右賢王、左・右谷蠡王、左・右大將以下，凡二十四長爲大王將；其餘爲小王將。將，卽亮翻。隨吉至河曲，黃河千里一曲，此當在金城郡界。頗有亡者，吉追斬之，遂將詣京師。將，如字，領也，挾也。漢封日逐王爲歸德侯。功臣表：歸德侯食邑於汝南。

吉既破車師，事見上卷地節三年。降日逐，威震西域，遂并護車師以西北道，故號都護。都護之置，自吉始焉。師古曰：並護南北二道，故謂之都。都，猶大也，總也。上封吉爲安遠侯。功臣侯表：安遠侯，食邑於汝南之愼縣。吉於是中西域而立莫府，師古曰：中西域者，言最處諸國之中，遠近均也。中，音竹仲翻。考異曰：百官表曰：「西域都護，加官，地節二年初置。」蓋誤以神爵爲地節也。西域傳又云「神爵三年」，亦誤。治烏壘城，去陽關二千七百餘里。烏壘城，與渠犂田官相近。陽關，在敦煌龍勒縣西。宋白曰：伊州伊吾郡，漢伊吾盧地；宣帝時，鄭吉爲西域都護，治烏壘城，卽此。永平末，取此地置宜禾都尉。匈奴益弱，不敢爭西域，僮僕都尉由此罷。西域諸國故皆役屬匈奴，匈奴西邊日逐王置僮僕都尉，使領西域，常居焉耆、危須、尉犂間，賦稅諸國，取富給焉。匈奴蓋以僮僕視西域也。今日逐王既降，西域諸國咸服於漢，故僮僕都尉罷。都護督察烏孫、康居等三十六國動靜，有變以聞，可安輯，安輯之；不可者誅伐之，漢之號令班西域矣。師古曰：班，布也。

握衍朐鞮單于更立其從兄薄胥堂爲日逐王。爲薄胥堂立爲屠耆單于張本。從，才用翻。

烏孫昆彌翁歸靡因長羅侯常惠上書：「願以漢外孫元貴靡爲嗣，元貴靡，楚主解憂長男也。得令復尚漢公主，結婚重親，復，扶又翻；下同。重，直龍翻。畔絕匈奴。」詔下公卿議。下，遐稼翻；下同。大鴻臚蕭望之以爲：「烏孫絕域，變故難保，不可許。」臚，陵如翻。上美烏孫新立大功，謂本始二年破匈奴也。又重絕故業，師古曰：重，難也。故業，謂先與匈奴婚親也。乃以烏孫主解憂弟相夫爲公主，盛爲資送而遣之，使常惠送之至敦煌。敦，音屯。未出塞，聞翁歸靡死，烏孫貴人共從本約立岑娶子泥靡爲昆彌，號狂王。本約見二十四卷本始二年。「岑娶」，漢書作「岑陬」。常惠上書：「願留少主敦煌。」少，詩照翻；下同。敦，徒門翻。惠馳至烏孫，責讓不立元貴靡爲昆彌，還迎少主。事下公卿，望之復以「烏【章：甲十五行本「烏」上有「爲」字；乙十一行本同；孔本同。】孫持兩端，難約結。復，扶又翻。今少主以元貴靡不立而還，信無負於夷狄，中國之福也。少主不止，繇役將興。」繇，古傜字通。天子從之，徵還少主。考異曰：烏孫傳，請昏在元康二年。望之傳云「神爵二年」。按元康二年，望之未爲鴻臚。蓋誤以神爵爲元康也。

三年（壬戌、前五九）

1春，三月，丙辰，高平憲侯魏相薨。恩澤侯表，高平侯食邑於淮陽柘縣。謚法：博聞多能曰憲。夏，四月，戊辰，丙吉爲丞相。吉上寬大，好禮讓，好，呼到翻。不親小事；時人以爲知大體。

2秋，七月，甲子，大鴻臚蕭望之爲御史大夫。

3八月，詔曰：「吏不廉平，則治道衰。治，直吏翻；下同。今小吏皆勤事而俸祿薄，俸，扶用翻。欲無侵漁百姓，難矣！如淳曰：漁，奪也；謂奪其利便也。晉灼曰：許慎云：捕魚之字也。師古曰：

漁者，若言漁獵也。晉說是也。其益吏百石已下俸十五。」如淳曰：律：百石，奉月六百。韋昭曰：若食一石，則益五斗。考異曰：宣紀云：「益吏百石以下俸十五」。韋昭曰：若食一石，則益五斗。荀紀云：「益吏百石以下俸五十斛。」蓋以十五難曉，故改之。然詔云以下，恐難指五十斛也。

4 是歲，東郡太守韓延壽爲左馮翊。始，延壽爲潁川太守，潁川承趙廣漢搆會吏民之後，搆會吏民事見二十四卷本始三年。師古曰：搆，結也。俗多怨讎。延壽改更，教以禮讓；更，工衡翻。召故老，與議定嫁娶、喪祭儀品，略依古禮，不得過法。百姓遵用其教。賣偶車馬、下里僞物者，棄之市道。張晏曰：下里，地下蒿里僞物也。師古曰：偶，謂土木爲之，象眞車馬之形也。偶，對也。棄其物於市之道上也。黃霸代延壽居潁川，霸因其迹而大治。延壽爲吏，上禮義，好古教化，好，呼到翻。所至必聘其賢士，以禮待，用廣謀議，納諫爭；表孝弟有行，爭，讀曰諍。行，下孟翻。修治學官，師古曰：學官，謂庠序之舍也。治，直之翻。春秋鄉射，陳鍾鼓、管弦，盛升降、揖讓；周禮地官：鄉大夫以鄉射之禮五物詢衆庶：一曰和，二曰容，三曰主皮，四曰和容，五曰興舞。及都試講武，設斧鉞、旌旗，習射、御之事；漢諸郡以八月都試，講武事也。如淳曰：太守、都尉、令、長、丞、尉，會都試，課殿最也。治城郭，收賦租，先明布告其日，以期會爲大事。吏民敬畏，趨鄉之。師古曰：趨，讀曰趣。鄉，讀曰嚮。趣，七喻翻。又置正、五長，師古曰：正，若今之鄉正、里正也。伍長，同伍之中置一人爲長也。長，知兩翻。相率以孝弟；弟，讀曰悌；下孝弟同。不得舍姦人，師古曰：舍，止也。閭里阡陌有非常，吏輒聞知，姦人不敢入界。其始若煩，後吏無追捕之苦，民無箠楚之憂，師古曰：箠，杖也。楚，荆木也；即今之荆子也。箠，止橤翻。皆便安之。接待下吏，恩施甚厚而約誓明。施，式豉翻。或欺負之者，延壽痛自刻責：「豈其負之，何以至此！」師古曰：言豈我負之，其人何以爲此事。吏聞者自傷悔，其縣尉至自刺死。刺，七亦翻。及門下掾自剄，人救不殊，掾，于絹翻。師古曰：殊，絶也。以人救之，故身首不相絶也。剄，古頂翻。延壽涕泣，遣吏醫治視，治，直之翻。厚復其家。復，方目翻。在東郡三歲，令行禁止，令之必行，禁之必止，無違者也。斷獄大減，斷，丁亂翻。由是入爲馮翊。

延壽出行縣至高陵，高陵縣屬左馮翊。行，下孟翻。民有昆弟相與訟田，自言。延壽大傷之，曰：「幸得備位，爲郡表率，不能宣明教化，至令民有骨肉爭訟，既傷風化，重使賢長吏、嗇夫、三老、孝弟受其恥，重，直用翻。賢長吏，謂縣令、丞也。續漢志：縣有嗇夫，皆主知民善惡，爲役先後，知民貧富，爲賦多少，平其差品。三老，掌教化，凡有孝子、順孫、貞女、義婦、讓財、救患及學士爲民法式者，皆扁表其民，以興善行。賢曰：三老、孝弟、力田，三者皆鄉官之名。三老，高帝置，孝弟、力田，高后置，所以勸導鄉里，助成風化也。咎在馮翊，當先退！」是日，移病不聽事，因入臥傳舍，閉閤思過。傳，知戀翻；下傳相同。一縣莫知所爲，令、丞、嗇夫、三老亦皆自繫待罪。於是訟者宗族傳相責讓；此兩昆弟深自悔，皆自髡，肉袒謝，願以田相移，終死不敢復爭。師古曰：移，猶傳也。一說：兄以讓弟，弟又讓兄，故云相移。復，扶又翻。郡中歙然，莫不傳相敕厲，不敢犯。歙，與翕同，許及翻。延壽恩信周徧二十四縣，馮翊統高陵、櫟陽、翟道、池陽、夏陽、衙、粟邑、谷口、蓮勺、鄜、頻陽、臨晉、重泉、郃陽、祋祤、武城、沈陽、褱德、徵、雲陵、萬年、長陵、陽陵、雲陽二十四縣。莫敢以辭訟自言者。推其至誠，吏民不忍欺紿。師古曰：紿，誑也，音蕩亥翻。

匈奴單于又殺先賢撣兩弟；烏禪幕請之，不聽，心恚。師古曰：恚，恨也，音於避翻。其後左奥鞬王死，單于自立其小子爲奥鞬王，留庭。留單于庭也。奥鞬貴人共立故奥鞬王子爲王，師古曰：奥，音郁。鞬，音居言翻。與俱東徙。單于右丞相將萬騎往擊之。失亡數千人，不勝。

容肇祖標點顧頡剛聶崇岐覆校

資治通鑑卷第二十七

翰林學士朝散大夫右諫議大夫知制誥兼侍講同提舉萬壽觀公事
兼判集賢院上護軍河内郡開國侯食邑一千三百戶賜紫金魚袋臣　司馬光　奉敕編集
後　學　天　台　胡三省　音　註

漢紀十九起昭陽大淵獻（癸亥），盡玄黓涒灘（壬申），凡十年。

中宗孝宣皇帝下

神爵四年（癸亥、前五八）

1 春，二月，以鳳皇、甘露降集京師，赦天下。

2 潁川太守黃霸在郡前後八年，地節四年，潁川太守讓入爲左馮翊，以霸爲潁川太守。至元康三年，霸入守京兆尹；數月，還故官，至是適九年；中間入尹京，是在潁川前後八年。政事愈治；治，直吏翻；下爲治、政治同。是時鳳皇、神爵數集郡國，數，所角翻。潁川尤多。夏，四月，詔曰：「潁川太守霸，宣明【章：甲十五行本「明」作「布」；乙十一行本同；孔本同。】詔令，百姓鄉化，孝子、弟弟、鄉，讀曰嚮。弟弟，上讀曰悌。貞婦、順孫日以衆多，田者讓畔，師古曰：畔，田界也。道不拾遺，養視鰥寡，贍助貧窮，獄或八年無重罪囚；其賜爵關內侯、黃金百斤、秩中二千石。」而潁川孝、弟、有行義民，行，下孟翻。三老、力田皆以差賜爵及帛。後數月，徵霸爲太子太傅。

3 五月，匈奴單于遣弟呼留若王勝之來朝。師古曰：呼留若者，王之號也。勝之，其人名。考異曰：匈奴傳：「握衍朐鞮單于立，復修和親，遣弟伊酋若王勝之入漢獻見。」蓋即謂此也。

4 冬，十月，鳳皇十一集杜陵。

5 河南太守【章：甲十五行本「守」下有「東海」二字；乙十一行本同；孔本同；張校同。】嚴延年爲治陰鷙酷烈，衆人所謂當死者一朝出之，所謂當生者詭殺之，師古曰：詭，違正理而殺也。吏民莫能測其意深淺，戰栗不敢犯禁。冬月，傳屬縣囚會論府上，傳，知戀翻，又直戀翻。師古曰：總集郡府而論殺。流血數里，河南號曰「屠伯」。鄧展曰：言延年殺人，如屠兒之殺六畜也。伯，長也。延年素輕黃霸爲人，及比郡爲守，師古曰：比，接近也，音頻二翻。褒賞反在己前，心內不服。河南界中又有蝗蟲，府丞義出行蝗，行，下孟翻。還，見延年。延年曰：「此蝗豈鳳皇食邪？」義年老，頗悖，師古曰：悖，心惡惑也，音布內翻。素畏延年，恐見中傷。延年本嘗與義俱爲丞相史，實親厚之，饋遺之甚厚。中，竹仲翻。遺，于季翻。義愈益恐，自筮，得死卦，忽忽不樂，樂，音洛。取告至長安，師古曰：取告，取休假也。上書言延年罪名十事；已拜奏，因飲藥自殺，以明不欺。事下御史丞按驗，百官表：御史大夫有兩丞，秩千石；一曰中丞。下，遐稼翻。得其語言怨望、誹謗政治數事。十一月，延年坐不道，棄市。

初，延年母從東海來，欲從延年臘；風俗通引禮傳曰：夏曰嘉平，殷曰清祀，周曰大蜡，漢改曰臘。臘者，獵也，因獵取獸以祭先祖。或曰：新故交接，大祭以報功也。蔡邕獨斷曰：臘者，歲終大祭，縱吏民宴飲。高堂隆曰：王者各以其行之盛祖，以其終臘。水始於申，盛於子，終於辰，故水行之君以子祖、辰臘。火始於寅，盛於午，終於戌，故火行之君以午祖、戌臘。木始於亥，盛於卯，終於未，故木行之君以卯祖、未臘。金始於巳，盛於酉，終於丑，故金行之君以酉祖、丑臘。土始於未，盛於戌，終於辰，故土行之君以戌祖、辰臘。師古曰：建丑之月爲臘祭，因會飲，若今之蜡節也。到洛陽，適見報囚，師古曰：奏報行決也。原父曰：檢尋前後，直謂斷決囚爲報耳，非奏得報也。如今有司書囚罪，長吏判準斷，是所謂報也。母大驚，使【章：甲十五行本「使」作「便」；乙十一行本同；孔本同。】止都亭，凡郡縣皆有都亭。秦法，十里一亭，郡縣治所則置都亭。不肯入府。延年出至都亭謁母，母閉閤不見。延年免冠頓首閤下，良久，母乃見之，因數責延年：數，所具翻。「幸得備郡守，專治千里，守，式又翻。治，直之翻。不聞仁愛教化，有以全安愚民；顧乘刑罰，多刑殺人，師古曰：顧，反也。乘，因也。欲以立威，豈爲民父母意哉！」延年服罪，重頓首謝，師古曰：重，音直用翻。因【章：甲十五行本「因」下有「自」字；乙十一行本同；孔本同。】爲母御歸府舍。爲，于僞翻；下同。母畢正臘，師古曰：臘及正歲禮畢也。正，音之盈翻。謂延年曰：「天道神明，人不可獨殺。師古曰：言多殺人者，己亦當死也。我不意當老見壯子被刑戮也！師古曰：言素意不謂如此也。行矣，去汝東歸，掃除墓地耳！」師古曰：言待其喪至也。遂去，歸郡，見昆弟、宗人，復爲言之。後歲餘，果敗，東海莫不賢智其母。師古曰：稱其賢智也。

6 匈奴握衍朐鞮單于暴虐，好殺伐，好，呼到翻。國中不附。及太子、左賢王數讒左地貴人，左地貴人，謂左谷蠡王以下至左大當戶統兵者也。數，所角翻。左地貴人皆怨。會烏桓擊匈奴東邊姑夕王，頗得人民，單于怒。姑夕王恐，卽與烏禪幕及左地貴人共立稽侯狦爲呼韓邪單于，狦，先安翻，又所姦翻。發左地兵四五萬人，西擊握衍朐鞮單于，至姑且水北。師古曰：且，音子余翻。未戰，握衍朐鞮單于兵敗走，使人報其弟右賢王曰：「匈奴共攻我，若肯發兵助我乎？」師古曰：若，汝也；此下亦同。右賢王曰：「若不愛人，殺昆弟、諸貴人。各自死若處，無來汙我！」師古曰：言於汝所居處自死。汙，烏故翻。握衍朐鞮單于恚，自殺。恚，於避翻。左大且渠都隆奇亡之右賢王所，都隆奇，本立握衍朐鞮單于，故亡。且，子余翻。其民盡降呼韓邪單于。降，戶江翻。呼韓【章：甲十五行本「韓」下有「邪」字；乙十一行本同；孔本同。】單于歸庭；數月，罷兵，使各歸故地，乃收其兄呼屠吾斯在民間者，立爲左谷蠡王，谷，音鹿。蠡，盧奚翻；下同。使人告右賢貴人，欲令殺右賢王。其冬，都隆奇與右賢王共立日逐王薄胥堂爲屠耆單于，發兵數萬人東襲呼韓邪單于，呼韓邪單于兵敗走。屠耆單于還，以其長子都塗吾西爲左谷蠡王，少子姑瞀樓頭爲右谷蠡王，留居單于庭。屠耆使二子守單于庭，而身西還也。師古曰：瞀，音莫構翻。

五鳳元年（甲子、前五七）

1 春，正月，上幸甘泉，郊泰畤。畤，音止。

2 皇太子冠。冠，古玩翻。考異曰：按宣紀，太子冠在此年，而荀紀於元康三年疑二疏去位事已云皇太子冠，至是又重複言之，蓋誤也。

3 秋，七月，【章：甲十五行本無「七月」二字；乙十一行本同。】匈奴屠耆單于使先賢撣兄右奧鞬王與烏藉都尉各二萬騎屯東方，以備呼韓邪單于。撣，音纏，又音田。是時西方呼揭王來與唯犂當戶謀，師古曰：揭，音丘例翻。唯，音弋癸翻。共讒右賢王，言欲自立爲單于。屠耆單于殺右賢王父子；後知其冤，復殺唯犂當戶，復，扶又翻。於是呼揭王恐，遂畔去，自立爲呼揭單于。右奧鞬王聞之，卽自立爲車犂單于。奧，音郁。鞬，居言翻。烏藉都尉亦自立爲烏藉單于。凡五單于。屠耆單于自將兵東擊車犂單于，使都隆奇擊烏藉。烏藉、車犂皆敗，西北走，與呼揭單于兵合爲四萬人。烏藉、呼揭皆去單于號，去，羌呂翻。共幷力尊輔車犂單于。屠耆單于聞之，使左大將、都尉將四萬騎分屯東方，以備呼韓邪單于，自將四萬騎西擊車犂單于。車犂單于敗，西北走。屠耆單于卽引兵西南留闟敦地。師古曰：闟，音蹋。敦，音頓，又音對。

漢議者多曰：「匈奴爲害日久，可因其壞亂，舉兵滅之。」詔問御史大夫蕭望之，對曰：「春秋，晉士匄帥師侵齊，聞齊侯卒，引師而還，君子大其不伐喪，師古曰：士匄，晉大夫范宣子也。

公羊傳：襄十九年，齊侯環卒。晉士匄帥師侵齊，至穀，聞齊侯卒，乃還。還者何？善辭也，大其不伐喪也。卒，子恤翻。以爲恩足以服孝子，誼足以動諸侯。前單于慕化鄉善，稱弟，蘇林曰：弟，順也。師古曰：鄉，讀曰嚮。弟，音悌。仲馮曰：漢與匈奴嘗約爲兄弟，此弟直自爲弟耳。遣使請求和親，海內欣然，夷狄莫不聞。未終奉約，不幸爲賊臣所殺；今而伐之，是乘亂而幸災也，彼必奔走遠遁。不以義動，兵恐勞而無功。宜遣使者弔問，輔其微弱，救其災患；四夷聞之，咸貴中國之仁義。如遂蒙恩得復其位，必稱臣服從，此德之盛也。」上從其議。

4 冬，十有二月，乙酉朔，日有食之。

5 韓延壽代蕭望之爲左馮翊。望之聞延壽在東郡時放散官錢千餘萬，使御史案之。師古曰：望之以延壽代己爲馮翊，而有能名出己之上，故忌害之，欲陷以罪法。延壽聞知，卽部吏案校望之在馮翊時廩犧官錢放散百餘萬。左馮翊屬官有廩犧令、丞、尉。師古曰：廩，主藏穀；犧，主養牲；皆所以供祭祀也。校，居孝翻。望之自奏：「職在總領天下，聞事不敢不問，而爲延壽所拘持。」上由是不直延壽，各令窮竟所考。望之卒無事實。卒，子恤翻。而望之遣御史案東郡者，得其試騎士日【章：甲十五行本「日」下有「車服侍衛」四字；乙十一行本同；孔本同；退齋校同。】奢僭踰制；師古曰：試騎士，每歲大試也。余謂卽都試也。據延壽傳：治飾兵車，畫龍、虎、朱爵。延壽衣黃紈方領，駕四馬，傅總，建幢棨、植羽葆，鼓車、歌車。功曹引車，皆駕四馬，建棨戟。五騎爲伍，分左右部，軍假司馬、千人持幢旁轂。歌者先居射室，望見延壽車，噭咷楚歌。延壽坐射室，騎吏持戟夾陛列立，騎士從者帶弓鞬羅後。令騎士、兵車四面營陳，被甲鞮鍪，居馬上，抱弩負籣。又使騎士戲車、弄馬、盜驂。所謂奢僭踰制者也。噭，音叫。咷，音他釣翻。又取官銅物，候月食鑄刀劍，【章：甲十五行本無「劍」字；乙十一行本同。】效尚方事；據劉向傳，上令典尚方鑄作事。師古註曰：尚方，鑄巧作金銀之所，若今之中尚署。又漢制尚方主作御刀劍。及取官錢【章：十五行本「錢」下有「帛」字；乙十一行本同；孔本同；張校同。】私假徭使吏；師古曰：假，謂顧賃也。及治飾車甲三百萬以上。治，直之翻。延壽竟坐狡猾不道，棄市。吏民數千人送至渭城，老小扶持車轂，爭奏酒炙。師古曰：奏，進也。炙，之夜翻，燔肉也。延壽不忍距逆，人人爲飲，爲，于僞翻。計飲酒石餘。使掾、史分謝送者：「遠苦吏民，延壽死無所恨！」百姓莫不流涕。

二年（乙丑、前五六）

1春，正月，上幸甘泉，郊泰畤。考異曰：宣紀云：「三月，行幸甘泉。」荀紀作「正月」。按漢制，常以正月郊祀。蓋荀悅作紀之時，本猶未誤也。又楊惲傳曰：「行必不至河東矣。」蓋時亦幸河東祠后土，史脫之也。

2車騎將軍韓增薨。五月，將軍許延壽爲大司馬、車騎大將軍。

3丞相丙吉年老，上重之。蕭望之意常輕吉，上由是不悅。丞相司直奏望之遇丞相禮節倨慢，時繁延壽爲丞相司直。師古曰：繁，音婆。又使吏買賣，私所附益凡十萬三千，師古曰：使其吏爲望之家有所買賣，而吏以其私錢增益之，用潤望之也。請逮捕繫治。秋，八月，壬午，詔左遷望之爲太子太傅；以太子太傅黃霸爲御史大夫。

4 匈奴呼韓邪單于遣其弟右谷蠡王等西襲屠耆單于屯兵，殺略萬餘人。谷蠡，音鹿黎。屠耆單于聞之，卽自將六萬騎擊呼韓邪單于。屠耆單于兵敗，自殺。都隆奇乃與屠耆少子右谷蠡王姑瞀樓頭亡歸漢。車犂單于東降呼韓邪單于。降，戶江翻；下同。冬，十一月，呼韓邪單于左大將烏厲屈與父呼遬累烏厲溫敦皆見匈奴亂，率其衆數萬人降漢；封烏厲屈爲新城侯，烏厲溫敦爲義陽侯。師古曰：呼遬累，其官號也。遬，古速字。累，音力追翻。功臣侯表，新城侯食邑於汝南之細陽；義陽侯食邑於南陽之平氏。考異曰：宣紀：「匈奴呼遬累單于帥衆來降。」功臣表：「信成侯，王定以匈奴烏桓屠驀單于子左大將軍率衆降，侯。義陽侯，厲溫敦以匈奴謼連累單于率衆降，侯。」此卽屈與敦也。未嘗爲單于，或降時自稱單于；或紀、表二者誤也。是時李陵子復立烏藉都尉爲單于，復，扶又翻。呼韓邪單于捕斬之；遂復都單于庭，然衆裁數萬人。屠耆單于從弟休旬王自立爲閏振單于，在西邊；從，才用翻。呼韓邪單于兄左賢王呼屠吾斯亦自立爲郅支骨都侯單于，在東邊。

5 光祿勳平通侯楊惲，功臣侯表，平通侯食邑於汝南之博陽。廉潔無私；然伐其行能，伐，矜也。行，身所行也。能，才所堪也。行，下孟翻。又性刻害，好發人陰伏，好，呼到翻。由是多怨於朝廷。與太僕戴長樂相失，樂，音洛。人有上書告長樂罪，長樂疑惲教人告之，亦上書告惲罪曰：「惲上書訟韓延壽，郎中丘常謂惲曰：『聞君侯訟韓馮翊，當得活乎？』惲曰：『事何容易，易，以豉翻。脛脛者未必全也！師古曰：脛脛，直貌也。脛，下頂翻。我不能自保，師古曰：言我尚不能自保，訟人何以得活。眞人所謂「鼠不容穴，銜窶數」者也。』李奇曰：眞人，正人也。如淳曰：所以不容穴，正坐銜窶數自妨，故不得入穴也。師古曰：窶數，戴盆器也。以盆盛物戴於頭者，則以窶數薦之。今賣白團餅人所用者是也。窶，音其羽翻。數，音山羽翻。又語長樂曰：語，牛倨翻。『正月以來，天陰不雨，此春秋所記，夏侯君所言。』」張晏曰：夏侯勝諫昌邑王曰：「天久陰不雨，臣下必有謀上者。」春秋無久陰不雨之異也。漢史記勝所言，故曰春秋所記，謂說春秋災異耳。師古曰：春秋有不雨事，說者因論久陰，附著之也。張晏謂漢史爲春秋，失之矣。事下廷尉。下，遐稼翻。廷尉定國奏惲怨望，爲訞惡言，于定國也。訞，與妖同。大逆不道。上不忍加誅，有詔皆免惲、長樂爲庶人。考異曰：宣紀：「十二月，楊惲坐前爲光祿勳有罪，免爲庶人。不悔過，怨望，大逆不道，要斬。」荀紀因而用之。惲傳：「惲與孫會宗書曰：『臣之得罪已三年矣。』」又因日食之變，騶馬猥佐成上書告惲罪，下獄死。又楊譚稱杜延年爲御史大夫。按百官表，惲以神爵元年爲光祿勳，五年免。戴長樂亦以其年爲太僕，五年免。杜延年以五鳳三年，六月，辛酉爲御史大夫。又按蕭望之傳：「使光祿勳惲策免望之」，其事在今年八月，惲猶爲光祿勳。至四年四月，乃有日蝕之變。蓋惲以今年十二月免爲庶人，至四年乃死。宣紀誤也。

三年（丙寅、前五五）

1春，正月，癸卯，博陽定侯丙吉薨。

班固贊曰：古之制名，必由象類，遠取諸物，近取諸身。易大傳有是言。故經謂君爲元首，臣爲股肱，師古曰：謂虞書益稷云：「元首明哉，股肱良哉」也。明其一體相待而成也。是故君臣相配，古今常道，自然之勢也。近觀漢相，高祖開基，蕭、曹爲冠；師古曰：名位在衆人之上也。余謂此言其相業冠羣后耳。冠，古玩翻。孝宣中興，丙、魏有聲。是時黜陟有序，黜，降也。陟，陞也。衆職修理，公卿多稱其位，稱，尺證翻。海内興於禮讓。覽其行事，豈虛虖哉！師古曰：言君明臣賢，所以致治，非徒然。

2 二月，壬辰，黃霸爲丞相。霸材長於治民，及爲丞相，功名損於治郡。治，直之翻。時京兆尹張敞舍鶡雀飛集丞相府，蘇林曰：今虎賁所著鶡也。師古曰：蘇說非也。此鶡，音芥，字本作鳹，此通用耳。鳹雀大而色青，出羌中，非武賁所著也。武賁鶡者色黑，出上黨，以其鬭死不止，故用其羽飾武臣首云，今時俗所謂鶡雞者也；音曷，非此鳹雀也。霸以爲神雀，議欲以聞。敞奏霸曰：「竊見丞相請與中二千石、博士雜問郡、國上計長史、守丞爲民興利除害，成大化，爲，于僞翻。條其對。有耕者讓畔，男女異路，道不拾遺，及舉孝子、貞婦者爲一輩，先上殿；師古曰：丞相所坐屋也。古者屋之高嚴，通呼爲殿，不必宮中也。余據鄭玄周禮註，漢司徒府有天子以下大會殿。後漢之司徒府，則前漢之丞相府也。舉而不知其人數者，次之；不爲條教者在後。叩頭謝丞相，口雖不言，而心欲其爲之也。長史、守丞對時，臣敞舍有鶡雀飛止丞相府屋上，丞相以下見者數百人。邊吏多知鶡雀者，問之，皆陽不知。丞相圖議上奏師古曰：圖，謀也。曰：『臣問上計長史、守丞以興化條，師古曰：凡言條者，一一而疏舉之，若木條然也。皇天報下神爵。』後知從臣敞舍來，乃止。郡國吏竊笑丞相仁厚有知略，知，與智同。微信奇怪也。臣敞非敢毁丞相也，誠恐羣臣莫白，恐羣臣莫敢白其事也。而長史、守丞畏丞相指，歸舍法令，各爲私教，師古曰：舍，廢也，讀曰捨。務相增加，澆淳散樸，師古曰：不雜爲淳，以水澆之則味漓薄。樸，大質也。割之，散也。並行僞貌，有名亡實，亡，古無字通。傾搖解怠，師古曰：解，讀曰懈。甚者爲妖。妖，於驕翻。假令京師先行讓畔、異路、道不拾遺，其實亡益廉貪、貞淫之行，亡，古無字通。行，下孟翻。而以僞先天下，先，悉薦翻。固未可也。卽諸侯先行之，僞聲軼於京師，師古曰：軼，過也，音逸。非細事也。漢家承敝通變，造起律令，所以勸善禁姦，條貫詳備，不可復加。復，扶又翻。宜令貴臣明飭長史、守丞，師古曰：飭，讀與敕同。歸告二千石，舉三老、孝弟、力田、孝廉、廉吏，務得其人，郡事皆以法令爲【章：甲十五行本無「爲」字；乙十一行本同；孔本同。】檢式，師古曰：檢，局也，音居儉翻。毋得擅爲條教；敢挾詐僞以奸名譽者，必先受戮，師古曰：奸，求也，音干。以正明好惡。」好，呼到翻。惡，烏路翻。天子嘉納敞言，召上計吏，使侍中臨飭，如敞指意。霸甚慚。

又，樂陵侯史高以外屬舊恩侍中，貴重，樂陵縣，屬平原郡。師古曰：樂，音來各翻。史高者，帝祖母史良娣兄恭之長子。霸薦高可太尉。天子使尚書召問霸：「太尉官罷久矣。尚書，屬少府。成帝建始四年，增置爲五員。自文帝罷太尉官，至景帝以周亞夫爲太尉，尋罷。至武帝，以田蚡爲太尉；罷後，不復除授。夫宣明教化，通達幽隱，使獄無冤刑，邑無盜賊，君之職也。將相之官，朕之任焉。師古曰：言欲拜將相，自在朕也。侍中、樂陵侯高，帷幄近臣，朕之所自親，師古曰：言具知其材質。君何越職而舉之？」丞相職，總百官，進賢退不肖。霸薦史高，以爲所薦非其人可也，以爲越職則非也。蓋自武帝以來，丞相之失其職也久矣。尚書令受丞相對，後漢志：尚書令，承秦所置。武帝用宦者更爲中書謁者令。成帝用士人，復故，掌凡選署及奏下尚書曹文書衆事。帝既使尚書召問霸，故使尚書令受其對也。尚書令、中書令，沈約以爲兩官。註已見前。霸免冠謝罪，數日，乃決，師古曰：乃得免罪也。自是後不敢復有所請。復，扶又翻。然自漢興，言治民吏，以霸爲首。治，直之翻。

3 三月，上幸河東，祠后土。減天下口錢；如淳曰：漢儀注：民年七歲至十四出口賦錢，人二十三：二十錢以食天子；其三錢者，武帝加口錢以補車騎馬。赦天下【章：甲十五行本無「天下」二字；乙十一行本同；孔本同。】殊死以下。

4 六月，辛酉，以西河太守杜延年爲御史大夫。考異曰：荀紀作「辛巳」，百官表作「辛酉」。按長曆，此月丙午朔，無辛巳。

5 置西河、北地屬國以處匈奴降者。處，昌呂翻。

6 廣陵厲王胥使巫李女須祝詛上，求爲天子。師古曰：女須者，巫之名也。祝，職救翻。詛，莊助翻。事覺，藥殺巫及宮人二十餘人以絕口。公卿請誅胥。

四年（丁卯、前五四）

1春，胥自殺。

2匈奴單于稱臣，遣弟右【章：甲十五行本無「右」字；乙十一行本同；孔本同。】谷蠡王入侍。考異曰：按匈奴傳：「呼韓邪稱臣，卽遣銖婁渠堂入侍，」事在明年。時匈奴有三單于，不知此單于爲誰也。余按通鑑據班紀而書此事，又參考匈奴傳以明其異。以邊塞亡寇，亡，古無字通。減戍卒什二。

3大司農中丞耿壽昌奏言：「歲數豐穰，穀賤，農人少利。時穀石五錢，所謂穀賤傷農者也。數，所角翻。少，詩沼翻。故事：歲漕關東穀四百萬斛以給京師，用卒六萬人。宜糴三輔、弘農、河東、上黨、太原郡穀，足供京師，可以省關東漕卒過半。」上從其計。壽昌又白：「令邊郡皆築倉，以穀賤增其賈而糴，【章：甲十五行本「糴」下有「以利農」三字；乙十一行本同；孔本同；張校同；退齋校同。】穀貴時減賈而糶，賈，讀曰價。名曰常平倉。」常平倉始此。民便之。上乃下詔賜壽昌爵關內侯。

4夏，四月，辛丑朔，日有食之。

5楊惲既失爵位，家居治產業，以財自娛。其友人安定太守西河孫會宗與惲書，諫戒之，爲言「大臣廢退，當闔門惶懼，爲可憐之意；師古曰：闔，閉也。爲，于僞翻。不當治產業，通賓客，有稱譽。」治，直之翻。惲，宰相子，惲，宰相楊敞之子也。有材能，少顯朝廷，少，詩照翻。一朝以晻昧語言見廢，晻，與暗同。內懷不服，報會宗書曰：「竊自思念，過已大矣，行已虧矣，行，下孟翻。常爲農夫以沒世矣，是故身率妻子，戮力耕桑，不意當復用此爲譏議也！復，扶又翻。夫人情所不能止者，聖人弗禁；故君、父至尊、親，送其終也，有時而既。師古曰：君至尊，父至親。張晏曰：喪不過三年；臣見放逐，降居三月復初。師古曰：既，已也。原父曰：惲但云送終三年，本不及放逐三月也。余謂惲之此言，實因廢棄而有怨望之意。臣之得罪，已三年矣，田家作苦，歲時伏臘，作苦，謂耕作勞苦也。史記：秦作伏祠，改蜡曰臘。釋名曰：伏者，金氣伏藏之日也。金畏火，故三伏皆庚日。曆忌曰：四時代謝，皆以相生。至於立秋，以金代火。金畏火，故庚日必伏。毛晃曰：夏有三伏，冬有臘，故稱歲時伏臘。亨羊，炰羔，師古曰：炰羔，炙肉也，即今所謂爊也。余按羊子曰羔，未離乳者也；其肉嫩美。炰，音步交翻。斗酒自勞，勞，音來到翻。酒後耳熱，仰天拊缶而呼烏烏，應劭曰：缶，瓦器也；秦人擊之以節歌。師古曰：缶，即今之盆類也。李斯上秦王書云：「擊甕，叩缶，彈箏，搏髀而歌呼烏烏快耳者，眞秦聲也。」是關中舊有此曲。其詩曰：『田彼南山，蕪穢不治；種一頃豆，落而爲萁。治田曰田，音堂練翻。詩云：無田甫田。張晏曰：山高而在陽，人君之象也。蕪穢不治，言朝廷之荒亂也。一頃，百畝；以喻百官也。言豆貞實之物，當在囷倉，零落在野，喻己見放棄也。萁，曲而不直，言朝臣皆諂諛也。師古曰：萁，豆莖也，音基。治，直之翻。人生行樂耳，樂，音洛。須富貴何時！』師古曰：須，待也。誠荒淫無度，不知其不可也。」師古曰：自謂爲可也。又惲兄子安平侯譚惲兄忠，襲父敞爵。安平侯忠卒，譚嗣。謂惲曰：「侯罪薄，又有功，謂惲有發霍氏謀反之功也。且復用！」復，扶又翻。惲曰：「有功何益！縣官不足爲盡力。」爲，于僞翻。譚曰：「縣官實然。蓋司隸、韓馮翊皆盡力吏也，俱坐事誅。」蓋司隸事見上卷神爵二年。韓馮翊事見上元年。蓋，古盍翻。會有日食之變，騶馬猥佐成上書告「惲驕奢，不悔過。如淳曰：騶馬，以給騶使乘之；佐，主猥馬吏也，有史有佐，名成也。日食之咎，此人所致。」章下廷尉，按驗，得所予會宗書，帝見而惡之。下，遐稼翻。予，讀曰與。惡，烏路翻。廷尉當惲大逆無道，要斬；師古曰：當，謂處斷其罪。要，與腰同。妻子徙酒泉郡；譚坐免爲庶人，諸在位與惲厚善者，未央衞尉韋玄成及孫會宗等，皆免官。

臣光曰：以孝宣之明，魏相、丙吉爲丞相，于定國爲廷尉，而趙、蓋、韓、楊之死皆不厭衆心，厭，於贍翻，滿也。【章：甲十五行本「心」下有「惜哉」二字；乙十一行本同；孔本同；張校同；退齋校同。】其爲善政之累大矣！累，力瑞翻。周官司寇之法，有議賢、議能，周官：小司寇之職，以八辟麗邦法，附刑罰，三曰議賢之辟，四曰議能之辟。鄭玄註曰：賢，謂有德行者。能，謂有道藝者。鄭衆曰：若今時廉吏有罪先請，是也。若廣漢、延壽之治民，可不謂能乎！治，直之翻。寬饒、惲之剛直，可不謂賢乎！然則雖有死罪，猶將宥之，況罪不足以死乎！揚子以韓馮翊之愬蕭爲臣之自失。揚子：或問臣之自失，曰：韓馮翊之愬蕭，趙京兆之犯魏。夫所以使延壽犯上者，望之激之也。上不之察，而延壽獨蒙其辜，不亦甚哉！

6 匈奴閏振單于率其衆東擊郅支單于。郅支與戰，殺之，并其兵；遂進攻呼韓邪。呼韓邪兵敗走，郅支都單于庭。郅支忘呼韓邪樹立之恩，以兄弟而尋干戈，爲漢所誅，宜矣。

甘露元年（戊辰、前五三）以甘露降紀元。說文：露，潤澤也。五經通義：和氣津凝爲露也。蔡邕月令曰：露者，陰之液也。

1 春，正月，行幸甘泉，郊泰畤。

2 楊惲之誅也，公卿奏京兆尹張敞，惲之黨友，不宜處位。處，昌呂翻。上惜敞材，獨寢其奏，不下。師古曰：天子惜敞，故留所奏事不出。下，遐稼翻。敞使掾絮舜有所案驗，李奇曰：絮，音挐。師古曰：絮，姓也，音女居翻，又音人餘翻。舜，其名。舜私歸其家曰：「五日京兆耳，舜以敞被奏當免，在位不久也。安能復案事！」復，扶又翻。敞聞舜語，卽部吏收舜繫獄，晝夜驗治，竟致其死事。罪不至死，而以事致之，所謂文致也。治，直之翻。舜當出死，敞使主簿持教告舜曰：「五日京兆竟何如？冬月已盡，延命乎？」主簿，處郡閤下，主文簿，因以名官。師古曰：言汝不欲望延汝命乎！乃棄舜市。會立春，行冤獄使者出，行，下孟翻。舜家載尸并編敞教，師古曰：編，聯也；聯之於章前也。自言使者。使者奏敞賊殺不辜。上欲令敞得自便，師古曰：從輕法以免也。卽先下敞前坐楊惲奏，免爲庶人。下，遐稼翻。敞詣闕上印綬，上，時掌翻。便從闕下亡命。此卽令之得自便也。師古曰：亡命，不還其本縣邑也。賢曰：命，名也。謂脫其名籍而逃亡。數月，京師吏民解弛，師古曰：弛，放也。

解，讀曰懈，或如字。枹鼓數起，盜賊多也。枹，音膚。數，所角翻；下同。而冀州部中有大賊，天子思敞功効，使使者即家在所召敞。師古曰：就其所居處而召之。敞身被重劾，師古曰：謂前有賊殺不辜之事。劾，戶概翻；下同。及使者至，妻子家室皆泣，【章：甲十五行本「泣」下有「惶懼」二字；乙十一行本同；孔本同；張校同；退齋校同。】而敞獨笑曰：「吾身亡命爲民，郡吏當就捕。今使者來，此天子欲用我也。」裝隨使者，治行裝而隨使者也。詣公車上書曰：「臣前幸得備位列卿，待罪京兆，西都之制，爲三輔者列於九卿。待罪者，謙言也。謂身居其官而不稱職，則將有瘝曠之罪，故謂居職爲待罪。西都之臣率有是言。坐殺掾絮舜。舜本臣敞素所厚吏，數蒙恩貸；師古曰：貸，音土帶翻。宥罪曰貸。以臣有章劾當免，受記考事，師古曰：記，書也；若今之州縣爲符教也。便歸臥家，謂臣五日京兆。背恩忘義，背，蒲妹翻。傷薄俗化。臣竊以舜無狀，枉法以誅之。臣敞賊殺不辜，鞫獄故不直，雖伏明法，死無所恨！」天子引見敞，見，賢遍翻。拜爲冀州刺史。冀州部魏郡、鉅鹿、常山、清河等郡；廣平、眞定、中山、信都、河間等國。考異曰：荀紀載於五鳳二年，因楊惲事，并致此誤也。百官表：「敞以神爵元年爲京兆尹，八年免」。敞傳云：「爲京兆九歲免。」敞到部，盜賊屛迹。屛，必郢翻。

3 皇太子柔仁好儒，見上所用多文法吏，以刑繩下，常【章：甲十五行本「常」作「嘗」；乙十一行本同。】侍燕從容言：「陛下持刑太深，宜用儒生。」好，呼到翻；下同。從，千容翻。帝作色曰：師古曰：作，動也。意怒故動色。「漢家自有制度，本以霸王道雜之；柰何純任德教，用周政乎！師古曰：姬周之政。且俗儒不達時宜，風俗通曰：儒者，區也，言其區別古今。居則翫聖哲之辭，動則行典籍之道，稽先王之制，立當時之事，此通儒也。若能納而不能出，能言而不能行，講誦而已，無能往來，此俗儒也。好是古非今，使人眩於名實，師古曰：眩，亂視也，音胡眄翻。不知所守，何足委任！」乃歎曰：「亂我家者太子也！」

臣光曰：王霸無異道。昔三代之隆，禮樂、征伐自天子出，則謂之王。天子微弱不能治諸侯，諸侯有能率其與國同討不庭以尊王室者，則謂之霸。庭，直也。不庭，不直也。一說以諸侯不朝爲不庭。治，直之翻。其所以行之也，皆本仁祖義，任賢使能，賞善罰惡，禁暴誅亂；顧名位有尊卑，德澤有深淺，功業有鉅細，政令有廣狹耳，非若白黑、甘苦之相反也。漢之所以不能復三代之治者，由人主之不爲，非先王之道不可復行於後世也。復，扶又翻。夫儒有君子，有小人。論語：孔子謂子夏曰：汝爲君子儒，毋爲小人儒。謝顯道爲之說曰：志於義則大，是以謂之君子；志於利則小，是以謂之小人。彼俗儒者，誠不足與爲治也，治，直吏翻；下同。獨不可求眞儒而用之乎！稷、契、皋陶、伯益、伊尹、周公、孔子，皆大儒也，契，息列翻。陶，音遙。使漢得而用之，功烈豈若是而止邪！孝宣謂太子懦而不立，闇於治體，必亂我家，則可矣；乃曰王道不可行，儒者不可用，豈不過哉！非【章：甲十五行本「過」下有「甚矣」二字；乙十一行本同；孔本同。甲十五行本「非」上有「殆」字；乙十一行本同；孔本同。】所以訓示子孫，垂法將來者也。

4 淮陽憲王好法律，淮陽王欽，上次子也。好，呼到翻。聰達有材；王母張倢伃尤幸。倢伃，音接予。上由是疏太子而愛淮陽憲王，數嗟歎憲王曰：「眞我子也！」常有意欲立憲王，然用太子起於微細，上少依倚許氏，疏，讀曰疎。數，所角翻。少，詩照翻。依倚許氏事見二十四卷昭帝元平元年。及卽位而許后以殺死，事見二十四卷本始三年。故弗忍也。久之，上拜韋玄成爲淮陽中尉，以玄成嘗讓爵於兄，事見二十五卷元康四年。欲以感諭憲王；由是太子遂安。

5 匈奴呼韓邪單于之敗也，左伊秩訾王爲呼韓邪計，師古曰：訾，音子移翻。勸令稱臣入朝事漢，從漢求助，如此，匈奴乃定。呼韓邪問諸大臣，皆曰：「不可。匈奴之俗，本上氣力而下服役，師古曰：以服役於人爲下。以馬上戰鬬爲國，故有威名於百蠻。戰死，壯士所有也。師古曰：言人皆有此事耳。余謂壯士健鬬則戰死，乃本分必有之事。今兄弟爭國，不在兄則在弟，郅支，兄也。呼韓邪，弟也。雖死猶有威名，子孫常長諸國。師古曰：爲諸國之長帥也。長，知兩翻；下同。漢雖強，猶不能兼幷匈奴；柰何亂先古之制，臣事於漢，卑辱先單于，師古曰：言忝辱之，更令卑下也。余謂此言先單于與漢爭爲長雄，而今單于臣事之，是卑辱先單于於地下也。爲諸國所笑！雖如是而安，何以復長百蠻！」復，扶又翻。左伊秩訾曰：「不然，強弱有時。今漢方盛，烏孫城郭諸國皆爲臣妾。自且鞮侯單于以來，匈奴日削，不能取復，且鞮侯單于，呼韓邪之曾祖也。復，報也。且，子余翻。雖屈強於此，師古曰：屈，音其勿翻。未嘗一日安也。今事漢則安存，不事則危亡，計何以過此！」諸大人相難久之。難，乃旦翻。呼韓邪從其計，從左伊秩訾王之計也。引衆南近塞，近，其靳翻。遣子右賢王銖婁渠堂入侍。師古曰：銖，音殊。婁，音力于翻。郅支單于亦遣子右大將駒于利受入侍。

6 二月，丁巳，樂成敬侯許延壽薨。恩澤侯表，樂成侯食邑於南陽之平氏。

7 夏，四月，黄龍見新豐。見，賢遍翻。

8 丙申，太上皇廟火；甲辰，孝文廟火；上素服五日。

9 烏孫狂王復尚楚主解憂，復，扶又翻。生一男鴟靡，不與主和；又暴惡失衆。漢使衛司馬魏和意、副侯任昌至烏孫。侯，衛侯也；爲和意之副。任，音壬。公主言：「狂王爲烏孫所患苦，易誅也。」易，以豉翻。遂謀置酒，使士拔劍擊之。劍旁下，師古曰：不正下也。狂王傷，上馬馳去。其子細沈瘦會兵圍和意、昌及公主於赤谷城；師古曰：瘦，音搜。赤谷城，烏孫國都，去長安八千九百里。數月，都護鄭吉發諸國兵救之，乃解去。漢遣中郎將張遵持醫藥治狂王，賜金帛；治，直之翻。因收和意、昌係瑣，係瑣，即今云鎖索也。從尉犂檻車至長安，斬之。

初，肥王翁歸靡胡婦子烏就屠，狂王傷時，驚，與諸翖侯俱去，居北山中，其山在烏孫之北也。翖，與翕同，音許及翻。揚言母家匈奴兵來，故衆歸之；後遂襲殺狂王，自立爲昆彌。是歲，漢遣破羌將軍辛武賢將兵萬五千人至敦煌，通渠積穀，欲以討之。時立表穿渠於卑鞮侯井以西。孟康曰：大井六，通渠也，下流湧出在白龍堆東土山下。敦，徒門翻。

初，楚主侍者馮嫽，師古曰：嫽，音了。嫽者，慧也，故以爲名。能史書，史，吏也。史書，猶言吏書也。習事，內習漢事，外習西域諸國事也。嘗持漢節爲公主使，使，疏吏翻。城郭諸國敬信之，號曰馮夫人，爲烏孫右大將妻。烏孫國官，相大祿之下有左、右大將二人，蓋貴人也。右大將與烏就屠相愛，都護鄭吉使馮夫人說烏就屠，說，輸芮翻。以漢兵方出，必見滅，不如降。烏就屠恐，曰：「願得小號以自處！」處，昌呂翻。帝徵馮夫人，自問狀；卽此事與數詔問趙充國事參而觀之，通鑑所紀一千三百餘年間，明審之君，一人而已。遣謁者竺次、期門甘延壽爲副，送馮夫人。馮夫人錦車持節，應劭曰：錦車，以錦衣車也。詔烏就屠詣長羅侯赤谷城，立元貴靡爲大昆彌，元貴靡，肥王翁歸靡嫡長男，楚主解憂所生也。事始上卷神爵二年。烏就屠爲小昆彌，皆賜印綬。破羌將軍不出塞，還。後烏就屠不盡歸翖侯人【章：甲十五行本「歸」下有「諸」字；「人」作「民」；乙十一行本同；孔本同。】衆，漢復遣長羅侯將三校屯赤谷，因爲分別【章：甲十五行本「別」下有「其」字；乙十一行本同；孔本同。】人民地界，復，扶又翻。校，戶教翻。別，彼列翻。大昆彌戶六萬餘，小昆彌戶四萬餘；然衆心皆附小昆彌。爲漢以兩昆彌憂勞張本。

二年（己巳、前五二）

1春，正月，立皇子囂爲定陶王。考異曰：諸侯王表，「十月乙亥立，」今據宣紀。

2詔赦天下，減民算三十。師古曰：一算減錢三十也。漢律，人出一算，算百二十錢。

3珠厓郡反。夏，四月，遣護軍都尉張祿將兵擊之。百官表：護軍都尉，秦官；武帝元狩四年屬大司馬。

4杜延年以老病免。五月，己丑，廷尉于定國爲御史大夫。

5秋，七【章：甲十五行本「七」作「九」；乙十一行本同；孔本同；退齋校同。】月，立皇子宇爲東平王。

6冬，十二月，上行幸萯陽宮、屬玉觀。應劭曰：萯陽宮在鄠，秦文王所起。伏儼曰：在扶風。李斐曰：萯，音倍。師古曰：應說、李音是也。服虔曰：屬玉觀，以玉飾，因名焉，在扶風。李奇曰：屬玉，音鷟鸑。其上有此鳥，因以爲名。晉灼曰：屬玉，水鳥，似鵁鶄，以名觀也。師古曰：晉說是也。屬，音之欲翻。觀，工玩翻。

7是歲，營平壯武侯趙充國薨。恩澤侯表：營平侯，食邑於濟南。夫以趙充國之賢之功，而班史列之恩澤侯者，以其初封以定策功也。如衞青、霍去病本以破匈奴功封，而班史亦列於恩澤侯，以其由衞思后戚屬得進也。班史書法，猶有古史官典刑，後之爲史者不復知此矣。先是，充國以老乞骸骨，賜安車、駟馬、黄金，罷就弟。先，悉薦翻。弟，與第同。朝廷每有四夷大議，常與參兵謀、師古曰：與讀曰豫。問籌策焉。

8匈奴呼韓邪單于款五原塞，師古曰：款，叩也。按班志，漢五原郡即秦九原郡，治稒陽；別有五原縣。宋白曰：漢五原故城，在今勝州榆林縣界。願奉國珍，朝三年正月。師古曰：欲於甘露三年正月行朝禮。

朝，直遙翻。詔有司議其儀。丞相、御史曰：「聖王之制，先京師而後諸夏，先諸夏而後夷狄。匈奴單于朝賀，其禮儀宜如諸侯王，位次在下。」此議猶依傍成周盛時朝諸侯之制。先、後，皆去聲。太子太傅蕭望之以爲：「單于非正朔所加，言班曆所不及也。故稱敵國，宜待以不臣之禮，位在諸侯王上。外夷稽首稱藩，中國讓而不臣，此則羈縻之誼，謙亨之福也。望之此議，取春秋傳王者不治夷狄之意。馬絡曰羈，牛靷曰縻。言其在荒服，待之若馬牛然，取羈縻不絕而已。師古曰：易謙卦之辭曰：「謙，亨，天道下濟而光明，地道卑而上行。」言謙之爲德，無所不通也。亨，火庚翻。書曰：『戎狄荒服，』師古曰：逸書也。余謂此語，或者伏生之書有之，今國語猶載此言。言其來服荒忽亡常。亡，古無字通。如使匈奴後嗣卒有鳥竄鼠伏，闕於朝享，朝，朝見也。享，供時享也。享，獻也。古者諸侯見於天子，必以所貢助祭於廟。孝經所謂「四海之內，各以其職來祭」者也。卒，讀曰猝；師古子恤翻。不爲畔臣，師古曰：卒，終也。謂本以客禮待之；若後不來，非叛臣。萬世之長策也。」天子采之，下詔曰：「匈奴單于稱北蕃，朝正朔。謂朝明年正月朔也。朕之不德，不能弘覆。覆，敷救翻。其以客禮待之，令單于位在諸侯王上，贊謁稱臣而不名。」

荀悅論曰：春秋之義，王者無外，欲一于天下也。春秋之義，王者無外，故天王有入無出，大夫出不言奔，欲一乎天下也。戎狄道里遼遠，人迹介絕，故正朔不及，禮教不加，非尊之也，其勢然也。詩云：「自彼氐、羌，莫敢不來王。」商頌殷武之詩也。故要、荒之君必奉王貢；若不供職，則有辭讓號令加焉，國語：祭公謀父曰：「蠻夷要服，戎狄荒服。要服者貢，荒服者王。有不貢則脩名，有不王則脩德。於是讓不貢，告不王。於是有威讓之令，有文告之辭。」要，一遙翻。非敵國之謂也。望之欲待以不臣之禮，加之王公之上，僭度失序，以亂天常，非禮也！若以權時之宜，則異論矣。

9 詔遣車騎都尉韓昌迎單于，發所過七郡二千騎爲陳道上。按漢書「郡」下又有「郡」字。師古註曰：所過之郡，每爲發兵陳列於道，以爲寵衞也。七郡，謂過五原、朔方、西河、上郡、北地、馮翊而後至長安也。爲，于僞翻。

三年（庚午、前五一）

1 春，正月，上行幸甘泉，郊泰畤。

2 匈奴呼韓邪單于來朝，贊謁稱藩臣而不名；賜以冠帶、衣裳，黃金璽、盭綬，白虎通：衣者，隱也；裳者，障也；所以隱形自障蔽也。璽，斯氏翻。綬，音受。師古曰：盭，古戾字。戾，草名也。以戾染綬，亦諸侯王之制也。玉具劍、佩刀，弓一張，矢四發，孟康曰：玉具劍，摽首、鐔、衞盡用玉爲之也。師古曰：鐔，劍口旁橫出者也。衞，劍鼻也。鐔，音淫。「衞」字本作「彘」，其音同耳。服虔曰：發，十二矢也。韋昭曰：射禮，三而止，每射四矢，故以十二爲一發也。師古曰：發，猶今言箭一放、兩放也。今則以一矢爲一放也。棨戟十，師古曰：棨，有衣之戟也。棨，音啓。安車一乘，鞍勒一具，師古曰：勒，馬轡也。馬十五匹，黃金二十斤，錢二十萬，衣被七十七襲，師古曰：一稱爲一襲，猶今人之言一副衣服也。錦繡、綺縠、雜帛八千匹，絮六千斤。禮畢，使使者道單于先行宿長平。師古曰：道，讀曰導，導引也。如淳曰：長平，阪名也，在池陽南。上原之阪有長平觀，去長安五十里。師古曰：涇水之南原，卽今所謂眭城阪也。上自甘泉宿池陽宮。池陽縣屬左馮翊，有離宮在焉。賢曰：池陽縣故城，在今涇陽縣西北。上登長平阪，詔單于毋謁，師古曰：不令拜也。其左右當戶【章：甲十五行本「戶」下有「羣臣」二字；乙十一行本同；孔本同。】皆得列觀，及諸蠻夷君長、王、侯數萬，咸迎於渭橋下，夾道陳。陳，如字，陳列也，又塗也。上登渭橋，咸稱萬歲。單于就邸長安。置酒建章宮，饗賜單于，觀以珍寶。師古曰：觀，示也。觀，古玩翻。二月，遣單于歸國。單于自請「願留居幕南光祿塞下，師古曰：徐自爲所築者也。余按武帝遣光祿徐自爲出五原塞，築亭障列城後，人因謂之光祿塞。有急，保漢受降城。」恐郅支來攻，故請有急入城自保。漢遣長樂衛尉、高昌侯董忠、功臣表，高昌侯食邑於千乘。樂，音洛。車騎都尉韓昌將騎萬六千，又發邊郡士馬以千數，送單于出朔方雞鹿塞。師古曰：雞鹿塞，在朔方窳渾縣之西北。詔忠等留衛單于，助誅不服，又轉邊穀米糒，師古曰：糒，乾飯也，音備。前後三萬四千斛，給贍其食。先是，自烏孫以西至安息諸國近匈奴者，皆畏匈奴而輕漢；先，悉薦翻。近，其靳翻。及呼韓邪【章：甲十五行本「邪」下有「單于」二字；乙十一行本同；孔本同。】朝漢後，咸尊漢矣。

上以戎狄賓服，思股肱之美，乃圖畫其人於麒麟閣，麒麟閣，在未央宮中。張晏曰：武帝獲麒麟時作此閣，圖畫其像於閣，遂以爲名。師古曰：漢宮閣疏云：蕭何造。畫，古畫字通。法其容貌，署其官爵、姓名；師古曰：署，表也，題也。唯霍光不名，曰「大司馬、大將軍、博陸侯，姓霍氏」，其次張安世，韓增、趙充國、魏相、丙吉、杜延年、劉德、梁丘賀、蕭望之、蘇武，凡十一人，圖畫功臣自此始。觀麟閣股肱之次，魏、丙列於霍、張、韓、趙之下，則知漢之丞相在中朝諸將軍之後矣。梁丘，姓也。左傳，齊有梁丘據。皆有功德，知名當世，是以表而揚之，明著中興輔佐，列於方叔、召虎、仲山甫焉。師古曰：三人皆周宣王之臣，有文、武之功，佐宣王中興者也。言宣帝亦重興漢室，而霍光等並爲名臣，皆比於方叔之屬。召，讀曰邵。

3 鳳皇集新蔡。新蔡縣，屬汝南郡；春秋蔡平侯自蔡徙此，因名。

4 三月，己巳，建成安侯黃霸薨。恩澤侯表，建成侯食邑於沛。五月，甲午，于定國爲丞相，封西平侯。恩澤侯表，西平侯食邑於臨淮。太僕沛郡陳萬年爲御史大夫。

5 詔諸儒講五經同異，蕭望之等平奏其議，上親稱制臨決焉。乃立梁丘易、大・小夏侯尚書、穀梁春秋博士。梁丘，賀；大夏侯，勝；小夏侯，建；穀梁，赤。

6 烏孫大昆彌元貴靡及鴟靡皆病死。公主上書言：「年老土思，土思者，懷故鄉也。願得歸骸骨，葬漢地！」天子閔而迎之。冬，至京師，待之一如公主之制。楚主本以宗室女嫁烏孫，今待之如公主之制，儀比皇女。後二歲卒。

元貴靡子星靡代爲大昆彌，弱。師古曰：言其尚幼小。馮夫人上書：「願使烏孫，鎮撫星靡。」漢遣之。使，疏吏翻。都護【章：甲十五行本「護」下有「韓宣」二字，乙十一行本同；孔本同；張校同；退齋校同。】奏烏孫大吏大祿、大監皆可賜以金印紫綬，以尊輔大昆彌。初，烏孫王昆莫中子大祿彊善，將總萬餘騎，後遂以爲官名。又其國官有大監二人。漢列侯金印紫綬，今特賜之。漢許之。其後段會宗爲都護，乃招還亡叛，安定之。星靡死，子雌栗靡代立。

7 皇太子所幸司馬良娣，病，且死，謂太子曰：「妾死非天命，乃諸娣妾、良人更祝詛殺我。」漢嬪御之秩，良人視八百石，爵比左庶長。師古曰：更，音工衡翻。祝，職救翻。詛，莊助翻。太子以爲然。及死，太子悲恚發病，恚，於避翻。忽忽不樂。樂，音洛。帝乃令皇后擇後宮家人子可以娛侍太子者，得元城王政君，元城縣，屬魏郡。應劭曰：魏武侯公子元食邑於此，因而遂氏焉。送太子宮。政君，故繡衣御史賀之孫女也，王賀事見二十一卷武帝天漢二年。見於丙殿；殿，蓋以甲、乙、丙、丁爲次，因名。見，賢遍翻。壹幸，有身。是歲，生成帝於甲館畫堂，應劭曰：甲觀，在太子宮甲地，主用乳生也。畫堂，畫九子母。如淳曰：畫堂，堂名。甲觀，觀名。三輔黃圖云：太子宮有甲觀。師古曰：甲者，甲、乙、丙、丁之次也。元后傳：見於丙殿，此其例也。而應氏以爲在宮之甲地，謬矣。畫堂，但畫飾耳，豈必九子母乎！霍光止畫室中，是則宮殿中通有彩畫之飾。爲世適皇孫。帝愛之，自名曰驁，字大孫，常置左右。適，讀曰嫡。嫡，正出也。曰世適者，謂正統繼世之重也。政君之入太子宮，亦姬侍耳，以子貴，遂爲正妃。驁，五到翻。

大，讀曰太。爲王氏竊漢張本。

四年（辛未、前五〇）

1夏，廣川王海陽坐禽獸行、賊殺不辜廢，徙房陵。地節四年，立廣川王文。海陽，文之子也。內亂爲禽獸行。行，下孟翻。考異曰：諸侯表作「汝陽」，宣紀、景十三王傳作「海陽」，今從之。

2冬，十月，【章：甲十五行本「月」下有「丁卯」二字；乙十一行本同；孔本同；張校同。】未央宮宣室閣火。3是歲，徙定陶王囂爲楚王。

4匈奴呼韓邪、郅支兩單于俱遣使朝獻，漢待呼韓邪使有加焉。

黃龍元年（壬申、前四九）

1春，正月，上行幸甘泉，郊泰畤。

2匈奴呼韓邪單于來朝；二月，歸國。始，郅支單于以爲呼韓邪兵弱，降漢，不能復自還，復，扶又翻。即引其衆西，欲攻定右地。又屠耆單于小弟本侍呼韓邪，亦亡之右地，收兩兄餘兵，兩兄，屠耆、閏振也。得數千人，自立爲伊利目單于；「目」，漢書作「自」。道逢郅支，合戰，郅支殺之，并其兵五萬餘人。郅支聞漢出兵穀助呼韓邪，即遂留居右地；自度力不能定匈奴，度，徒洛翻。乃益西，近烏孫，近，其靳翻。欲其【章：甲十五行本「其」作「與」；乙十一行本同；張校同。】并力，遣使見小昆彌烏就屠。烏就屠殺其使，發八千騎迎郅支。郅支覺其謀，勒兵逢擊烏孫，破之；師古曰：以兵逆之，相逢卽擊，故云逢擊。因北擊烏揭、堅昆、丁令，并三國。揭，音丘例翻。數遣兵擊烏孫，常勝之。數，所角翻。堅昆東去單于庭七千里，南至【章：甲十五行本「至」作「去」；乙十一行本同；孔本同。】車師五千里，郅支留都之。

3 三月，有星孛于王良、閣道，營室曰離宮。閣道，漢中四星，曰天駟；旁一星曰王良。又紫宮後十七星，絶漢，抵營室，曰閣道。孛，蒲内翻。入紫微□【章：甲十五行本□作「宮」；乙十一行本同；孔本同。】

4 帝寢疾，選大臣可屬者，屬，之欲翻。引外屬侍中樂陵侯史高、屬，讀如本字。外屬，猶言外戚也。太子太傅蕭望之、少傅周堪至禁中，拜高爲大司馬、車騎將軍，望之爲前將軍、光祿勳，堪爲光祿大夫，皆受遺詔輔政，領尚書事。漢尚書職典樞機，凡諸曹文書衆事皆由之。自是之後，凡受遺輔政皆領尚書事，至東都曰錄尚書事。冬，十二月，甲戌，帝崩于未央宮。臣瓚曰：帝年十八卽位；卽位二十五年，壽四十三。

班固贊曰：孝宣之治，信賞必罰，師古曰：有功必賞，有罪必罰。治，直吏翻。綜核名實。政事、文學、法理之士，咸精其能。至於技巧、工匠、器械，自元、成間鮮能及之。師古曰：械者，器之總名也。一曰：有盛爲械，無盛爲器。鮮，少也；言少有能及之者。技，渠綺翻。鮮，息淺翻。亦足以知吏稱其職，民安其業也。稱，尺證翻。遭値匈奴乖亂，推亡固存，李奇曰：推亡者，若紂爲無道，天下苦之，有滅亡之形，周武遂推而弊之。固存，譬如鄰國以道涖民，上下一心，勢必能存，因就而堅固之。今匈奴內自紛爭，宣帝能朝呼韓邪而固存之；走郅支使遠遁，是謂推亡也。師古曰：尚書仲虺之誥曰：推亡固存，邦乃其昌。言有亡道者則推而滅之，有存道者則輔而固之，王者如此，國乃昌盛。故此贊引之。推，吐雷翻。信威北夷，師古曰：信，讀曰申，古字通用。一說：恩信及威，並著北夷。余謂前音是。單于慕義，稽首稱藩。功光祖宗，業垂後嗣，可謂中興，侔德殷宗、周宣矣！師古曰：侔等殷之高宗及周之宣王也。

癸巳，太子即皇帝位，謁高廟，尊皇太后曰太皇太后，蘇林曰：上官后。皇后曰皇太后。

容肇祖標點顧頡剛聶崇岐覆校